HACKERS
Updated TOEFL WRITING

학습을 위한
추가 혜택

iBT 라이팅 실전모의고사

이용방법 해커스인강(HackersIngang.com) 접속 ▶
상단 메뉴 [토플 → MP3/자료 → 무료 MP3/자료] 클릭 ▶
본 교재 선택하여 이용하기

MP3/자료 바로 가기 ▶

토플 보카 외우기

이용방법 고우해커스(goHackers.com) 접속 ▶
상단 메뉴 [TOEFL → 토플보카외우기] 클릭하여 이용하기

토플 스피킹/라이팅 첨삭 게시판

이용방법 고우해커스(goHackers.com) 접속 ▶
상단 메뉴 [TOEFL → 스피킹게시판/라이팅게시판] 클릭하여 이용하기

토플 공부전략 강의

이용방법 고우해커스(goHackers.com) 접속 ▶
상단 메뉴 [TOEFL → 토플공부전략] 클릭하여 이용하기

토플 자료 및 유학 정보

이용방법 고우해커스(goHackers.com)에 접속하여 다양한 토플 자료 및 유학 정보 이용하기

고우해커스 바로 가기 ▶

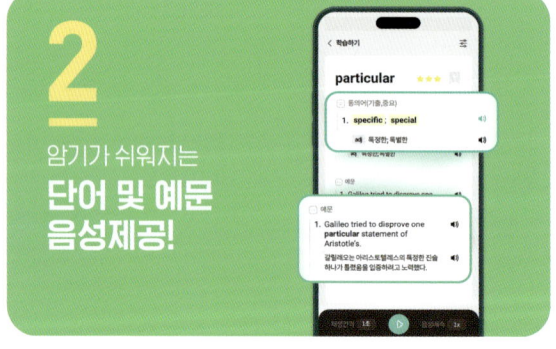
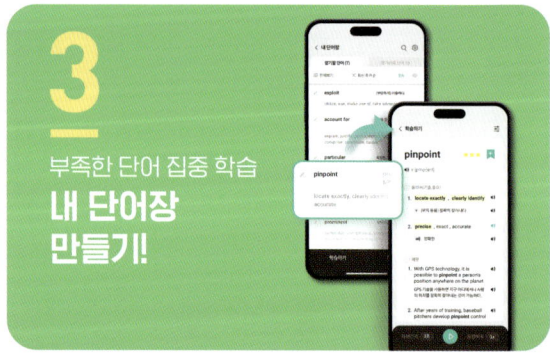

2026년 1월 21일 시행

Updated TOEFL

심층 분석, 이렇게 바뀐다

시대의 변화에 따라 영어 사용 환경이 달라진 것을 반영하여, 2026년 1월 21일 TOEFL 시험이 대대적으로 바뀐다.

『Hackers Updated TOEFL』은 수험자들이 **Updated TOEFL** 시험에도 철저히 대비할 수 있도록, 시험 변경사항과 새로운 문제 유형을 철저히 분석하여 가장 효과적인 핵심 전략과 출제 경향을 완벽 반영한 실전문제를 수록하고 있다.

Updated TOEFL, 얼마나 알고 계신가요?

YES NO

Q1. 시험 소요시간이 줄어들었다. ☐ ☐

Q2. 리딩/리스닝 영역에서는 전반부 채점 결과에 따라 후반부 구성과 난이도가 달라진다. ☐ ☐

Q3. 스피킹 영역이 시험의 마지막 순서다. ☐ ☐

*정답은 모두 YES! 자세한 시험 변경사항은 이어지는 페이지에서 확인할 수 있습니다.

Updated TOEFL, 이렇게 바뀐다!

영역	문제 유형	문항 수 Module1	문항 수 Module2 Lower	문항 수 Module2 Upper	예상 시간	점수
Reading 총 35문항 *더미 문제가 출제될 경우, 최대 48문항	TASK 1 Complete the Words 단어의 철자 완성하기	10문항	10문항	10문항	18~27분	1~6점
	TASK 2 Read in Daily Life 일상 지문 읽고 문제 풀기	5문항	5문항	0문항		
	TASK 3 Read an Academic Passage 학술 지문 읽고 문제 풀기	5문항	0문항	5문항		
Listening 총 35문항 *더미 문제가 출제될 경우, 최대 45문항	TASK 1 Listen and Choose a Response 문장 듣고 이어질 응답 고르기	8문항	7문항	3문항	18~27분	1~6점
	TASK 2 Listen to a Conversation 대화 듣고 문제 풀기	4문항	4문항	4문항		
	TASK 3 Listen to an Announcement 공지 듣고 문제 풀기	4문항	4문항	0문항		
	TASK 4 Listen to an Academic Talk 강의 듣고 문제 풀기	4문항	0문항	8문항		
Writing 총 12문항	TASK 1 Build a Sentence 단어 배열하여 문장 완성하기	10문항			23분	1~6점
	TASK 2 Write an Email 이메일 쓰기	1문항				
	TASK 3 Write for an Academic Discussion 학술 토론 의견 쓰기	1문항				
Speaking 총 11문항	TASK 1 Listen and Repeat 문장 듣고 따라 말하기	7문항			8분	1~6점
	TASK 2 Take an Interview 인터뷰 질문에 답변하기	4문항				
	Total				1시간 30분 내외	1~6점

시험 응시 72시간 이내 성적 발표

일상 지문이 추가되고, 단계별 적응형 구조가 도입된다.
- 단어 완성하기 유형과 일상 지문 읽기 유형이 추가되고, 학술 지문의 길이 감소
- Module 1의 결과에 따라 Module 2의 난이도와 구성이 달라지는 단계별 적응형 구조(multistage adaptive testing) 도입
- Module 1에 채점되지 않는 더미 문제 출제 가능 (Reading/Listening 영역 중 한 영역에서 출제)

 일상 대화와 교내 공지가 추가되고, 단계별 적응형 구조가 도입된다.
- 짧은 일상 대화와 교내 공지 유형이 추가되고, 강의 지문의 길이 감소
- Module 1의 결과에 따라 Module 2의 난이도와 구성이 달라지는 단계별 적응형 구조(multistage adaptive testing) 도입
- Module 1에 채점되지 않는 더미 문제 출제 가능 (Reading/Listening 영역 중 한 영역에서 출제)

 문장 완성 유형과 이메일 쓰기 유형이 추가된다.
- 문장 완성 유형과 이메일 쓰기 유형 추가
- 기존의 토론 글쓰기 유형은 그대로 유지
- 시험의 마지막 영역에서 세 번째 영역으로 순서 변경

 문제 유형이 모두 바뀌고, 준비 시간이 없어진다.
- 따라 말하기 유형과 인터뷰 유형 추가
- 모든 유형에서 별도의 답변 준비 시간 없이 바로 답변 시작
- 시험의 세 번째 영역에서 마지막 영역으로 순서 변경

 시험 소요 시간과 성적 발표 기간이 줄고, 점수 체계가 바뀐다.
- 시험 전체 소요 시간과 성적 발표 기간 감소
- 성적 체계가 0~120점 체계에서 1~6점 체계로 변경되고, 전체 점수 계산 방식이 영역별 합계에서 평균으로 변경

Updated TOEFL, 이렇게 대비하라!

▌READING

TASK 1	**Complete the Words** 단어의 철자 완성하기 (1지문 10문항)	
	• 학술 지문에서 앞부분 절반의 철자만 제시되는 단어 10개의 뒷부분을 채워 완성하는 유형이다.	
	• 다양한 학술 분야 주제의 지문이 70~100단어 분량으로 출제된다.	
TASK 2	**Read in Daily Life** 일상 지문 읽고 문제 풀기 (1지문 2~3문항)	
	• 이메일, 문자메시지, 광고, 공지, 기사, SNS 포스팅, 양식 등 다양한 형태의 지문이 출제된다.	
	• 지문 길이는 15~100단어 분량으로 짧은 편이며, 일상적인 주제와 소재를 다룬다.	
TASK 3	**Read an Academic Passage** 학술 지문 읽고 문제 풀기 (1지문 5문항)	
	• 기존의 리딩 유형과 가장 유사하지만, 지문의 길이가 175~200단어로 감소했다.	
	• 전공 심화 수준의 까다로운 내용은 출제되지 않으며, 문화적 편향 없는 보편적인 주제와 소재가 출제된다.	

영역 심층 분석

1. 학술 지문의 비중이 줄고, 기본적인 어휘력과 일상생활에서 접하는 다양한 글을 읽고 이해하는 능력이 중요해진다.
2. 단계별 적응형 구조(multistage adaptive testing)가 도입된다.
   - 두 단계(Module)로 구성되며, Module 1의 결과에 따라 Module 2의 난이도와 구성이 조정된다.
   - Module 2에서 낮은 난이도의 구성이 나오면 리딩 영역 만점(6점)을 받는 것은 불가능하다.
3. 문항 당 풀이 시간은 줄어든다.
   - 전체 문항 수는 20문항에서 35~48문항으로 증가하고, 소요 시간은 약 35분에서 18~27분으로 감소했다.

핵심 대비 전략

TASK 1 풀이 시간을 단축하기 위해 어휘력을 키우고, 단어의 앞부분 철자만 보고 뒤에 이어질 철자를 채우는 연습을 한다.
- 평소에 영어로 된 글을 자주 읽으면서 다양한 단어에 익숙해진다. 특히, 단어의 정확한 철자까지 알아 둔다.
- 앞부분의 철자만 주어지고 뒷부분은 빈칸으로 주어지는 TASK 1 문제 형태에 익숙해지도록 많은 문제를 풀어 본다.

TASK 2 정답의 근거를 빠르게 찾을 수 있도록, 다양한 일상 지문의 형태와 흐름을 익힌다.
- 이메일, 메시지 대화문, 공지, 각종 양식 등, 다양한 일상 지문의 형태와 일반적인 흐름을 익힌다.

TASK 3 다양한 배경지식을 쌓고, 빠르고 정확한 독해를 통해 정답의 근거를 찾는 연습을 한다.
- 지문의 길이가 줄어도, TASK 3의 학술 지문은 여전히 난이도가 높기 때문에 빠르고 정확한 독해가 관건이다.
- 다양한 배경지식을 쌓으면 친숙하지 않은 주제의 지문을 보더라도 쉽고 빠르게 지문의 내용을 이해할 수 있다.

LISTENING

TASK 1 **Listen and Choose a Response** 문장 듣고 이어질 응답 고르기
- 7~8단어로 이루어진 한 문장을 듣고 이어질 응답을 고르는 유형이다.
- 일상적인 대화 상황이 출제되며, 종종 구어체도 나온다.
- 문항 당 풀이 시간은 최대 20초이다.

TASK 2 **Listen to a Conversation** 대화 듣고 문제 풀기 (1지문 2문항)
- 식사, 쇼핑, 약속 등 일상적인 주제에 관한 두 사람 사이의 대화가 출제된다.
- 대화 길이는 약 23초, 문항 당 풀이 시간은 최대 20초이다.

TASK 3 **Listen to an Announcement** 공지 듣고 문제 풀기 (1지문 2문항)
- 대학 캠퍼스 내에서 행사, 강의, 시설 등에 대해 안내하는 공지가 출제된다.
- 공지 길이는 약 21초, 문항 당 풀이 시간은 최대 20초이다.

TASK 4 **Listen to an Academic Talk** 강의 듣고 문제 풀기 (1지문 4문항)
- 기존의 리스닝 강의 유형과 유사하지만, 지문의 길이가 약 1분 20초로 감소했다.
- 전공 심화 수준의 까다로운 내용은 출제되지 않으며, 문화적 편향 없는 보편적인 주제와 소재가 출제된다.
- 문항 당 풀이 시간은 최대 30초이다.

영역 심층 분석

1. 학술적인 내용뿐 아니라, 일상적인 주제에 대한 짧은 대화나 공지를 듣고 화자의 의도를 이해하는 능력도 평가한다.
2. 북미, 영국, 호주, 뉴질랜드 발음이 골고루 출제된다.
3. 단계별 적응형 구조(multistage adaptive testing)가 도입된다.
   - 두 단계(Module)로 구성되며, Module 1의 결과에 따라 Module 2의 난이도와 구성이 조정된다.
   - Module 2에서 낮은 난이도의 구성이 나오면 리스닝 영역 만점(6점)을 받는 것은 불가능하다.

핵심 대비 전략

TASK 1 질문을 확실하게 듣는 연습을 하고, 자주 출제되는 오답 패턴에 대비한다.
- 짧고 빠르게 지나가는 질문 문장을 놓치지 않고 들을 수 있도록 집중력을 강화한다.
- 자주 출제되는 오답 패턴을 확실히 익히고, 자주 틀리는 문제에 대해 자신이 오답을 선택한 이유를 꼼꼼하게 분석한다.

TASK 2&3 정확한 근거를 갖고 정답을 고를 수 있도록, 지문의 흐름과 내용을 정확히 파악하며 듣는 연습을 한다.
- 대화와 공지의 앞부분을 놓치지 않고 듣는 연습을 통해 주제를 확실히 파악할 수 있도록 한다.
- 일상 대화에서 자주 출제되는 구어체 표현에 익숙해진다.
- 공지의 빈출 주제와 일반적인 흐름, 자주 나오는 표현을 익힌다.

TASK 4 다양한 배경지식을 쌓고, 강의의 핵심 내용을 정리하며 듣는 연습을 한다.
- 지문의 길이가 줄어도, TASK 4의 강의는 여전히 난이도가 높기 때문에 핵심 내용을 놓치지 않고 정확히 듣는 것이 중요하다.
- 다양한 배경지식을 쌓으면 친숙하지 않은 주제의 강의를 듣더라도 내용을 정확히 파악할 수 있다.
- 평소에 문제를 풀 때 집중해서 들으며 주요 내용을 노트테이킹하는 연습을 한다.

Updated TOEFL, 이렇게 대비하라!

WRITING

TASK 1 — **Build a Sentence** 단어 배열하여 문장 완성하기
- 완전한 형태로 주어지는 한 문장을 보고, 보기 단어를 배열하여 이어질 응답 문장을 완성하는 유형이다.
- 문법적으로 정확하면서도 문맥에 맞는 자연스러운 응답이 될 수 있는 문장을 완성해야 한다.
- 10문항이 출제되고, TASK 전체 제한 시간은 약 5분 50초이다.

TASK 2 — **Write an Email** 이메일 쓰기
- 학교나 일상에서 일어날 법한 상황과 이메일을 쓰는 목적이 주어지고, 그에 맞춰 이메일을 작성하는 유형이다.
- 일반적인 이메일의 구조에 맞게 작성해야 하며, 초대, 추천, 문제점 전달, 해결책 제안 등의 다양한 의사소통 목적에 맞는 형식과 표현을 적절히 활용해야 한다.
- 7분 동안 최대한 길게 작성하도록 요구되는데, 110~130 단어 분량이 적절하다.

TASK 3 — **Write for an Academic Discussion** 학술 토론 의견 쓰기
- 기존 토플에서 그대로 유지되는 유일한 유형이다.
- 교수가 토론 주제를 간단히 설명하며 던진 질문과, 다른 학생 두 명의 의견을 읽고, 자신의 의견을 작성하는 유형이다.
- 10분 동안 최소 100단어 이상 작성해야 한다.

영역 심층 분석

1. 기본적인 문법 규칙에 따라 문장을 쓰는 능력을 평가한다.
   - 전달하고자 하는 의미를 제대로 전달하기 위해 지켜야 할 문법 규칙들을 잘 알고 있는지를 평가한다.
2. 온라인 의사소통 형식에 적절한 글을 쓰는 역량이 중요하다.
   - 글을 쓰는 목적, 상대방과의 관계 등에 따라 적절한 문장 구조와 표현을 구사할 수 있어야 한다.

핵심 대비 전략

TASK 1 기본적인 영어 어순과 문법 규칙을 지키며 문장을 쓰는 연습을 한다.
- 수 일치, 시제 일치, 대명사와 접속사의 쓰임 등 기본적인 문법 규칙을 익혀 둔다.

TASK 2 이메일의 기본 구조를 익히고, 일상적인 의사소통 목적에 따라 자주 쓰는 표현을 익힌다.
- 인사말, 목적, 세부사항, 맺음말로 이어지는 이메일의 기본 구조를 지켜 답안을 작성하는 연습을 한다.
- 문의, 부탁, 항의, 감사 등 다양한 의사소통 목적 별로 자주 쓰이는 표현을 익혀 둔다.
- 평소에 많은 문제를 풀어 보며, 1~2분 동안 아웃라인을 잡고, 4~5분 동안 실제 답안을 쓰는 연습을 한다.

TASK 3 평소에 다양한 주제에 대해 브레인스토밍해 보고, 논리적인 답안을 쓰는 연습을 한다.
- 자신의 주장에 대해 논리적으로 타당한 이유와 근거를 생각해내는 연습을 한다.
- 다양한 주제에 대해 나올 수 있는 질문들과 답안에 활용할 수 있는 아이디어를 정리해 둔다.
- 평소에 2~3분 동안 답변 내용을 구상하고, 7분 동안 답안을 작성하는 연습을 한다.

SPEAKING

TASK 1	**Listen and Repeat** 문장 듣고 따라 말하기 • 음성으로만 들려주는 문장 7개를 한 개씩 듣고 그대로 따라 말하는 유형이다. • 일상 및 학교에서 접할 수 있는 시설, 행사, 절차 등에 대해 사람들에게 안내하는 상황이 제시되고, 배경이 되는 장소를 묘사한 그림이 제시된다. • 각 문장은 한 번씩만 들려주고, 3초의 간격 후에 8~12초의 답변 시간이 주어진다.
TASK 2	**Take an Interview** 인터뷰 질문에 답변하기 • 특정 주제에 대한 인터뷰 질문 4개에 답변하는 유형이다. • 교육, 사회, 과학기술, 여가 등 다양한 주제로 인터뷰가 진행된다. • 인터뷰 질문은 음성으로만 들려주고, 준비 시간 없이 바로 답변해야 한다. • 한 질문에 대한 답변 시간은 45초가 주어진다.

영역 심층 분석

1. 실생활에서의 의사소통 방식을 반영하여, 즉각적으로 적절한 말을 하는 능력을 평가한다.
   • 상대방의 말을 정확히 듣고 기억하여 그대로 전달할 수 있어야 한다.
   • 상대방의 질문에 대해 즉각적으로 자신의 의견을 타당한 이유나 근거와 함께 말할 수 있어야 한다.
2. 북미, 영국, 호주, 뉴질랜드 발음이 골고루 출제된다.

핵심 대비 전략

TASK 1 문장을 들으면서 정확히 기억하고 그대로 따라 말하는 연습을 한다.
   • 쉐도잉 연습을 통해 들리는 문장을 그대로 따라 말할 수 있도록 한다.
   • 다양한 안내 상황 별로 자주 출제되는 표현을 익힌다.

TASK 2 질문을 듣는 동시에 답변 내용을 생각하고 바로 말할 수 있도록 충분히 연습한다.
   • 기본적인 답변 구조를 익히고 그에 맞춰 말하는 연습을 충분히 해 둔다.
   • 다양한 인터뷰 주제에 대해 나올 수 있는 질문들과 답변에 활용할 수 있는 아이디어를 정리해 둔다.

해커스 토플이 제공하는
토플 정복을 위한
특별한 혜택!

01
토플 적중 예상특강
(HackersIngang.com)

해커스어학원 선생님들의 이번 달 토플 적중 예상특강 제공

02
온라인 실전모의고사
(HackersIngang.com)

출제 경향을 완벽 반영한 온라인 모의고사로 실전 완벽 대비

03
단어암기 MP3
(HackersIngang.com)

단어암기 MP3로 언제, 어디서든 효과적인 단어 학습 가능

04
토플 스피킹/라이팅 첨삭 게시판
(goHackers.com)

무제한 1:1 첨삭을 통한 확실한 실력 향상

05
토플 쉐도잉 & 말하기 연습 프로그램
(goHackers.com)

쉐도잉 & 말하기 반복 훈련으로 빠른 실력 향상

06
토플 자료 및 유학 정보
(goHackers.com)

성공적인 토플 학습방법부터 유학 정보와 다양한 무료 학습자료까지 풍부한 정보 제공

HACKERS
Updated
TOEFL
WRITING

해커스 어학연구소

무료 토플자료·유학정보 제공
goHackers.com

PREFACE

『Hackers Updated TOEFL WRITING』을 내면서

해커스 토플은 단순한 시험 대비를 넘어, 여러분의 실질적인 영어 실력 향상에 도움이 되고자 하는 작은 진심으로 출발했습니다. 해커스 토플 전 시리즈가 오랜 세월 **베스트셀러를 넘어 스테디셀러로 자리**할 수 있었던 이유는, 늘 **처음과 같은 마음**으로 더 좋은 책을 만들기 위해 고민하고, 최신 경향을 반영하기 위해 끊임없이 노력하기 때문입니다.

이번 『Hackers Updated TOEFL』 시리즈 또한 해커스의 전문성과 축적된 노하우를 바탕으로, 변화된 시험의 모든 유형을 면밀히 분석하고 정교한 문제 해결 전략을 담아 **실전 대비의 완결판**으로 완성하였습니다.

Updated TOEFL 경향을 반영한 방대한 양의 실전 문제를 수록하였으며, 실전과 동일한 난이도와 구성의 실전모의고사를 온라인으로 제공하여 보다 철저히 실전에 대비할 수 있도록 하였습니다. 이 교재의 학습 과정을 충실히 따라간다면 누구나 실전에 철저히 대비할 수 있으며, 궁극적으로 **고득점 달성**으로 이어질 것이라 확신합니다.

『Hackers Updated TOEFL WRITING』이 여러분의 토플 목표 점수 달성에 확실한 해결책이 될 뿐 아니라, 실질적인 영어 실력의 향상과 함께 더 큰 꿈을 향해 나아가는 길에서 **든든한 동반자**가 되기를 소망합니다.

David Cho
& 해커스어학연구소

CONTENTS

Hackers Updated TOEFL WRITING

『해커스 토플 라이팅』이 특별한 이유!	6
TOEFL iBT 소개	10
TOEFL iBT WRITING 소개	12
TOEFL iBT WRITING 화면 구성	14
성향별 맞춤 공부 방법	16
해커스 학습플랜	18
DIAGNOSTIC TEST	21

TASK 1   Build a Sentence

Introduction		30
기본다지기	I. 문장의 기본 구조 익히기	32
	II. 문법적으로 올바른 문장 만들기	44
실전익히기	I. 답변 문장의 내용 예측하기	56
	II. 예측한 답변 문장 완성하기	60
POWER TEST	POWER TEST 1	68
	POWER TEST 2	70

TASK 2   Write an Email

Introduction		74
기본다지기	I. 상황별 표현 익히기	76
	II. 주제별 표현 익히기	106
실전익히기	I. 이메일의 기본 구조 익히기	134
	II. 이메일 쓰기 - 도입	146
	III. 이메일 쓰기 - 본문과 마무리	156
POWER TEST	POWER TEST 1	178
	POWER TEST 2	180

TASK 3 Write for an Academic Discussion

	Introduction	184
기본다지기	I. 상황별 표현 익히기	186
	II. 주제별 표현 익히기	216
실전익히기	I. 답안의 기본 구조 익히기	258
	II. 답안 쓰기 - 나의 의견	270
	III. 답안 쓰기 - 이유와 근거	280
POWER TEST	POWER TEST 1	302
	POWER TEST 2	304

ACTUAL TEST 1	308
ACTUAL TEST 2	314
TASK 2: 20일 완성 모범 답안 [부록]	321
TASK 3: 20일 완성 모범 답안 [부록]	343
정답·모범 답안·해석 [책 속의 책]	385

실전모의고사(온라인) 2회분

해커스인강(HackersIngang.com) 접속 → [MP3/자료] 클릭 → [무료 MP3/자료] 클릭하여 이용

『해커스 토플 라이팅』이 특별한 이유!

Updated TOEFL 출제 경향 완벽 반영!

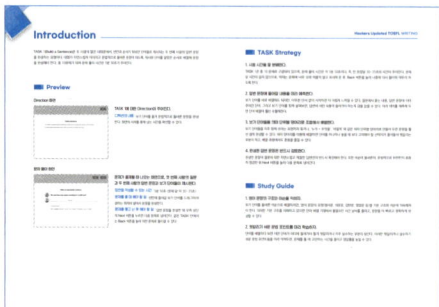

Task Introduction
Updated TOEFL Writing의 각 Task 별 특징, 시험 진행 방식을 확인하고, 실전에서 고득점을 달성하기 위한 전략과 학습 방법을 확인할 수 있다.

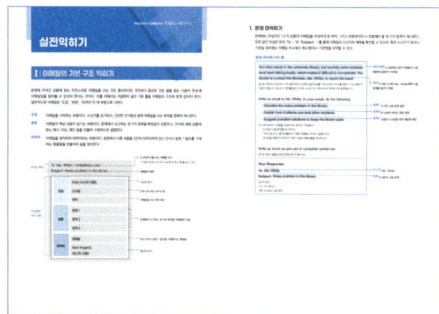

효과적인 문제 풀이 전략
출제 경향을 철저히 분석하여 도출한 핵심 전략을 예시와 함께 학습할 수 있다.

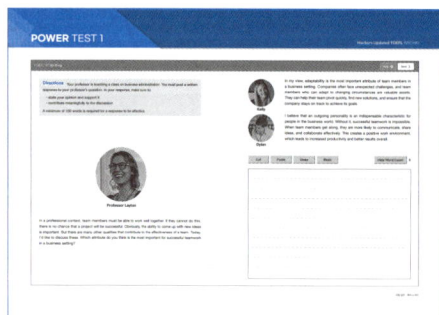

출제 경향을 완벽 반영한 문제
출제 경향을 철저히 분석하여 반영한 문제들을 수록하였다. 문제를 풀어보는 것만으로도 실전에 대한 감각을 확실히 키울 수 있다.

풍부한 문제 풀이로 실전에 철저하게 대비!

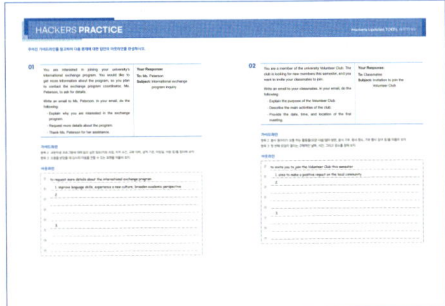

Hackers Practice
학습한 유형별 전략을 실제 문제에 적용하는 연습을 통해 실전 토플에 필요한 탄탄한 실력을 다질 수 있다.

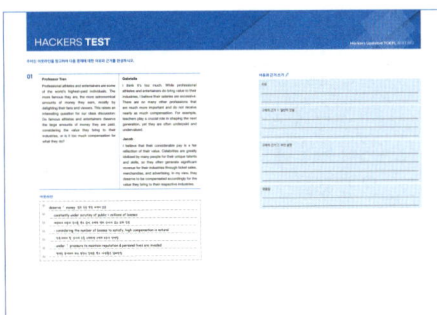

Hackers Test
출제 경향을 완벽 반영한 실전 문제들을 집중적으로 풀어 봄으로써 실전 감각을 키울 수 있다.

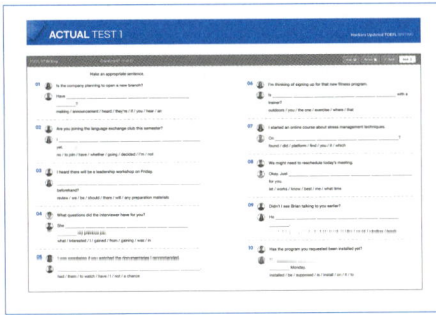

Actual Test
실제 시험의 구성과 난이도를 그대로 반영한 Actual Test 2회분을 풀어보며 자신의 실력을 최종 점검할 수 있다.

『해커스 토플 라이팅』이 특별한 이유!

 **체계적이고 탄탄한 단계별 학습 구성!**

기본다지기
실전 유형 학습에 들어가기 전에, 각 문제 유형에 필요한 기본적인 문법 개념이나 답안 작성에 유용한 표현들을 예문과 함께 정리하고, 문제를 통해 자신의 것으로 만들 수 있다.

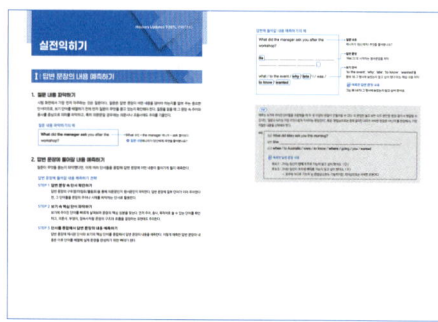

실전익히기
실전에서 실질적인 도움이 되는 핵심 전략을 예시와 함께 학습할 수 있다. 문제의 중요 포인트를 파악하고, 효과적인 답안을 쓰는 전략과 방법을 체계적으로 익힌 후, 많은 문제들을 풀어봄으로써 확실한 실력 향상이 가능하다.

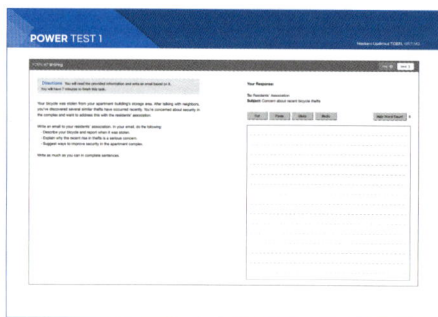

Power Test
각 TASK 학습을 마친 후, 실전 문제 2회분을 풀어보며 지금까지 배운 내용을 실전에 적용해 보고 자신의 실력을 점검할 수 있다.

다양한 부가학습자료로 확실한 복습!

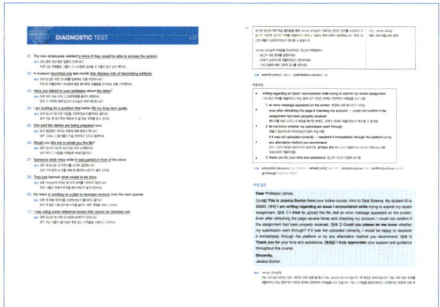

정답·모범 답안·해석 [책속의 책]

교재에 수록된 모든 문제에 대한 정답 또는 모범 답안을 정확한 해석과 함께 제공한다. 이를 통해 학습자가 문제를 정확히 파악하고, 자신의 답안을 보완, 개선할 수 있다.

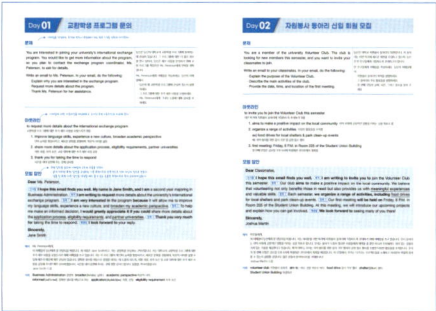

TASK 2: 20일 완성 모범답안 [부록]
& TASK 3: 20일 완성 모범답안 [부록]

TASK 2와 TASK 3 각각에 대해 예상 출제 문제와 아웃라인, 모범답안을 20개씩 제공한다. 이를 통해 다양한 상황과 주제에 대한 답변 아이디어와 주요 표현을 효과적으로 익힐 수 있다.

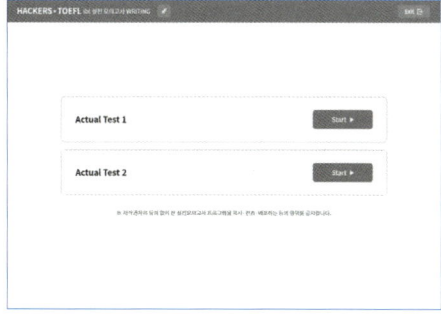

온라인 실전모의고사 [온라인]

온라인 실전모의고사 2회분을 풀어보며 실전에서 흔들림 없이 실력을 발휘할 수 있다.

TOEFL iBT 소개

■ TOEFL iBT란?

TOEFL(Test of English as a Foreign Language) iBT(Internet-based test)는 미국의 비영리기관인 ETS(Educational Testing Service)에서 주관하는 국제 공인 영어 시험으로, 영어가 모국어가 아닌 수험자의 영어 실력을 읽기·듣기·쓰기·말하기 네 영역으로 나누어 평가한다. 2026년 1월 21일부터 바뀌는 Updated TOEFL 시험은 Reading, Listening, Writing, Speaking 영역의 순서로 진행된다. Reading과 Listening 영역은 각 응시자의 Module 1 채점 결과에 따라 Module 2의 난이도와 구성이 달라지는 단계별 적응형 구조(multistage adaptive testing)로 진행된다.

■ TOEFL iBT 시험 구성

영역	TASK		문항 수	시험 시간	점수
Reading	TASK 1	Complete the Words	35~48문항 · Module 1: 20~33문항 · Module 2: 15문항	약 18~27분	1~6점
	TASK 2	Read in Daily Life (1지문 2~3문항)			
	TASK 3	Read an Academic Passage (1지문 5문항)			
Listening	TASK 1	Listen and Choose a Response	35~45문항 · Module 1: 20~30문항 · Module 2: 15문항	약 18~27분	1~6점
	TASK 2	Listen to a Conversation (1지문 2문항)			
	TASK 3	Listen to an Announcement (1지문 2문항)			
	TASK 4	Listen to an Academic Talk (1지문 4문항)			
Writing	TASK 1	Build a Sentence	12문항	약 23분	1~6점
	TASK 2	Write an Email			
	TASK 3	Write for an Academic Discussion			
Speaking	TASK 1	Listen and Repeat (1세트 7문항)	11문항	약 8분	1~6점
	TASK 2	Take an Interview (1세트 4문항)			
				약 2시간	1~6점

· Reading 또는 Listening 중 한 영역의 Module 1에서 더미 문제가 출제된다.
· Reading과 Listening 영역의 Module 1에서는 모든 TASK가 출제되지만, Module 2에서는 난이도에 따라 일부 TASK만 출제된다.

■ TOEFL iBT 점수 체계

2026년 1월 21일 시행되는 Updated TOEFL은 세계적으로 널리 쓰이는 외국어 능력 공통 기준인 CEFR(Common European Framework of Reference for Languages) 6단계와 직관적으로 연계되는 1~6점 구간 점수제(banded scoring scale)를 도입한다. 각 영역 점수와 총점은 0.5점 단위로 올라가는 1~6점 점수대로 표시되고, 총점은 4개 영역 점수의 평균값을 가장 가까운 0.5 단위로 반올림하여 산출한다. (예: 4개 영역 점수 평균이 5.25이면, 총점은 5.5로 표기)

*Updated TOEFL 시행 2년 동안은 기존의 0~120점 점수대도 함께 표기된다.

TOEFL 점수와 CEFR Level 환산표

TOEFL 점수	1.0	1.5	2.0	2.5	3.0	3.5	4.0	4.5	5.0	5.5	6.0
CEFR Level	A1		A2		B1		B2		C1		C2

■ TOEFL iBT 접수 및 성적 확인

실시일	· ETS Test Center 시험: 일주일에 약 2~3일 실시 · 홈에디션 시험: 일주일에 약 4~5일 실시
시험 장소	· ETS Test Center에서 치르거나, 집에서 홈에디션 시험으로 응시 가능
접수 방법	· ETS 토플 웹사이트 또는 전화상으로 접수
시험 당일 준비물	· 공인된 신분증 원본 반드시 지참 (자세한 신분증 규정은 ETS 토플 웹사이트에서 확인 가능) · 홈에디션 시험에 응시할 경우, 사전에 ETS 토플 웹사이트에서 필요한 프로그램 설치 및 준비물 확인하여 지참
성적 및 리포팅	· 시험 응시 후 바로 Reading/Listening 영역 비공식 점수 확인 가능 · 시험 응시일로부터 72시간 후에 온라인으로 성적 확인 가능 · 시험 접수 시, 자동으로 성적 리포팅 받을 기관 선택 가능 · MyBest Scores 제도 시행 (최근 2년간의 시험 성적 중 영역별 최고 점수 합산하여 유효 성적으로 인정)

TOEFL iBT WRITING 소개

TOEFL iBT WRITING 영역은 영어를 사용하는 국가의 학교 또는 일상 생활에서 필요한 작문 능력을 평가한다. 따라서 학습자들은 시험을 준비하는 과정을 통해 TOEFL 고득점 달성뿐만 아니라, 실제 해외 대학 진학 후의 일상생활과 교육 환경에도 효과적으로 대비할 수 있을 것이다.

■ TOEFL iBT WRITING 구성

iBT WRITING 영역은 세 가지 TASK로 구성된다.

TASK		문항 수	시험 시간
TASK 1	Build a Sentence	10문항	5분 50초
TASK 2	Write an Email	1문항	7분
TASK 3	Write for an Academic Discussion	1문항	10분
		총 12문항	약 23분

■ TOEFL iBT WRITING TASK 별 특징

TASK 1 Build a Sentence
두 사람의 짧은 대화문에서 첫 번째 사람의 말은 완전한 의문문 또는 평서문 형태로 제시되고, 두 번째 사람의 응답은 빈칸과 순서가 뒤섞인 단어들로 제시된다. 대화 내용이 자연스럽게 이어지고 문법적으로 올바른 형태가 되도록, 주어진 보기 단어를 알맞은 순서로 배열하여 응답 문장을 완성해야 한다. 한 문항의 풀이 시간은 30~35초를 넘기지 않는것이 좋으며, TASK 1 안에서는 문제 이동이 가능하다.

TASK 2 Write an Email
대학이나 일상생활에서 일어날 법한 상황과 이메일에 포함할 내용을 읽고, 상황과 목적에 적절한 형식과 내용을 갖춘 이메일을 작성하는 유형이다. 교수에게 과제 제출 연장을 부탁하거나 친구에게 약속 변경을 요청하는 등의 다양한 상황이 출제된다. 답안 작성 시간 7분 동안 최대한 길게 작성하도록 요구된다.

TASK 3 Write for an Academic Discussion
대학 수업의 온라인 토론 게시판에 교수가 올린 토론 주제에 관한 질문과 두 학생이 올린 의견을 읽고, 자신의 의견을 작성하는 유형이다. 자신의 입장을 정하고 이를 뒷받침할 수 있는 적절한 근거를 포함하여 100자 이상의 답안을 작성해야 한다. 답안 작성 시간은 10분이 주어진다.

■ TOEFL iBT WRITING 채점 방식

TASK 1은 각 빈칸마다 틀리면 0점, 맞으면 1점을 매기고, TASK 2와 TASK 3은 아래의 채점 기준에 따라 0~5점의 점수를 매긴 후, 세 개 TASK의 원점수를 종합하여 1~6점 점수대의 WRITING 영역 전체 점수로 환산한다. 구체적인 환산 기준은 ETS에서 공개하지 않고 있다.

TASK 2&3 채점 기준표

점수	TASK 2 Write an Email	TASK 3 Write for an Academic Discussion
5점	답안이 효과적이며, 명확하게 표현되고, 언어 사용에서 일관된 능숙함을 보여준다. · 의사소통 목적을 효과적으로 뒷받침하기에 충분한 구체적인 내용을 담고 있다. · 다양한 문장 구조와 정확한 어휘, 관용어구를 유능하게 사용한다. · 사회적 관습에 적절한 표현 방식을 능숙하게 사용한다. · 사소한 오타 또는 철자 오류를 제외하고는 어휘 또는 문법적인 오류가 거의 없다.	답안이 온라인 토론 주제와 관련이 있고, 토론에 매우 명확하게 기여한다. 언어 사용에서 일관된 능숙함을 보여준다. · 설명, 예시, 세부사항 등이 서로 관련성이 있고 명료하게 제시된다. · 다양한 문장 구조와 정확한 어휘, 관용어구를 유능하게 사용한다. · 사소한 오타 또는 철자 오류를 제외하고는 어휘 또는 문법적 오류가 거의 없다.
4점	답안이 대체로 효과적이며, 쉽게 이해된다. 주어진 과제를 수행하기에 적절한 언어 사용 능력을 보여준다. · 의사소통 목적을 뒷받침하기에 충분한 구체적 내용을 담고 있다. · 다양한 문장 구조와 정확한 어휘를 사용한다. · 사회적 관습에 적절한 표현 방식을 사용한다. · 어휘 또는 문법적 오류가 많지 않다.	답안이 온라인 토론 주제와 관련이 있고, 토론에 기여한다. 언어 능력은 답안의 아이디어를 쉽게 이해할 수 있게 한다. · 설명과 예시, 세부사항 등이 서로 관련성이 있고 적절하게 설명된다. · 다양한 문장 구조와 적절한 어휘를 사용한다. · 어휘 또는 문법적 오류가 많지 않다.
3점	답안이 전반적으로 과제를 수행하지만, 언어 능력의 한계 때문에 내용의 일부가 불명확하거나 효과적이지 않을 수 있다. · 의사소통 목적을 부분적으로 뒷받침하는 내용을 담고 있다. · 보통 수준의 문장 구조 다양성과 어휘 사용을 보여준다. · 눈에 띄는 어휘 또는 문법적 오류가 몇몇 있고, 사회적 관습에 적절하지 않은 표현 방식을 사용한다.	답안이 온라인 토론 주제와 대부분 관련이 있고 이해할 수 있는 수준에서 기여한다. · 설명과 예시, 세부사항의 일부가 누락되거나 불분명하거나 서로 연관성이 없다. · 문장 구조와 단어를 다양하게 사용하는 편이다. · 눈에 띄는 어휘 또는 문법적 오류가 몇몇 있다.
2점	답안이 과제를 수행하려는 시도를 보이지만, 언어 능력의 한계 때문에 이해하기 어렵다. · 내용이 제한적이거나 관련이 없다. · 문장 구조와 어휘 사용이 제한적이며, 몇몇 문장의 나열에 그친다. · 어휘 또는 문법적 오류가 자주 보인다.	답안이 온라인 토론에 기여하려는 시도를 보이지만, 언어 능력의 한계로 답안의 아이디어를 이해하기 어렵다. · 설명이 부족하거나 부분적으로만 관련이 있다. · 문장 구조와 어휘 사용이 제한적이다. · 어휘 또는 문법적 오류가 자주 보인다.
1점	답안이 과제를 효과적으로 수행하지 못하며, 언어 능력의 한계로 적절한 내용을 구성하지 못한다. · 구체적인 내용이 거의 없다. · 어휘 사용이 제한적이며 어구 단위의 단절된 구문으로 구성된다. · 심각한 어휘 또는 문법적 오류가 자주 보인다. · 독창적인 표현이 거의 없으며, 이해 가능한 내용은 대부분 문제에서 그대로 차용했다.	답안이 온라인 토론에 기여하지 못하며, 언어 능력의 한계로 아이디어를 표현하지 못한다. · 아이디어가 일관되지 않는다. · 문장 구조 및 어휘 사용의 범위가 매우 제한적이다. · 심각한 어휘 또는 문법적 오류가 자주 보인다.
0점	답안을 작성하지 않은 경우, 주제에 반하거나 영어로 되어 있지 않은 경우, 또는 문제를 그대로 복사하거나 문제와 전혀 연관성이 없는 경우이다.	답안을 작성하지 않은 경우, 주제에 반하거나 영어로 되어 있지 않은 경우, 또는 문제를 그대로 복사하거나 문제와 전혀 연관성이 없는 경우이다.

TOEFL iBT WRITING 화면 구성

1. Writing Direction 화면

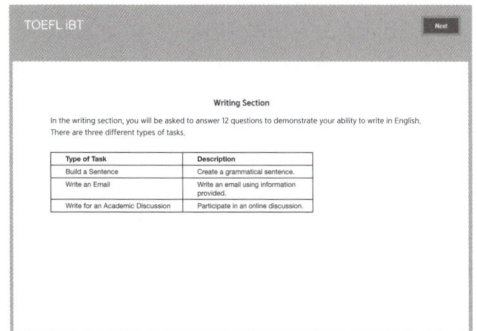

라이팅 시험에 대한 전반적인 설명이 주어지는 화면이다. 총 12문항이 출제되고, 크게 3가지 TASK로 구성된다는 설명이 나온다.

2. TASK 1 문제 화면

화면에 한 사람의 질문, 빈칸이 있는 응답 문장, 응답 문장을 완성할 때 사용할 보기 단어가 제시된다. 보기 단어를 하나씩 원하는 빈칸으로 드래그하여 문장을 완성한다. TASK 1 내에서는 Next 버튼과 Back 버튼을 사용하여 문제 간 이동이 가능하다.

3. TASK 2 문제 화면

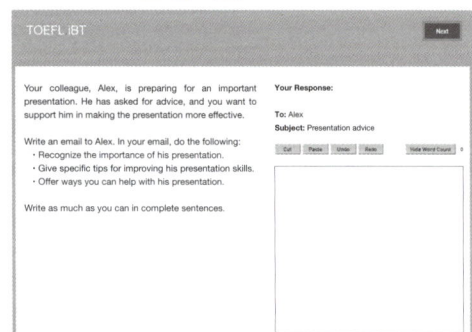

화면 왼쪽에 문제 디렉션, 이메일을 작성하는 상황과 포함해야 되는 항목이 제시되고, 화면 오른쪽에 답안을 작성할 수 있는 공간이 주어진다. 화면 상단의 시간은 7분부터 카운트 되는데, 7분이 지나기 전에 답안 작성을 마칠 경우 Next 버튼을 클릭하여 다음 TASK로 넘어갈 수 있다.

4. TASK 3 문제 화면

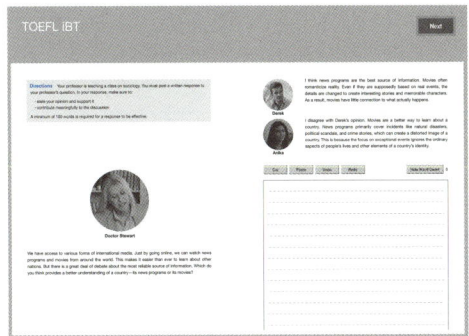

화면 왼쪽에 문제 디렉션과 교수의 질문이 제시되고, 화면 오른쪽 상단에는 다른 두 학생의 의견이, 하단에는 답안을 작성할 수 있는 공간이 주어진다. 화면 상단의 시간은 10분부터 카운트 되는데, 10분이 지나기 전에 답안 작성을 마칠 경우 Next 버튼을 클릭하여 다음 영역으로 넘어갈 수 있다.

5. TASK 종료 화면

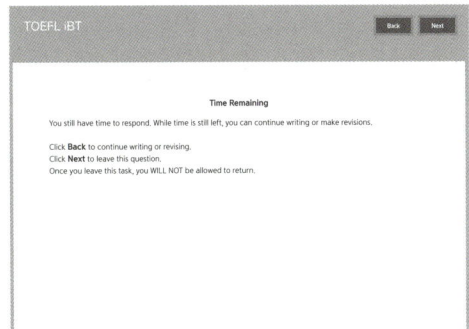

TASK를 종료하면 나오는 화면이다. Back 버튼을 누르면 자신의 정답이나 답안을 다시 확인하거나 점검할 수 있다. Next 버튼을 클릭하면 다음 TASK나 영역으로 넘어가고, 진행하던 TASK로 다시 되돌아갈 수 없다.

성향별 맞춤 공부 방법

* 해커스 학습플랜은 p.18~19에 수록되어 있습니다.

 개별학습 혼자서 공부할 때 가장 집중이 잘 된다!

1. 나만의 학습플랜을 세운다!
p.21의 DIAGNOSTIC TEST를 통하여 자신의 현재 실력을 확인하고, 해커스 학습플랜을 참고하여 본인에게 맞는 학습 계획을 세운다.

2. 매일매일 정해진 학습 분량을 공부한다!
학습플랜에 따라 매일의 정해진 분량을 반드시 마치도록 하고, 만약 그러지 못했을 경우에는 계속 진도를 나가되 일주일이 지나기 전에 해당 주의 학습 분량을 모두 끝낸다.

3. 직접 글을 써 보고 모범 답안과 비교한다!
답안을 먼저 스스로 작성해 본 뒤, 모범 답안과 비교하면서 좋은 예시나 표현을 찾아 익힌다. 그런 다음, 모범 답안에서 배운 장점을 반영하여 답안을 한 번 더 작성해 본다.

* 고우해커스(goHackers.com)의 [해커스 Books > 토플 라이팅 Q&A]에서 궁금한 사항을 질문할 수 있습니다.

 스터디학습 다른 사람과 함께 공부할 때 더 열심히 한다!

1. 개별 예습으로 스터디를 준비한다!
기본다지기의 문법 포인트 및 상황별·주제별 표현은 각자 미리 학습하고, 스터디 분량에 맞춰 문제도 미리 풀어 본다.

2. 토론 학습으로 완벽하게 이해한다!
미리 작성해 온 답안을 비교해 본다. 각자의 글에서 보완 및 개선할 부분을 알려주고, 교재의 모범 답안을 보며 빠진 내용과 좋은 표현을 확인한다.

3. 개별 복습으로 마무리한다!
스터디가 끝난 후, 자신의 글에서 보완 및 개선할 부분을 반영하여 다시 한번 답안을 작성해 본다.

▶ 인강학습 원하는 시간, 원하는 장소에서 강의를 듣고 싶다!

1. 나만의 학습플랜을 세운다!
해커스인강(HackersIngang.com)에서 『샘플강의보기』를 통해 강의 구성을 미리 파악하고, 『스터디플랜』에 따라 자신의 학습 계획을 세운다.

2. 이해될 때까지 반복해서 듣는다!
학습플랜에 따라 오늘 공부해야 할 강의를 집중해서 듣고, 잘 이해가 되지 않는 부분은 완전히 이해될 때까지 반복해서 시청한다.

3. 『선생님께 질문하기』를 적극 활용한다!
강의를 듣다가 모르는 부분이 있거나 질문할 것이 생기면 『선생님께 질문하기』를 이용하여 확실히 이해하도록 한다.

학원학습 선생님의 강의를 직접 들을 때 가장 효과적이다!

1. 100% 출석을 목표로 한다!
자신의 스케줄에 맞는 수업을 등록하고, 개강일부터 종강일까지 100% 출석을 목표로 빠짐없이 수업에 참여한다.

2. 예습과 복습을 철저히 한다!
수업 전에 미리 그날 배울 내용을 훑어본다. 수업이 끝난 후에는 자신이 취약한 부분을 확인하고 복습한다.

3. 적극적으로 질문한다!
수업 시간에 잘 이해되지 않은 부분은 쉬는 시간이나 해커스어학원(Hackers.ac)의 『반별게시판』을 이용해 선생님께 질문함으로써 확실히 짚고 넘어간다.

해커스 학습플랜

p.21의 DIAGNOSTIC TEST를 풀어본 후 TASK 별로 자신의 현재 실력을 파악하여, 본인 실력에 적합한 학습플랜에 맞게 공부한다.

- **문장을 어떻게 써 나가야 할지 모르겠어요:** 40일 동안 학습한다. (20일 완성 학습플랜의 1일 분량을 이틀에 나누어 학습)
- **간단한 문장은 쓸 수 있어요:** 30일 완성 학습플랜에 따라 학습한다.
- **답안을 그럭저럭 완성할 수 있어요:** 20일 완성 학습플랜에 따라 학습한다.
- **답안을 자신 있게 쓸 수 있어요:** 10일 완성 학습플랜에 따라 학습한다. (20일 완성 학습플랜의 2일 분량을 하루에 학습)

■ 20일 완성 학습플랜

DAY	DAY 1	DAY 2	DAY 3	DAY 4	DAY 5
본문	☐ DIAGNOSTIC TEST	☐ T1 기본 I	☐ T1 기본 II	☐ T1 실전 I	☐ T1 실전 II
부록	☐ T2 Day 01 ☐ T3 Day 01	☐ T2 Day 02 ☐ T3 Day 02	☐ T2 Day 03 ☐ T3 Day 03	☐ T2 Day 04 ☐ T3 Day 04	☐ T2 Day 05 ☐ T3 Day 05
DAY	DAY 6	DAY 7	DAY 8	DAY 9	DAY 10
본문	☐ T1 POWER TEST 1 ☐ T1 POWER TEST 2	☐ T2 기본 I	☐ T2 기본 II	☐ T2 실전 I	☐ T2 실전 II
부록	☐ T2 Day 06 ☐ T3 Day 06	☐ T2 Day 07 ☐ T3 Day 07	☐ T2 Day 08 ☐ T3 Day 08	☐ T2 Day 09 ☐ T3 Day 09	☐ T2 Day 10 ☐ T3 Day 10
DAY	DAY 11	DAY 12	DAY 13	DAY 14	DAY 15
본문	☐ T2 실전 III	☐ T2 POWER TEST 1 ☐ T2 POWER TEST 2	☐ T3 기본 I	☐ T3 기본 II	☐ T3 실전 I
부록	☐ T2 Day 11 ☐ T3 Day 11	☐ T2 Day 12 ☐ T3 Day 12	☐ T2 Day 13 ☐ T3 Day 13	☐ T2 Day 14 ☐ T3 Day 14	☐ T2 Day 15 ☐ T3 Day 15
DAY	DAY 16	DAY 17	DAY 18	DAY 19	DAY 20
본문	☐ T3 실전 II	☐ T3 실전 III	☐ T3 POWER TEST 1 ☐ T3 POWER TEST 2	☐ ACTUAL TEST 1 ☐ ACTUAL TEST 2	☐ 온라인 모의고사 1 ☐ 온라인 모의고사 2
부록	☐ T2 Day 16 ☐ T3 Day 16	☐ T2 Day 17 ☐ T3 Day 17	☐ T2 Day 18 ☐ T3 Day 18	☐ T2 Day 19 ☐ T3 Day 19	☐ T2 Day 20 ☐ T3 Day 20

T: TASK   기본: 기본다지기   실전: 실전익히기
매일 학습이 완료된 부분에 체크(v) 표시한다.

Hackers Updated TOEFL WRITING

30일 완성 학습플랜

DAY	DAY 1	DAY 2	DAY 3	DAY 4	DAY 5
본문	☐ DIAGNOSTIC TEST	☐ T1 기본 I ☐ T1 기본 II	☐ T1 실전 I ☐ T1 실전 II	☐ T1 POWER TEST 1	☐ T1 POWER TEST 2
부록	☐ T2 Day 01 ☐ T3 Day 01	☐ T2 Day 02 ☐ T3 Day 02	☐ T2 Day 03 ☐ T3 Day 03	☐ T2 Day 04 ☐ T3 Day 04	☐ T2 Day 05 ☐ T3 Day 05
DAY	DAY 6	DAY 7	DAY 8	DAY 9	DAY 10
본문	☐ T1 복습	☐ T2 기본 I	☐ T2 기본 II	☐ T2 실전 I. HP	☐ T2 실전 I. HT
부록	☐ T2 Day 06 ☐ T3 Day 06	☐ T2 Day 07 ☐ T3 Day 07	☐ T2 Day 08 ☐ T3 Day 08	☐ T2 Day 09 ☐ T3 Day 09	☐ T2 Day 10 ☐ T3 Day 10
DAY	DAY 11	DAY 12	DAY 13	DAY 14	DAY 15
본문	☐ T2 실전 II. HP	☐ T2 실전 II. HT	☐ T2 실전 III. HP	☐ T2 실전 III. HT	☐ T2 POWER TEST 1
부록	☐ T2 Day 11 ☐ T3 Day 11	☐ T2 Day 12 ☐ T3 Day 12	☐ T2 Day 13 ☐ T3 Day 13	☐ T2 Day 14 ☐ T3 Day 14	☐ T2 Day 15 ☐ T3 Day 15
DAY	DAY 16	DAY 17	DAY 18	DAY 19	DAY 20
본문	☐ T2 POWER TEST 2	☐ T2 복습	☐ T3 기본 I	☐ T3 기본 II	☐ T3 실전 I. HP
부록	☐ T2 Day 16 ☐ T3 Day 16	☐ T2 Day 17 ☐ T3 Day 17	☐ T2 Day 18 ☐ T3 Day 18	☐ T2 Day 19 ☐ T3 Day 19	☐ T2 Day 20 ☐ T3 Day 20
DAY	DAY 21	DAY 22	DAY 23	DAY 24	DAY 25
본문	☐ T3 실전 I. HT	☐ T3 실전 II. HP	☐ T3 실전 II. HT	☐ T3 실전 III. HP	☐ T3 실전 III. HT
부록	☐ T2 Day 01-02 복습 ☐ T3 Day 01-02 복습	☐ T2 Day 03-04 복습 ☐ T3 Day 03-04 복습	☐ T2 Day 05-06 복습 ☐ T3 Day 05-06 복습	☐ T2 Day 07-08 복습 ☐ T3 Day 07-08 복습	☐ T2 Day 09-10 복습 ☐ T3 Day 09-10 복습
DAY	DAY 26	DAY 27	DAY 28	DAY 29	DAY 30
본문	☐ T3 POWER TEST 1	☐ T3 POWER TEST 2	☐ T3 복습	☐ ACTUAL TEST 1 ☐ ACTUAL TEST 2	☐ 온라인 모의고사 1 ☐ 온라인 모의고사 2
부록	☐ T2 Day 11-12 복습 ☐ T3 Day 11-12 복습	☐ T2 Day 13-14 복습 ☐ T3 Day 13-14 복습	☐ T2 Day 15-16 복습 ☐ T3 Day 15-16 복습	☐ T2 Day 17-18 복습 ☐ T3 Day 17-18 복습	☐ T2 Day 19-20 복습 ☐ T3 Day 19-20 복습

T: TASK   기본: 기본다지기   실전: 실전익히기   HP: Hackers Practice   HT: Hackers Test
매일 학습이 완료된 부분에 체크(v) 표시한다.

무료 토플자료·유학정보 제공
goHackers.com

**Hackers
Updated TOEFL
WRITING**

DIAGNOSTIC
TEST

실제 TOEFL 라이팅 시험과 유사한 DIAGNOSTIC TEST를 통해 본인의 실력을 평가해 봅니다. 그리고 본인에게 맞는 학습 플랜(p.18)을 확인한 후, 본 교재를 효율적으로 학습합니다.

DIAGNOSTIC TEST

TOEFL iBT **Writing**   Questions 01-10 of 12

Make an appropriate sentence.

01   Were there any questions during the training session?

The new employees wanted _____ _____ _____ _____ _____ _____ _____.

the system / accessing / would be / if / to know / they / to access / able

02   Which exhibit do you recommend visiting?

A museum _____ _____ last month _____ _____ _____ _____ _____.

fascinating / one / artifacts / displays / lots of / launched / that

03   My group still hasn't finished the project.

_____ _____ _____ _____ _____ about _____?

your professor / have / to / talked / the delay / you / talk

04   Can I ask why you left your former job?

I _____ _____ _____ _____ better _____ _____ _____.

that / fit / am / long-term goals / looking for / my / a position / fits

05   What did the waitress say about our order?

_____ _____ _____ _____ _____ _____ now.

are / said / prepare / the dishes / prepared / being / she

06 Your report last week was very detailed.

_____ you _____ _____ _____ _____ _____ ?

like / you / me / to email / would / the file

07 Why did you decide to get a new bike?

_____ _____ _____ while _____ _____ _____

_____ the store.

parked / someone / in front of / was / mine / it / did / stole

08 Why haven't Harper and Bill started working on the assignment yet?

_____ _____ learned _____ _____ _____ _____ .

needs / what / just / to be / done / they / why

09 May I ask why you requested the sales data?

My team _____ _____ _____ _____ _____ _____

over the next quarter.

works / on / working / revenue / to increase / a plan / is

10 Why did you stay late at the library yesterday?

_____ _____ _____ _____ _____ _____ _____ _____ .

checked out / reference books / that / some / was using / cannot be / I

TOEFL iBT Writing

Directions You will read the provided information and write an email based on it.
You will have 7 minutes to finish this task.

You are taking an online course taught by Professor James through your university's learning platform. Recently, you tried to submit an assignment, but an error occurred during the upload. Now, you are unsure whether the submission was successful.

Write an email to Professor James. In your email, do the following:
· Describe the issue you experienced.
· Ask whether the assignment was submitted successfully.
· Thank him for his assistance.

Write as much as you can in complete sentences.

Your Response:

To: Professor James
Subject: Issue with assignment submission

Directions Your professor is teaching a class on sociology. You must post a written response to your professor's question. In your response, make sure to:

- state your opinion and support it
- contribute meaningfully to the discussion

A minimum of 100 words is required for a response to be effective.

Doctor Stewart

We have access to various forms of international media. Just by going online, we can watch news programs and movies from around the world. This makes it easier than ever to learn about other nations. But there is a great deal of debate about the most reliable source of information. Which do you think provides a better understanding of a country—its news programs or its movies?

Derek

I think news programs are the best source of information. Movies often romanticize reality. Even if they are supposedly based on real events, the details are changed to create interesting stories and memorable characters. As a result, movies have little connection to what actually happens.

Anika

I disagree with Derek's opinion. Movies are a better way to learn about a country. News programs primarily cover incidents like natural disasters, political scandals, and crime stories, which can create a distorted image of a country. This is because the focus on exceptional events ignores the ordinary aspects of people's lives and other elements of a country's identity.

무료 토플자료·유학정보 제공
goHackers.com

Hackers
Updated TOEFL
WRITING

TASK 1
Build a Sentence

Introduction

기본다지기
  I. 문장의 기본 구조 익히기
  II. 문법적으로 올바른 문장 만들기

실전익히기
  I. 답변 문장의 내용 예측하기
  II. 예측한 답변 문장 완성하기

POWER TEST 1, 2

Introduction

TASK 1(Build a Sentence)은 두 사람의 짧은 대화문에서, 빈칸과 순서가 뒤섞인 단어들로 제시되는 두 번째 사람의 답변 문장을 완성하는 유형이다. 대화가 자연스럽게 이어지고 문법적으로 올바른 문장이 되도록, 제시된 단어를 알맞은 순서로 배열해 문장을 완성해야 한다. 총 10문제가 되며 문제 풀이 시간은 5분 50초가 주어진다.

■ Preview

Direction 화면

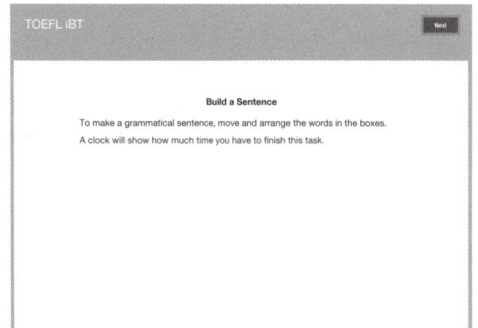

TASK 1에 대한 Direction이 주어진다.

디렉션의 내용 : 보기 단어를 옮겨 문법적으로 올바른 문장을 완성한다. 화면의 시계를 통해 남는 시간을 확인할 수 있다.

문제 풀이 화면

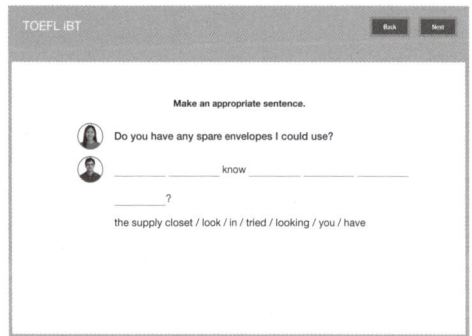

문제가 출제될 때 나오는 화면으로, 첫 번째 사람의 질문과 두 번째 사람의 답변 문장과 보기 단어들이 제시된다.

문제를 풀 수 있는 시간 : 5분 50초 (문제 당 약 30~35초)

문제를 풀 때 해야 할 일 : 빈칸에 들어갈 보기 단어를 드래그하여 원하는 위치에 넣어서 문장을 완성한다.

문제를 풀고 난 후 해야 할 일 : 답변 문장을 완성한 뒤 우측 상단의 Next 버튼을 누르면 다음 문제로 넘어간다. 같은 TASK 안에서는 Back 버튼을 눌러 이전 문제로 돌아갈 수 있다.

■ TASK Strategy

1. 시험 시간을 잘 분배한다.
TASK 1은 총 10 문제로 구성되어 있으며, 문제 풀이 시간은 약 5분 50초이다. 즉, 한 문장당 30~35초의 시간이 주어진다. 문제당 시간이 길지 않으므로, 막히는 문제에 너무 오래 머물지 말고 표시해 둔 후, Back 버튼을 눌러 나중에 다시 돌아와 마무리 하도록 한다.

2. 답변 문장에 들어갈 내용을 미리 예측한다.
보기 단어를 바로 배열해도 되지만, 아무런 단서 없이 시작하면 더 어렵게 느껴질 수 있다. 질문에서 묻는 내용, 답변 문장에 이미 주어진 단어, 그리고 보기 단어를 함께 살펴보면, 답변에 어떤 내용이 들어가야 하는지 감을 잡을 수 있다. 미리 의미를 예측해 두면 단어 배열이 훨씬 수월해진다.

3. 보기 단어들을 의미 단위별 덩어리로 조합해서 배열한다.
보기 단어들을 자주 함께 쓰이는 표현끼리 묶거나, '누가 + 무엇을', '어떻게' 와 같은 의미 단위별 덩어리로 만들어 두면 문장을 훨씬 쉽게 완성할 수 있다. 의미 덩어리를 이용해 배열하면 단어를 하나하나 놓을 때 보다 고려해야 할 선택지가 줄어들어 헷갈리는 부분이 적고, 배열 과정에서도 혼동을 줄일 수 있다.

4. 완성한 답변 문장은 반드시 검토한다.
완성한 문장이 질문에 대한 자연스럽고 적절한 답변인지 반드시 확인해야 한다. 또한 어순이 올바른지, 문법적으로 완전한지 꼼꼼히 점검한 뒤 Next 버튼을 눌러 다음 문제로 넘어간다.

■ Study Guide

1. 영어 문장의 구조와 어순을 익히자.
보기 단어를 올바른 어순으로 배열하려면, 영어 문장의 유형(평서문, 의문문, 감탄문, 명령문 등)별 기본 구조와 어순에 익숙해져야 한다. 이러한 기본 구조를 이해하고 있으면 단어 배열 과정에서 불필요한 시간 낭비를 줄이고, 문장을 더 빠르고 정확하게 완성할 수 있다.

2. 헷갈리기 쉬운 문법 포인트를 미리 학습하자.
단어를 배열하다 보면 어떤 단어가 어디에 들어가야 할지 헷갈리거나 자주 실수하는 부분이 생긴다. 이러한 헷갈리거나 실수하기 쉬운 문법 포인트들을 미리 익혀두면, 문제를 풀 때 고민하는 시간을 줄이고 정답률을 높일 수 있다.

기본다지기

I | 문장의 기본 구조 익히기

1. 문장의 요소

문장 성분에는 주어, 동사, 목적어, 보어, 그리고 수식어가 있다. 이 중 주어, 동사, 목적어, 보어는 문장에 반드시 있어야 하는 필수 성분이고, 수식어는 필수 성분은 아니지만, 문장의 내용을 조금 더 풍부하게 해 주는 부가적인 정보를 제공한다.

생략 불가능: 주어 | 동사 | 목적어 | 보어
생략 가능: 수식어

종류	역할	가능한 품사
주어	동작의 주체가 되는 말	명사, 대명사
동사	동작이나 상태를 설명해 주는 말	동사
목적어	동작의 대상을 나타내는 말	명사, 대명사
보어	주어나 목적어를 보충 설명해 주는 말	명사, 대명사, 형용사
수식어	명사를 수식하는 말	형용사
	동사, 형용사, 부사를 수식하는 말	부사

1 주어

주어는 동작이나 상태의 주체가 되는 말로, '**누가, 무엇이**'에 해당한다. 명사, 대명사, 명사구나 명사절처럼 명사 역할을 하는 것이 주어 자리에 올 수 있다.

ex **The doctor** prescribed a new medication. 그 의사는 새로운 약을 처방했다.

What we say doesn't always reflect our true feelings. 우리가 말하는 것이 항상 우리의 진심을 반영하는 것은 아니다.

2 동사

동사는 주어의 동작이나 상태를 나타내는 말로, '**~하다, ~이다**'에 해당한다.

ex Jeremy **speaks** Korean fluently. Jeremy는 한국어를 유창하게 한다.
My sister **has** a good sense of humor. 나의 여동생은 좋은 유머 감각을 가지고 있다.

3 목적어

목적어는 동작의 대상이 되는 말로, '**무엇을**' 또는 '**누구에게**'에 해당한다. 주어와 마찬가지로 명사 역할을 하는 것이 목적어 자리에 올 수 있다.

ex I enjoy **swimming in the ocean**. 나는 바다에서 수영하는 것을 즐긴다.
Emma told **her friends a ghost story**. Emma는 그녀의 친구들에게 유령 이야기를 해줬다.

4 보어

보어는 **주어나 목적어를 보충 설명하는 말**이다. 주어를 보충 설명하는 주격 보어와 목적어를 보충 설명하는 목적격 보어가 있으며, 명사 역할을 하는 것이나 형용사 역할을 하는 것이 보어 자리에 올 수 있다.

ex The children were **tired** after the long trip. <주격 보어> 긴 여행 후에 그 아이들은 피곤했다.
The song made him **a superstar**. <목적격 보어> 그 노래는 그를 슈퍼스타로 만들었다.

5 수식어

수식어는 언제/어떻게/왜 등 내용을 더 풍부하게 하는 부가 정보를 제공하는 말이다. 형용사 역할을 하는 것이나 부사 역할을 하는 것이 수식어 자리에 올 수 있다.

ex **Tall** trees provide shade **on hot summer days**. 큰 나무들은 더운 여름날에 그늘을 제공한다.
The line **at the restaurant** moved **very slowly**. 그 식당의 줄이 매우 느리게 움직였다.

✔ CHECK-UP 1. 문장의 요소

다음 문장에서 밑줄 친 부분의 문장 성분(주어, 동사, 목적어, 보어, 수식어)을 쓰고 문장 전체를 우리말로 해석하시오.

01 <u>Something more important</u> just came up. [   ]

02 Our team should discuss <u>the details of the project</u> soon. [   ]

03 The question is <u>whether we can finish on time</u>. [   ]

04 I couldn't figure out <u>what she was trying to say</u> either. [   ]

05 We can begin the meeting <u>without any further delay</u>. [   ]

06 Lisa seemed upset with you all day. [   ]

_____

07 The new app has already been downloaded over a million times. [   ]

_____

08 He won't be back from his business trip for a few more days. [   ]

_____

09 I found the movie engaging because of its stunning visuals. [   ]

_____

10 One of my coworkers volunteered to switch shifts. [   ]

_____

2. 문장의 종류와 어순

영어 문장은 크게 평서문, 의문문, 명령문, 감탄문으로 나눌 수 있으며, 각각의 문장은 서로 다른 어순을 가지고 있다.

1 평서문

평서문은 사실, 생각, 의견 등을 진술하는 문장으로, 영어 문장의 가장 기본적인 형태이다.

(1) 긍정문

긍정문은 「주어 + 동사 + 목적어/보어 + (수식어)」로 구성된다.

주어 + 동사 + 목적어/보어 + 수식어

ex He is playing a video game now. 그는 지금 비디오 게임을 하고 있다.
　　주어　동사　　목적어　　수식어

The story seems interesting. 그 이야기는 흥미로워 보인다.
　주어　　동사　　주격 보어

(2) 부정문

부정문은 부정을 표현하는 문장으로, 주로 not과 같은 부정어를 사용한다.

주어 + 조동사/be동사 + not + (동사원형) + 목적어/보어 + 수식어

ex He **is** interested in sports. → He **is not** interested in sports.
　　그는 스포츠에 관심이 있다.　　　　그는 스포츠에 관심이 없다.

She **studies** English on Sundays. → She **does not study** English on Sundays.
그녀는 일요일마다 영어를 공부한다.　　그녀는 일요일에는 영어를 공부하지 않는다.

> **TIP**
> 부정문에서는 not 외에도 no와 never 같은 부정 표현이 자주 쓰인다. no는 주로 형용사 또는 한정사 역할을 하며, 명사 앞에 위치한다. 반면에 never는 주로 부사 역할을 하며, 동사 앞에 위치한다.
> · She has **no** money. 그녀는 돈이 전혀 없다.
> · I have **never** been to Paris. 나는 파리에 가본 적이 한 번도 없다.

2 의문문

의문문은 질문을 할 때 사용하는 문장으로, 질문의 종류에 따라 어순이 달라진다.

(1) 일반 의문문

일반 의문문은 Yes/No로 답변할 수 있는 질문이다. 평서문의 어순을 그대로 쓰지 않고, 조동사나 be동사가 문장의 맨 앞에 온다.

조동사/be동사 + 주어 + (동사원형) + ...?

ex **Did he finish** his homework? 그는 숙제를 끝냈나요?
　Are they ready for the test? 그들은 시험 준비가 되었나요?

(2) 의문사 의문문

의문사 의문문은 What, Who, When, Where, Why, How와 같은 의문사로 시작하는 질문이다. 문장의 맨 앞에 의문사가 오고, 그 뒤에 「조동사/be동사 + 주어 + 동사」 어순이 이어진다.

- ex **What does Mr. Cooper do**? Mr. Cooper는 무슨 일을 하나요?
  When did she come home yesterday? 그녀는 어제 언제 집에 왔나요?

(3) 간접 의문문

간접 의문문은 질문이 다른 문장 속에 포함된 형태이다. 일반 의문문과 달리, 간접 의문문은 평서문의 어순 「주어 + 동사」를 그대로 따른다.

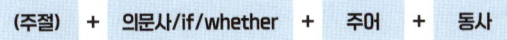

- ex I want to know **where you live**. 나는 네가 어디에 사는지 알고 싶다.
  She asked **if he could help** her. 그녀는 그가 자신을 도와줄 수 있는지 물었다.

> **TIP**
> 주절의 동사가 think, believe, suppose, guess, imagine, say면 의문사는 문장 맨 앞으로 나간다.
> · Do you **think** + **who** will win the race?
>   = **Who** do you think will win the race? 당신이 생각하기에 누가 경주에서 이길 것 같나요?
> · Do you **guess** + **what** did she buy?
>   = **What** do you guess she bought? 당신이 추측하기에 그녀는 무엇을 샀을 것 같나요?

3 명령문

명령문은 지시, 명령, 충고, 부탁을 할 때 사용하는 문장이다. 보통 주어는 생략되며, 동사가 문장의 맨 앞에 온다.

(1) 긍정 명령문

주어 You가 생략되면서 동사원형으로 시작한다.

- ex **You** close the door. → Close the door. 문을 닫아라.

(2) 부정 명령문

주어 You가 생략되고 「Don't + 동사원형」 또는 「Never + 동사원형」으로 시작한다.

- ex **You** must not make a noise. → Don't/Never make a noise. 소음을 내지 마라. / 절대 소음을 내지 마라.

4 감탄문

감탄문은 놀람, 기쁨, 슬픔 등의 감정을 표현할 때 사용하는 문장이다. 보통 What이나 How로 시작하고 문장 맨 뒤의 「주어 + 동사」는 생략할 수 있다.

- ex He is a very kind man. → What a kind man (he is)!
  그는 매우 친절한 사람이다. (그는) 정말 친절한 사람이구나!

  You are very creative. → How creative (you are)!
  너는 매우 창의적이다. (너는) 정말 창의적이구나!

✔ CHECK-UP   2. 문장의 종류와 어순

다음 괄호 속 단어들을 올바른 어순으로 배열하여, 주어진 우리말 문장과 일치하는 영어 문장을 완성하시오.

01 자동차 수리는 언제 완료될 예정인가요?
(when / completed / the car repairs / be / will)

_____?

02 당신은 왜 오늘 아침에 헬스장에 가지 않았나요?
(didn't / to / this morning / go / why / the gym / you)

_____?

03 그 투자자들은 우리의 마케팅 계획이 위험하다고 여겼어요.
(the investors / risky / considered / to be / our marketing plan)

_____.

04 그들은 그들의 여행 중에 좋은 호텔에서 머물렀어요.
(stayed / on / a nice hotel / their trip / they / in)

_____.

05 그 새로운 정책에 대해 설명이 더 필요한가요?
(the new policy / you / need / on / clarification / do / any)

_____?

06 그녀의 지시는 저에게 별로 명확하지 않았어요.
(were / to me / not / her directions / very clear)

_____ .

07 당신은 그가 다른 도시로 이사할 것인지 알고 있나요?
(you / he / to another city / do / know / will move / if)

_____ ?

08 그녀는 기말고사가 언제 치러질 것인지 알고 싶어 했어요.
(she / to know / the final exams / wanted / would take place / when)

_____ .

09 정오까지 팀 전체에게 수정된 슬라이드를 보내세요.
(send / by noon / the entire team / to / the updated slides)

_____ .

10 제 노트북을 고치는 데 비용이 얼마나 들지 알려 줄 수 있나요?
(tell / it / would cost / how much / you / my laptop / me / to fix / can)

_____ ?

정답 p.390

3. 복합문장의 기본 구조와 쓰임

복합문장은 하나의 주절과 하나 이상의 종속절로 이루어진 문장이다. 종속절은 보통 종속접속사나 관계사로 연결되며, 문장에서 다른 절의 주어, 목적어, 보어, 수식어 등의 역할을 한다. 종속절은 크게 명사절, 형용사절, 부사절로 나뉜다.

1 명사절

명사절은 명사처럼 주어, 목적어, 보어 역할을 하는 절로, that/what 등의 명사절 접속사가 이끄는 절을 가리킨다.

ex **That he passed the exam** surprised everyone. 그가 시험에 합격했다는 것은 모두를 놀라게 했다.
　　　주어 역할

I don't know **what she wants**. 나는 그녀가 무엇을 원하는지 모른다.
　　　　　　　　목적어 역할

The problem is **that we don't have enough time**. 문제는 우리에게 충분한 시간이 없다는 것이다.
　　　　　　　　　　보어 역할

> **TIP**
> 명사절을 이끄는 접속사는 완전한 절과 불완전한 절 앞에 오는 것으로 나뉘므로, 뒤에 있는 절의 형태에 맞는 것이 와야 한다.
>
> | 완전한 절 앞에 오는 명사절 접속사 | · that ~이라는 것, ~이라고, ~이라는(동격 that)
· if/whether ~인지 (아닌지)
· when/where/why/how ~하는 시간/장소/이유/방법
　　　　　　　　　　　언제/어디에서/왜/어떻게 ~하는지
· how + 형용사/부사 얼마나 …한/하게 ~하는지 |
> |---|---|
> | 불완전한 절 앞에 오는 명사절 접속사 | · what 무엇이(무엇을) ~하는지, ~하는 것
· which/who(m) 무엇이(무엇을)/누가(누구를) ~하는지
· whatever/whichever/who(m)ever ~하는 무엇이든지/누구든지 |

2 형용사절

형용사절은 형용사처럼 앞에 있는 명사인 선행사를 꾸미는 절로, who/which/that/where 등의 관계사가 이끌기 때문에 관계절이라고도 불린다.

ex　The boy **who is wearing a blue cap** is my brother. 파란 모자를 쓰고 있는 소년은 내 남동생이다.

　　This is the book **that I bought yesterday**. 이것은 내가 어제 산 책이다.

　　Tell me the reason **why she was absent yesterday**. 나에게 그녀가 어제 결석한 이유를 알려 줘.

> **TIP**
> 선행사의 종류와 역할에 맞는 관계사가 왔는지 확인해야 한다.
> · 관계대명사는 앞에 있는 선행사의 종류와 관계절에서의 관계대명사의 역할에 맞는 것이 와야 한다.
>
> | 선행사 | 주격 | 목적격 | 소유격 |
> |---|---|---|---|
> | 사람 | who/that | who(m)/that | whose |
> | 사물/개념 등 | which/that | which/that | whose/of which |
>
> · 관계부사는 앞에 있는 선행사의 종류에 맞는 것이 와야 한다. how는 선행사 the way와 함께 쓸 수 없고, 둘 중 하나만 써야 한다.
>
> | 선행사 | 시간 | 장소 | 이유 | 방법 |
> |---|---|---|---|---|
> | 관계부사 | when | where | why | how |

3 부사절

부사절은 부사처럼 명사 이외의 것을 꾸미면서 '언제/왜' 등의 부가적인 정보를 제공하는 절로, when/while/because/if/although 등의 부사절 접속사가 이끄는 절을 가리킨다.

ex　**When I got home**, it was already dark. 내가 집에 도착했을 때, 이미 어두웠다.
　　　　시간

　　He stayed home **because he was sick**. 그는 아팠기 때문에 집에 있었다.
　　　　　　　　　　이유

　　If you come early, we can have some snacks before class.
　　　　조건
　　만약 당신이 일찍 온다면, 우리는 수업 전에 간식을 먹을 수 있다.

✔ CHECK-UP 3. 복합문장의 기본 구조와 쓰임

다음 두 개의 문장을 연결하여 하나의 복합문장으로 바꾸어 쓰시오.

01 What did you think of the movie? We watched it yesterday.

02 Cindy is the one. She came up with the idea.

03 The Italian restaurant got great reviews. It opened last week.

04 Do you know the day? The science fair is scheduled to take place on that day.

05 I'm not sure. Is the data we received accurate or not?

06 I want to know. Are you planning another trip this year?

_____

07 He is such a good teacher. I will take his other classes.

_____

08 I have no idea. What time does the library close today?

_____

09 I used a navigation application. I was not familiar with the area.

_____

10 Do you know the place? The conference will be held at that place.

_____

정답·해석 p.391

II | 문법적으로 올바른 문장 만들기

1. 수 일치와 시제 일치

문법적으로 올바른 영어 문장을 만들기 위해 반드시 알아야 할 두 가지 규칙이 있다. 주어와 동사는 수(단수·복수)가 일치해야 하며, 주절과 종속절은 시제가 일치해야 한다.

1 주어와 동사의 수 일치

영어 문장에서 주어와 동사는 반드시 수(단수·복수)가 일치해야 한다.

(1) 수식어가 사이에 있는 주어와 동사의 수 일치

주어와 동사 사이에 전치사+명사(구)/형용사구/to부정사구/분사구/관계사절 등의 수식어가 있는 경우, 주어와 동사는 이 수식어를 제외하고 수 일치해야 한다.

> ex **The children** playing in the street **make** a lot of noise.
> 　　주어　　　　수식어(분사구)　　　동사
> 거리에서 놀고 있는 어린이들이 많은 소음을 낸다.

(2) 주격 관계대명사절 동사와 선행사의 수 일치

관계대명사가 주어 역할을 하는 주격 관계대명사절에서는 선행사와 동사의 수가 일치해야 한다.

> ex I have **some friends** from my university [who **like** to study in the café] despite the noise.
> 　　　　　복수선행사　　　　　　　　　　　　　　복수동사
> 나는 소음에도 불구하고 카페에서 공부하는 것을 좋아하는 몇몇 대학교 친구들이 있다.

(3) 도치된 주어와 동사의 수 일치

장소/방향을 나타내거나 부정/제한의 의미를 가진 어구가 강조되어 절의 앞쪽에 온 경우 동사가 주어 앞으로 도치될 수 있으며, 이때 동사는 뒤에 있는 주어에 수 일치해야 한다.

> ex There **are three offices** on the third floor.
> 　　　　복수동사　복수주어
> 3층에는 세 개의 사무실이 있다.

(4) 수량 표현을 포함한 주어와 동사의 수 일치

수량 표현을 포함한 주어에서 of 앞이 단수 취급하는 one/much/the number면 단수동사가 오고, 복수 취급하는 many/a number면 복수동사가 와야 한다.

> ex **One** of my friends **lives** in Canada.
> 　　단수 취급하는 표현　　단수동사
> 내 친구들 중 한 명은 캐나다에 산다.
>
> **Many** of the buildings in this city **are** over 100 years old.
> 복수 취급하는 표현　　　　　　　　복수동사
> 이 도시의 많은 건물들은 100년이 넘었다.

(5) 부분을 나타내는 표현을 포함한 주어와 동사의 수 일치

주어에서 of 앞이 all/most/some/any 등일 때, 동사는 of 뒤의 명사에 수 일치해야 한다.

ex) Most of **the water** in this area **is** polluted.
　　　　　　불가산 명사(단수 취급)　　　단수동사
　　이 지역의 대부분의 물은 오염되었다.

2 주절과 종속절의 시제 일치

영어 문장에서 종속절 동사의 시제는 주절 동사의 시제에 따라 결정된다.

(1) 주절이 현재형일 때

주절 동사가 현재 또는 현재완료 시제일 경우, 종속절의 동사는 어떤 시제를 써도 된다.

ex) I **think** that he **is / was / will be / has been** happy.
　　　주절 동사　　　　　　　　종속절 동사
　　나는 그가 행복하다고 / 행복했다고 / 행복할 것이라고 / 행복해 왔다고 생각한다.

(2) 주절 동사가 과거 시제일 때

주절 동사가 단순과거, 과거완료, 또는 과거진행과 같은 과거 시제일 경우, 종속절의 동사도 과거 시제만 가능하다. 즉, 종속절의 동사로 현재형이나 미래형은 올 수 없다.

ex) I **thought** that he **was / had been / would be** happy.
　　　주절 동사　　　　　　　　종속절 동사
　　나는 그가 행복했다고 / 행복해 왔었다고 / 행복해질 것이라고 생각했었다.

> **TIP**
> 주절의 시제와 상관없이 항상 현재 시제를 쓰거나 과거 시제를 써야 하는 예외적인 경우가 있다.
>
> · 과거, 현재, 미래에 모두 적용되는 표현은 시제 일치 규칙과 관계없이 항상 단순현재 시제를 쓴다.
>
> ex) Rachel **said** that the Earth **is** round.
> 　　　주절 동사　　　　　종속절 동사
> 　　Rachel은 지구가 둥글다고 말했다.
>
> · 역사적 사실은 시제 일치 규칙과 관계없이 항상 단순과거 시제를 쓴다.
>
> ex) The teacher **told** us that World War II **broke** out in 1939.
> 　　　　　　주절 동사　　　　　　　　종속절 동사
> 　　선생님은 우리에게 제2차 세계대전이 1939년에 발발했다고 말씀하셨다.

✔ CHECK-UP 1. 수 일치와 시제 일치

다음 문장에서 동사의 형태가 틀린 부분을 찾아 고쳐 쓰고, 문장 전체를 우리말로 해석하시오.

01 Some students from another class wants to take this course.

02 She said that she is happy with the turnout at last Saturday's event.

03 Professor Miller, who teach economics, will be on leave next semester.

04 Not only do the candidate have strong qualifications, but he also has relevant experience.

05 Kevin asked if I think the movie was interesting.

06 To fix the problem, she tried everything that were available, but nothing worked.

07 The car that is parked outside belong to my neighbor.

08 A number of books has been added to the library collection.

09 The teacher explained that water boiled at 100 degrees Celsius.

10 All of the information in the report were carefully checked before submission.

2. 형용사 역할을 하는 수식어의 위치

문장에서 주어, 목적어, 보어로 쓰인 명사에는 형용사 역할을 하는 수식어구가 자주 붙는다. 기본적으로 형용사는 명사를 앞에서 수식하지만, 몇몇 특정한 경우에는 명사를 뒤에서 수식하기도 한다.

1 명사 앞에 오는 수식어

형용사 역할을 하는 수식어들은 대부분 명사 앞에 놓여 그 명사를 꾸며준다. 명사를 앞에서 수식하는 대표적인 형태로는 형용사(구)와 분사가 있다.

(1) 형용사(구)

형용사나 형용사구는 일반적으로 명사 앞에서 뒤에 오는 명사를 꾸며준다.

ex) She bought a very **expensive** dress.
그녀는 매우 비싼 드레스를 샀다.

> **TIP**
> 일반적으로 형용사(구)는 앞에서 뒤에 오는 명사를 수식하지만, 명사를 뒤에서 수식하는 두 가지 예외도 있다.
>
> · -thing 또는 -body로 끝나는 대명사의 경우 형용사가 뒤에서 수식한다.
>   ex) She didn't say anything **important**.
>   그녀는 아무런 중요한 말도 하지 않았다.
>
> · 긴 형용사구의 경우에는 명사를 뒤에서 수식한다.
>   ex) The book **full of interesting stories** is on the desk.
>   흥미로운 이야기로 가득 찬 그 책은 책상 위에 있다.

(2) 분사

단독으로 쓰인 분사는 명사를 주로 앞에서 꾸며준다. 이때 현재분사는 '~하는/하고 있는'의 능동·진행을 나타내고, 과거분사는 '~된/해진'의 수동·완료를 나타낸다.

ex) The **fallen** leaves made the driveway look like a golden path.
떨어진 잎들이 진입로가 황금빛 길처럼 보이도록 만들었다.

2 명사 뒤에 오는 수식어

전치사구, to부정사구, 분사구, 관계대명사절, 관계부사절과 같이 길이가 길거나 추가 설명이 필요한 수식어는 명사를 뒤에서 수식하는 경우가 많다.

(1) 전치사구

형용사로 쓰인 전치사구는 명사를 뒤에서 꾸며준다.

ex Musicians **from all over the world** will be invited to the festival.
전 세계의 음악가들이 그 축제에 초대될 것이다.

(2) to부정사구

형용사적 용법으로 쓰인 to부정사구는 명사를 뒤에서 꾸며준다.

ex The chef is looking for fresh ingredients **to create new dishes with**.
그 요리사는 새로운 요리를 만들 신선한 재료를 찾고 있다.

(3) 분사구

현재분사구, 또는 과거분사구 형태의 분사구는 명사를 뒤에서 꾸며준다.

ex The students **studying in the library** are preparing for final exams.
도서관에서 공부하고 있는 학생들은 기말고사를 준비하고 있다.

(4) 관계대명사절

관계대명사절은 선행사인 명사 바로 뒤에 위치하여 그 명사를 꾸며준다.

ex The teacher **who taught me English** moved to Canada.
나에게 영어를 가르쳐 주셨던 선생님은 캐나다로 이주하셨다.

(5) 관계부사절

관계부사절은 시간, 장소, 이유, 방법 등을 나타내며 선행사인 명사를 바로 뒤에서 꾸며준다.

ex The park **where we used to play** is now closed.
우리가 예전에 놀던 그 공원은 지금은 폐쇄되었다.

✔ CHECK-UP 2. 형용사 역할을 하는 수식어의 위치

다음 문장에서 형용사 역할을 하는 수식어에 밑줄을 치고, 문장 전체를 우리말로 해석하시오.

01 The magazine published articles on various environmental issues.

02 Students studying for the final exams formed study groups.

03 Is there anybody available to help with the preparations?

04 The company hired an experienced IT specialist recently.

05 The customers who are waiting in line at the coffee shop seem a bit tired.

06 The restaurant where we celebrated our anniversary was excellent.

_____

07 I have a client email to respond to before lunch.

_____

08 The printer in the corner of the office needs to be repaired.

_____

09 A challenging group project requires students to collaborate closely.

_____

10 The park full of colorful flowers attracted visitors.

_____

정답·해석 p.392

3. 부사 역할을 하는 수식어의 위치

주어, 동사, 목적어 등의 필수 성분을 갖춘 완전한 절에는 부사 역할을 하는 수식어구가 자주 붙는다. 이러한 수식어구는 동사, 형용사, 다른 부사, 또는 문장 전체를 꾸며주는 역할을 하며, 문장에서 다양한 위치에 올 수 있다.

1 부사의 다양한 위치

부사는 문장에서 동사, 형용사, 부사, 또는 문장 전체를 수식하는 다양한 역할을 한다. 부사가 무엇을 수식하고 있는지에 따라 여러 위치에 올 수 있다.

(1) 형용사나 부사를 수식할 때

형용사나 부사를 수식하는 부사는 수식하는 대상 바로 앞에 위치한다.

ex   This movie is **really** interesting. 이 영화는 정말 재미있다.

She runs **very** quickly. 그녀는 아주 빨리 달린다.

(2) 동사를 수식할 때

동사를 수식하는 부사는 주로 문장 맨 뒤에 위치한다. 보통 동사와 목적어 사이에는 부사를 쓰지 않는다.

ex   He answered the question **correctly**. 그는 그 질문에 올바르게 대답했다.

(3) 문장 전체를 수식할 때

문장 전체를 수식하는 부사는 문장의 맨 앞이나 일반동사 앞에 위치한다.

ex   **Fortunately**, we found the missing dog. 다행히도, 우리는 잃어버린 개를 찾았다.
문장의 맨 앞에서 문장 전체를 수식

He will **probably** join us later. 그는 아마 나중에 우리와 합류할 것이다.
일반 동사 앞에서 문장 전체를 수식

(4) 빈도부사일 때

어떤 일이 얼마나 자주 일어나는지를 나타내는 빈도부사는 일반동사 앞이나 be동사/조동사 뒤에 위치한다.

ex   She **often** goes jogging in the morning. 그녀는 아침에 종종 조깅을 한다.
일반동사 goes 앞에 위치

He *is* **always** punctual for meetings. 그는 항상 회의에 시간을 잘 지킨다.
be동사 is 뒤에 위치

You *can* **never** be too careful. 아무리 조심해도 지나치지 않다.
조동사 can 뒤에 위치

2 to부정사(구)

부사 역할을 하는 to부정사는 상황에 따라 목적, 원인, 근거, 결과, 정도 등의 다양한 의미를 나타내며, 그것이 수식하는 동사/형용사/부사의 뒤, 또는 문장의 맨 앞에 위치할 수 있다.

ex I was surprised **to bump into my old friend at the airport**.
    　　　　　　　　감정의 원인을 나타내는 to부정사구
나는 옛 친구를 공항에서 우연히 마주쳐서 놀랐다.

To improve your communication skills, try to listen carefully and speak clearly.
　　　목적을 나타내는 to부정사구
당신의 의사소통 능력을 향상시키려면, 주의 깊게 듣고 또렷하게 말하려고 노력하라.

3 전치사구

부사 역할을 하는 전치사구는 장소, 시간, 방법, 이유, 조건 등을 나타내며, 문장의 앞, 중간, 끝 어디든 올 수 있지만 문장의 맨 앞이나 뒤에 위치하는 것이 일반적이다.

ex She goes for a walk **in the morning**. 그녀는 아침에 산책을 간다.
    　　　　　　　　　시간을 나타내는 전치사구

In case of fire, use the emergency exit. 화재가 발생할 경우, 비상구를 이용하시오.
　조건을 나타내는 전치사구

4 분사구문

현재분사나 과거분사로 시작하는 분사구문은 주절 전체를 수식하는 역할을 한다. 분사구문은 보통 문장의 맨 앞이나 뒤에 위치한다.

ex **Laughing at the joke**, Luther clapped his hands.
    　동시동작 나타내는 분사구문
그 농담에 웃으면서, Luther는 박수를 쳤다.

Stored properly, wine will maintain its flavor for many years.
　조건을 나타내는 수동형 분사구문
만약 적절하게 보관된다면, 와인은 수년 동안 그것의 풍미를 유지할 것이다.

The vase fell to the floor, **breaking into pieces**.
　　　　　　　　　　　　　　결과를 나타내는 분사구문
꽃병이 바닥에 떨어져 산산조각이 났다.

✔ CHECK-UP   3. 부사 역할을 하는 수식어의 위치

다음 문장에서 부사 역할을 하는 수식어에 밑줄을 치고, 문장 전체를 우리말로 해석하시오.

01   We can certainly finish the project tomorrow.

02   She checked the documents carefully.

03   I skipped lunch to finish my homework.

04   Due to bad weather, the meeting was canceled.

05   He confidently presented his business proposal to the executives.

06 We went to the supermarket to buy ingredients for dinner.

_____

07 Being promoted to a senior position, she will receive additional responsibilities.

_____

08 The criteria for the scholarship are quite strict.

_____

09 The marketing team frequently updates the social media accounts.

_____

10 Without a doubt, David, who led the project, deserves the promotion.

_____

정답·해석 p.392

실전익히기

I | 답변 문장의 내용 예측하기

1. 질문 내용 파악하기

시험 화면에서 가장 먼저 마주하는 것은 질문이다. 질문은 답변 문장이 어떤 내용을 담아야 하는지를 알려 주는 중요한 단서이므로, 보기 단어를 배열하기 전에 먼저 질문이 무엇을 묻고 있는지 확인해야 한다. 질문을 읽을 때 그 문장 속 주어와 동사를 중심으로 의미를 파악하고, 특히 의문문일 경우에는 의문사나 조동사에도 주의를 기울인다.

질문 내용 파악하기의 예

What did **the manager ask** you after the workshop?

- What 무엇 + the manager 매니저 + ask 물어보다
- ▶ **질문 내용** 매니저가 (당신에게) 무엇을 물어봤나요?

2. 답변 문장에 들어갈 내용 예측하기

질문이 무엇을 묻는지 파악했다면, 이제 여러 단서들을 종합해 답변 문장에 어떤 내용이 들어가게 될지 예측한다.

답변 문장에 들어갈 내용 예측하기 전략

STEP 1 답변 문장 속 단서 확인하기
답변 문장의 구두점(마침표/물음표)을 통해 의문문인지 평서문인지 파악한다. 답변 문장에 일부 단어가 이미 주어졌다면, 그 단어들을 문장의 주어나 시제를 파악하는 단서로 활용한다.

STEP 2 보기 속 핵심 단어 파악하기
보기에 주어진 단어를 빠르게 살펴보며 문장의 핵심 성분을 찾는다. 먼저 주어, 동사, 목적어로 쓸 수 있는 단어를 확인하고, 의문사, 부정어, 접속사처럼 문장의 구조와 흐름을 결정하는 표현에도 주의한다.

STEP 3 단서를 종합해서 답변 문장의 내용 예측하기
답변 문장에 제시된 단서와 보기의 핵심 단어를 종합해서 답변 문장의 내용을 예측한다. 이렇게 예측한 답변 문장의 내용은 이후 단어를 배열해 실제 문장을 완성하기 위한 뼈대가 된다.

답변에 들어갈 내용 예측하기의 예

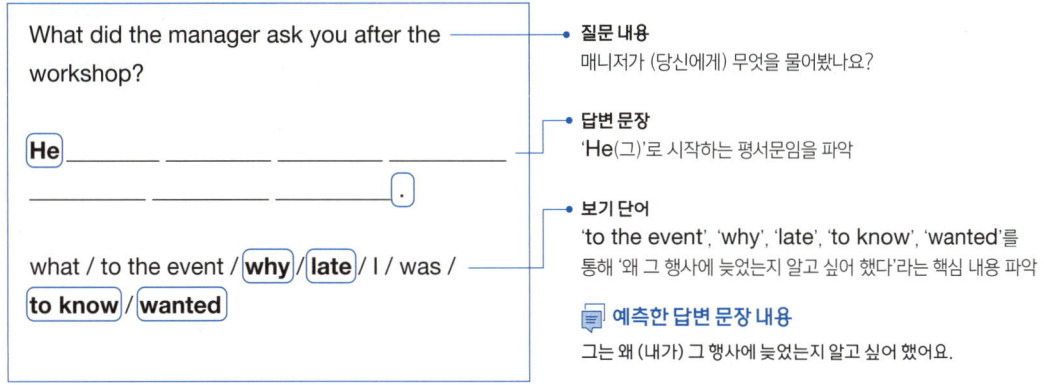

질문 내용
매니저가 (당신에게) 무엇을 물어봤나요?

답변 문장
'He(그)'로 시작하는 평서문임을 파악

보기 단어
'to the event', 'why', 'late', 'to know', 'wanted'를 통해 '왜 그 행사에 늦었는지 알고 싶어 했다'라는 핵심 내용 파악

예측한 답변 문장 내용
그는 왜 (내가) 그 행사에 늦었는지 알고 싶어 했어요.

TIP
때로는 보기에 주어진 단어들을 조합했을 때 두 개 이상의 문장이 만들어질 수 있다. 각 문장만 놓고 보면 모두 완전한 문장 같아서 헷갈릴 수 있지만, '질문과 의미상 가장 자연스럽게 이어지는 문장인지', 혹은 '문법상으로는 문제 없지만 의미가 어색한 문장은 아닌지'를 판단해서, 가장 적절한 내용을 선택해야 한다.

ex)
질문 What did Mary ask you this morning?
답변 She _____ _____ _____ _____ _____ _____ _____.
보기 **when** / to Australia / were / to know / **where** / going / you / wanted

예측한 답변 문장 내용
후보①: 그녀는 당신이 **언제** 호주에 가는지 알고 싶어 했어요. (O)
후보②: 그녀는 당신이 호주에 **어디로** 가는지 알고 싶어 했어요. (X)
→ '호주에 어디로 가는지'는 문법상으로는 가능하지만, 의미상으로는 어색한 표현이다.

HACKERS PRACTICE

주어진 질문, 답변, 보기를 읽고, 질문 내용을 한국어로 작성한 후 답변 내용을 가장 정확하게 예측한 것을 고르시오.

01
질문 Have you finished writing the report?
답변 _____ _____ _____ _____ _____ _____ yet.
보기 had / the chance / I / haven't / it / to do

1) 질문 내용: _____

2) 답변 내용: ① 아직 그것을 할 기회가 없었어요.
② 그것을 할 기회가 있을 거예요.

02
질문 I can't remember where I put my keys.
답변 _____ _____ _____ _____ _____ _____ _____?
보기 was / who / had / you / the last time / when / them

1) 질문 내용: _____

2) 답변 내용: ① 마지막으로 그것을 가지고 있었던 게 누구였나요?
② 마지막으로 그것을 가지고 있었던 게 언제였나요?

03
질문 I saw you talking to the professor after class yesterday.
답변 She _____ _____ _____ _____ _____ _____ _____.
보기 is / me / due / to remind / wanted / when / the assignment / will

1) 질문 내용: _____

2) 답변 내용: ① 그녀는 제가 과제를 언제 제출할 건지 알고 싶어 하셨어요.
② 그녀는 저에게 과제 마감일이 언제인지 상기시켜 주고 싶어 하셨어요.

04
질문 What did the director mention regarding the final edit?
답변 _____ _____ which _____ _____ _____.
보기 reshot / scenes / he / be / asked / were / should

1) 질문 내용: _____

2) 답변 내용: ① 그는 어떤 장면들이 다시 촬영되어야 하는지 물어봤어요.
② 그는 어떤 장면들이 다시 촬영되었는지 물어봤어요.

05

질문 Where did you find your umbrella?

답변 I _____ _____ _____ _____ _____ _____ _____ .

보기 checked / visited / I / every / last weekend / place

1) 질문 내용: _____

2) 답변 내용: ① 지난 주말에 제가 갔던 곳을 확인해 봐야겠어요.
　　　　　　② 지난 주말에 제가 갔던 모든 곳을 확인해 봤어요.

06

질문 Did the committee talk about the budget proposal?

답변 Yes, _____ _____ _____ _____ _____ _____ _____ .

보기 were / further adjustments / if / asked / they / needed

1) 질문 내용: _____

2) 답변 내용: ① 네, 그들은 추가적인 조정이 필요한지 물어봤어요.
　　　　　　② 네, 그들은 어느 부분을 수정해야 할지 물어봤어요.

07

질문 What did your neighbor say about the community meeting?

답변 _____ _____ who _____ _____ _____ _____ _____ .

보기 for / wondered / organizing / responsible / it / she / organize / was

1) 질문 내용: _____

2) 답변 내용: ① 그녀는 누가 그 모임을 주최하고 싶어 하는지 궁금해했어요.
　　　　　　② 그녀는 누가 그 모임을 주최할 책임이 있는지 궁금해했어요.

08

질문 I heard there were issues with yesterday's software launch.

답변 _____ _____ _____ _____ _____ _____ from our website.

보기 trouble / customers / it / downloading / had / download

1) 질문 내용: _____

2) 답변 내용: ① 고객들이 우리 웹사이트에서 그것을 다운로드하는 데 어려움을 겪었어요.
　　　　　　② 고객들이 우리 웹사이트에서 그것을 다운로드하고 나서 문제를 발견했어요.

정답·해석 p.393

II | 예측한 답변 문장 완성하기

질문의 내용을 파악하고 단서를 통해 답변 문장의 내용을 예측했다면, 이제 예측한 내용을 실제 영어 문장으로 옮겨야 한다.

1. 의미 덩어리 만들기

문장을 완성할 때는 보기 단어를 하나씩 따로 놓고 고민하기보다, 의미 단위별 덩어리로 묶어서 배열하는 것이 효과적이다. 이렇게 의미 덩어리로 문제를 접근하면 배열 순서를 헷갈리지 않고, 문장의 전체 흐름을 훨씬 쉽게 파악할 수 있다.

의미 덩어리 만들기 전략

STEP 1 예측한 답변 내용을 의미 덩어리로 나누기

먼저 한국어로 떠올린 답변 내용을 영어 어순에 맞게 다시 배열한다. 그다음, 문장을 '누가 + 무엇을 하다', '언제/어디서', '어떻게/왜'와 같은 의미를 나타내는 덩어리로 나눈다.

STEP 2 보기 단어를 의미 덩어리에 맞춰 조합하기

앞서 나눈 의미 덩어리에 맞춰 보기 단어를 조합한다. 이때 주어나 명사의 수(단수/복수), 주어와 동사의 수 일치, 시제의 일관성, 전치사 사용 등을 꼼꼼히 확인한다.

의미 덩어리 만들기의 예

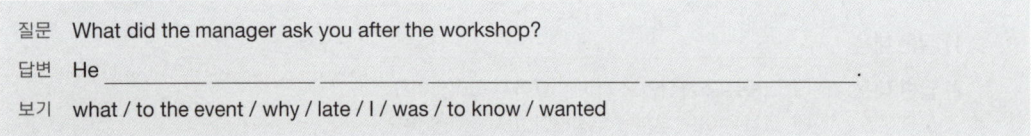

질문 What did the manager ask you after the workshop?
답변 He _____ _____ _____ _____ _____ _____ _____.
보기 what / to the event / why / late / I / was / to know / wanted

STEP 1 예측한 답변 내용을 의미 덩어리로 나누기

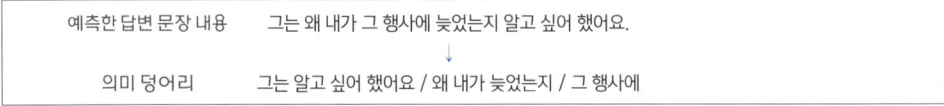

예측한 답변 문장 내용   그는 왜 내가 그 행사에 늦었는지 알고 싶어 했어요.
↓
의미 덩어리   그는 알고 싶어 했어요 / 왜 내가 늦었는지 / 그 행사에

STEP 2 보기 단어를 의미 덩어리에 맞춰 조합하기

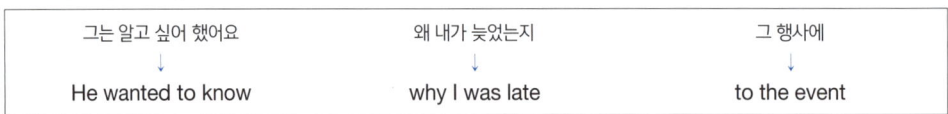

그는 알고 싶어 했어요 → He wanted to know
왜 내가 늦었는지 → why I was late
그 행사에 → to the event

2. 의미 덩어리를 배열해서 문장 완성하기

보기 단어들을 조합해 만든 의미 덩어리를 이제 영어 문장의 어순에 맞게 배열해서 답변 문장을 완성해야 한다.

의미 덩어리를 배열해서 문장 완성하기 전략

STEP 1 문장의 필수 성분 배열하기

미리 만들어둔 의미 덩어리들 중에서 문장의 필수 성분들을 먼저 어순에 따라 배열한다.

· 평서문: 주어 → 동사 → 목적어/보어
· 의문문: (의문사) → 조동사/be동사 → 주어 → 동사 → 목적어/보어

STEP 2 나머지 의미 덩어리를 배열해 문장 완성하기

문장의 필수 성분들을 배열한 뒤에는 수식어구(전치사구/형용사구/부사구)와 절(명사절/형용사절/부사절) 등의 나머지 의미 덩어리들을 올바른 위치에 순서대로 배열해야 한다. 특히 수식어는 어떤 성분을 꾸며주는지(명사/동사/문장 전체)에 따라 위치가 달라지므로 주의하며 배열한다.

의미 덩어리를 배열해서 문장 완성하기의 예

STEP 1 문장의 필수 성분 배열하기

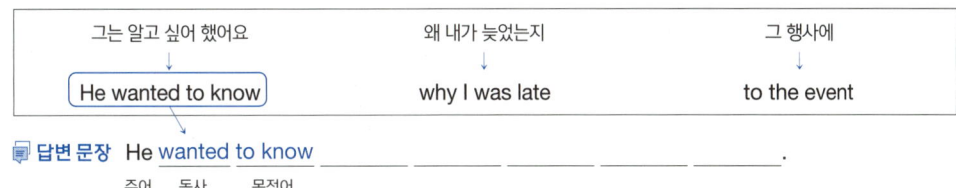

📱 답변 문장 He wanted to know _____ _____ _____ _____ _____.
　　　　　　　　주어　동사　　목적어

STEP 2 나머지 의미 덩어리를 배열해 문장 완성하기

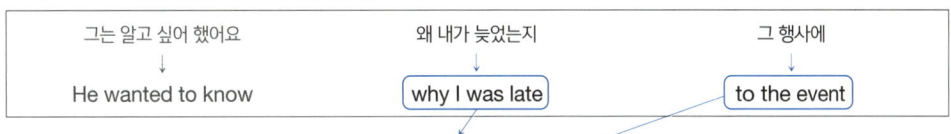

📱 답변 문장 He wanted to know why I was late to the event.

TIP

답변 문장의 모든 빈칸을 채웠는데도 보기 단어가 남아 있는 경우가 있을 수 있다. 이때는 '완성한 답변 문장이 문법적으로 정확한지', '남아 있는 보기 단어가 불필요한 게 맞는지', 이 두 가지를 반드시 확인해야 한다.

ex)

질문 What did the manager ask you after the workshop?

답변 He wanted to know why I was late to the event.

보기 **what** / to the event / why / late / I / was / to know / wanted

→ 완성한 답변 문장은 주어(He) + 동사(wanted) + 목적어(to know ~) + 간접의문문(why~) 구조로 문법적으로 정확하고, 질문에도 정확히 대답하고 있다. 따라서 남은 보기 단어 'what'은 문장에 불필요한 단어가 맞다는 것을 알 수 있다.

HACKERS PRACTICE

주어진 질문 내용과 예측한 답변 내용을 참고하여 단어들을 올바른 어순으로 배열해 알맞은 문장을 완성하시오.

01
질문 내용
어제 저녁 식사에 왜 우리와 함께하지 않았나요?
예측한 답변 내용
저는 시험 준비를 해야 했어요.

질문 Why didn't you join us for dinner yesterday?
답변 I _____ _____ _____ _____ _____ .
보기 to prepare / the / needed / exam / for / prepare

02
질문 내용
워크숍에 신청했나요?
예측한 답변 내용
아직 아니요. 저는 내일 그것을 할 계획이에요.

질문 Did you sign up for the workshop?
답변 Not yet. _____ _____ _____ _____ _____ _____ tomorrow.
보기 do / planning / I / to / it / am

03
질문 내용
그 신발을 어디에서 샀나요?
예측한 답변 내용
도서관 옆에 있는 상점은 많은 종류의 운동화를 취급해요.

질문 Where did you buy those shoes?
답변 _____ _____ the library _____ _____ _____ .
보기 next to / many kinds of / the shop / carries / sneakers

04
질문 내용
저는 내일 수업 발표가 있어요.
예측한 답변 내용
당신의 주제가 무엇인지 말해줄 수 있나요?

질문 I have a class presentation tomorrow.
답변 _____ _____ _____ _____ _____ _____ ?
보기 your topic / tell / is / you / can / what / me

05
질문 내용
그 고객은 무엇을 원했나요?
예측한 답변 내용
그녀는 물건을 교환할 수 있는지 궁금해했어요.

질문 What did the customer want?
답변 She _____ _____ _____ _____ _____ _____ _____ .
보기 exchange / she / was / could / curious / whether / an item / exchanging

06

질문 내용
우리 사장님이 회사의 채용 계획에 대해 우리와 이야기하셨어요.

예측한 답변 내용
저는 우리 부서도 직원들을 채용하고 있는지 궁금해요.

질문: Our boss spoke with us about the company's hiring plan.

답변: I _____ _____ _____ _____ _____ _____ too.

보기: our department / if / workers / wonder / is / recruiting

07

질문 내용
세미나에서 많은 것을 얻었나요?

예측한 답변 내용
저는 토론이 제 프로젝트에 매우 도움이 된다고 생각했어요.

질문: Did you get a lot out of the seminar?

답변: _____ _____ _____ _____ _____ _____ my project.

보기: the discussion / for / I / helpful / very / found / did

08

질문 내용
Mike가 학교 축제에 관해 당신에게 무엇을 물어봤나요?

예측한 답변 내용
그는 공연자 명단에 누가 있는지 알고 싶어 했어요.

질문: What did Mike ask you about the school festival?

답변: He _____ _____ _____ _____ _____ _____ of performers.

보기: the list / to know / was / who / on / be / wanted

09

질문 내용
그 추리 소설을 다 읽었나요?

예측한 답변 내용
아니요, 그런데 저는 이미 그 소설의 결말을 추측했어요.

질문: Have you finished reading that mystery novel?

답변: No, but _____ _____ already _____ _____ _____ _____.

보기: did / have / the novel / guessed / I / of / the ending

10

질문 내용
Noel이 당신이 작업 중인 보고서에 대해 무언가를 말했나요?

예측한 답변 내용
그는 그것이 언제 끝날지 물어봤어요.

질문: Did Noel say anything about the report you're working on?

답변: _____ _____ _____ _____ _____ _____ _____.

보기: asked / be / it / when / would / he / finished

HACKERS TEST

다음 보기 단어들을 올바른 순서로 배열하여 질문에 알맞은 문장을 완성하시오.

01 질문 **The professor's instructions on the assignment were a bit unclear.**

답변 I _____ either.

보기 couldn't / she / us / what / figure out / expected / to do / how

02 질문 **Have you arranged the flights for our trip?**

답변 No, _____.

보기 not / be / them / able / I / been / to book / have

03 질문 **Kelly is not coming to the training session today.**

답변 Can you _____ ?

보기 it / me / why / make / she / can't / tell / making

04 질문 **Are you going to the orientation for new students?**

답변 Do you _____ ?

보기 time / where / know / it / starts / what

05 질문 **Did you try the recipe I sent you?**

답변 _____.

보기 some of / trouble / did / had / finding / I / the ingredients

06 질문 What did the manager want to know?

답변 _____ _____ _____ _____ _____ _____.

보기 were / the new staff members / wondered / do / how / doing / he

07 질문 We're planning to go to the band's concert this weekend.

답변 Can you _____ _____ _____ _____ _____ still _____?

보기 me / if / are / available / is / tickets / tell

08 질문 Did I see you speaking to Eric earlier?

답변 He _____ _____ _____ _____ _____ _____ on Friday.

보기 the school festival / if / would like / asked / I / to go / to

09 질문 Why didn't you join us for the meeting this morning?

답변 _____ _____ _____ for work _____ _____ _____.

보기 late / I / headache / a bad / was / due to

10 질문 I have a doctor's appointment tomorrow.

답변 _____ _____ _____ _____ _____ _____?

보기 hurts / where / I / hurting / may / it / ask

HACKERS TEST

11 질문 The workshop photos were posted on the company's internal site.

답변 Really? _____ _____ _____ _____ _____ _____ already.

보기 didn't / I / they / were / know / uploaded / was

12 질문 Who catered last year's holiday party for the company?

답변 _____ _____ John _____ _____ _____ _____ _____.

보기 might remember / I / service / hired / which / think / we

13 질문 Did you have a good time on your trip?

답변 The botanical garden _____ _____ _____ _____ _____ _____.

보기 was / it / relaxing / visited / very / that / we

14 질문 I signed up for a language class this semester.

답변 I would _____ _____ _____ _____ _____ _____.

보기 know / what language / are / you / to know / taking up / love

15 질문 What did the therapist say about your shoulder pain?

답변 _____ _____ _____ _____ that _____ _____ _____ at home.

보기 can / showed / some exercises / I / me / do / she

16 질문 Where did you get your camera?

답변 _____ _____ _____ secondhand _____ _____ _____ _____.

보기 bought / from / store / I / an / online / it

17 질문 I'm thinking of moving into a new apartment.

답변 It's about _____ _____ _____ _____ _____.

보기 got / that neighborhood / time / you / out of

18 질문 What did your boss think of your idea?

답변 She _____ _____ _____ _____ _____ _____ _____.

보기 me / a formal proposal / to / writing / for management / write / wants

19 질문 I'm considering changing my major to something else.

답변 _____ _____ _____ _____ _____ _____ _____ for changing majors?

보기 are / know / you / the requirements / do / what / is

20 질문 This pizza you brought home tastes delicious.

답변 I _____ _____ _____ _____ _____ _____ _____ down the street.

보기 from / it / got / that / a new place / just opened

POWER TEST 1

TOEFL iBT Writing

Make an appropriate sentence.

01 Do you have any spare envelopes I could use?

_____ _____ _____ _____ _____ _____?

the supply closet / look / in / tried / looking / you / have

02 Who was chosen to represent our class at the competition?

_____ _____ _____ _____ _____ ended up _____ _____.

selected / I / being / not / have / idea / no / who

03 Are you worried about having to lead the new project?

My only concern _____ _____ _____ _____ _____ _____ it.

to complete / whether / have / completing / we / is / the time

04 Can you tell me what Anthony was asking about just now?

He was _____ _____ _____ _____ _____ _____ the weekend.

was / planning / I / what / curious / did / about / for

05 Did the staff say anything about the new leave policy?

They _____ _____ _____ _____ _____ _____ _____.

when / know / take effect / it / would / to / wanted

06 We need a new coffee machine for the break room.

Do you _____ _____ _____ _____ _____ _____ ?

bought / we / the / who / last one / where / remember

07 When will the next shipment of books arrive?

_____ are _____ _____ _____ _____ _____ _____ _____ .

scheduled / they / days / delivered / a couple of / to be / delivering / in

08 I heard our company is getting us new computers.

_____ _____ know _____ _____ _____ _____ _____ ?

you / when / suppose / is / supposed / that / to happen / do

09 Are the Wilsons coming to the party this weekend?

_____ _____ _____ _____ _____ _____ this weekend?

you / they / can't / it / make / know / don't

10 I'm excited to see Ellie perform in the musical.

_____ she tell _____ _____ _____ _____ _____ _____ ?

she's / did / what role / the show / play / you / playing / in

POWER TEST 2

TOEFL iBT Writing

Make an appropriate sentence.

01 Why did the HR department reschedule the training session?

It _____ _____ _____ _____ _____ _____.

postponed / absence / unexpected / the trainer's / due to / was

---

02 Can you tell me why you bought the car?

I _____ _____ _____ _____ _____ _____ _____.

long / something / for / daily commute / needed / reliable / my

---

03 Do you know anyone who can help Sean with his math assignment?

Have _____ _____ _____ _____ _____ _____ _____?

the student services office / tutoring / asked / offer / if / they / you

---

04 I heard tomorrow's class with Professor Clark has been canceled.

On _____ _____ _____ _____ _____ _____?

day / is / which / the / scheduled / makeup class

---

05 I'm thinking about signing up for a new credit card.

_____ _____ _____ _____ _____ _____?

benefits / prioritize / you / do / types of / which

06 Why did you leave the office so suddenly yesterday?

_____ _____ that _____ _____ _____ _____.

urgent / came up / ignore / something / I / ignored / couldn't

---

07 I'm considering volunteering at the local animal shelter.

_____ _____ _____ _____ _____ _____ already _____ there?

someone / spoken / you / volunteers / who / have / to

---

08 Did Professor Lee mention anything about the midterm schedule?

_____ _____ _____ _____ _____ _____ _____ in the next few days.

be / us / should / is / she / told / it / finalized

---

09 Can you confirm if production is on schedule?

We've _____ _____ _____ _____ _____ _____ _____ _____.

cause / some / to cause / that / encountered / a small delay / might / unexpected issues

---

10 What did the department chair ask you?

_____ _____ _____ would be _____ _____ _____.

the seminar / wondered / how / presenting / who / at / he

무료 토플자료·유학정보 제공
goHackers.com

Hackers Updated TOEFL WRITING

TASK 2

Write an Email

Introduction

기본다지기
  I. 상황별 표현 익히기
  II. 주제별 표현 익히기

실전익히기
  I. 이메일의 기본 구조 익히기
  II. 이메일 쓰기-도입
  III. 이메일 쓰기-본문과 마무리

POWER TEST 1, 2

Introduction

TASK 2(Write an Email)는 대학이나 일상생활에서 일어날 법한 상황과 이메일에 포함할 내용을 읽고, 상황과 목적에 적절한 형식과 내용을 갖춘 이메일을 작성하는 유형이다. 교수에게 과제 제출 연장을 부탁하거나 친구에게 약속 변경을 요청하는 등의 다양한 상황이 출제된다. 총 1문제가 출제되며 답안 작성 시간 7분이 주어진다.

■ Preview

Direction 화면

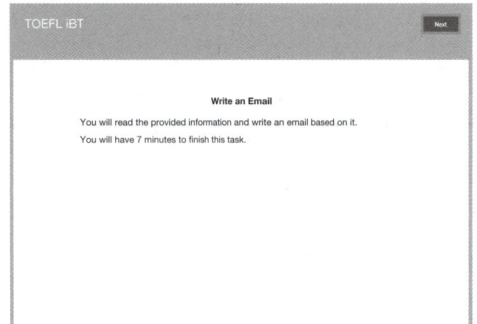

TASK 2에 대한 Direction이 주어진다.

디렉션의 내용 : 제시된 정보를 읽고 그 내용을 바탕으로 이메일을 작성한다. 이 TASK의 제한 시간은 7분이다.

해야 할 일 : 메모를 하기 위한 펜과 종이를 준비하고 지시사항을 충분히 숙지한 후, 문제 풀이 화면으로 넘어간다.

문제 풀이 화면

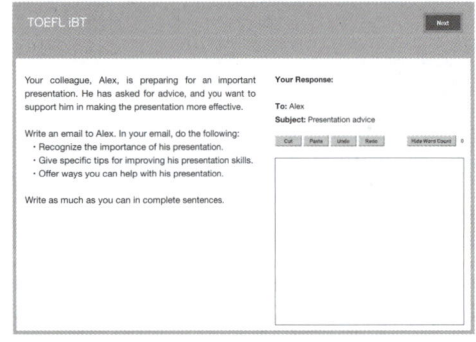

문제가 출제될 때 나오는 화면으로, 문제와 답안 작성란이 제시된다.

답안을 작성할 수 있는 시간 : 7분

답안을 작성할 때 해야 할 일 : 문제를 확인한 뒤, 이메일에 쓸 내용을 브레인스토밍하고 아웃라인으로 정리한다. 그 후, 답안 작성란에 이메일을 작성한다.

답안을 작성하고 난 후 해야 할 일 : 이메일을 완성한 후 상단의 Next 버튼을 누르면 다음 TASK로 넘어간다. 이때, 한 번 넘어가면 이전 TASK 돌아올 수 없으므로 충분히 고민한 후 넘어가도록 한다.

Strategy

1. 문제를 정확히 파악한다.

문제에는 작성자가 처한 상황, 이메일의 목적, 이메일에 반드시 포함해야 하는 항목, 그리고 수신자의 이름이나 소속 등 핵심 정보들이 제시된다. 이러한 내용을 정확하게 파악하고 이메일에 반영하는 것이 고득점 답안을 위해 매우 중요하다. 따라서 답안을 작성하기 전에 이러한 주요 정보를 정확히 파악하고 간단히 메모하여 정리해두면, 글을 쓸 때 빠뜨림 없이 체계적이고 완성도 높은 답안을 작성할 수 있다.

2. 브레인스토밍하고 아웃라인을 잡는다.

본격적으로 이메일을 작성하기 전에 답안에 포함할 아이디어를 빠르게 떠올리고, 이를 이메일의 구조와 흐름에 맞춰 순서대로 정리하여 아웃라인을 구성한다. 이렇게 하면 글을 쓰는 과정에서 생각이 흩어지지 않고, 체계적으로 내용을 전개할 수 있다.

3. 작성한 이메일을 검토한다.

이메일을 작성한 후 시간이 남는다면 처음부터 끝까지 읽어보며 검토한다. 이때, 문제에서 제시된 사항을 모두 반영했는지, 그리고 문법, 철자, 문장 구조 등 형식적인 부분도 문제 없는지를 중심으로 점검하고 수정한다.

Study Guide

1. 이메일에 자주 쓰이는 표현을 익히자.

이메일에는 상황과 주제에 따라 자주 사용되는 표현들이 있다. 예를 들어, 'I am writing to ask for ~'는 무언가를 요청하기 위해 이메일을 쓰고 있음을 나타내며, 'Thank you very much for ~'는 감사를 표현할 때 사용할 수 있다. 또한 학교생활과 관련된 이메일을 쓸 때는 'request an extension', 'catch up on ~'과 같은 표현이 자주 사용된다. 이런 표현을 미리 익혀두면, 떠올린 아이디어를 더 빠르고 자연스럽게 영어로 표현하여 이메일을 완성할 수 있다.

2. 이메일의 기본 구조를 익히자.

이메일은 일반적으로 인사말과 목적을 밝히는 도입부, 문제에서 요구하는 내용을 담은 본문, 그리고 감사 인사나 답변에 대한 기대를 표현하는 맺음말이 포함된 마무리의 순서로 구성된다. 이메일의 형식을 갖춘 답안을 완성하는 것이 중요한 평가 요소 중 하나이므로, 평소에 이메일 구조에 알맞은 글을 작성하는 연습을 하고 익숙해질 필요가 있다.

3. 다양한 이메일 작성 상황에 대한 아이디어를 떠올리는 연습을 하자.

7분이라는 짧은 시간 안에 주어진 상황에 맞는 아이디어를 떠올리고 답안을 완성해야 하므로, 평소에 다양한 상황을 가정하며 이메일에 활용할 수 있는 아이디어를 충분히 정리해 두는 것이 중요하다. 이렇게 미리 아이디어를 준비해 두면 실제 시험에서 훨씬 더 수월하게 답안을 작성할 수 있다.

기본다지기

I | 상황별 표현 익히기

영어로 이메일을 써야 하는 상황이 익숙하지 않은 경우, 전달하고 싶은 내용이 머릿속에 떠올라도 바로 글로 옮기기가 쉽지 않다. 예를 들어, 교수님에게 과제 제출 기한 연장을 요청해야 하는 상황을 생각해 보자.

Smith 교수님께,

교수님의 수업의 과제**에 관하여 연락드립니다.** 마감일에 대한 약간의 연장을 정중히 요청드립니다.

안타깝게도, 저는 과제를 제때 완료하는 것을 방해**하는 몇 가지 문제들을 겪었습니다.**

과제를 완료하고 제출할 수 있도록 하루나 이틀의 추가 시간을 **주신다면 감사하겠습니다.**

Karen 드림

Dear Professor Smith,

I am contacting you regarding the upcoming assignment for your class. I would like to kindly request a short extension of the deadline.

Unfortunately, **I ran into a couple of issues that** prevented me from finishing the assignment on time.

I would appreciate it if you could give me an additional day or two to complete and submit the assignment.

Sincerely,
Karen

이처럼 이메일에서는 상황에 따라 적절한 표현을 선택하는 것이 중요하다. 상황별 표현을 알고 있으면 이메일을 시작할 때 막히지 않고, 문장을 자연스럽게 이어 갈 수 있다.

1. 요청, 문의, 문제, 해결 표현

1 ~해 주신다면 감사하겠습니다 / ~에 대해 감사하겠습니다

I would be grateful if you could 동사원형 / I would be grateful for ~

시험 기간 동안 도서관 이용 시간을 연장해 주신다면 감사하겠습니다.
I would be grateful if you could extend the library hours during exam week.

2 ~해주시면 감사하겠습니다

I would appreciate it / It would be appreciated if you could 동사원형

소음 문제 해결에 더 적극적으로 나서주시면 감사하겠습니다.
I would appreciate it if you could take a more active role in solving the noise problem.

3 ~에 관해 도움을 주셨으면 합니다

I was hoping you could help me with ~ / I would love your help with ~

이 보고서에 관해 도움을 주셨으면 합니다.
I was hoping you could help me with this report.

4 ~에 대해 안내해 주시면 대단히 감사하겠습니다

I would greatly appreciate your guidance/ instructions on ~

다음 학기에 어떤 과목을 수강해야 할지에 대해 안내해 주시면 대단히 감사하겠습니다.
I would greatly appreciate your guidance on which course I should take next semester.

5 ~을 설명해 주실 수 있나요?

Would you mind clarifying ~?

교환학생 프로그램에 등록하기 위한 필요한 절차를 설명해 주실 수 있나요?
Would you mind clarifying the required steps to register for the exchange program?

6 ~에 관하여 연락드립니다

I am contacting you regarding ~

지난주에 받은 청구서에 관하여 연락드립니다.
I am contacting you regarding the invoice I received last week.

7 저는 ~에 대한 저의 관심을 표현하기 위해 이메일을 쓰고 있습니다

I am writing to express my interest in ~

저는 귀사에서 제공하는 여름 인턴십 프로그램에 대한 저의 관심을 표현하기 위해 이메일을 쓰고 있습니다.
I am writing to express my interest in the summer internship program your company is offering.

8 저는 ~을 요청드리기 위해 이메일을 쓰고 있습니다

I am writing to ask for / request ~

저는 제 최근 주문 건에 관한 정보를 요청드리기 위해 이메일을 쓰고 있습니다.
I am writing to ask for information regarding my recent order.

9 ~에 대해 문의드리고 싶습니다

I would like to inquire/ask about ~

헬스장 회원권 비용에 대해 문의드리고 싶습니다.
I would like to inquire about membership fees at your gym.

10 ~인지 [~하는 게 맞는지] 확인해 주실 수 있나요?

Could you please confirm whether 주어 + 동사?

휴일 중에 도서관이 운영되는지 확인해 주실 수 있나요?
Could you please confirm whether the library will be open during the holidays?

11 ~을 알려 주실 수 있나요?

Could you please let me know ~?

제 소포가 언제 도착할지 알려 주실 수 있나요?
Could you please let me know when my package will arrive?

12 ~에 대해 조언해 주시겠어요 [알려 주시겠어요]?

Could you please advise ~ ?

어떤 서류를 제출해야 하는지에 대해 저에게 조언해 주시겠어요?
Could you please advise me on which document I should submit?

13 저는 ~하기 때문에 -에 매우 관심이 있습니다

I am very interested in ~ because 주어 + 동사

저는 다양한 문화를 경험할 수 있기 때문에 유학에 매우 관심이 있습니다.
I am very interested in studying abroad **because** it allows me to experience different cultures.

14 ~의 진행 상황[현황]을 알려 주시기 바랍니다

Please provide me with the current status of ~

제 장학금 신청의 진행 상황을 알려 주시기 바랍니다.
Please provide me with the current status of my scholarship application.

15 ~이라고 통보받았습니다

I was notified that 주어 + 동사

악천후로 인해 제 항공편이 취소되었다고 통보받았습니다.
I was notified that my flight has been canceled due to severe weather conditions.

16 저는 ~에 대한 몇 가지 우려를 전하기 위해 이메일을 쓰고 있습니다

I am writing to express some concerns about ~

저는 우리 동네의 치안 문제에 대한 몇 가지 우려를 전하기 위해 이메일을 쓰고 있습니다.
I am writing to express some concerns about the safety of our neighborhood.

17 ~에 대한 긴급한 관심[주의]을 정중히 요청드립니다

I kindly request your urgent attention to ~

수강 신청 페이지 오류에 대한 긴급한 관심을 정중히 요청드립니다.
I kindly request your urgent attention to a system error on the course registration page.

18 저는 ~에서 여러 차례 불편한 경험을 한 후 이메일을 쓰고 있습니다

I am writing to you after having had several negative experiences at ~

저는 귀하의 매장에서 여러 차례 불편한 경험을 한 후 이메일을 쓰고 있습니다.
I am writing to you after having had several negative experiences at your store.

19 저는 ~을 신고하기 [알리기] 위해 이메일을 쓰고 있습니다

I am writing to report ~

저는 제 신용카드의 승인되지 않은 결제 건을 신고하기 위해 이메일을 쓰고 있습니다.
I am writing to report an unauthorized charge on my credit card.

20 저는 ~하는 중에 제가 겪었던 문제와 관련하여 이메일을 쓰고 있습니다

I am writing regarding an issue I encountered while ~

저는 앱을 설치하는 중에 제가 겪었던 문제와 관련하여 이메일을 쓰고 있습니다.
I am writing regarding an issue I encountered while installing the app.

21 저는 ~으로 인해 -할 수 없었습니다

I was unable to 동사원형 due to ~

저는 갑작스러운 질병으로 인해 그 회의에 참석할 수 없었습니다.
I was unable to attend the meeting **due to** a sudden illness.

22 ~한 몇 가지 문제들을 겪었습니다

I ran into a couple of issues that 과거 동사

안타깝게도, 프로젝트 완료를 지연시킨 몇 가지 문제들을 겪었습니다.
Unfortunately, **I ran into a couple of issues that** delayed the project completion.

23 ~는 -을 겪고 있습니다

주어 has been experiencing ~

저는 웹사이트 접속에 어려움을 겪고 있습니다.
I **have been experiencing** difficulties accessing the website.

24 안타깝게도, ~하는 중에 A를 겪었습니다

Unfortunately, I encountered A while ~

안타깝게도, 제 에세이를 출력하는 중에 문제를 겪었습니다.
Unfortunately, I encountered a problem **while** printing my essay.

25 저는 ~하다는 것을 알게 되었습니다 [알아차렸습니다]

I've noticed/realized that 주어 + 동사

저는 몇몇 학생들이 다가오는 시험에 대해 질문이 있다는 것을 알게 되었습니다.
I've noticed that some students have questions about the upcoming exam.

26 ~가 -으로 인해 [~에 대해] 불만스러워하고 있습니다

주어 is becoming frustrated by/with ~

그 팀은 불분명한 지시로 인해 불만스러워하고 있습니다.
The team **is becoming frustrated by** the unclear instructions.

27 ~는 A할 뿐만 아니라 B도 합니다

주어 not only A but also B

그 문제는 비용을 늘릴 뿐만 아니라 생산성도 떨어뜨립니다.
The problem **not only** increases costs **but also** decreases productivity.

28 A는 B가 ~하기 어렵게 만듭니다

A makes it difficult for B to 동사원형

불안정한 인터넷 연결은 제가 재택근무하기 어렵게 만듭니다.
The poor internet connection **makes it difficult for** me **to** work from home.

29 ~가 A가 -하게 만들었습니다

주어 has caused A to 동사원형

정전이 냉장고의 음식이 상하게 만들었습니다.
The power outage **has caused** food **to** spoil in the fridge.

30 ~는 -하기 때문에 우려됩니다

주어 is troubling because 주어 + 동사

참여 부족은 팀 전체의 성과에 영향을 주기 때문에 우려됩니다.
The lack of participation **is troubling because** it affects the whole team's performance.

31 ~는 A에 큰 영향을 미칩니다

주어 significantly impacts A

출석은 최종 성적에 큰 영향을 미칩니다.
Attendance **significantly impacts** the final grade.

32 ~는 -하는 데 도움이 될 수 있습니다 / ~는 -하는 데 도움이 될 것입니다

주어 might help ~ / 주어 would help ~

일정 관리 앱은 당신이 일정을 지키는 데 도움이 될 수 있습니다.
A reminder app **might help** you stay on schedule.

33 가능한 한 가지 해결책은 ~하는 것입니다

One possible solution is to 동사원형

가능한 한 가지 해결책은 혼잡 시간대에 직원을 더 고용하는 것입니다.
One possible solution is to hire additional staff during peak hours.

34 추가 문제를 방지하기 위해, ~할 것을 제안합니다

To prevent further issues/incidents, I suggest that 주어 + 동사

추가 문제를 방지하기 위해, 스터디룸 사용 규칙을 만들 것을 제안합니다.
To prevent further issues, I suggest that we set rules for study room use.

35 이 문제를 해결하기 위해, ~하는 것을 제안합니다

To address this issue, I suggest ~

이 문제를 해결하기 위해, 당신의 일정을 미리 계획하는 것을 제안합니다.
To address this issue, I suggest organizing your schedule in advance.

✔ CHECK-UP   1. 요청, 문의, 문제, 해결 표현

파란색으로 주어진 표현에 유의하여, 다음에 주어진 우리말 문장을 영어로 바꾸어 쓰시오.

01   저는 지하철에서 잃어버린 지갑을 신고하기 위해 이메일을 쓰고 있습니다.

02   이번 주 안에 제 지원서를 검토해 주신다면 감사하겠습니다.
   * 지원서 application

03   저는 공사장에서 나는 소음에 대한 몇 가지 우려를 전하기 위해 이메일을 쓰고 있습니다.
   * 공사장 construction site

04   귀하의 가구점의 배송 옵션에 관하여 연락드립니다.
   * 가구점 furniture store   * 배송 delivery

05   가능한 한 가지 해결책은 전문 수리 서비스를 부르는 것입니다.
   * 전문적인 professional   * 수리 서비스 repair service

06 안타깝게도, 공과금을 온라인으로 납부하는 중에 오류를 겪었습니다.
* 공과금 utility bill

07 배관공이 내일 아침에 오는 게 맞는지 확인해 주실 수 있나요?
* 배관공 plumber

08 제 아파트 난방 문제에 대한 긴급한 관심을 정중히 요청드립니다.
* 난방 문제 heating problem

09 앞서 말씀하신 부분을 명확히 해주시면 감사하겠습니다.
* 명확히 하다 clarify

10 최근 가격 인상은 우리의 월 예산에 큰 영향을 미칩니다.
* 예산 budget

다음에 주어진 우리말 문장을 영어로 바꾸어 쓰시오.

11 저는 학생 기숙사에서 여러 차례 불편한 경험을 한 후 이메일을 쓰고 있습니다.

　　＊ 학생 기숙사 student dormitory

12 제 자동차 수리의 진행 상황을 알려 주시기 바랍니다.

　　＊ 수리 repair

13 이 모바일 앱은 당신이 일상 지출을 추적하는 데 도움이 될 수 있습니다.

　　＊ 지출 expense

14 제가 어떻게 제 계정 비밀번호를 재설정할 수 있는지를 설명해 주실 수 있나요?

　　＊ 계정 account　　＊ 재설정하다 reset

15 회의실 이용 가능 여부에 대해 문의드리고 싶습니다.

　　＊ 회의실 conference room　　＊ 이용 가능 여부 availability

16 저는 여행자 보험 보장 범위에 대한 더 자세한 내용을 요청드리기 위해 이메일을 쓰고 있습니다.
* 여행자 보험 travel insurance   * 보장 범위 coverage

17 끊임없는 방해는 제가 집중하기 어렵게 만듭니다.
* 끊임없는 constant   * 방해 interruption

18 시스템 오류가 사용자들이 그들의 저장된 파일에 대한 접근을 잃게 만들었습니다.
* 접근 access

19 많은 고객들이 형편없는 서비스에 대해 불만스러워하고 있습니다.
* 고객 customer   * 형편없는 poor

20 추가 문제를 방지하기 위해, 전선을 즉시 점검할 것을 제안합니다.
* 전선 wiring

정답 p.398

2. 초대, 감사, 사과, 거절 표현

1 저는 당신을 ~에 초대하기 위해 이메일을 쓰고 있습니다
I am writing to invite you to ~

저는 당신을 우리 학교의 연례 음악 축제에 초대하기 위해 이메일을 쓰고 있습니다.
I am writing to invite you to our school's annual music festival.

2 당신을 ~에 초대하고 싶습니다 [~에 당신과 함께하길 바랍니다]
I would like to invite you to ~

당신을 내일 우리 집에서의 저녁 식사에 초대하고 싶습니다.
I would like to invite you to dinner at my place tomorrow.

3 당신이 ~에 저와 같이 가주시면 좋겠습니다
I'd love for you to join me at ~

당신이 지역 축제에 저와 같이 가주시면 좋겠습니다.
I'd love for you to join me at the community festival.

4 당신이 함께하기를 정말 바랍니다
I really hope you can join us

다음 주 토요일에 봉사활동을 조직하고 있는데, 당신이 함께하기를 정말 바랍니다.
I'm arranging a volunteer event next Saturday, and **I really hope you can join us**.

5 ~하려는 [~을 위한] 제 계획을 알려 드리게 되어 (매우) 기쁩니다
I'm (so) excited to tell you about my plan to 동사원형 / for ~

작은 사업을 시작하려는 제 계획을 알려 드리게 되어 기쁩니다.
I'm excited to tell you about my plan to start a small business.

6 ~을 준비하고 있는데 당신이 참석해 주시면 정말 기쁠 것 같습니다
I'm organizing ~ and would be thrilled if you could attend

Amy를 위한 생일 파티를 준비하고 있는데 당신이 참석해 주시면 정말 기쁠 것 같습니다.
I'm organizing a birthday party for Amy **and would be thrilled if you could attend**.

7 방금 ~에 대한 소식을 들었는데 당신이 관심이 있을 것 같다고 생각했습니다
I was just notified about ~ and thought you would be interested

방금 사진 공모전에 대한 소식을 들었는데 당신이 관심이 있을 것 같다고 생각했습니다.
I was just notified about a photography contest **and thought you would be interested**.

8 ~는 -하는 것을 목표로 합니다

주어 aims to 동사원형

우리 축제는 지역 예술가들과 그들의 독특한 창작물을 선보이는 것을 목표로 합니다.
Our festival **aims to** showcase local artists and their unique creations.

9 ~는 -을 포함한 다양한 활동들을 조직합니다

주어 organizes a range of activities, including ~

우리는 요리 수업, 독서 모임, 그리고 하이킹 여행을 포함한 다양한 활동들을 조직합니다.
We **organize a range of activities, including** cooking classes, book clubs, and hiking trips.

10 ~는 단지 -만으로 끝나지 않을 거예요

주어 wouldn't just be about ~

이 워크숍은 단지 새로운 기술을 배우는 것만으로 끝나지 않을 거예요.
The workshop **wouldn't just be about** learning new skills.

11 저는 ~할 계획입니다

I'm planning to 동사원형 / I plan to 동사원형

저는 다른 학생들이 시험을 위해 복습할 수 있도록 학습 자료를 만들 계획입니다.
I'm planning to prepare a study guide to help other students review for exams.

12 ~에 시간 되시나요?

Would you be free ~?

내일 오후에 우리 프로젝트 회의할 시간 되시나요?
Would you be free tomorrow afternoon to meet for our project?

13 ~을 위해 A에서 만나는 건 어때요?

How about we meet at A for ~?

산책을 위해 산책로에서 만나는 건 어때요?
How about we meet at the trail entrance **for** a walk?

14 ~는 -에 개최될 예정입니다

주어 will be held on ~ / 주어 takes place ~

동네 중고물품 판매는 토요일에 커뮤니티 공원에서 개최될 예정입니다.
The neighborhood yard sale **will be held on** Saturday in the community park.

15 제가 ~할 수 있도록 –까지 알려 주세요

Let me know by ~ so I can 동사원형

제가 표를 예약할 수 있도록 금요일까지 알려 주세요.
Let me know by Friday **so I can** book the tickets.

16 ~는 우리가 –할 수 있는 좋은 기회가 될 것입니다

주어 would be a wonderful chance for us to 동사원형

그것은 우리가 파트너십을 강화할 수 있는 좋은 기회가 될 것입니다.
It **would be a wonderful chance for us to** strengthen our partnership.

17 ~하기 때문에 당신이 –을 즐길 수 있을 거라고 생각해요

I think you'll enjoy ~ because 주어 + 동사

그것에는 당신이 좋아하는 배우가 나오기 때문에 당신이 그 영화를 즐길 수 있을 거라고 생각해요.
I think you'll enjoy this movie **because** it features your favorite actor.

18 ~하는 것이 정말 기대됩니다

Can't wait to 동사원형

내일 당신을 만나는 것이 정말 기대됩니다.
Can't wait to see you tomorrow!

19 ~에 대해 감사를 표하고 싶었습니다

I wanted to express my appreciation for ~

지난 주말 당신의 환대에 대해 감사를 표하고 싶었습니다.
I wanted to express my appreciation for your hospitality last weekend.

20 ~에 정말 감사드립니다

Thank you very much for ~

제 과제를 도와주신 것에 정말 감사드립니다.
Thank you very much for helping me with the assignment.

21 (~에 대해) 감사의 마음을 전하고 싶었습니다 [표하고 싶었습니다]

I wanted to share/express my gratitude (for ~)

당신의 너그러움에 대해 감사의 마음을 전하고 싶었습니다.
I wanted to share my gratitude for your generosity.

22 ~에 진심으로 감사드립니다

I truly appreciate ~

이 문제에 대한 당신의 조언에 진심으로 감사드립니다.
I truly appreciate your advice on this matter.

23 ~에 대해 다시 한번 감사드립니다

Thanks again for ~

식당에서의 훌륭한 서비스에 대해 다시 한번 감사드립니다.
Thanks again for the excellent service at your restaurant.

24 시간을 내어 ~해 주셔서 감사합니다

Thank you for taking the time to 동사원형

시간을 내어 프로젝트 세부 사항을 설명해 주셔서 감사합니다.
Thank you for taking the time to explain the project details.

25 ~에 대해 아무리 감사드려도 부족합니다

I can't thank you enough for ~

이사할 때 도와주신 것에 대해 아무리 감사드려도 부족합니다.
I can't thank you enough for your help during my move.

26 ~에 대해 얼마나 감사했는지 알려 드리고 싶었습니다

I wanted to let you know how much I appreciated ~

수술 후 회복 기간 동안의 당신의 지원에 대해 얼마나 감사했는지 알려 드리고 싶었습니다.
I wanted to let you know how much I appreciated your support during my recovery from surgery.

27 ~는 저에게 정말 큰 의미가 있었고, 감사드리고 싶었습니다

주어 has meant a lot to me, and I wanted to thank you

지난 1년 동안의 당신의 멘토링은 저에게 정말 큰 의미가 있었고, 감사드리고 싶었습니다.
Your mentorship over the past year **has meant a lot to me, and I wanted to thank you**.

28 ~에 대해 정말 미안하고, 당신에게 만회하고 싶습니다

I'm so sorry about ~, and I would like to make it up to you

우리의 약속을 취소한 것에 대해 정말 미안하고, 당신에게 만회하고 싶습니다.
I'm so sorry about canceling our plans, **and I would like to make it up to you**.

29 ~에 대해 진심으로 사과드립니다
I sincerely apologize for ~

회의에 늦은 것에 대해 진심으로 사과드립니다.
I sincerely apologize for being late to the meeting.

30 실수로 ~했고, -하다는 것에 정말 미안합니다
I accidentally 과거 동사, and I feel absolutely terrible that 주어 + 동사

실수로 당신의 머그컵을 깨뜨렸고, 당신이 더 이상 그것을 사용할 수 없다는 것에 정말 미안합니다.
I accidentally broke your mug, **and I feel absolutely terrible that** you can't use it anymore.

31 마지막 순간에 이렇게 해서 정말 죄송하지만, ~해야 합니다
I am so sorry to do this at the last minute, but I have to 동사원형

마지막 순간에 이렇게 해서 죄송하지만, 오늘 우리의 점심 약속을 취소해야 합니다.
I am so sorry to do this at the last minute, but I have to cancel our lunch plans today.

32 ~하는 것을 정말 기대했지만, -합니다
I was really looking forward to ~, but 주어 + 동사

오늘 밤 당신과 영화 보는 것을 정말 기대했지만, 제가 갑자기 열이 납니다.
I was really looking forward to watching a movie with you tonight, **but** I got a fever suddenly.

33 정말 죄송하지만, ~에 관한 몇 가지 안 좋은 소식이 있습니다
I'm so sorry, but I have some bad news about ~

정말 죄송하지만, 우리의 여행 계획에 관한 몇 가지 안 좋은 소식이 있습니다.
I'm so sorry, but I have some bad news about our travel plans.

34 ~하게 되어 정말 죄송하지만, -합니다
I feel really awful having to 동사원형, but 주어 + 동사

저녁 약속을 취소하게 되어 정말 죄송하지만, 회사에 급한 일이 생겼습니다.
I feel really awful having to cancel dinner, **but** something urgent came up at work.

35 ~을 알려 드리게 되어 유감입니다
I regret to inform you that 주어 + 동사

식당이 만석임을 알려 드리게 되어 유감입니다.
I regret to inform you that the restaurant is fully booked.

36 ~으로 인해 발생한 어떤 불편함에 대해서든 사과드립니다

I apologize for any inconvenience caused by ~

제 결석으로 인해 발생한 어떤 불편함에 대해서든 사과드립니다.
I apologize for any inconvenience caused by my absence.

37 유감스럽게도 저는 ~할 수 없을 것 같습니다

I'm afraid I won't be able to 동사원형

유감스럽게도 저는 내일 회의에 참석할 수 없을 것 같습니다.
I'm afraid I won't be able to join the meeting tomorrow.

38 ~할 수 있으면 좋겠지만, 안타깝게도, -합니다

I wish I could 동사원형, but unfortunately, 주어 + 동사

그 과목을 들을 수 있으면 좋겠지만, 안타깝게도, 그것은 제 시간표와 겹칩니다.
I wish I could take the course, **but unfortunately,** it conflicts with my schedule.

39 안타깝게도, ~으로 인해 현재로서는 A를 거절해야 할 것 같습니다

Unfortunately, I have to decline A at this time due to ~

안타깝게도, 이전에 잡힌 약속들로 인해 현재로서는 그 초대를 거절해야 할 것 같습니다.
Unfortunately, I have to decline the invitation **at this time due to** prior commitments.

40 ~하는 것은 부담스럽지만, 대신 ~이라면 기꺼이 하겠습니다

I'm not comfortable with ~, though I'd be happy to 동사원형

당신의 반려동물을 일주일 동안 맡는 것은 부담스럽지만, 대신 하루이틀 정도 돌봐주는 것이라면 기꺼이 하겠습니다.
I'm not comfortable with keeping your pet for a week, **though I'd be happy to** look after it for a day or two.

41 ~으로 일정을 바꿀 수 있을까요?

Could we reschedule for ~ ?

중간고사 이후로 일정을 바꿀 수 있을까요?
Could we reschedule for after the midterm exams?

42 만약 그것이 당신에게 괜찮다면 ~할 수도 있을 것 같아요

Perhaps we could 동사원형 if that works for you

만약 그것이 당신에게 괜찮다면 수업 후에 만날 수도 있을 것 같아요.
Perhaps we could meet after class **if that works for you**.

✔ CHECK-UP   2. 초대, 감사, 사과, 거절 표현

파란색으로 주어진 표현에 유의하여, 다음에 주어진 우리말 문장을 영어로 바꾸어 쓰시오.

01   저는 당신을 우리 학교에 의해 주최되는 과학 박람회에 초대하기 위해 이메일을 쓰고 있습니다.
   * 주최하다 host   * 과학 박람회 science fair

02   우리의 저녁 약속을 잊어버린 것에 대해 정말 미안하고, 당신에게 만회하고 싶습니다.
   * 저녁 약속 dinner plans

03   파티 후 뒷정리하는 것을 도와주신 것에 정말 감사드립니다.
   * 뒷정리하다 clean up

04   유감스럽게도 저는 이번 주말에 당신의 강아지를 돌봐줄 수 없을 것 같습니다.
   * ~을 돌보다 take care of

05   당신의 따뜻한 환대에 대해 감사의 마음을 전하고 싶었습니다.
   * 환대 hospitality

06 등장인물들이 공감할 만하기 때문에 당신이 이 책을 즐길 수 있을 거라고 생각해요.

＊ 공감할 만한 relatable

07 이번 주 후반으로 일정을 바꿀 수 있을까요?

＊ (지금 이야기 중인 시간보다) 후에 later

08 새로운 학생 멘토링 프로그램을 시작하려는 제 계획을 알려 드리게 되어 기쁩니다.

＊ 시작하다 launch

09 당신의 전화에 더 빨리 회신하지 못한 것에 대해 진심으로 사과드립니다.

＊ 의 전화에 회신하다 return one's call

10 안타깝게도, 다른 일정으로 인해 현재로서는 그 초대를 거절해야 할 것 같습니다.

다음에 주어진 우리말 문장을 영어로 바꾸어 쓰시오.

11 제가 자선 행사를 준비하고 있는데 당신이 참석해 주시면 정말 기쁠 것 같습니다.
　　* 자선 행사 charity event

12 당신과 함께할 수 있으면 좋겠지만, 안타깝게도 다른 약속이 있습니다.
　　* 약속 appointment

13 제 요청에 대한 빠른 답변에 대해 감사를 표하고 싶었습니다.
　　* 요청 request

14 토요일에 소풍을 위해 공원에서 만나는 건 어때요?
　　* 소풍 picnic

15 정말 죄송하지만, 콘서트 표에 관한 몇 가지 안 좋은 소식이 있습니다.

16 건물에서의 보수 공사로 인해 발생한 그 어떤 불편함에 대해서든 사과드립니다.

* 보수 공사 renovation work

17 제 발표를 도와주신 것에 대해 얼마나 감사했는지 알려 드리고 싶었습니다.

* 발표 presentation

18 제가 예약을 확정할 수 있도록 내일까지 알려 주세요.

* 예약 reservation   * 확정하다 confirm

19 시간을 내어 제 질문에 답해 주셔서 감사합니다.

20 토론을 주도하는 것은 부담스럽지만, 대신 기록하는 것이라면 기꺼이 하겠습니다.

* 토론 discussion   * 주도하다 lead   * 기록하다 take notes

정답 p.399

3. 경험, 제안, 추천, 피드백 표현

1 저는 ~에 있었습니다 / 저는 ~을 하러 나가 있었습니다

I was at ~ / I was out ~

화재 경보가 울렸을 때 저는 도서관에 있었습니다.
I was at the library when the fire alarm went off.

2 저는 ~하기 위해 -쯤 A에 갔습니다

I visited A around 시간 to 동사원형

저는 과제에 대해 질문하기 위해 정오쯤 교수님 연구실에 갔습니다.
I visited the professor's office **around** noon **to** ask about the assignment.

3 처음에는 ~했지만, 나중에는 -했습니다

At first, 주어 + 동사, but later 주어 + 동사

처음에는 수업이 어렵게 느껴졌지만, 나중에는 흥미로워졌습니다.
At first, the class seemed difficult, **but later** it became interesting.

4 ~을 [~에 대해] 기꺼이 말씀드리겠습니다 / ~을 기꺼이 제공하겠습니다

I'd be happy to share (about) ~ / I'd be happy to provide ~

캐나다에서 유학한 것에 대한 제 경험을 기꺼이 말씀드리겠습니다.
I'd be happy to share my experience studying abroad in Canada.

5 ~는 때로 당신이 -하다는 느낌을 줄 수도 있습니다

주어 can sometimes make you feel like 주어 + 동사

재택근무를 하는 것은 때로 당신이 팀의 일원이 아닌 것 같다는 느낌을 줄 수도 있습니다.
Working remotely **can sometimes make you feel like** you're not part of the team.

6 ~중에, -을 알게 되었습니다

During ~, I noticed that 주어 + 동사

여행 중에, 그 도시의 대중교통이 매우 편리하다는 것을 알게 되었습니다.
During the trip, **I noticed that** public transportation was very convenient in the city.

7 ~는 저에게 -할 기회를 주었습니다

주어 gave me a chance to 동사원형

보호소에서 봉사하는 것은 저에게 지역사회에 보답할 기회를 주었습니다.
Volunteering at the shelter **gave me a chance to** give back to the community.

8 저에게 가장 힘든 부분은 ~이었습니다

The hardest part for me was ~

저에게 가장 힘든 부분은 모든 어휘를 암기하는 것이었습니다.
The hardest part for me was memorizing all the vocabulary.

9 A의 가장 좋은 점 중 하나는 ~입니다

One of the best things about A is ~

여행의 가장 좋은 점 중 하나는 새로운 문화를 경험하는 것입니다.
One of the best things about traveling **is** experiencing new cultures.

10 제가 가장 좋아했던 것은 ~이었습니다

What I liked most was ~ / The best part for me was ~

제가 가장 좋아했던 것은 그 식당의 디저트였습니다.
What I liked most was the dessert at the restaurant.

11 저에게 가장 인상 깊었던 것은 ~이었습니다

What impressed me most was ~

저에게 가장 인상 깊었던 것은 그 풍경의 아름다움이었습니다.
What impressed me most was the beauty of the landscape.

12 ~는 잊을 수 없었습니다

주어 was unforgettable

파리 여행은 잊을 수 없었습니다.
The trip to Paris **was unforgettable**.

13 저는 특히 ~이 마음에 들었습니다

I especially liked ~

저는 특히 그 카페가 얼마나 아늑했는지가 마음에 들었습니다.
I especially liked how cozy the café was.

14 저는 ~을 정말 [특히] 즐겼습니다

I've really/especially enjoyed ~

저는 이번 학기에 교수님의 심리학 수업을 듣는 것을 정말 즐겼습니다.
I've really enjoyed taking your psychology class this semester.

15 ~는 -하는 훌륭한 방법이었습니다

주어 has been a great way to 동사원형

그것은 여가 시간을 보내는 훌륭한 방법이었습니다.
It **has been a great way to** spend my free time.

16 A는 B에게는 조금 지나치게 ~하다고 느껴졌어요

I found A a bit too 형용사 for B

그 수프는 제 입맛에는 조금 지나치게 짜다고 느껴졌어요.
I found the soup **a bit too** salty **for** my taste.

17 ~을 듣게 되어 (매우) 기쁩니다

I'm (so) excited to hear that 주어 + 동사

이번 여름에 당신이 우리 도시에 온다는 것을 듣게 되어 기쁩니다.
I'm excited to hear that you'll be visiting my city this summer.

18 ~하려고 (시도)했지만, -했습니다

I tried/attmepted to 동사원형, but 주어 + 동사

토론 동아리에 가입하려 했지만, 등록이 이미 마감되었습니다.
I tried to join the debate club, **but** the registration had already closed.

19 ~을 해보는 것을 추천합니다

I recommend trying ~

요가나 명상 같은 편안한 활동을 해보는 것을 추천합니다.
I recommend trying some relaxing activities like yoga or meditation.

20 ~을 고려해 보세요

You might want to consider ~

학업 상담가와 만나는 것을 고려해 보세요.
You might want to consider meeting with the academic advisor.

21 최근에 ~을 발견해서[~을 우연히 접해서], 당신과 공유하고 싶었습니다

I recently discovered/came across ~, and I wanted to share it with you

최근에 무료 온라인 강의를 제공하는 웹사이트를 발견해서, 당신과 공유하고 싶었습니다.
I recently discovered a website that offers free online courses, **and I wanted to share it with you**.

22 ~에 대해 몇 가지 제안을 하고 싶습니다

I would like to make some suggestions for ~

당신의 여행 일정에 대해 몇 가지 제안을 하고 싶습니다.
I would like to make some suggestions for your travel itinerary.

23 ~할 때 −하는 것을 제안합니다

I suggest ~ when 주어 + 동사

수업이 끝났을 때 필기한 내용을 복습하는 것을 제안합니다.
I suggest reviewing your notes **when** the class ends.

24 ~을 기꺼이 추천해 드리고 싶습니다

I'd love to recommend ~ / I'd be happy to recommend ~

도시 외곽의 좋은 등산로를 기꺼이 추천해 드리고 싶습니다.
I'd love to recommend a nice hiking trail outside the city.

25 ~하기에 완벽한 환경이라고 생각합니다

I believe it would be the perfect environment to 동사원형

비슷한 관심사를 가진 사람들을 만나기에 완벽한 환경이라고 생각합니다.
I believe it would be the perfect environment to meet people who share similar interests.

26 ~하니, A가 이상적입니다

Since 주어 + 동사, A is ideal

당신은 봉사활동에 관심이 있으니, 이 프로그램이 이상적입니다.
Since you're interested in volunteering, this program **is ideal**.

27 저는 A가 ~에 좋은 [딱 맞는] 선택이라고 생각합니다

I think A would be a great choice / a perfect fit for ~

저는 저녁 비행기가 우리에게 좋은 선택이라고 생각합니다.
I think the evening flight **would be a great choice for** us.

28 A가 당신의 취향에 딱 맞을 거라고 확신합니다

I'm sure A totally suits your taste

당신은 문화 활동을 좋아하니, 이 축제가 당신의 취향에 딱 맞을 거라고 확신합니다.
Since you love cultural activities, **I'm sure** this festival **totally suits your taste**.

29 ~하기 가장 좋은 시간[시기]은 -입니다

The best time to 동사원형 is ~

조깅하기 가장 좋은 시간은 공기가 상쾌한 이른 아침입니다.
The best time to go jogging **is** early in the morning when the air is fresh.

30 시작하는 가장 좋은 방법은 ~하는 것입니다

The best way to start is by ~

시작하는 가장 좋은 방법은 하루 10분씩 연습하는 것입니다.
The best way to start is by practicing for 10 minutes a day.

31 ~을 꼭 경험[확인]해 보세요

Make/Be sure to check out ~

시내에 새로 생긴 카페를 꼭 경험해 보세요.
Make sure to check out the new café downtown.

32 ~에 대해 알려 드리고자 합니다

I wanted to follow up on ~

프로젝트 진행 상황에 대해 알려 드리고자 합니다.
I wanted to follow up on the status of the project.

33 ~에 대해 몇 가지 피드백을 드리고 싶었습니다 [공유하고 싶었습니다]

I wanted to offer/share some feedback on ~

당신의 발표에 대해 몇 가지 피드백을 드리고 싶었습니다.
I wanted to offer some feedback on your presentation.

34 저는 ~에 대한 피드백을 드리기 위해 이메일을 쓰고 있습니다

I'm writing to provide feedback on ~

저는 당신의 보고서 초안에 대한 피드백을 드리기 위해 이메일을 쓰고 있습니다.
I'm writing to provide feedback on your report draft.

35 ~는 ~을 훨씬 더 좋아지게 만들 수 있습니다

주어 could make ~ even stronger

몇 가지 수정은 디자인을 훨씬 더 좋아지게 만들 수 있습니다.
A few adjustments **could make** the design **even stronger**.

36 한 가지 강화해야 [발전해야] 할 부분은 ~입니다

One area to strengthen is ~

한 가지 강화해야 할 부분은 보충 예시의 활용입니다.
One area to strengthen is your use of supporting examples.

37 한 가지 개선해 보면 좋을 부분은 ~입니다

One thing you might consider improving is ~

한 가지 개선해 보면 좋을 부분은 식당 내부의 조명입니다.
One thing you might consider improving is the lighting in the dining area.

38 A가 ~한 이유는 -하기 때문입니다

What makes A so 형용사 is that 주어 + 동사

이 도구가 도움이 되는 이유는 시간을 절약해 주기 때문입니다.
What makes this tool **so** helpful **is that** it saves time.

39 ~하는 것이 유익할 [도움이 될] 수도 있습니다

It might be beneficial/helpful to 동사원형

다른 사람들의 피드백을 받는 것이 유익할 수도 있습니다.
It might be beneficial to get feedback from others.

40 저는 ~하는 게 더 나을 것 같다고 생각합니다

I think it would be better to 동사원형

저는 그것을 간단하게 유지하는 게 더 나을 것 같다고 생각합니다.
I think it would be better to keep it simple.

41 앞으로는[다음번에는], ~해 보세요

In the future / Next time, you can try to 동사원형

앞으로는, 더 나은 집중력을 위해 짧게 나눠서 공부해 보세요.
In the future, you can try to study in shorter sessions for better focus.

42 약간의 ~만 있다면, -할 것이라고 확신합니다

With a bit of ~, I'm confident that 주어 + 동사

약간의 노력만 있다면, 당신이 이 과목에서 꼭 좋은 성적을 낼 것이라고 확신합니다.
With a bit of effort, **I'm confident that** you can ace this subject.

✔ CHECK-UP 3. 경험, 제안, 추천, 피드백 표현

파란색으로 주어진 표현에 유의하여, 다음에 주어진 우리말 문장을 영어로 바꾸어 쓰시오.

01 당신의 에세이 초안에 대해 몇 가지 제안을 하고 싶습니다.

  * 초안 draft

02 저는 책을 반납하기 위해 오후 3시쯤 도서관에 갔습니다.

  * 반납하다 return

03 우리가 참석한 교육 세션에 대해 몇 가지 피드백을 드리고 싶었습니다.

  * 교육 세션 training session

04 프로젝트가 승인되었다는 소식을 듣게 되어 기쁩니다.

  * 승인하다 approve

05 스터디 그룹에 참여하는 것을 고려해 보세요.

  * 참여하다 join

06 명상하기 가장 좋은 시간은 잠에서 깨어난 직후입니다.

* 명상하다 meditate

---

07 여기서 일하는 것의 가장 좋은 점 중 하나는 친근한 분위기입니다.

* 친근한 friendly   * 분위기 atmosphere

---

08 저는 Emily가 리더십 역할에 딱 맞는 선택이라고 생각합니다.

---

09 시간 관리에 도움이 되는 이 앱을 기꺼이 추천해 드리고 싶습니다.

* 시간 관리 time management

---

10 저에게 가장 힘든 부분은 많은 청중 앞에서 말하는 것이었습니다.

* 청중 audience

다음에 주어진 우리말 문장을 영어로 바꾸어 쓰시오.

11 한 가지 강화해야 할 부분은 프로젝트 동안의 당신의 협업 능력입니다.

* 협업 능력 collaboration skill

12 처음에는 일찍 일어나는 것이 힘들었지만, 나중에는 그것에 익숙해졌습니다.

* ~에 익숙해지다 get used to

13 강의 중에, 많은 학생들이 슬라이드를 찍는 것을 알게 되었습니다.

* 강의 lecture

14 축제에 있을 때 음식 부스를 꼭 확인해 보세요.

* 음식 부스 food stall

15 저는 특히 좌석이 얼마나 편안했는지가 마음에 들었습니다.

* 편안한 comfortable   * 좌석 seat

16 그 파일을 열려고 했지만, 그것은 로딩되지 않았습니다.
* 로딩되다 load

17 저희가 지난주에 논의했던 예산안에 대해 알려 드리고자 합니다.
* 예산안 budget proposal

18 아주 감동적인 영화를 보는 것은 때로 당신이 그 이야기를 직접 경험한 것 같다는 느낌을 줄 수도 있습니다.
* 아주 deeply   * 감동적인 moving   * 직접 firsthand

19 약간의 지도만 있다면, 그녀는 빠르게 발전할 것이라고 확신합니다.
* 지도 guidance

20 앞으로는, 당신의 답변에 더 많은 세부 사항을 추가해 보세요.
* 세부 사항 details

정답 p.399

II | 주제별 표현 익히기

앞에서 익힌 상황별 표현 덕분에 이제 이메일을 작성하는 일은 훨씬 쉬워졌다. 그러나 이메일의 내용을 채우기 위해서는 문장을 풍부하게 해주는 다양한 주제별 표현들이 필요하다. 예를 들어, 같은 상황별 표현을 활용하더라도 주제가 일상생활인지, 학교생활인지에 따라 필요한 표현과 구체적인 내용은 달라진다.

앞서 살펴본 교수님께 과제 제출 기한 연장을 요청하는 이메일에서 기본적인 틀을 유지하면서, 이번에는 인터넷 문제에 대해 문의하는 이메일을 쓴다고 가정해 보자.

관계자분께,	To whom it may concern,
제 인터넷 연결 문제에 관하여 연락드립니다.	I am contacting you regarding an issue with my Internet connection.
안타깝게도, 저는 제 **연결이 반복적으로 끊어지**게 하고 **긴 로딩 시간**을 초래하는 몇 가지 문제들을 겪었습니다.	Unfortunately, I ran into a couple of issues that caused my connection to **disconnect repeatedly** and led to **long page loading times**.
기술자가 네트워크 회선을 점검하고 문제를 **해결할 수 있도록 예약해** 주신다면 감사하겠습니다.	I would appreciate it if you could **arrange for a technician to** inspect the **network line** and resolve the issue.
Karen 드림	Sincerely, Karen

이때, 앞서 상황별 표현에서 익힌 'I am contacting you regarding ~', 'I ran into a couple of issues that ~', 'I would appreciate it if you could'와 같은 표현들을 알고 있더라도 그 표현들과 함께 쓸 주제별 표현들을 알지 못한다면 이메일을 완성하기 어려울 것이다.

상황별 표현이 이메일의 기본 구조를 세우는 데 도움이 된다면, 주제별 표현은 그 구조 안에 실제 내용을 채워 넣는 역할을 한다. 따라서 다양한 주제별 표현을 익혀 두어야만 여러 상황에서 막힘없이 자연스럽고 내용이 풍부한 이메일을 작성할 수 있다.

1. 일상생활에 관한 표현

1 주문 번호, 확인 번호

order number / confirmation number

추후 참조를 위해 주문 번호를 보관해 두세요.
Please keep your **order number** for future reference.

2 ~의 주문을 추적하다

track one's order

이메일로 발송된 링크를 사용하여 당신의 주문을 추적할 수 있습니다.
You can **track your order** using the link sent to your email address.

3 교체품

a replacement

이 신발에 대한 교체품을 받을 수 있을까요?
Would it be possible to get **a replacement** for these shoes?

4 취소 수수료

cancellation fee

출발 24시간 이내에 취소하면 취소 수수료가 있습니다.
There is a **cancellation fee** if you cancel within 24 hours of departure.

5 무료 체험판

a free trial version

그 소프트웨어의 무료 체험판을 다운로드할 수 있습니다.
You can download **a free trial version** of the software.

6 막판 [마지막 순간의] 취소

last-minute cancellation

그의 막판 취소로 인해 회의 안건을 재구성해야 했습니다.
We had to reorganize the meeting agenda due to his **last-minute cancellation**.

7 사용자 친화적인 디자인 [설계]

user-friendly design

그 앱의 사용자 친화적인 디자인 덕분에 초보자도 어려움 없이 사용할 수 있습니다.
The app's **user-friendly design** allows even beginners to navigate it without difficulty.

8 최고 수준의 서비스
top-notch service

이 5성급 호텔은 최고 수준의 서비스와 세심한 배려로 유명합니다.
This five-star hotel is known for its **top-notch service** and attention to detail.

9 친절한 알림
a friendly reminder

금요일까지 프로젝트 보고서를 제출해 달라는 친절한 알림입니다.
This is **a friendly reminder** to submit your project report by Friday.

10 계절 한정 메뉴
seasonal menu

그들의 계절 한정 메뉴는 지역 재료를 강조하기 위해 세 달마다 바뀝니다.
Their **seasonal menu** changes every three months to highlight local ingredients.

11 ~의 입에서 녹다
melt in one's mouth

그 초콜릿 수플레는 너무 부드러워서 한 입 베어 물 때마다 당신의 입에서 녹을 것입니다.
The chocolate soufflé was so delicate it would **melt in your mouth** with every bite.

12 ~의 취향에 맞추다, ~의 입맛에 맞추다
cater to one's taste

그 호텔의 식당은 우리 가족의 취향에 완벽히 맞췄습니다.
The hotel's restaurant perfectly **catered to our family's taste**.

13 하루 종일 즐기다
make a day of it

박물관이 꽤 크니, 하루 종일 즐기면서 모든 전시품을 둘러봐요.
Since the museum is quite large, let's **make a day of it** and explore all the exhibits.

14 가족 친화적인 분위기
a family-friendly atmosphere

이 식당은 어린이 놀이 공간과 특별한 어린이 메뉴가 있는 가족 친화적인 분위기를 제공합니다.
This restaurant offers **a family-friendly atmosphere** with a kids' play area and special children's menu.

15 숨겨진 보석 같은 장소

a hidden gem

이 작은 카페는 현지인들이 좋아하지만 관광객들은 거의 발견하지 못하는 숨겨진 보석 같은 장소입니다.
This small café is **a hidden gem** that locals love but tourists rarely discover.

16 일생일대의 기회

once-in-a-lifetime opportunity

남극 여행은 진정으로 제가 절대로 잊지 못할 일생일대의 기회였습니다.
Traveling to Antarctica was truly a **once-in-a-lifetime opportunity** that I'll never forget.

17 잘 알려지지 않은

off the beaten path

저희는 잘 알려지지 않았지만 방문할 가치가 있는 마을을 찾고 있습니다.
We are looking for villages that are **off the beaten path** but worth visiting.

18 재충전하다/치유하다

recharge/heal oneself

저는 재충전하기 위해 산에서 2주간 휴가를 보낼 계획입니다.
I'm planning a two-week vacation in the mountains to **recharge myself**.

19 좋은 동네

a good neighborhood

도심과 가까운 좋은 동네에 위치해 있기 때문에 임대료가 더 비쌉니다.
The rental price is higher because it's located in **a good neighborhood** close to downtown.

20 ~에서 걸어서 갈 수 있는 거리 내에 있는

within walking distance of ~

그 공원은 제 아파트에서 걸어서 갈 수 있는 거리 내에 있습니다.
The park is **within walking distance of** my apartment.

21 분리[분류]되지 않은 쓰레기

unsorted trash

입주민들에게 복도에 분리되지 않은 쓰레기를 두지 말라고 알려 주실 수 있을까요?
Could you please remind the residents not to leave **unsorted trash** in the hallway?

22 소음 규제

noise regulation

이 지역의 소음 규제는 오후 9시 이후에는 큰 음악 소리를 55데시벨 이하로 제한합니다.
The **noise regulation** in this area limits loud music to 55 decibels after 9 P.M.

23 건물 전체 알림

a building-wide reminder

화재 안전 규칙에 대한 건물 전체 알림을 보낼 것을 제안합니다.
I suggest that we send **a building-wide reminder** about fire safety rules.

24 낡은 시설을 개선하다

upgrade outdated facility

회사는 안전을 향상하기 위해 사무실의 낡은 시설을 개선하기로 했습니다.
The company has decided to **upgrade outdated facilities** in the office to improve safety.

25 ~을 지켜보다, ~을 주의하다

keep an eye on ~

교통 상황을 지켜보고 새로운 소식이 있으면 알려 드리겠습니다.
I'll **keep an eye on** the traffic situation and let you know if there are any updates.

26 기술자가 ~하도록 예약하다 [조치하다]

arrange for a technician to 동사원형

이번 주에 기술자가 제 세탁기를 수리하도록 예약할 수 있을까요?
Would it be possible to **arrange for a technician to** repair my washing machine this week?

27 불만을 제기하다, 민원을 넣다

file a complaint

어제 당신의 호텔에서 받은 부실한 서비스에 대해 불만을 제기하고 싶습니다.
I would like to **file a complaint** about the poor service I received at your hotel yesterday.

28 ~에 대한 보상을 받다 / ~에 대한 보상을 제공하다

receive/provide compensation for ~

제가 항공편 지연에 대한 보상을 받을 자격이 있는지 알려 주실 수 있으신가요?
Could you please let me know if I am eligible to **receive compensation for** the flight delay?

29 의미 있는 경험

meaningful experience

이번 프로젝트에 참여한 것은 정말 의미 있는 경험이었습니다.
Working on this project has been a truly **meaningful experience**.

30 ~이라는 이름으로

under the name ~

예약은 Kim이라는 이름으로 되어 있습니다.
The reservation is **under the name** Kim.

31 ~의 일정에 맞추다

adjust to one's schedule

필요하다면 당신의 일정에 맞출 수 있습니다.
I can **adjust to your schedule** if needed.

32 파티를 열다

throw a party

회사에서는 다음 달에 연말 파티를 열 예정입니다.
The company is **throwing a** holiday **party** next month.

33 좋은 대안들

strong alternatives

결정하기 전에, 좋은 대안들을 알아보세요.
Before deciding, explore **strong alternatives**.

34 ~의 대상이 되다

be eligible for ~

제가 조기 등록을 하면 할인의 대상이 될 수 있을지 궁금합니다.
I was wondering if I might **be eligible for** a discount if I register early.

35 벌금을 부과하다

impose a fine

시에서 불법 주차에 대해 벌금을 부과할 예정입니다.
The city will **impose a fine** for illegal parking.

일상생활에 관한 추가 표현 모음

공용 재활용 구역	shared recycling area
보증금	security deposit
소음 민원	noise complaint
해충 방제 서비스	pest control service
비상 연락처	emergency contact number
지역 행사	community event
임대 계약서	lease agreement
건물 출입 코드	building entrance code
정전	a power outage
주차 분쟁	parking disputes
고장 난	out-of-order
환기 불량	poor ventilation
일관되지 않은 / 고르지 않은	inconsistent / uneven
조명이 어두운	poorly lit
불편할 정도로 높은 온도	uncomfortably high temperatures
연결이 반복적으로 끊기다	disconnent repeatedly
긴 로딩 시간	long page loading time
관리비	maintenance fee
수리 기사	a handyman
A/S, 판매 후 서비스	after-sales service
청소 서비스	housekeeping service
넓은 좌석 공간	spacious seating
네트워크 회선	network line
24시간 운영되는 안내 데스크	24-hour front desk
구내식당	on-site cafeteria
휴게실 / 라운지 공간	break room / lounge area
식사 경험	a dining experience
최고급 편의 시설	first-rate amenities
상품을 보류하다	put an item on hold
교체를 요청하다	request a replacement
특별 주문하다	place a special order
자동 결제	automatic payment
짧은 통화를 잡다	set up a brief call

미리 전화하다	call ahead
예약 없는 손님을 받다	accommodate walk-ins
회의를 잡다, 약속을 잡다	schedule a meeting / an appointment
근무 시간을 대신하다	cover one's shift
~을 대신[대리]하다, 대신 일을 봐주다	fill in for ~
풍미 있고 부드러운	flavorful and tender
A가 ~하는 것을 막다	deter A from ~ing
~로 돌아가다	return to ~
방문/숙박을 연장하다	extend one's stay
재고 있음 ↔ 품절	in stock ↔ out of stock
추가 요금	additional charge
보증서, 보증	a warranty
반품 규정	return policy
적립금, 매장 크레딧	store credit
재입고 수수료	restocking fee
서비스 요금, 팁	service charge / tip
배송 주소	delivery address
온라인 소매업체	online retailer
음식을 포장 주문하다	order takeout
~ 명 자리를 예약하다	get a table for ~
배송 상태	delivery status
영업일	business days
전액 환불 받다	get a full refund
손상된 물품	a damaged item
24시간 지원	round-the-clock support
한정 기간 혜택	limited-time offer
따뜻한 대접, 환대	warm hospitality
무료 아침 식사	complimentary breakfast
시도해 볼만한	worth a try
예약 번호 / 참조 번호	booking number / reference number
출발 시간	departure time
인증 코드	verification code
패키지 상품	a package deal

대중교통 이용권	public transportation pass
고객 서비스 / 고객 지원	customer service / customer support
일일 알림	daily reminders
뛰어난 음질	excellent sound quality
진행 상황 추적기	progress tracker
맞춤 설정 옵션	customization options
맞춤형 경험	personalized experience
알림 설정	notification settings
다양한 플랫폼 호환성	cross-platform compatibility
인공지능 기반 제안	AI-powered suggestions
빠른 로딩 속도	fast loading speed
간이 판매대	concession stand
~의 구독을 갱신하다	renew one's subscription
임시 해결책	a workaround
감기에 걸리다	come down with a cold
몸이 좋지 않은	feel under the weather
열이 나는	running a fever
막판 문제	a last-minute issue
개인적인 일	a personal matter
갑작스러운 통보로	on short notice
대청소	a deep clean
관리하기 쉬운	easy to care for
문이 잠겨 못 들어가는 상태	locked oneself out
직장에서 휴가를 얻다, 근무를 쉬다	take time off from work
음식의 양	portion size
~을 잔뜩 먹다, ~으로 가득 차다	fill up on ~
오래 남는 뒷맛	a lingering aftertaste
풍미가 진한	rich in flavor
음식 기부 행사	food drives
가볍고 깔끔한 맛	light and clean taste
균형 잡힌	well-balanced
오감을 만족시키다	satisfy all five senses
비건 선택 메뉴	vegan option

미식가	a foodie/gastronome
기다릴 만한 가치가 있는	worth the wait
~의 필요에 맞다	suit one's needs
(오늘은) 여기까지 하다, 일을 마무리하다	call it a day
집들이 파티	a housewarming party
모임	a get-together
커피를 마시다	grab coffee
(만나서) 시간을 보내다	hang out
(오랜만에 만나) 이야기 나누다, 만나다	catch up
얼룩을 제거하다	get a stain out
(단기) 주말 휴가	a weekend getaway
경치 좋은 길을 드라이브하다	take a scenic drive
길거리 음식을 맛보다	sample street food
야식	a late-night snack
~가 맡고 있는	in one's care
꼭 봐야 할 명소	must-see attraction
무료 재예약	complimentary rebooking
체험형 워크숍	hands-on workshop
문득 든 생각	a random thought
1부터 10(점)의 척도에서	on a scale of 1 to 10
전시된 사진들	pictures on display
자연광	natural lighting
반려동물 동반 숙소	pet-friendly accommodation
체험형 전시	an interactive exhibit
360도 전망	360-degree views
~을 사전에 예매하다	book ~ in advance
버킷리스트 항목을 이루다	check items off a bucket list
옥상 전망대	a rooftop observatory
안내문	a reminder notice
숨 막히게 아름다운 풍경	breathtaking scenery
세계적인 공연	world-class performance
현지의 진짜 분위기	authentic local vibe
아늑한 분위기	cozy atmosphere

✓ CHECK-UP 1. 일상생활에 관한 표현

파란색으로 주어진 표현에 유의하여, 다음에 주어진 우리말 문장을 영어로 바꾸어 쓰시오.

01 저는 앱을 사용해 실시간으로 제 주문을 추적했습니다.
　　* 실시간으로 in real time

02 그 아파트는 지하철역에서 걸어서 갈 수 있는 거리 내에 있습니다.

03 우리는 잘 알려지지 않은 아름다운 해변을 발견했습니다.

04 그는 손상된 상품에 대한 보상을 받았습니다.
　　* 상품 goods

05 그가 돌아올 때까지 제가 안내 데스크에서 John을 대신 할게요.
　　* 안내 데스크 front desk

06 그 식당이 대규모 인원을 받는지 확인하기 위해 미리 전화하는 게 좋습니다.

* 대규모 인원 large groups

---

07 1부터 10점의 척도에서, 당신은 그 영화를 어떻게 평가하시나요?

* 평가하다 rate

---

08 그 항공사는 악천후로 인해 취소 수수료를 면제했습니다.

* 면제하다 waive

---

09 호텔은 모든 투숙객을 위해 무료 아침 식사를 제공합니다.

* 투숙객 guest

---

10 이 제품은 누구나 사용할 수 있는 사용자 친화적인 디자인을 가지고 있습니다.

* 제품 product

다음에 주어진 우리말 문장을 영어로 바꾸어 쓰시오.

11 그 공원은 안전한 산책로와 함께 가족 친화적인 분위기를 제공합니다.
   * 산책로 walking trail

12 그 직원들은 행사 내내 최고 수준의 서비스를 제공했습니다.
   * 직원 staff

13 그 웹사이트는 사용자의 선호도에 따라 맞춤형 경험을 제공합니다.
   * 선호도 preference

14 그녀는 감기에 걸려서 하루 종일 침대에 누워 있었습니다.
   * 하루 종일 all day

15 이웃들이 큰 음악 소리에 대해 소음 민원을 제기했습니다.
   * 이웃 neighbor

16 지역 주민들이 주차 분쟁을 해결하기 위해 회의를 열었습니다.

* 지역 주민 community member   * 해결하다 resolve

17 고객이 갑작스러운 통보로 회의를 취소했습니다.

* 취소하다 call off

18 주민들에게 분류되지 않은 쓰레기는 벌금으로 이어진다고 알려 주세요.

* 주민 resident   * 벌금 fine

19 그 규칙들은 학생들이 부정행위를 하는 것을 막기 위한 것입니다.

* 부정행위를 하다 cheat

20 재입고 수수료가 제 환불금에서 공제되나요?

* 환불금 refund   * 공제하다 deduct

정답 p.400

2. 학교생활에 관한 표현

1 신청서

registration form

저는 언어 교환 프로그램을 위한 신청서를 온라인으로 제출했습니다.
I submitted the **registration form** online for the language exchange program.

2 ~에 등록되어 있다

be enrolled in ~

저는 현재 온라인 강좌 세 과목에 등록되어 있습니다.
I **am enrolled in** three online courses at the moment.

3 확인 이메일

a confirmation email

등록을 마치면 확인 이메일을 받게 됩니다.
You will receive **a confirmation email** after completing your registration.

4 자격 요건

eligibility requirements

졸업 자격 요건을 어떻게 확인할 수 있나요?
How can I check the **eligibility requirements** for graduation?

5 등록 [신청] 마감일

application deadline

여름 학기 등록 마감일은 다음 주 월요일입니다.
The **application deadline** for enrollment in the summer session is next Monday.

6 온라인 포털

online portal

성적이 온라인 포털에서 확인 가능할 거라고 들었습니다.
I was told that the grades will be available on the **online portal**.

7 장학금 기회

scholarship opportunities

그 대학은 유학생들을 위해 많은 장학금 기회를 제공합니다.
The university offers many **scholarship opportunities** for international students.

8 수강 신청하다

sign up for a class

경제학과 수업을 아직 수강 신청할 수 있는지 여쭤보고 싶습니다.
I'd like to ask if it's still possible to **sign up for classes** in the economics department.

9 과목을 추가하다 ↔ 과목을 철회하다

add a course ↔ drop a course

많은 학생들이 마감 직전에 과목을 추가하려고 합니다.
Many students try to **add courses** at the last minute before the deadline.

10 전공/부전공을 정하다

declare a major/minor

학생들은 2학년이 끝날 때까지 전공을 정해야 합니다.
Students are required to **declare a major** by the end of their sophomore year.

11 강의 노트 / 슬라이드

lecture notes/slides

교수님은 매 수업 후 강의 노트를 올리십니다.
The professor uploads **lecture notes** after each class.

12 강의 계획서

course syllabus

강의 계획서에 이번 학기에 시험이 세 번 있다고 나와 있습니다.
The **course syllabus** states that there will be three exams this semester.

13 성적 평가 기준

grading policy

성적 평가 기준을 확인하고 기말고사가 성적의 40퍼센트를 차지한다는 것을 알게 되었습니다.
I checked the **grading policy** and realized that my final exam is worth 40 percent of my grade.

14 성적증명서를 요청하다

request a transcript

대학원 지원을 위해 성적증명서를 요청하고 싶습니다.
I would like to **request a transcript** for my graduate school application.

15 마감일을 지키다
meet the deadline

다음 주 제출 예정인 과제의 마감일을 지켜야 합니다.
I have to **meet the deadline** for the assignment due next week.

16 기한 연장을 요청하다
ask for / request an extension

저는 일주일 내내 아팠기 때문에 제 리포트의 제출 기한 연장을 요청해야 했습니다.
I had to **ask for an extension** of my paper because I was sick all week.

17 ~을 필기하다
take notes on ~

저는 그 강의의 주요 내용을 필기했습니다.
I **took notes on** the main points of the lecture.

18 ~의 진행 상황을 확인하다
track one's progress

학생 포털을 통해, 이번 학기 동안 저의 진행 상황을 쉽게 확인할 수 있습니다.
Using the student portal, I can easily **track my progress** throughout the semester.

19 ~을 따라잡다
catch up on ~

저는 시험 전에 밀린 공부를 따라잡기 위해 밤을 새웠습니다.
I stayed up all night to **catch up on** my studies before the exam.

20 방해가 되는 행동
disruptive behavior

저희는 방해가 되는 행동에 대해 무관용 원칙을 적용합니다.
We have a zero-tolerance policy for **disruptive behavior**.

21 진로 목표
career goals

저는 데이터 분석가로서의 진로 목표와 일치하기 때문에 이 과목을 수강하는 것에 관심이 있습니다.
I'm interested in taking this course because it aligns with my **career goals** as a data analyst.

22 ~의 학문적 시야를 넓히다

broaden one's academic perspective

이 수업이 글로벌 이슈에 대한 저의 학문적 시야를 넓히는 데 도움이 될 것입니다.
This course will help me **broaden my academic perspective** on global issues.

23 학문적 관심

academic interests

저는 고대사에 대한 저의 학문적 관심을 추구하기 위해 대학원에 지원하는 것을 고려하고 있습니다.
I am considering applying to graduate school to further pursue my **academic interests** in ancient history.

24 학생회

student council

학생회가 신입생 환영 행사를 주최하고 있습니다.
The **student council** is organizing a welcome event for new students.

25 행사를 주최하다

host an event

학생회가 신입생을 위한 행사를 주최할 예정입니다.
The student association will **host an event** for new students.

26 모의 면접

a mock interview

저는 일반적인 면접 질문에 답하는 연습을 하기 위해 모의 면접에 참여했습니다.
I participated in **a mock interview** to practice answering common interview questions.

27 설명회

an info session

장학금 신청 방법에 대한 설명회가 있을까요?
Will there be **an info session** on how to apply for the scholarship?

28 자리를 확보하다

secure a spot

여름 워크숍에 참가 자리를 확보할 수 있는지 문의드립니다.
I'm emailing to ask if I can still **secure a spot** in the summer workshop.

29 ~에 대해 조언을 구하다
seek advice on ~

중요한 결정을 내리기 전에, 경험 있는 사람에게 그 문제에 대해 조언을 구하는 것이 좋은 생각입니다.
Before making a big decision, it's a good idea to **seek advice on** the matter from someone with experience.

30 ~으로서 주도하다
take the lead as ~

이번 시즌 팀 주장으로서 주도해 주셔서 감사합니다.
Thank you for **taking the lead as** the team captain this season.

31 시각 자료
visual aids

발표에 더 많은 시각 자료를 포함하는 것이 더 좋을 것 같습니다.
It might be better to include more **visual aids** in your presentation.

32 발표를 하다
deliver a presentation

각 학생은 학기 말에 발표를 해야 합니다.
Each student must **deliver a presentation** at the end of the semester.

33 ~을 담당하다
be in charge of ~

그녀는 학생회의 재정을 관리하는 것을 담당하고 있습니다.
She **is in charge of** managing the finances for the student council.

34 개요를 작성하다
draft an outline

에세이를 쓰기 전에 개요를 작성하는 것은 항상 도움이 됩니다.
It's always helpful to **draft an outline** before writing your essay.

35 뒷받침할 자료를 모으다
gather supporting data

연구 논문을 위해 뒷받침할 자료를 모아야 합니다.
You need to **gather supporting data** for your research paper.

36 주간 상영회
weekly screenings

영화 동아리는 금요일 밤마다 주간 상영회를 엽니다.
The film club holds **weekly screenings** on Friday nights.

37 잠깐 들르다
drop by

토론 동아리는 매주 수요일에 정기 모임이 있어서 우리는 수업 끝나고 그냥 잠깐 들르면 됩니다.
The debate club has regular meetings on Wednesdays, so we can just **drop by** after class.

38 신입생 오리엔테이션
freshman orientation

신입생 오리엔테이션 일정은 학교 웹사이트에 게시되어 있습니다.
The **freshman orientation** schedule is posted on the school website.

39 ~에 대한 책임을 분담하다
share responsibilities for ~

룸메이트들은 청소에 대한 책임을 분담해야 합니다.
Roommates should **share responsibilities for** cleaning.

40 ~의 사생활을 존중하다
respect one's privacy

기숙사에서 서로의 사생활을 존중하는 것이 중요합니다.
It is important to **respect each other's privacy** in the dorm.

41 ~와 유대감을 쌓다
bond with ~

함께 봉사활동을 하는 것은 지역 사회 사람들과 유대감을 쌓을 기회를 줍니다.
Volunteering together gives us a chance to **bond with** people in the community.

42 스스로 동기를 유지하다, 스스로를 계속 자극 받게 하다
keep oneself motivated

스터디 그룹에 참여한 것이 스스로 동기를 유지하는 데 도움이 되었습니다.
Joining a study group has helped me **keep myself motivated**.

학교생활에 관한 추가 표현 모음

행정실	administration office
강의 관리자	course administrator
지원 절차	application process
등록 링크	registration link
교류 대학, 자매 대학	partner university
학자금 지원	financial aid
학점 인정, 학점 이수 전환	transfer credits
추천서	letters of recommendation
수강 정원	enrollment capacity
학생 지원처	student affairs office
학사 일정표	academic calendar
수강을 철회하다	withdraw from a course
이수해야 할 과목	pending courses
출석 요건	attendance requirement
졸업 요건	graduation requirements
성적 이의 신청	grade appeals
학사 경고	academic probation
강의 녹화	lecture recording
보조 학습자료	supplementary materials
토론 게시판	discussion board
상담 시간, 면담 시간	office hours
학업 성적, 학업 성과	academic performance
참고 자료	reference materials
수업 유인물	course handouts
수정판, 개정판	revised version
표절 검사	plagiarism check
~에 대한 벌칙, ~에 대한 제재	penalty for ~
필수 읽기 자료	required readings
과제를 다시 제출하다	resubmit an assignment
공부할 장소	study spots
개방형 좌석 공간	open seating area
와이파이 이용	Wi-Fi access
갱신 요청	renewal request

지정 좌석	reserved seating
시설 이용	facility access
개관 시간, 운영 시간	opening hours
대출 규정 ↔ 반납 규정	borrowing policy ↔ return policy
대형 강의실	lecture hall
허가증, 이용 허가	a permit
인턴(십) 기회	internship opportunity
동문 네트워킹	alumni networking
멘토링 프로그램	mentoring program
채용 설명회	recruitment session
음향 장비	audio equipment
초청 연사	guest speaker
패널 토론	panel discussion
채용 담당자	job recruiter
필수 능력	required skills
생산성 도구	productivity tools
기술 개발, 능력 향상	skills development
관련 경험	relevant experience
초대장을 발송하다	send out invitations
장식을 설치하다	set up decorations
다른 날로 (일정을) 변경하다	reschedule for another day
매력적인 발표 진행	engaging delivery
매끄러운 전환	smooth transition
~을 뒷받침하다	back ~ up
기본 규칙을 정하다	set ground rules
지속적인 문제	persistent issue
로딩 페이지	a loading page
긴급한 주의, 즉각적인 관심	urgent attention
설득력 있는 어조	persuasive tone
시간 관리	time management
질의응답 시간	question-and-answer session
기술적 문제	technical issue
청중 참여	audience engagement

발표를 리허설하다	rehearse a presentation
나올 수 있는 질문을 예상하다	anticipate possible questions
핵심 내용을 강조하다	highlight key points
시선[눈 맞춤]을 유지하다	maintain eye contact
명확한 발음 [표현]	clear articulation
요점을 분명히 하다	clarify a point
설득력 있는 어조 [말투]	a persuasive tone
결론을 내리다	draw a conclusion
세부 사항을 완전히 이해하다	absorb the details
핵심 요점	key takeaways
팀원을 언급하다 [인정하다]	acknowledge team members
참고 문헌을 제시하다	provide references
활발한 토론	lively discussion
팀 친목 활동	team bonding activity
회원비, 회비	membership fee
동아리 규약	club constitution
연례 공연 [발표회]	annual showcase
학생회	student association
캠퍼스 투어	a campus tour
헌장, 규약	a charter
동아리 회장/부회장	club president / vice president
학과장	the Department Chair
총회	general assembly
지역 사회 봉사 활동	community outreach
홍보 캠페인	publicity campaign
온라인 홍보	online promotion
후원 요청	sponsorship request
~와의 협력	collaboration with ~
학기 말	end-of-semester
송별회	farewell party
동문 초청 행사	homecoming event
공개 행사	open house
여자/남자 전용 기숙사	all-female/all-male dorm

사감, 기숙사 지도 교사	resident advisor
공용 화장실	communal bathroom
급식, 정액제 식사 이용 제도	meal plan
외부인 숙박 규정	overnight guest policy
우연히 마주치다 [발견하다]	stumble upon
기숙사를 신청하다	apply for housing
방 배정	room assignment
룸메이트	roommate/dormmate
방 점검	room inspection
입사일, 기숙사 입주일	move-in day
기숙사 규정 위반	housing violation
통금 시간	curfew hours
안전 점검	safety inspection
번갈아 ~(을) 하다	take turns ~ing
쓰레기 처리	trash disposal
위생 문제	hygiene problem
지저분한 환경	messy environment
보안 문제	security concern
분실된 열쇠	lost key
도난 신고	theft report
소음 차단 헤드폰	noise-canceling headphones
~으로 [~에 대해] 갈등하다	have a conflict over ~
향수병을 느끼다	feel homesick
기숙사 생활에 적응하다	adjust to dorm life
공동생활	communal living
문제 해결 능력	problem-solving ability
창의성 향상	creativity enhancement
성취감	sense of accomplishment
학습 불안	learning anxiety
더 강한 회복 탄력성	greater resilience
공감 능력 형성	empathy building
문화적 인식	cultural awareness
글로벌 역량	global competence

✔ CHECK-UP 2. 학교생활에 관한 표현

파란색으로 주어진 표현에 유의하여, 다음에 주어진 우리말 문장을 영어로 바꾸어 쓰시오.

01 그것이 너무 어려워서 저는 과목을 철회하기로 했습니다.

* 어려운, 힘든 challenging

02 워크숍에 등록한 후 확인 이메일을 받지 못했습니다.

* ~에 등록하다 register for ~

03 교수님이 첫날에 강의 계획서를 나눠주셨습니다.

* 나눠주다 hand out

04 올해는 누가 동아리 예산 관리를 담당하나요?

* 예산 budget   * 관리하다 manage

05 초청 연사가 취업 면접 준비에 대한 팁을 공유할 예정입니다.

* 취업 면접 job interview

06 당신이 저에게 보낸 이메일에서 등록 링크에 접속할 수 없었습니다.

* 접속하다 access

07 포털 상의 기술적 문제 때문에 저는 과제를 제출할 수 없었습니다.

* 제출하다 submit

08 내일 강의를 위해 필수 읽기 자료를 끝내느라 늦게까지 깨어 있었습니다.

* 강의 lecture

09 수업 후에 학생 라운지에서 만나서 조별 발표를 리허설해요.

* 학생 라운지 student lounge

10 이 과목의 성적 평가 기준은 어디서 확인할 수 있나요?

* 과목 course

다음에 주어진 우리말 문장을 영어로 바꾸어 쓰시오.

11 학생증을 받기 위해서는 행정실을 방문해야 할 거예요.
　＊ 학생증 student ID

12 졸업하기 전에 이수해야 할 과목이 아직 두 개 남았습니다.
　＊ 졸업하다 graduate

13 과목 선택에 대해 조언을 구하기 위해 학업 지도 교수에게 가야 해요.
　＊ 학업 지도 교수 academic advisor

14 최종 결정을 내리기 전에, 우리는 신뢰할 수 있는 출처에서 뒷받침할 자료를 모아야 합니다.
　＊ 신뢰할 수 있는 reliable　＊ 출처 source

15 저는 음악을 좋아한다는 공통점으로 빠르게 제 룸메이트와 유대감을 쌓았습니다.
　＊ ~을 좋아한다는 공통점 shared love of ~

16 면접에서 관련 경험을 언급하는 것이 중요합니다.
* 언급하다 mention

17 우리는 동아리 모임을 다른 날로 변경해야 했습니다.
* 동아리 모임 club meeting

18 수업에서의 활발한 토론들이 제가 그 주제를 더 잘 이해하도록 도와주었습니다.
* 주제 topic

19 조원들이 프로젝트 과제를 어떻게 나눌지로 갈등했습니다.
* 과제 task   * 나누다 divide

20 우리는 실험 보고서의 각 부분을 번갈아 작성합니다.
* 실험 보고서 lab report

정답 p.401

실전익히기

I | 이메일의 기본 구조 익히기

문제에 주어진 상황에 맞는 자연스러운 이메일을 쓰는 것도 중요하지만, 무엇보다 중요한 것은 글을 읽는 사람이 한눈에 이메일임을 알아볼 수 있어야 한다는 것이다. 이를 위해서는 처음부터 글의 기본 틀을 이메일의 구조에 맞게 잡아야 한다. 일반적으로 이메일은 '도입', '본문', '마무리'의 세 부분으로 나뉜다.

도입 이메일을 시작하는 부분이다. 수신자를 표기하고, 간단한 인사말과 함께 이메일을 쓰는 목적을 명확히 제시한다.

본문 이메일의 핵심 내용이 담기는 부분이다. 문제에서 요구하는 세 가지 항목을 빠짐없이 포함하고, 각각에 대해 상황에 맞는 예시, 이유, 제안 등을 덧붙여 구체적으로 설명한다.

마무리 이메일을 정리하며 마무리하는 부분이다. 본문에서 다룬 내용을 간단히 마무리하며 감사 인사나 답변 / 협조를 기대하는 맺음말을 덧붙이며 글을 정리한다.

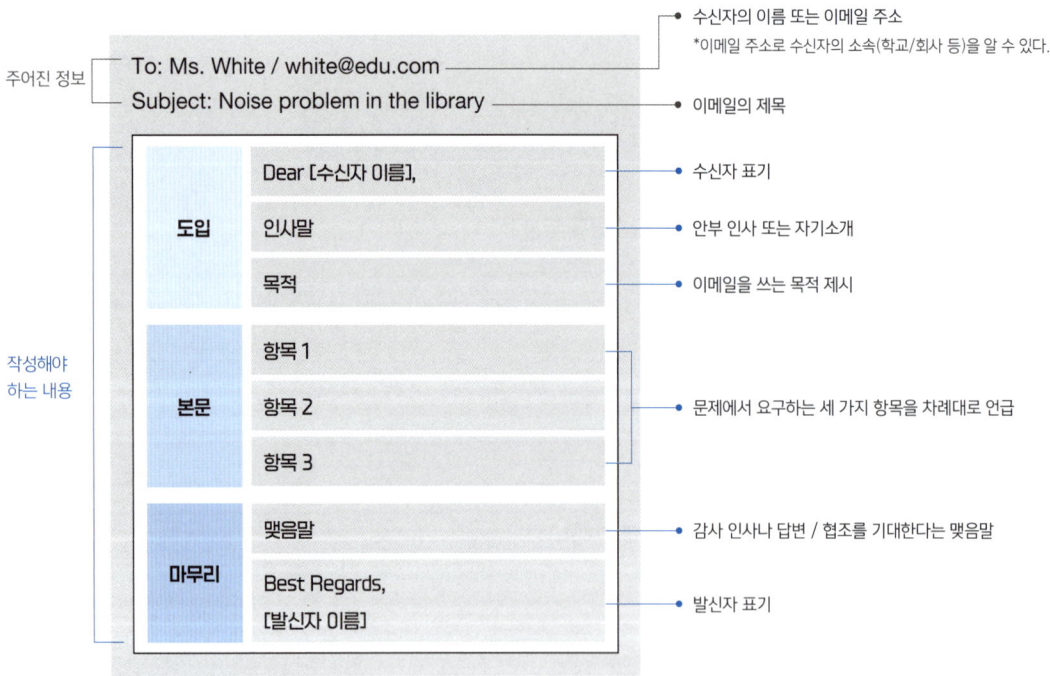

1. 문제 파악하기

문제에는 작성자인 '나'의 상황과 이메일을 작성하게 된 목적, 그리고 본문에 반드시 포함해야 할 세 가지 항목이 제시된다. 또한 답안 작성란 위의 'To: ~'와 'Subject: ~'를 통해 이메일의 수신자와 제목을 확인할 수 있으며, 특히 수신자가 회사나 기관일 경우에는 이메일 주소에서 회사명이나 기관명을 파악할 수 있다.

문제 파악하기의 예

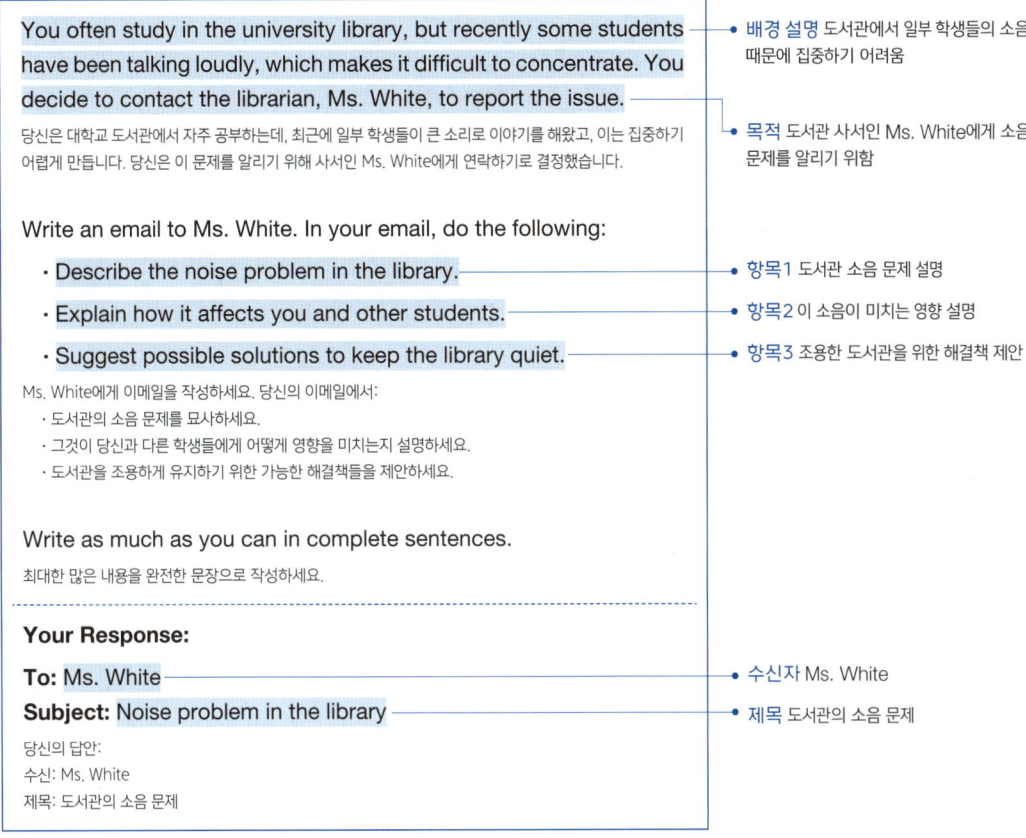

2. 아웃라인 잡기

본격적으로 이메일을 작성하기 전에, 문제에서 파악한 정보를 바탕으로 이메일에 포함될 내용을 정리한다. 이때 문제에서 제시된 세 가지 항목이 빠짐없이 반영되도록 각 항목에 반드시 포함해야 할 핵심 내용을 정리하고, 어떤 부연 설명이나 예시를 덧붙일지 미리 구상한다.

아웃라인 잡기 전략

STEP 1 브레인스토밍하기

이메일을 작성하는 목적과 본문에 포함해야 하는 항목들을 한국어로 간단히 정리한다. 이어서 각 항목에 대한 설명이나 예시를 자유롭게 떠올려본다. 이 단계에서는 이메일에 담을 수 있는 아이디어 후보를 최대한 많이 적어두는 것이 중요하다.

> **TIP**
> 짧은 시간 안에 아이디어를 떠올려야 해서 막막할 수 있다. 이때는 육하원칙(언제, 어디서, 누가, 무엇을 등)에 따라 상황을 구체적으로 떠올려보거나, '문제 + 결과', '제안 + 이유', '장점 + 단점', '경험 + 느낀 점'처럼 내용을 짝지어 정리하면 아이디어를 더 쉽게 확장할 수 있다.
>
> ex) 경험하고 있는 문제 묘사:
> - 언제: 지난주에 / 어제 / 며칠 전에
> - 어디서: 학교에서 / 동네에서 / 집에서
> - 누가: 나와 내 학우들 / 내 친구들 / 우리 가족
> - 무엇을: 과제 제출 중에 오류가 났다 / 도서관이 시끄러웠다 / 인터넷이 자주 끊겼다

STEP 2 아웃라인 잡기

브레인스토밍에서 나온 아이디어 중 실제로 이메일에 쓸 것을 고른다. 이때 영어로 옮기기 쉬운지, 이메일의 전체적인 흐름에 자연스러운지를 기준으로 삼는다. 선별된 아이디어는 한국어에서 영어로 옮겨 적고, 각 항목에 추가로 덧붙일 부연 설명이나 구체적인 예시도 함께 메모해 둔다.

아웃라인 잡기의 예

You often study in the university library, but recently some students have been talking loudly, which makes it difficult to concentrate. You decide to contact the librarian, Ms. White, to report the issue.
 → **배경 설명** 도서관에서 일부 학생들의 소음 때문에 집중하기 어려움
 → **목적** 도서관 사서인 Ms. White에게 소음 문제를 알리기 위함

Write an email to Ms. White. In your email, do the following:
· Describe the noise problem in the library. → **항목1** 도서관 소음 문제 설명
· Explain how it affects you and other students. → **항목2** 이 소음이 미치는 영향 설명
· Suggest possible solutions to keep the library quiet. → **항목3** 조용한 도서관을 위한 해결책 제안

Write as much as you can in complete sentences.

Your Response:
To: Ms. White → **수신자** Ms. White
Subject: Noise problem in the library → **제목** 도서관의 소음 문제

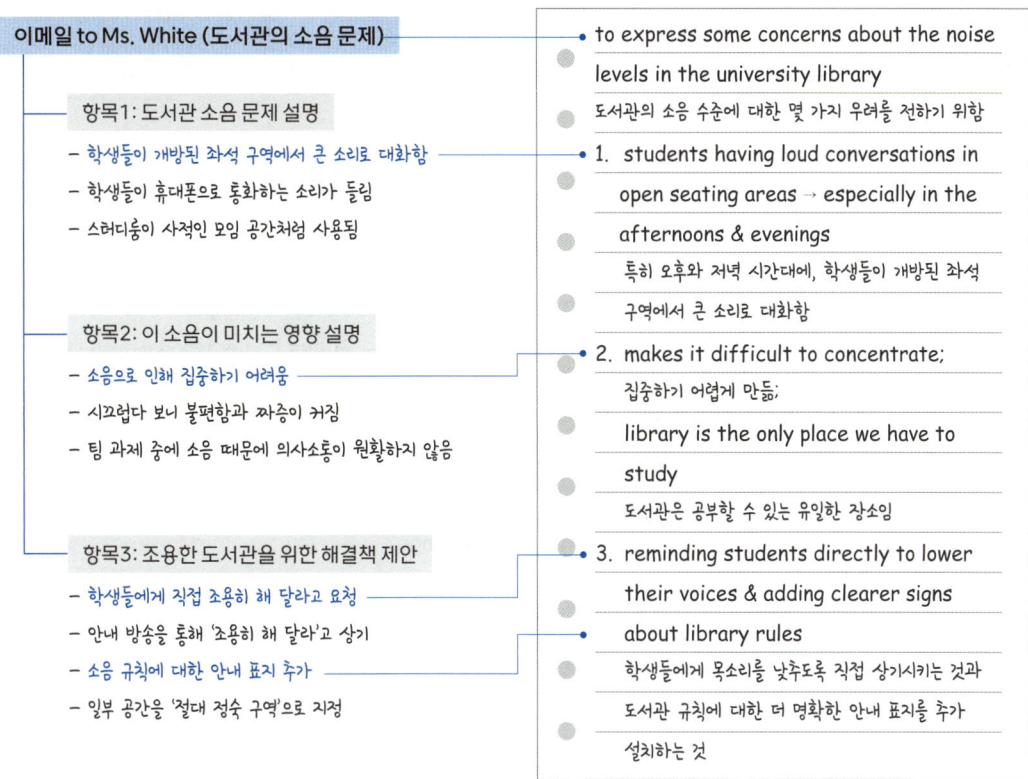

STEP 1   '도서관의 소음 문제'를 알리기 위해 이메일을 쓴다는 목적을 정리한다. 그 후 브레인스토밍을 통해 항목 1~3에 대한 아이디어를 최대한 많이 떠올려 본다.

STEP 2   브레인스토밍에서 나온 여러 아이디어 중 실제 이메일에 담을 내용을 고른다. 선택한 아이디어를 영어로 옮겨 정리하고, 필요한 경우 간단한 설명이나 구체적인 예시를 덧붙여 최종 아웃라인을 완성한다.

HACKERS PRACTICE

주어진 가이드라인을 참고하여 다음 문제에 대한 답안의 아웃라인을 완성하시오.

01

You are interested in joining your university's international exchange program. You would like to get more information about the program, so you plan to contact the exchange program coordinator, Ms. Peterson, to ask for details.

Write an email to Ms. Peterson. In your email, do the following:
- Explain why you are interested in the exchange program.
- Request more details about the program.
- Thank Ms. Peterson for her assistance.

Your Response:
To: Ms. Peterson
Subject: International exchange program inquiry

가이드라인
항목 2: 교환학생 프로그램에 대해 알고 싶은 정보(지원 과정, 자격 요건, 교류 대학, 성적 기준, 마감일, 비용 등)를 정리해 보자.
항목 3: 도움을 받았을 때 감사의 마음을 전할 수 있는 표현을 떠올려 보자.

아웃라인

- to request more details about the international exchange program
    1. improve language skills, experience a new culture, broaden academic perspective
    2.

    3.

02

You are a member of the university Volunteer Club. The club is looking for new members this semester, and you want to invite your classmates to join.

Write an email to your classmates. In your email, do the following:

- Explain the purpose of the Volunteer Club.
- Describe the main activities of the club.
- Provide the date, time, and location of the first meeting.

Your Response:

To: Classmates
Subject: Invitation to join the Volunteer Club

가이드라인

항목 2: 봉사 동아리가 보통 하는 활동들(요양 시설/쉼터 방문, 음식 기부, 동네 청소, 기부 행사 참여 등)을 떠올려 보자.
항목 3: 첫 번째 모임이 열리는 구체적인 날짜, 시간, 그리고 장소를 정해 보자.

아웃라인

- to invite you to join the Volunteer Club this semester
    1. aims to make a positive impact on the local community
    2.
    3.

HACKERS **PRACTICE**

03

Your friend, Emma, is considering moving into the university dormitory next semester. Since you have already lived in the dormitory for one year, she wants to hear your opinion about dormitory life.

Write an email to Emma. In your email, do the following:
- Share things you like about living in the dormitory.
- Describe some difficulties you face in the dormitory.
- Suggest tips for making dormitory life more comfortable.

Your Response:
To: Emma
Subject: Advice on dormitory life

가이드라인
항목 1: 기숙사 생활의 장점(학교와 가까움, 학교 시설 이용 편리, 친구를 쉽게 사귈 수 있음 등)을 떠올려 보자.
항목 2: 기숙사 생활의 단점(룸메이트와의 갈등, 소음 문제, 개인 공간 부족 등)을 정리해 보자.
항목 3: 기숙사 생활을 편하게 하는 방법(귀마개 사용, 정리함 활용, 룸메이트와 소통 등)을 생각해 보자.

아웃라인

- share what the experience (living in the university dormitory) is like
  - 1.
  -
  - 2.
  -
  - 3.
  -

04

You borrowed a jacket from your friend, Ava, but it got stained. You need to contact Ava and explain the situation.

Write an email to Ava. In your email, do the following:
- Apologize for what happened to her jacket.
- Explain how the jacket got stained.
- Describe how you plan to solve the problem.

Your Response:
To: Ava
Subject: Apology about your jacket

가이드라인

항목 1: 자신의 잘못으로 문제가 생겼을 때, 진심으로 사과할 수 있는 표현을 떠올려 보자.
항목 2: 재킷에 얼룩이 생긴 이유(음료를 흘림, 밖에서 비를 맞았음, 음식이 튀었음 등)를 생각해 보자.
항목 3: 얼룩을 지우는 방법(직접 손 세탁하기, 세탁소에 맡기기)과 지워지지 않을 경우의 대안(다른 옷을 사줌, 수선비 부담 등)도 함께 고민해 보자.

아웃라인

- have some bad news about that jacket you lent me
  - 1.
  - 2.
  - 3.

모범 답안 · 해석 p.402
*아웃라인에 대한 모범 답안은 TASK 2 부록 p.322, p.323, p.324, p.325에서 확인할 수 있습니다.

HACKERS TEST

다음 문제에 대한 답안의 아웃라인을 완성하시오.

01

Yesterday, you visited a café near your home. After returning, you realized that you had left your wallet there. You want to contact the café manager, Ms. Fisher, to ask whether the wallet has been found.

Write an email to Ms. Fisher. In your email, do the following:

· Mention the time when you were at the café.
· Describe the wallet you lost.
· Ask how you can get it back.

Your Response:

To: Ms. Fisher
Subject: Inquiry about lost wallet

아웃라인

02

Your university is hosting a career fair next week with representatives from various companies. You want to invite your friend, Steven, to attend the event with you.

Write an email to Steven. In your email, do the following:
- Give the time and location details.
- Explain why the event will be helpful.
- Mention what activities or opportunities will be available.

Your Response:
To: Steven
Subject: Career fair next week

아웃라인

HACKERS TEST

03

You recently finished a rehearsal for a group presentation in one of your classes. The presenter, Alex, has reached out to you for feedback on his performance.

Write an email to Alex. In your email, do the following:
- Thank him for giving the presentation.
- Mention what you liked about his presentation.
- Point out some areas that could be improved.

Your Response:

To: Alex
Subject: Feedback on your presentation

아웃라인

04

You had planned to meet your friend Anna for dinner, but something unexpected has come up, and you are unable to make it. You feel sorry about canceling and want to suggest another day to meet.

Write an email to Anna. In your email, do the following:

- Apologize for canceling your dinner plans.
- Explain why you cannot go.
- Suggest an alternative day when you could meet.

Your Response:

To: Anna
Subject: Apology for canceling dinner

아웃라인

모범 답안 · 해석 p.404
*아웃라인에 대한 모범 답안은 TASK 2 부록 p.326, p.327, p.328, p.329에서 확인할 수 있습니다.

II | 이메일 쓰기 - 도입

이메일의 기본 구조를 익혔으니 이제 실제로 작성해 볼 차례이다. 먼저 이메일의 시작 부분인 도입을 쓰는 방법을 살펴보자.

1. 내용과 구성

안부 인사를 나누거나 자기소개를 하는 인사말과 함께 이메일을 쓰는 목적을 간단히 밝힌다.

- **인사말:** 상대방의 안부를 묻거나 작성자의 이름이나 소속을 밝히는 등, 글의 분위기를 자연스럽게 여는 표현을 쓴다. 상대방과 친분이 있는 경우에는 가벼운 안부 인사로 시작하고, 그렇지 않은 경우에는 자신의 이름과 소속을 밝히는 자기소개로 글을 시작한다.
- **목적:** 이메일을 쓰는 목적을 분명히 밝힌다. 목적은 길게 늘어놓을 필요 없이, 초대, 감사, 사과, 문의, 문제 제기 등 상황에 맞는 표현으로 한두 문장 안에 간결하고 명확하게 제시한다.

구조 및 표현

인사말	I hope you're doing well. / I hope this email finds you well.
	This is [이름] from [소속]
	My name is [이름], and I'm [소속] / My name is [이름], and [자기소개]
	I'm so excited to hear + [좋은 소식]
	Thank you for reaching out to me.
목적	I'd love for you to join me at [행사/활동]
	I wanted to share/express my gratitude for [감사할 일]
	I'm so sorry, but I have some bad news about [소식]
	I am writing to ask for [문의/요청]
	I am writing to express some concerns about [문제 상황]

* 이메일의 수신자와 자주 연락하며 이미 친분이 있거나 긴급한 문제를 다루는 경우에는 인사말을 생략하고 곧바로 이메일의 목적을 언급해도 된다.

> **TIP**
>
> 이메일을 시작할 때는 먼저 수신자의 이름을 쓴다. 이때는 상대방의 이름이나 직책 등 지칭할 수 있는 명칭을 알고 있는지, 그리고 수신자와의 친밀도를 고려해 적절한 표현을 선택한다.
>
> • 수신자의 이름을 쓸 때 사용할 수 있는 표현
>
> | | |
> |---|---|
> | (상대방의 이름·직함을 알 때) | Dear [수신자], |
> | (상대방의 이름을 모를 때) | To whom it may concern, |
> | (상대방과 친근한 관계일 때) | Hi [수신자], |

2. 도입 쓰기의 예

문제

You often study in the university library, but recently some students have been talking loudly, which makes it difficult to concentrate. You decide to contact the librarian, Ms. White, to report the issue.

Write an email to Ms. White. In your email, do the following:
- Describe the noise problem in the library.
- Explain how it affects you and other students.
- Suggest possible solutions to keep the library quiet.

Your Response:
To: Ms. White
Subject: Noise problem in the library

이메일의 수신자는 Ms. White이므로 'Dear Ms. White,'로 시작한다. 이어서 자기소개를 한 후, 이메일의 목적을 명확히 밝힌다.

아웃라인

to express some concerns about the noise levels in the university library

1. students having loud conversations in open seating areas → especially in the afternoons & evenings
2. makes it difficult to concentrate; library is the only place we have to study
3. reminding students directly to lower their voices & adding clearer signs about library rules

도입 쓰기

Dear Ms. White,

인사말
My name is Jenny Griggs, and I'm a sophomore at Greenfield University.

목적
I am writing [to express some concerns about the noise levels in the university library].

해석 p.161

HACKERS PRACTICE

주어진 가이드라인과 아웃라인을 참고하여 다음 빈칸에 적절한 문장을 써서 도입을 완성하시오.

01

Your cousin Sarah is visiting your city for the first time and wants to know where she should go sightseeing. You have a favorite tourist attraction that you would like to recommend.

Write an email to Sarah. In your email, do the following:
- Tell her where the place is located.
- Describe what she can see and do there.
- Suggest the best time of day to visit.

Your Response:
To: Sarah
Subject: Recommendation for your visit

가이드라인
사촌이 방문한다는 소식을 듣고 기쁜 마음을 전하는 인사말과 함께, 자신이 가장 좋아하는 명소를 추천하겠다는 목적을 작성해 보자.

아웃라인

- recommend my favorite place — the Skyview Observation Deck
- 내가 가장 좋아하는 장소인 Skyview 전망대를 추천함

도입 쓰기

Dear Sarah,
Sarah에게,

인사말
I'm so excited to hear you're finally coming to visit!
당신이 드디어 방문하러 온다는 것을 듣게 되어 매우 기쁩니다!

목적
① _____
_____.
이번이 당신의 첫 방문이니, 제가 가장 좋아하는 장소인 Skyview 전망대를 기꺼이 추천해 드리고 싶습니다.

02

You tried to register for an online course at your university, but you experienced a problem with the registration system. You want to contact the course administrator to confirm whether your registration was successful.

Write an email to the course administrator. In your email, do the following:

- Provide details about the course you tried to register for.
- Describe the problem you experienced with the registration system.
- Ask about the status of your course registration.

Your Response:

To: courseadmin@university.edu
Subject: Problem with course registration

가이드라인
이름, 학년, 전공, 그리고 학번 등의 정보를 포함한 자기소개로 시작하고, 수강 신청 과정에서 겪은 문제에 대해 이메일을 쓰는 목적을 작성해 보자.

아웃라인
- to report an issue I encountered while registering for an online course
- 온라인 강의 수강 신청 중에 겪었던 문제를 알리기 위함

도입 쓰기

To whom it may concern,
관계자분께,

인사말
My name is Ryan Thompson, and I'm a junior majoring in economics (Student ID: 2023456).
제 이름은 Ryan Thompson이고, 저는 경제학을 전공하는 3학년 학생입니다 (학번: 2023456).

목적
① _____.

저는 온라인 강의 수강 신청 중에 겪었던 문제를 알리기 위해 이메일을 쓰고 있습니다.

HACKERS PRACTICE

03

You are planning a surprise birthday party for your friend Mia's birthday. You want to invite Kevin, who is also a close friend of Mia, and ask for his help with the preparations.

Write an email to Kevin. In your email, do the following:
- Give the details regarding the time and place.
- Explain what you have planned for the party.
- Request his help in getting things ready for the party.

Your Response:

To: Kevin
Subject: Surprise party for Mia

가이드라인
Mia의 생일 파티를 계획하고 있다는 인사말로 시작하고, Kevin을 이 파티에 초대하고자 한다는 목적을 작성해 보자.

아웃라인

- throwing a surprise party for her (Mia) & really hope you can join us
- 그녀(Mia)를 위한 깜짝 파티를 열 예정인데, 당신이 함께하기를 정말 바람

도입 쓰기

Hi Kevin,
Kevin에게,

인사말
I'm so excited to tell you about my plan for Mia's birthday!
Mia의 생일을 위한 제 계획을 알려 드리게 되어 매우 기쁩니다!

목적
① _____
_____.

저는 그녀를 위한 깜짝 파티를 열 예정인데, 당신이 함께하기를 정말 바랍니다.

Hackers Updated TOEFL WRITING

04

You organized a team workshop at a venue recommended by your coworker, Henry. However, the room was too small, and the equipment did not function properly. You need to inform Henry about the situation and discuss future arrangements.

Write an email to Henry. In your email, do the following:
- Thank him for recommending the venue.
- Mention the problems your team had at the venue.
- Suggest alternative arrangements for future workshops.

Your Response:
To: Henry
Subject: Feedback on workshop venue

가이드라인
가벼운 인사말로 시작하고, 팀 워크숍이 어떻게 진행됐는지 알려 주고자 한다는 목적을 작성해 보자.

아웃라인

- follow up on how the team workshop went
  팀 워크숍이 어떻게 진행되었는지에 대해 알려 주고자 함

도입 쓰기 ✎

Dear Henry,
Henry에게,

인사말
I hope this email finds you well.
이 이메일이 당신에게 잘 전달되길 바랍니다.

목적
① _____
_____.
팀 워크숍이 어떻게 진행되었는지에 대해 알려 드리고자 합니다.

모범 답안·해석 p.407
*아웃라인에 대한 모범 답안은 TASK 2 부록 p.330, p.331, p.332, p.333에서 확인할 수 있습니다.

HACKERS TEST

주어진 아웃라인을 참고하여 다음 문제에 대한 도입을 완성하시오.

01

You received a notification that your flight for an upcoming vacation has been rescheduled to a later time. This new departure time will reduce the amount of time you have at your destination. You need to contact the airline's customer service team to request assistance.

Write an email to the customer service team. In your email, do the following:

- Mention your flight booking details and the schedule change.
- Explain how the new flight time affects your travel plans.
- Ask about possible rebooking or refund options.

Your Response:
To: customercare@skyairlines.com
Subject: Issue with rescheduled flight

아웃라인

- contacting you regarding a schedule change for my upcoming flight
- 다가오는 내 항공편의 일정 변경에 관하여 연락함

도입 쓰기 ✏️

_____,

인사말

목적

02

In your apartment building, some neighbors often leave unsorted trash in the recycling area. This makes the space messy and unpleasant for other residents. You would like to contact the building manager, Mr. Brown, to report the problem and suggest solutions.

Write an email to Mr. Brown. In your email, do the following:

- Describe the problem in the recycling area.
- Explain how this problem affects apartment residents.
- Suggest ways to solve this problem.

Your Response:

To: Mr. Brown
Subject: Concern about the recycling area

아웃라인

- to report an ongoing issue in the shared recycling area
- 공용 분리수거 구역에서 계속 발생하고 있는 문제를 신고하기 위함

도입 쓰기 ✏️

_____,

인사말
_____

목적
_____
_____

HACKERS TEST

03 Your friend, Daniel, is planning to have a special family dinner this weekend. He asked you if there were any good restaurants in the neighborhood. You want to share your suggestion with him.

Write an email to Daniel. In your email, do the following:

- Recommend a restaurant for a special family dinner.
- Explain why it is a good choice for the occasion.
- Suggest some dishes that Daniel and his family should try.

Your Response:

To: Daniel
Subject: Restaurant recommendation

아웃라인

- to recommend a great restaurant nearby
- 근처에 있는 좋은 식당을 추천하기 위함

도입 쓰기

_____,

인사말

목적

04

You recently went to a concert by your favorite singer. You had a great time, so you want to thank the event organizer, Mr. Jake, for arranging the event and also share some feedback about the concert.

Write an email to Mr. Jake. In your email, do the following:

- Thank him for arranging the concert.
- Describe what you liked most about the event.
- Suggest one or two improvements for future concerts.

Your Response:

To: Mr. Jake
Subject: Feedback on recent concert

아웃라인

- to express my gratitude & share some feedback on the event
- 감사를 표하고 그 행사에 대해 몇 가지 피드백을 공유하기 위함

도입 쓰기

_____,

인사말

목적

모범 답안 · 해석 p.409
*전체 아웃라인과 모범 답안은 TASK 2 부록 p.334, p.335, p.336, p.337에서 확인할 수 있습니다.

III | 이메일 쓰기 – 본문과 마무리

앞서 도입에서는 인사말과 이메일의 목적을 제시하여 글을 시작하는 방법을 살펴보았다. 이제 핵심 내용을 담는 본문과 자연스럽게 이메일을 끝맺는 마무리를 쓰는 방법에 대해 알아보자.

1. 내용과 구성

- **본문:** 문제에 제시된 세 가지 항목에 대해 작성하는 부분으로, 아웃라인에서 정리한 내용을 순서대로 풀어서 구체적으로 작성한다.
- **마무리:** 이메일을 마무리하는 부분으로, 이메일을 읽어준 것에 대한 감사 인사나 답변을 기대한다는 맺음말, 또는 후속 조치를 요청하는 말을 쓴다.

구조 및 표현

> **본문** 각 항목이 요구하는 핵심 내용(피드백 주기, 도움 요청, 문제 상황 설명, 해결책 제안, 제품/장소 추천 등)에 따른 상황별 표현 활용
> – One thing you might consider improving is [피드백] / I was hoping you could help me with [요청] / I've noticed that [문제 상황] / I would appreciate it if you could [해결책] / One of the best things about [제품/장소] is ~ 등
>
> **마무리** 감사 인사, 답변 요청, 후속 조치 요청 등
> – Thank you (very much) for ~ / I look forward to ~ / Let me know ~ / I can't wait to ~ / I would greatly appreciate ~ 등

> **TIP**
> 이메일의 마지막에는 '[발신자] 드림'을 쓴다. 이때 수신자와의 관계에 따라 다양한 표현을 사용할 수 있다.
>
> • '[발신자] 드림'을 쓸 때 사용할 수 있는 표현
>
> | | |
> |---|---|
> | (격식 있는 관계) | Sincerely, ~ / Respectfully, ~ / Best regards, ~ |
> | (친근한 관계) | Best, ~ / Cheers, ~ / Hi, ~ |

2. 본문과 마무리 쓰기의 예

문제

You often study in the university library, but recently some students have been talking loudly, which makes it difficult to concentrate. You decide to contact the librarian, Ms. White, to report the issue.

Write an email to Ms. White. In your email, do the following:
· Describe the noise problem in the library.
· Explain how it affects you and other students.
· Suggest possible solutions to keep the library quiet.

Your Response:
To: Ms. White
Subject: Noise problem in the library

본문에서는 문제에 제시된 항목 1~3에 대해 아웃라인에서 작성한 내용을 순서대로 다룬다. 그다음, 이메일을 읽어준 것에 대한 감사 인사로 마무리한다.

아웃라인

- to express some concerns about the noise levels in the university library
  1. students having loud conversations in open seating areas → especially in the afternoons & evenings
  2. makes it difficult to concentrate; library is the only place we have to study
  3. reminding students directly to lower their voices & adding clearer signs about library rules

본문과 마무리 쓰기

항목1

Over the past couple of weeks, **I've noticed** [students having loud conversations in open seating areas, especially in the afternoons and evenings].

항목2

This [**makes it difficult for** students like me **to** concentrate. For many of us, the library is the only place we have to study, so maintaining a quiet environment is very important].

항목3

I would appreciate it if librarians **could** take a more active role in addressing disruptive behavior, such as [reminding students directly to lower their voices. Adding clearer signs about library rules **might** also **help** remind students to keep the noise down].

맺음말

Thank you very much for your time and consideration.

Respectfully,
Jenny Griggs

해석 p.161

예시 모범답변

문제

You often study in the university library, but recently some students have been talking loudly, which makes it difficult to concentrate. You decide to contact the librarian, Ms. White, to report the issue.

Write an email to Ms. White. In your email, do the following:

- Describe the noise problem in the library.
- Explain how it affects you and other students.
- Suggest possible solutions to keep the library quiet.

Write as much as you can in complete sentences.

Your Response:

To: Ms. White
Subject: Noise problem in the library

1. 문제 파악 및 아웃라인 잡기

- 이메일의 목적이 대학교 도서관의 소음 수준에 대한 우려를 전하는 것임을 파악한다.
- 문제에서 제시된 세 가지 항목(도서관 소음 문제 설명, 이 소음이 미치는 영향 설명, 조용한 도서관을 위한 해결책 제안)에 대해 부연 설명이나 예시를 덧붙여 구체적으로 아웃라인에 정리한다.

> to express some concerns about the noise levels in the university library
> 1. students having loud conversations in open seating areas
>   → especially in the afternoons & evenings
> 2. makes it difficult to concentrate;
>   library is the only place we have to study
> 3. reminding students directly to lower their voices & adding clearer signs about library rules

2. 이메일 작성하기

작성한 아웃라인을 바탕으로 이메일의 도입(인사말, 목적), 본문(항목 1~3), 마무리(맺음말)를 각각 작성하여 하나의 답안을 완성한다.

> **Dear** Ms. White,
>
> [인사말] **My name is Jenny Griggs, and I'm** a sophomore at Greenfield University. [목적] **I am writing to express some concerns about** the noise levels in the university library. [항목 1] Over the past couple of weeks, **I've noticed** students having loud conversations in open seating areas, especially in the afternoons and evenings. [항목 2] This **makes it difficult for** students like me **to** concentrate. For many of us, the library is the only place we have to study, so maintaining a quiet environment is very important. [항목 3] **I would appreciate it if** librarians **could** take a more active role in addressing disruptive behavior, such as reminding students directly to lower their voices. Adding clearer signs about library rules **might** also **help** remind students to keep the noise down. [맺음말] **Thank you very much for** your time and consideration.
>
> **Respectfully,**
> Jenny Griggs

3. 이메일 검토 및 수정하기

이메일을 완성한 후에 시간이 남는다면 다음의 사항에 유의하여 작성한 이메일을 다시 한번 검토한다. 감점 요소를 최소화하도록 각각의 유의 사항을 염두에 두고 답안을 쓰도록 한다.

Organization (구성)

도입	수신자와의 관계를 고려해 적절한 인사말을 썼는가?	Yes / No
	이메일의 작성 목적을 명확히 밝혔는가?	Yes / No
본문	문제에서 제시한 항목 1에 대한 내용을 충분히 구체적으로 다루었는가?	Yes / No
	문제에서 제시한 항목 2에 대한 내용을 충분히 구체적으로 다루었는가?	Yes / No
	문제에서 제시한 항목 3에 대한 내용을 충분히 구체적으로 다루었는가?	Yes / No
마무리	이메일의 내용에 맞는 적절한 맺음말을 사용했는가?	Yes / No

Sentence Structure & Grammar (문장 구조와 문법)

전체	문장에 주어와 동사가 포함되어 있는가?	Yes / No
	주어와 동사의 수가 일치하는가?	Yes / No
	동사의 시제가 올바로 사용되어 있는가?	Yes / No
	지시어나 소유격이 명사와 일치하는가?	Yes / No
	의미가 모호한 문장은 없는가?	Yes / No

해석

문제 해석

당신은 대학교 도서관에서 자주 공부하는데, 최근에 일부 학생들이 큰 소리로 이야기를 해왔고, 이는 집중하기 어렵게 만듭니다. 당신은 이 문제를 알리기 위해 사서인 Ms. White에게 연락하기로 결정했습니다.

Ms. White에게 이메일을 작성하세요. 당신의 이메일에서:

- 도서관의 소음 문제를 묘사하세요.
- 그것이 당신과 다른 학생들에게 어떻게 영향을 미치는지 설명하세요.
- 도서관을 조용하게 유지하기 위한 가능한 해결책들을 제안하세요.

최대한 많은 내용을 완전한 문장으로 작성하세요.

당신의 답안:
수신: Ms. White
제목: 도서관 소음 문제

아웃라인 해석

- 도서관의 소음 수준에 대한 몇 가지 우려를 전하기 위함
- 1. 특히 오후와 저녁 시간대에, 학생들이 개방된 좌석 구역에서 큰 소리로 대화함
- 2. 집중하기 어렵게 만듦; 도서관은 공부할 수 있는 유일한 장소임
- 3. 학생들에게 목소리를 낮추도록 직접 상기시키는 것과 도서관 규칙에 대한 더 명확한 안내 표지를 추가 설치하는 것

답안 해석

Ms. White에게,

제 이름은 Jenny Griggs이고, 저는 Greenfield 대학교 2학년 학생입니다. 저는 도서관의 소음 수준에 대한 몇 가지 우려를 전하기 위해 이메일을 쓰고 있습니다. 지난 몇 주 동안, 저는 특히 오후와 저녁 시간대에, 학생들이 개방된 좌석 구역에서 큰 소리로 대화하고 있다는 것을 알게 되었습니다. 이는 저와 같은 학생들이 집중하기 어렵게 만듭니다. 많은 학생들에게, 도서관은 공부할 수 있는 유일한 장소이므로, 조용한 환경을 유지하는 것이 매우 중요합니다. 사서분들께서 학생들에게 목소리를 낮추라고 직접 상기시키는 것과 같은 방해가 되는 행동을 다루는 것에 더 적극적으로 나서주신다면 감사하겠습니다. 도서관 규칙에 대한 더 명확한 안내 표지를 추가 설치하는 것도 학생들에게 소음을 줄이라는 점을 상기시키는 데 도움이 될 수 있습니다. 당신의 시간과 배려에 정말 감사드립니다.

Jenny Griggs 드림

noise level 소음 수준 **concentrate** [kánsəntrèit] 집중하다 **maintain** [meintéin] 유지하다 **address** [ədrés] 다루다 **disruptive** [disrʌ́ptiv] 방해가 되는 **lower** [lóuər] 낮추다

HACKERS PRACTICE

주어진 가이드라인과 아웃라인을 참고하여 다음 빈칸에 적절한 문장을 써서 본문과 마무리를 완성하시오.

01

You missed the first lecture for a class you are taking this semester. You want to contact your professor, Dr. Smith, to ask about the lecture materials and how to catch up.

Write an email to Dr. Smith. In your email, do the following:
- Explain why you missed the lecture.
- Ask how you can get the lecture notes or slides.
- Request advice on how to catch up with the class.

Your Response:
To: Dr. Smith
Subject: Request for lecture materials

가이드라인
첫 강의에 대해 문의하기 위해 이메일을 쓴다는 목적을 밝히고, 갑작스러운 질병으로 그날 출석하지 못했음을 설명하자. 강의 자료를 받을 수 있는지 물어본 뒤, 수업을 따라잡을 수 있는 방법에 대해 조언을 구하고 감사 인사로 이메일을 마무리하자.

아웃라인

- to ask for information regarding the first lecture on September 5th
  9월 5일 첫 번째 강의에 관한 정보를 요청하기 위함
- 1. unable to attend that day due to a sudden illness & sincerely apologize for my absence
  갑작스러운 병으로 인해 그날 출석할 수 없었으며, 나의 결석에 대해 진심으로 사과드림
- 2. let me know how I might obtain the lecture notes or slides from that session
  그 수업의 강의 노트나 슬라이드를 내가 어떻게 구할 수 있는지 알려 주길 바람
- 3. be grateful for any advice you may have on how to catch up with the class
  수업을 따라잡는 방법에 대해 당신이 갖고 있는 그 어떤 조언에 대해서도 감사함
- ex) guidance on important topics, readings, or assignments
  예) 중요한 주제들, 읽기 자료, 또는 과제에 대한 안내

본문과 마무리 쓰기

도입

Dear Dr. Smith,

Smith 박사님에게,

My name is Philip Hicks, and I am a student in your Introduction to Psychology class this semester. I am writing to ask for information regarding the first lecture on September 5th.

제 이름은 Philip Hicks이며, 저는 이번 학기에 교수님의 심리학 개론 수업을 듣고 있는 학생입니다. 저는 9월 5일 첫 번째 강의에 관한 정보를 요청드리기 위해 이메일을 쓰고 있습니다.

항목 1

① _____

_____.

안타깝게도, 저는 갑작스러운 병으로 인해 그날 출석할 수 없었으며, 저의 결석에 대해 진심으로 사과드립니다.

항목 2

② _____

_____?

그 수업의 강의 노트나 슬라이드를 제가 어떻게 구할 수 있는지 알려 주실 수 있나요?

항목 3

③ _____

_____.

Guidance on important topics, readings, or assignments from the first lecture would be especially helpful.

또한, 수업을 따라잡는 방법에 대해 당신(교수님)이 갖고 계신 그 어떤 조언에 대해서도 감사하겠습니다. 첫 번째 강의의 중요한 주제들, 읽기 자료, 또는 과제에 대한 안내가 특히 도움이 될 것입니다.

맺음말

Thank you very much for your kind attention to this matter. I look forward to joining the next class.

이 문제에 대한 당신의 세심한 관심에 정말 감사드립니다. 다음 수업에 참여하기를 기대합니다.

Sincerely,
Philip Hicks

Philip Hicks 드림

HACKERS PRACTICE

02

You often shop at a supermarket near your home. Recently, you have noticed that the checkout lines are very long, and it takes a lot of time to pay for your items. You want to inform the store manager about the situation and suggest possible ways to reduce the waiting time.

Write an email to the store manager. In your email, do the following:

- Describe the problem with the checkout lines.
- Explain how the long wait affects shoppers.
- Suggest possible ways to improve the checkout process.

Your Response:

To: manager@greenmart.com
Subject: Concern about long checkout lines

가이드라인

계산대 대기 줄이 길어 결제에 시간이 오래 걸린다는 문제를 알리고, 긴 대기 시간으로 인해 고객들이 불편을 겪고 있음을 설명하자. 이어서 직원 증원이나 무인 계산대 확대 등의 해결책을 제시한 뒤, 감사 인사로 마무리하자.

아웃라인

- writing to you after having had several negative experiences at Green Mart
  Green 마트에서 여러 차례 불편한 경험을 한 후 이메일을 쓰고 있음

    1. checkout lines have been consistently long 계산대 줄이 지속적으로 길었음
    2. takes a great deal of time to pay for items → many customers are becoming frustrated
       물건값을 지불하는 데 상당한 시간이 걸리며, 많은 고객들이 불만스러워하고 있음
       even seen people abandon their carts & leave the store without making a purchase
       심지어 사람들이 자신들의 장바구니를 버리고 구매를 하지 않은 채 매장을 떠나는 것도 봄
    3. creating an express lane for customers with only a few items
       적은 수의 물품만 구매하는 고객들을 위한 빠른 계산대를 만드는 것
       installing additional self-checkout kiosks
       추가적인 무인 계산대 키오스크를 설치하는 것

본문과 마무리 쓰기

도입

To whom it may concern,

관계자분께,

My name is Donna Young. I am writing to you after having had several negative experiences at Green Mart.

제 이름은 Donna Young입니다. 저는 Green 마트에서 여러 차례 불편한 경험을 한 후 이메일을 쓰고 있습니다.

항목 1

① _____

_____.

지난 몇 주 동안, 저는 계산대 줄이 지속적으로 길다는 것을 알게 되었습니다.

항목 2

② _____

_____.

I've even seen people abandon their carts and leave the store without making a purchase.

물건값을 지불하는 데 상당한 시간이 걸리며, 많은 고객들이 이 지연으로 인해 불만스러워하고 있습니다. 저는 심지어 사람들이 자신들의 장바구니를 버리고 구매를 하지 않은 채 매장을 떠나는 것도 보았습니다.

항목 3

③ _____

_____.

If possible, installing additional self-checkout kiosks would also help reduce congestion.

이 문제를 해결하기 위해, 적은 수의 물품만 구매하는 고객들을 위한 빠른 계산대를 만드는 것을 제안합니다. 가능하다면, 추가적인 무인 계산대 키오스크를 설치하는 것도 혼잡을 줄이는 데 도움이 될 것입니다.

맺음말

Thank you for your time and consideration of this feedback.

이 피드백에 대한 당신의 시간과 고려에 감사드립니다.

Sincerely,
Donna Young

Donna Young 드림

HACKERS PRACTICE

03

You have been experiencing excessive noise from an upstairs apartment. Even though you already asked your neighbor to lower the volume, the issue continues. You need to contact the building manager, Mr. Ryan, to report the problem and request assistance.

Write an email to Mr. Ryan. In your email, do the following:

- Describe the problem you are experiencing.
- Explain your past attempts to resolve the problem.
- Ask him for his help with the problem.

Your Response:
To: Mr. Ryan
Subject: Noise problem from upstairs apartment

가이드라인
윗집에서 나는 심한 소음이 일주일 넘게 계속되고 있음을 알리고, 직접 이웃에게 조용히 해달라고 부탁해 봤지만 여전히 문제가 해결되지 않았음을 설명하자. 이어서 건물 관리자에게 문제 확인 및 해결을 위한 조치를 요청한 뒤, 감사 인사로 마무리하자.

아웃라인

- to report a persistent noise issue coming from the apartment directly above mine
  내 바로 위층 아파트에서 오는 지속적인 소음 문제를 알리기 위함

  1. experiencing excessive noise coming from upstairs unit, Apartment 404
     위층 세대인 404호에서 오는 과도한 소음을 겪고 있음

     - has continued for over a week & often happens at night, with loud music & heavy footfalls
       일주일 넘게 계속되고 있고, 시끄러운 음악과 무거운 발소리와 함께 주로 밤에 발생함

  2. spoken directly to this neighbor several times about lowering the volume
     → the problem has continued without improvement
     이 이웃에게 소음을 낮추는 것에 대해 여러 번 직접 이야기했지만, 문제는 개선 없이 계속되고 있음

  3. contact the resident in Apartment 404 & remind them of the building's noise regulations
     404호 아파트의 거주자에게 연락하여 건물의 소음 규정을 상기시켜 주길 바람

본문과 마무리 쓰기

도입

Dear Mr. Ryan,

Mr. Ryan에게,

My name is Charlotte Evans, and I am a resident of Apartment 304. I am writing to report a persistent noise issue coming from the apartment directly above mine.

제 이름은 Charlotte Evans이며, 저는 304호 아파트의 거주자입니다. 저는 제 바로 위층 아파트에서 오는 지속적인 소음 문제를 알리기 위해 이메일을 쓰고 있습니다.

항목 1

① _____

_____.

It has continued for over a week and often happens at night, with loud music and heavy footfalls.

저는 저의 바로 위층 세대인 404호에서 오는 과도한 소음을 겪고 있습니다. 그것은 일주일 넘게 계속되고 있으며, 시끄러운 음악과 무거운 발소리와 함께 주로 밤에 발생합니다.

항목 2

② _____

_____.

While they seemed to understand, the problem has continued without improvement.

저는 이 이웃에게 소음을 낮추는 것에 대해 여러 번 직접 이야기했습니다. 그들이 이해한 것처럼 보였지만, 문제는 개선 없이 계속되고 있습니다.

항목 3

I kindly request your urgent attention to this matter. ③ _____

_____.

이 문제에 대한 긴급한 관심을 정중히 요청드립니다. 404호 아파트의 거주자에게 연락하여 건물의 소음 규정을 상기시켜 주신다면 감사하겠습니다.

맺음말

Thank you for your prompt attention and assistance.

당신의 신속한 관심과 도움에 감사드립니다.

Sincerely,
Charlotte Evans

Charlotte Evans드림

HACKERS PRACTICE

04

Your friend Olivia is thinking about joining a student club, but she is not sure which one to choose. Since you have experience participating in several clubs, she has asked for your advice.

Write an email to Olivia. In your email, do the following:

- Recommend a club that you think would be good for her.
- Explain why this club would be a good choice.
- Suggest how she can get started and participate in the club.

Your Response:

To: Olivia
Subject: Recommendation for a student club

가이드라인

Olivia가 영화를 보고 토론하는 것을 좋아하므로 영화 동아리에 가입할 것을 추천하자. 이어서 그 동아리에 참여하는 방법이나 첫 모임에 참석하는 방법을 제안한 뒤, 그녀의 생각은 어떤지 알려 달라는 말로 마무리하자.

아웃라인

- recommend one (a student club) that suits your interests 당신의 관심사에 맞는 것(동아리)을 추천함
  - 1. the Film Society would be a great choice for you 영화 동아리가 당신에게 좋은 선택임
  - 2. you love watching & discussing movies → this club is ideal
    당신은 영화를 보고 토론하는 것을 좋아하니, 이 동아리가 이상적임
    - host weekly screenings of everything from classic foreign films to new indie releases
      고전 외국 영화부터 새로운 인디 영화 출시작까지 모든 것에 대해 주간 상영회를 주최함
    - enjoy the lively discussions after screenings & special events (movie marathons & trivia nights)
      상영회 후의 활발한 토론과 영화 마라톤과 퀴즈 대회 같은 특별 행사도 즐길 수 있음
  - 3. checking out their social media page or website to see their weekly schedule
    그들의 주간 일정을 확인하기 위해 그들의 소셜 미디어 페이지나 웹사이트를 확인하는 것
    - drop in for one of their regular screenings to get a feel for the club
      그 동아리의 분위기를 느껴보기 위해 그들의 정기 상영회 중 하나에 들러보기

본문과 마무리 쓰기

도입

Dear Olivia,

Olivia에게,

I'm excited to hear that you're thinking about joining a club! I'd be happy to recommend one that suits your interests.

당신이 동아리에 가입하는 것을 생각하고 있다는 것을 듣게 되어 기뻐요! 저는 당신의 관심사에 맞는 것을 기꺼이 추천해 드리고 싶습니다.

항목 1

① _____

_____.

저는 영화 동아리가 당신에게 좋은 선택이라고 생각합니다.

항목 2

② _____

_____.

They host weekly screenings of everything from classic foreign films to new indie releases. You'd also enjoy the lively discussions after screenings, as well as special events like movie marathons and trivia nights.

당신은 영화를 보고 토론하는 것을 좋아하니, 이 동아리가 이상적입니다. 그들은 고전 외국 영화부터 새로운 인디 영화 출시작까지 모든 것에 대해 주간 상영회를 주최합니다. 당신은 또한 영화 마라톤과 퀴즈 대회 같은 특별 행사들뿐만 아니라 상영회 후의 활발한 토론도 즐기실 것입니다.

항목 3

③ _____

_____.

You can just drop in for one of their regular screenings to get a feel for the club without any pressure.

시작하는 가장 좋은 방법은 그들의 주간 일정을 확인하기 위해 그들의 소셜 미디어 페이지나 웹사이트를 확인하는 것입니다. 당신은 그 동아리의 분위기를 느껴보기 위해 그 어떤 부담감 없이 그들의 정기 상영회 중 하나에 그냥 들러볼 수 있습니다.

맺음말

Let me know what you think!

어떻게 생각하는지 알려 주세요!

Best,
Hannah

Hannah 드림

모범 답안 · 해석 p.411

HACKERS TEST

주어진 아웃라인을 참고하여 다음 문제에 대한 본문과 마무리를 완성하시오.

01

A music festival will be held in your city next month. The event will feature both local bands and popular artists. You would like to invite your friend, Gabriel, who lives in another city, to go to the music festival with you.

Write an email to Gabriel. In your email, do the following:

- Provide the festival's dates and location.
- Explain why you think he would enjoy the festival.
- Mention other activities you have planned for his visit.

Your Response:
To: Gabriel
Subject: Invitation to music festival

아웃라인

- to invite you to join me at an exciting event
  당신을 신나는 행사에 초대하기 위함
- 1. held on October 18 & 19 at Olympic Park in Seoul
  10월 18일과 19일에 서울 올림픽공원에서 개최됨
- 2. you're such a big fan of live music festivals → suits your taste
  당신이 라이브 음악 축제의 큰 팬이니, 당신의 취향에 딱 맞음
- lineup includes talented local bands & popular artists we both like
  라인업에는 실력 있는 지역 밴드들과 우리 둘 다 좋아하는 인기 아티스트들이 포함되어 있음
- 3. explore the city & try great food at my favorite restaurant
  도시를 둘러보고, 내가 가장 좋아하는 식당에서 맛있는 음식도 먹어 볼 수 있음
- a wonderful chance for us to hang out & make some great memories together
  우리가 같이 시간을 보내면서 좋은 추억들도 만들 수 있는 좋은 기회가 될 것임

본문과 마무리 쓰기

도입
Dear Gabriel,
I hope you're doing well. I'm writing to invite you to join me at an exciting event!

항목 1

항목 2

항목 3

맺음말

_____,
_____

HACKERS TEST

02

You are scheduled to give a class presentation tomorrow. However, you have developed a severe sore throat and are unable to speak properly. You want to ask your professor, Dr. Fleming, for permission to postpone your presentation.

Write an email to Dr. Fleming. In your email, do the following:

- Explain your health condition and why you cannot present.
- Ask if it is possible to postpone your presentation.
- Suggest another date when you are able to present.

Your Response:
To: Dr. Fleming
Subject: Request to reschedule presentation

아웃라인

- to request a postponement of my presentation scheduled for tomorrow
  내일로 예정된 내 발표의 연기를 요청하기 위함

- 1. unable to deliver my presentation effectively due to a severe throat infection I woke up with this morning
  오늘 아침에 걸린 심한 인후염으로 인해 내 발표를 효과적으로 진행할 수 없음

- 2. allow me to postpone my presentation until I recover
  내가 회복될 때까지 내 발표를 연기하도록 허락해 줄 것을 요청함

- 3. expect to be better within a few days
  → suggest rescheduling for later this week or early next week
  며칠 내에 나아질 것으로 예상되므로, 이번 주 후반이나 다음 주 초로 일정을 다시 잡는 것을 제안드림

본문과 마무리 쓰기

도입
Dear Dr. Fleming,
My name is Ethan Collins, and I am a student in your Business Communication class. I am writing to request a postponement of my presentation scheduled for tomorrow.

항목 1

항목 2

항목 3

맺음말

_____,
_____

HACKERS TEST

03

You recently spent a relaxing weekend getaway at a cozy cabin. After your stay, the host, Mr. Samuels, reached out to ask for your feedback on the accommodation.

Write an email to Mr. Samuels. In your email, do the following:

- Thank him for the warm welcome.
- Share what you liked most about the stay.
- Suggest ways to improve the accommodation.

Your Response:

To: Mr. Samuels
Subject: Feedback on my recent stay

아웃라인

- provide feedback on my stay at your cabin 당신의 오두막에서의 내 숙박에 대한 피드백을 제공함
    - 1. appreciated your hospitality & the warm welcome
        - 당신의 환대와 따뜻한 환영에 감사함
    - 2. liked the balcony view → loved having my morning coffee there
        - 발코니에서 보이는 전망이 좋았고, 그곳에서 아침 커피를 마시는 것을 정말 좋아했음
    - the bed was very comfortable → helped me sleep better than I have in a long time
        - 침대가 매우 편안했는데, 내가 오랜만에 숙면을 취할 수 있게 해 주었음
    - 3. providing a small local guide with recommendations for nearby restaurants & attractions
        - 주변 식당과 관광 명소에 대한 추천이 담긴 작은 지역 안내서를 제공하는 것
    - more towels in the bathroom → make the stay more convenient
        - 욕실에 더 많은 수건이 있으면 숙박을 더 편리하게 만들 수 있음

본문과 마무리 쓰기

도입

Dear Mr. Samuels,
Thank you for reaching out to me. I'd be happy to provide feedback on my stay at your cabin.

항목 1

항목 2

항목 3

맺음말

_____,

_____

HACKERS TEST

04

Your department recently moved to a new office building. Since the relocation, you've been experiencing issues with the air conditioning system. You need to contact the building manager, Mr. Andrews, to report the issue and request a repair.

Write an email to Mr. Andrews. In your email, do the following:

- Describe the problem with the air conditioning system.
- Explain how this problem is affecting your department.
- Request that the system be repaired as soon as possible.

Your Response:
To: Mr. Andrews
Subject: Problem with air conditioning system

아웃라인

- to report a problem with the air conditioning system in our department, Marketing, on the 5th floor 5층에 위치한 우리 부서인 마케팅 부서의 에어컨 문제를 신고하기 위함
    1. often provided very little cooling & at times it has stopped working altogether
       자주 냉방을 거의 제공하지 못하고 있으며, 때로는 완전히 작동을 멈추기도 함
    2. the resulting high temperatures make it difficult for staff to concentrate & have reduced overall productivity
       이로 인한 높은 온도는 직원들이 집중하기 어렵게 만들고 전반적인 생산성을 떨어뜨림
       a few staff members have been experiencing headaches & fatigue due to the heat
       몇몇 직원들은 더위로 인해 두통과 피로를 겪고 있음
    3. arrange for a technician to inspect & repair the system as soon as possible
       가능한 한 빨리 기술자가 시스템을 점검하고 수리하도록 조치

본문과 마무리 쓰기 ✏️

도입

Dear Mr. Andrews,

I hope this email finds you well. I am writing to report a problem with the air conditioning system in our department, Marketing, on the 5th floor.

항목 1

항목 2

항목 3

맺음말

_____,
_____

POWER TEST 1

TOEFL iBT Writing

> **Directions** You will read the provided information and write an email based on it.
> You will have 7 minutes to finish this task.

Your bicycle was stolen from your apartment building's storage area. After talking with neighbors, you've discovered several similar thefts have occurred recently. You're concerned about security in the complex and want to address this with the residents' association.

Write an email to your residents' association. In your email, do the following:
- Describe your bicycle and report when it was stolen.
- Explain why the recent rise in thefts is a serious concern.
- Suggest ways to improve security in the apartment complex.

Write as much as you can in complete sentences.

Your Response:

To: Residents' Association
Subject: Concern about recent bicycle thefts

POWER TEST 2

TOEFL iBT Writing

Directions You will read the provided information and write an email based on it. You will have 7 minutes to finish this task.

You ordered an item online from a website two weeks ago. The item was supposed to arrive within three to five business days, but it has not arrived yet. You need to contact the customer service team about this issue.

Write an email to the customer service team. In your email, do the following:
· Provide details about your order.
· Explain the delivery problem you are experiencing.
· Ask about the delivery status and when it will arrive.

Write as much as you can and in complete sentences.

Your Response:

To: customerservice@smartbuy.com
Subject: Inquiry regarding delayed delivery (order #HG45239)

무료 토플자료·유학정보 제공
goHackers.com

Hackers
Updated TOEFL
WRITING

TASK 3

Write for an Academic Discussion

Introduction

기본다지기
   I. 상황별 표현 익히기
   II. 주제별 표현 익히기

실전익히기
   I. 답안의 기본 구조 익히기
   II. 답안 쓰기 - 나의 의견
   III. 답안 쓰기 - 이유와 근거

POWER TEST 1, 2

Introduction

TASK 3(Write for an Academic Discussion)는 대학 수업의 온라인 토론 게시판에 교수가 제시한 토론 주제에 관한 질문, 그리고 두 학생의 의견을 읽은 뒤 이에 대한 자신의 의견을 작성하는 유형이다. 자신의 입장을 정하고 이를 뒷받침할 수 있는 적절한 근거를 포함하여 100자 이상의 답안을 작성해야 한다. 총 1문제가 출제되며, 답안 작성 시간은 10분이다.

■ Preview

Direction 화면

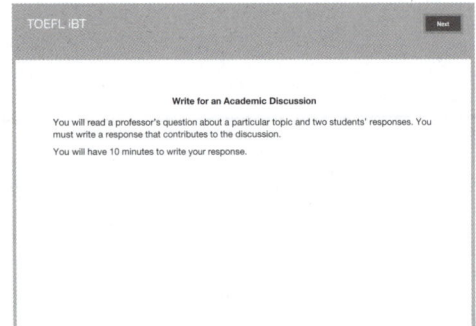

TASK 3에 대한 Direction이 주어진다.

디렉션의 내용: 교수의 질문과 두 학생의 의견을 읽고, 그 주제에 대한 자신의 답변을 작성하여 토론에 참여한다. 답안을 작성하기 위해 10분이 주어질 것이다.

해야 할 일: 메모를 하기 위한 펜과 종이를 준비하고 지시사항을 충분히 숙지한 후, 문제 풀이 화면으로 넘어간다.

문제 풀이 화면

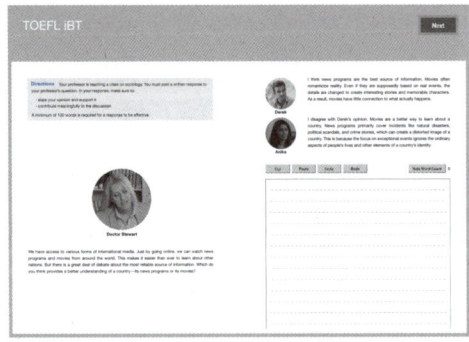

문제가 출제될 때 나오는 화면으로, 교수가 올린 토론 주제가 제시되고 두 학생의 의견과 답안 작성란이 나온다.

답안을 작성할 수 있는 시간: 10분

답안을 작성할 때 해야 할 일: 토론 주제 및 교수의 질문을 정확히 파악한 뒤, 두 학생의 의견을 참고해 자신의 의견을 정하고 아웃라인을 잡는다. 그 후 아웃라인에 정리한 내용을 바탕으로 답안을 작성한다.

답안을 작성한 후 해야 할 일: 답안을 완성한 후 우측 상단의 Next 버튼을 누르면 라이팅 시험이 종료되고 다음 영역의 시험 화면으로 넘어간다. 이때, 이전 화면으로 돌아갈 수 없으므로 충분히 고민한 후 넘어가도록 한다.

■ Strategy

1. 답안을 작성하기 전에 먼저 아웃라인을 잡는다.
10분 안에 100단어가 넘는 답안을 작성하는 것은 결코 쉽지 않다. 토론 주제에서 벗어나지 않고 일관성과 통일성이 지켜지는 좋은 답안을 쓰기 위해서는 먼저 아웃라인을 작성하여 처음부터 글 전체의 구조를 잘 잡아두어야 한다.

2. 두 학생의 의견과는 다른 이유와 근거를 활용한다.
고득점 답안을 작성하려면 문제에 나온 표현이나 아이디어를 단순히 반복하기보다, 자신만의 관점과 논리를 제시할 수 있음을 보여주는 것이 중요하다. 이를 위해 두 학생과 다른 의견을 제시하거나, 같은 입장을 취하더라도 제시된 것과 다른 이유와 근거를 활용한다.

3. 작성한 답안을 검토한다.
답안을 작성한 후 시간이 남는다면 글을 다시 검토한다. 이때, 글의 내용보다는 문법, 철자, 문장 구조 등의 형식적인 부분을 중심으로 점검하고 수정한다.

■ Study Guide

1. 다양한 상황별·주제별 표현을 익혀두자.
의견을 제시할 때, 이유를 덧붙일 때, 예시를 들 때 등 상황별로 쓸 수 있는 표현을 미리 익혀두면, 실제 시험에서 아이디어를 떠올리고 문장을 구성하기가 훨씬 쉬워진다. 또한 주제별 표현도 함께 익혀두면, 내용이 더 풍부하고 구체적인 답안을 작성할 수 있다.

2. 자주 등장하는 주제에 대한 아이디어 뱅크를 만들자.
환경, 교육, 기술, 예술, 사회 문제 등 대표적인 주제별로 찬성·반대 근거를 평소에 미리 정리해 두면, 시험에서 아이디어를 빠르게 떠올리고 답안에 활용할 수 있다.

3. 시간 내 글쓰기 훈련을 하자.
10분 제한에 맞춰 답안을 작성하는 연습을 반복하여, 실제 시험에서 시간 부족으로 답안을 완성하지 못하는 상황을 방지한다.

기본다지기

I | 상황별 표현 익히기

영어로 글을 쓰고자 할 때, 그 주제에 대해 평소에 할 말이 많았던 사람이라도 문장을 어떻게 시작하고 구성해 나가야 할지 몰라 당황하는 경우가 많다. 맞춤형 광고가 사람들의 삶을 편리하게 만들어 준다는 생각을 가진 사람이 '맞춤형 광고'에 대한 자신의 의견을 밝히는 글을 쓰는 경우를 생각해 보자.

맞춤형 광고가 우리의 삶을 더욱 편리하게 만들어 준다는 것은 **명백하다**.	**It is evident that** personalized advertising makes our lives more convenient.
이는 주로 알고리즘이 우리가 원하는 제품을 쉽게 찾도록 해 주기 **때문이다**.	**This is mainly because** algorithms allow us to find the products we want easily.
만일 알고리즘이 **없다면**, 소비자들은 정보를 찾기 위해 인터넷 서핑하는 데 많은 시간을 보내야 할 것이다.	**Without** algorithms, consumers **would** have to spend a lot of time surfing the Internet to find information.
게다가, 맞춤형 광고가 소비자가 보는 전체 광고의 양을 줄여 줄 수 있다는 것에는 의심의 여지가 없다.	Furthermore, **there is no question that** personalized advertising can reduce the overall amount of advertising consumers see.
이러한 점에서, 나는 맞춤형 광고가 유익하다고 생각한다.	**In this regard,** I think that personalized advertising is beneficial.

이때 맞춤형 광고에 대해 아무리 확실한 의견을 가지고 있다고 하더라도, '~은 명백하다(It is evident that ~)', '이는 주로 ~이기 때문이다(This is mainly because ~)', '~에는 의심의 여지가 없다(There is no question that ~)' 등의 적절한 표현을 모르면 좋은 글을 쓰기가 힘들다.

이렇게 자신의 의견이라는 '음식'을 제대로 담을 수 있는 '그릇'의 역할을 하는 것이 상황별 표현이다. 따라서 평소에 이러한 표현들을 많이 익혀 두면 여러 가지 다양한 주제에 대해 글을 쓸 때 적절히 아이디어를 담아낼 수 있다.

1. 선호, 찬반, 비교, 양보 표현

1 내 생각에는, ~이다

In my opinion, 주어 + 동사

내 생각에는, 빈곤 지역의 개발을 지원하기 위해 국제적인 원조가 제공되어야 한다.
In my opinion, international aid should be provided to support development in impoverished regions.
* 빈곤한 impoverished

2 나는 ~이라고 굳게 믿는다

I firmly believe that 주어 + 동사

나는 광고에 유머를 사용하는 것이 관심을 끄는 강력한 방법이 될 수 있다고 굳게 믿는다.
I firmly believe that the use of humor in advertising can be a powerful way to capture attention.

3 나는 ~보다는 −을 선호한다

I prefer to 동사원형 **rather than** ~

나는 텔레비전으로 그것을 시청하기보다는 스마트폰으로 뉴스를 읽는 것을 선호한다.
I prefer to read the news on my smartphone **rather than** watch it on television.

4 ~은 명백하다

It is evident that 주어 + 동사

인터넷의 도입이 인류를 새로운 기술의 시대로 인도했다는 것은 명백하다.
It is evident that the introduction of the Internet ushered humanity into a new age of technology.
* 인도하다 usher

5 나는 ~이라는 A의 견해에 동의한다

I agree with A's perspective that 주어 + 동사

나는 양질의 교육에 대한 접근 기회가 빈곤을 줄이는 핵심 요소라는 Jimmy의 견해에 동의한다.
I agree with Jimmy's perspective that access to a quality education is a key factor in reducing poverty.

6 나는 ~(이라는 생각)을 강력히 지지한다

I strongly support the idea of ~

나는 정부가 지원하는 대중교통 체제를 강력히 지지한다.
I strongly support the idea of government-funded public transportation systems.

7 A와 B 중 하나를 선택해야 한다면, 나는 ~을 선택하겠다

Given the choice between A and B, I would choose ~

세금을 늘리는 것과 정부 지출을 줄이는 것 중 하나를 선택해야 한다면, 나는 지출 삭감을 선택하겠다.
Given the choice between increasing taxes **and** cutting government spending, **I would choose** spending cuts.

8 이 문제에 대한 나의 견해는 ~이다

My view on this issue is that 주어 + 동사

이 문제에 대한 나의 견해는 사람들이 유명 인사들의 삶에 지나친 관심을 쏟는다는 것이다.
My view on this issue is that people pay too much attention to the lives of celebrities.

9 나는 ~에 반대한다

I object to ~ / I object that 주어 + 동사

일회용 플라스틱 빨대가 플라스틱 오염의 주요 원인이기 때문에 나는 그것을 사용하는 것에 반대한다.
I object to using single-use plastic straws because they are major contributors to plastic pollution.
* 원인 (제공자) contributor

10 나는 ~인지 의심스럽다[의문이다]

I question whether 주어 + 동사

나는 소득이 직업의 가장 중요한 측면인지 의심스럽다.
I question whether income is the most important aspect of a job.

11 나는 왜 A와 B가 ~이라고 생각하는지 이해한다

I see why A and B think that 주어 + 동사

나는 왜 John과 Sarah가 텔레비전과 비행기가 역사상 가장 중요한 발명품들 중 일부라고 생각하는지 이해한다.
I see why John and Sarah think that television and airplanes are some of the most important inventions in history.

12 나는 왜 A가 ~이라고 생각하는지 이해한다

I understand why A thinks that 주어 + 동사

나는 왜 Jack이 육류 소비가 개인적인 선택이라고 생각하는지 이해한다.
I understand why Jack thinks that meat consumption is a personal choice.

13 나는 ~이 -이라고 생각하지 않는다

I do not think it is 형용사 + to 동사원형 / I do not think that 주어 + 동사

나는 비용을 절감하기 위해서 경험이 부족한 직원을 고용하는 것이 현명하다고 생각하지 않는다.
I do not think it is wise **to** hire an inexperienced worker to reduce expenses.
* 경험이 부족한, 미숙련의 inexperienced

14 나는 ~에 반대한다

I am against ~

나는 사생활 문제와 남용 가능성 때문에 정부가 얼굴 인식 기술을 사용하는 것에 반대한다.
I am against the use of facial recognition technology by governments due to privacy issues and the potential for abuse.

15 그와 비슷하게, ~이다

Similarly, 주어 + 동사

그와 비슷하게, 광고는 한 국가의 문화, 가치, 그리고 풍기성에 대하여 많은 것을 드러낸다.
Similarly, advertising reveals a lot about a country's culture, values, and morals.

16 ~과 비교할 때, -이다

Compared to ~, 주어 + 동사

비문학과 비교할 때, 소설은 현실로부터의 반가운 기분 전환이 될 수 있다.
Compared to nonfiction, fiction can be a welcome distraction from real life.

17 A는 B와 비슷하다

A is similar to B

서면으로 항의하는 것은 직접 항의하는 것과 비슷한데 이는 각각의 경우 모두 고객이 자신의 견해를 표명하는 것이기 때문이다.
Complaining in writing **is similar to** doing it in person because a customer is voicing his or her opinion in each case.
* 표명하다 voice

18 나는 A가 ~이라고 말할 때 그/그녀의 의견에 동의하지 않는다

I disagree with A when he/she says that 주어 + 동사

나는 Grace가 보편적인 기본 소득이 필요하지 않다고 말할 때 그녀의 의견에 동의하지 않는다.
I disagree with Grace when she says that universal basic income is not necessary.

19 ~은 장점과 단점을 모두 지닌다

주어 has its (own) advantages and disadvantages

소도시의 대학을 다니는 것은 장점과 단점을 모두 지닌다.
Attending a small-town university **has its advantages and disadvantages**.

20 ~이 그 어느 때보다 더 긴요하다

주어 is more imperative than ever before

공동체 의식을 함양하는 것이 그 어느 때보다 더 긴요하다.
Fostering a sense of community **is more imperative than ever before**.

21 대조적으로, ~이다

In contrast, 주어 + 동사

대조적으로, 패스트푸드를 먹지 못하게 하는 부모의 아이들은 결국 패스트푸드를 먹어 보기는 하지만 규칙적으로 섭취하지는 않는다.
In contrast, children of parents who forbid them to eat fast food end up trying it but not eating it on a regular basis.

22 나는 ~이라는 A의 견해에 반대한다

I'm opposed to A's view that 주어 + 동사

나는 환경 규제가 경제 성장을 저해한다는 Steven의 견해에 반대한다.
I'm opposed to Steven's view that environmental regulations hinder economic growth.

32 반면에, ~이다

On the contrary, 주어 + 동사

반면에, 무료 정신 건강 서비스를 제공하는 것은 전반적인 복지를 향상시킬 수 있다.
On the contrary, providing free mental health services can improve overall well-being.

24 반면에, ~이다

On the other hand, 주어 + 동사

반면에, 아이가 부모의 충분한 관심을 받기 때문에 아이를 재택 교육하는 것은 매우 생산적일 수 있다.
On the other hand, homeschooling a child can be very productive because the child receives the full attention of the parent.
  * 재택 교육하다 homeschool

25 하지만, ~과는 다르게, -이다

However, unlike ~, 주어 + 동사

하지만, 강의식 수업과는 다르게, 토론 그룹은 학생들에게 자신들의 견해를 표명할 수 있는 기회를 제공한다.
However, unlike lecture-style classes, discussion groups give students a chance to voice their opinions.

26 그럼에도 불구하고, ~이다

Nevertheless / Even so, 주어 + 동사

그럼에도 불구하고, 인쇄 광고는 지역의 독자들에게 전달되기에 더 효과적일 수 있다.
Nevertheless, print advertisements can be more effective for reaching local audiences.

27 ~에도 불구하고, -이다

In spite of ~, 주어 + 동사

자동차에 의해 배출되는 오염 물질에도 불구하고, 나는 여전히 그것이 최고의 발명품 중 하나라고 생각한다.
In spite of the pollution that is emitted by cars, I still believe they are one of the greatest inventions.

28 ~에는 의심의 여지가 없다

There is no question that 주어 + 동사

스타트업 회사에서 일하려면 기꺼이 위험을 감수하는 마음이 필요하다는 것에는 의심의 여지가 없다.
There is no question that working at a start-up company requires a willingness to take risks.
* 기꺼이 ~하는 마음 willingness to ~

29 ~인 것은 사실이지만, -이다

It's true that 주어 + 동사, but 주어 + 동사

대도시가 더 많은 일자리를 제공한다는 것은 사실이지만, 생활비도 훨씬 더 높다.
It's true that large cities offer more job opportunities, **but** the cost of living is also significantly higher.

✔ CHECK-UP 1. 선호, 찬반, 비교, 양보 표현

파란색으로 주어진 표현에 유의하여, 다음에 주어진 우리말 문장을 영어로 바꾸어 쓰시오.

01 나는 대면 의사소통이 다른 의사소통 유형보다 더 낫다는 Colin의 견해에 동의한다.
　　＊대면의 face-to-face　＊의사소통 communication

02 이 문제에 대한 나의 견해는 사람들이 건강하고 영양가가 높은 아침을 매일 먹는 것이 더 좋다는 것이다.
　　＊영양가가 높은 nutritious

03 나는 그렇게 하는 것이 훨씬 더 저렴한 선택이기 때문에 영화관에 가기보다는 집에서 영화를 재생하는 것을 선호한다.
　　＊저렴한 affordable　＊재생하다 stream

04 내 생각에는, 사람들은 집이나 차와 같은 큰 구매를 위해 가능한 한 많은 돈을 저축해야 한다.
　　＊구매 purchase　＊돈을 저축하다 save money

05 지속 가능한 농업을 촉진하는 것이 그 어느 때보다 더 긴요하다.
　　＊지속 가능한 sustainable

06 나는 인권이 모든 정치적 의사 결정의 중심에 있어야 한다고 굳게 믿는다.
* 인권 human rights   * 의사 결정 decision-making

07 인공지능의 잠재적인 위험에도 불구하고, 그것은 다양한 산업에서 효율성을 향상시키는 데 사용되어야 한다.
* 인공지능 artificial intelligence   * 효율성 efficiency

08 반면에, 다른 아이들과 함께 학교에 다니는 아이들은 자신의 사회적 기술을 발달시킬 기회를 갖는다.
* 학교에 다니다 attend school   * 사회적 기술 social skill

09 대조적으로, 바이러스 프로그래머들은 영향력과 수적인 면에서 늘어나고 있다.
* 바이러스 프로그래머 virus programmer   * 늘다 gain

10 그럼에도 불구하고, 회사들은 수익을 내기 위해 그것들이 할 수 있는 것은 무엇이든지 한다.
* 수익을 내다 make a profit

다음에 주어진 우리말 문장을 영어로 바꾸어 쓰시오.

11 전통 음악과 비교할 때, 현대 음악은 세계적인 추세에 더 크게 영향을 받는다.
* 현대의 contemporary   * 크게 heavily

12 서로 다른 학생들이 서로 다른 학습 방식을 가진다는 것은 명백하다.
* 학습 방식 learning style

13 하지만, 대통령제와는 다르게, 의회제는 유연한 경향이 있다.
* 대통령제 presidential system   * 의회제 parliamentary system   * 유연한 flexible

14 나는 매일 하는 과제가 아이들이 학습할 수 있는 효과적인 방법인지 의문이다.
* 과제 homework assignment   * 효과적인 effective

15 나는 경제 성장의 부정적인 결과를 고려하지 않고 그것을 추구하는 것에 반대한다.
* 결과 consequence   * ~을 고려하지 않고 without considering ~

16 둘 다 세상을 더 작은 곳으로 만들었기 때문에 인터넷의 발명은 비행기의 발명과 비슷하다.
* 발명 invention

17 나는 왜 Liam이 표준 주간 노동 시간이 30시간으로 단축되어야 한다고 생각하는지 이해한다.
* 표준의 standard   * 주간 노동 시간 workweek   * 단축하다 reduce

18 온라인 대학에서 공부하는 것은 장점과 단점을 모두 지닌다.
* 온라인 대학 online university

19 그와 비슷하게, 학생들은 대학에 다니는 동안 자신들이 경험한 교육의 질에 대해 의견을 제공할 수 있어야 한다.
* 질 quality   * 의견, 반응 feedback   * 제공하다 provide

20 나는 국가들이 난민들에게 국경을 완전히 개방하기를 기대하는 것이 타당하다고 생각하지 않는다.
* 난민 refugee   * 국경 border   * 타당한 reasonable

정답 p.421

2. 인과, 주장, 조건, 가정 표현

1 그 결과로, ~이다

As a result, 주어 + 동사

그 결과로, 반려동물들은 가족 구성원만큼 중요하게 여겨진다.
As a result, pets are considered as important as family members.

2 ~의 결과로, -이다

As a result of ~, 주어 + 동사

대중 매체의 결과로, 오늘날 사람들이 주의를 지속하는 시간은 더 짧은 경향이 있다.
As a result of mass media, people's attention spans tend to be shorter these days.
* 주의를 지속하는 시간 attention span

3 ~ 때문에, -이다

Due to ~, 주어 + 동사

그들의 끊임없이 울리는 휴대 전화 때문에, 사람들은 평화로운 주말을 보내기가 힘들다.
Due to their constantly ringing cell phones, it is difficult for people to have peaceful weekends.

4 결과적으로, ~이다

Consequently / As a consequence, 주어 + 동사

결과적으로, 부모들은 자녀들과 함께 TV를 시청하는 것이 긴밀한 유대를 쌓는 경험일 수 있다고 느낄지 모른다.
Consequently, parents might find that watching TV with their children can be a bonding experience.
* 유대를 쌓는 bonding

5 이러한 이유 때문에, ~이다

For this reason, 주어 + 동사

이러한 이유 때문에, 나는 학교 내에서의 지나친 광고에 반대한다.
For this reason, I am against excessive advertising in schools.
* 지나친 excessive

6 그것이 ~하는 이유이다

That is why 주어 + 동사

그것이 내가 외국 학생들이 다른 학생들에 비해 우대받아서는 안 된다고 생각하는 이유이다.
That is why I feel that foreign students should not get preferential treatment compared to other students.
* 우대, 특혜 preferential treatment

7 이것은 ~을 보여준다

This demonstrates that 주어 + 동사

이것은 사람들이 읽을거리를 구하고자 할 때 도서관에 대한 좋은 대안이 있다는 것을 보여준다.
This demonstrates that there are good alternatives to libraries when people want to obtain reading materials.

8 이것은 ~의 원인이다

This gives rise to ~

이것은 남용된 자원과 지나친 오염에 대한 우려의 원인이다.
This gives rise to concerns about overused resources and excessive pollution.
* 남용된, 과도하게 이용된 overused

9 이러한 점에서, ~이다

In this sense, 주어 + 동사

이러한 점에서, 종신 고용은 많은 직원들에게 바람직한 목표이다.
In this sense, lifetime employment is a desirable goal for many employees.
* 종신 고용 lifetime employment

10 A는 ~하는 데 필수적이다

A is/are crucial in ~ing

빠른 결정은 의료 위기 상황 동안 사람들을 치료하는 데 필수적이다.
Quick decisions **are crucial in** treat**ing** people during a medical crisis.

11 ~은 확실하다

It is clear that 주어 + 동사

발전이 종종 해롭다는 것은 확실한데, 특히 그것으로부터 혜택을 얻지 못하는 사람들에게 그렇다.
It is clear that progress is often harmful, especially to people who are unable to benefit from it.
* ~으로부터 혜택을 얻다 benefit from ~

12 ~은 우연의 일치가 아니다

It is no coincidence that 주어 + 동사

가장 성공적인 국가들이 몇몇 세계 최고의 교육 제도 또한 가지고 있다는 것은 우연의 일치가 아니다.
It is no coincidence that the most successful economies also have some of the world's best education systems.
* (경제 주체로서의) 국가 economy

13 ~하는 좋은 방법은 -이다
A good way to 동사원형 is to 동사원형

프로젝트를 위한 정보를 수집하는 좋은 방법은 인터넷에서 조사하는 것이다.
A good way to gather information for a project **is to** do research on the Internet.

14 이러한 이유들 때문에, 나는 ~이라고 생각한다
For all these reasons, I think that 주어 + 동사

이러한 이유들 때문에, 나는 간접 광고가 직접 광고보다 더 효과적이라고 생각한다.
For all these reasons, I think that indirect advertisements are more effective than direct ones.

15 여러 가지 이유로 ~은 분명해 보인다
It seems clear that 주어 + 동사 for several reasons

여러 가지 이유로 규율 의식이 유용하다는 것은 분명해 보인다.
It seems clear that a sense of discipline is useful **for several reasons**.
* 규율 의식 a sense of discipline

16 ~하든 하지 않든, -이다
Whether or not 주어 + 동사, ~

사람들이 동의를 하든 하지 않든, 기술은 현대 교육의 필수적인 부분이 되었다.
Whether or not people agree, technology has become an essential part of modern education.

17 이는 주로 ~이기 때문이다
This is mainly because 주어 + 동사

이는 주로 산업화가 자연 서식지의 파괴로 이어지고 있기 때문이다.
This is mainly because industrialization is leading to the destruction of natural habitats.
* 자연 서식지 natural habitat

18 주된 이유는 ~이라는 것이다
The main/primary reason is that 주어 + 동사

주된 이유는 이메일 마케팅이 많은 대중과 접촉할 수 있는 비용 효율적인 방법이라는 것이다.
The main reason is that email marketing is a cost-effective way to reach a large audience.
* 비용 효율적인 cost-effective

19 만일 ~이라면, -할 것이다
주어 would 동사원형, provided that 주어 + 과거 동사

만일 그들이 열정을 느끼는 분야의 일이라면, 사람들은 더 적은 보수를 받는 일을 하는 것을 고려할 것이다.
People **would** consider taking a job with less pay, **provided that** it was in a field that they were passionate about.
* 열정을 느끼는 passionate

20 나는 ~이라는 조건이라면 [만약 ~라면] -할 것이다

I would 동사원형 on the condition that 주어 + 과거 동사

나는 때때로 내 견해를 드러낼 기회가 여전히 주어진다는 조건이라면 대기업에서 일할 것이다.
I would work for a large company **on the condition that** I still had a chance to express myself once in a while.
* 때때로 once in a while   * 내 견해를 드러내다 express myself

21 만일 나에게 ~을 하라고 한다면, 나는 -할 것이다

If I were asked to 동사원형, I would 동사원형

만일 나에게 정치의 부패를 줄일 수 있는 방법을 생각해 보라고 한다면, 나는 투명성과 책임감의 가치에 초점을 맞출 것이다.
If I were asked to think of ways to reduce corruption in politics, **I would** focus on the value of transparency and accountability.
* 투명성 transparency   * 책임감 accountability

22 만일 그것이 나에게 달려 있다면 [나라면], 나는 ~할 것이다

If it were up to me, I would 동사원형

만일 그것이 나에게 달려 있다면, 나는 도시 지역 내에 더 많은 자전거 전용도로를 만들 것이다.
If it were up to me, I would create more dedicated bicycle lanes within urban areas.
* 전용의 dedicated

23 만일 ~이 없다면, -할 것이다

If it were not for 명사, 주어 would 동사원형

만일 위험 부담이 없다면, 획기적인 발전은 불가능할 것이다.
If it were not for risk-taking, breakthroughs **would** not be possible.
* 획기적인 발전 breakthrough

24 만일 ~이 없다면, -할 것이다

Without ~, 주어 would 동사원형

만일 성적이 없다면, 학생들은 특정 과목에서 자신이 얼마나 잘하고 있는지를 판단할 수 없을 것이다.
Without grades, students **would** not be able to determine how well they are doing in particular subjects.

25 만일 ~하지 않으면 -할 것 같다

주어 is/are likely to 동사원형 unless 주어 + 동사

만일 그 또는 그녀가 많은 기부금을 받지 않으면 후보자의 선거 운동은 성공할 것 같지 않다.
A candidate's campaign **is** not **likely to** be successful **unless** he or she receives lots of donations.

26 일단 ~하면, -이다

Once ~, 주어 + 동사

일단 기계가 구매되고 설치되면, 그것은 최소한의 유지비용만으로 가동될 수 있다.
Once a machine is purchased and installed, it can be operated with only minimal maintenance costs.
* 설치하다 install * 유지 maintenance

27 ~이라고 가정해 보라

Suppose 주어 + 과거 동사

인쇄기가 발명되지 않았다고 가정해 보라. 유럽에서는 어떤 일이 일어났을까?
Suppose the printing press was never invented. What would have happened in Europe?
* 인쇄기 printing press

28 ~이라고 가정해 보자

Let's assume that 주어 + 동사

시간제 근무를 하는 모든 노동자들이 일주일에 20시간 이상을 일하는 것은 아니라고 가정해 보자.
Let's assume that not all workers with part-time jobs work more than 20 hours a week.

29 ~한다고 가정하면, -이다

Assuming that 주어 + 동사, ~

사람들이 소셜 미디어를 책임감 있게 사용한다고 가정하면, 그것은 교육과 인식 제고에 강력한 도구가 될 수 있다.
Assuming that people use social media responsibly, it can be a powerful tool for education and awareness.

30 ~을 고려하면, -이다

Given ~, 주어 + 동사

극도로 높은 실업률을 고려하면, 더 많은 일자리를 만들기 위해 무언가가 행해져야 한다.
Given the extremely high rate of unemployment, something must be done to create more jobs.
* 실업 unemployment

31 아마도, ~일 것이다

Presumably, 주어 + 동사

아마도, 아이들은 초등학교에서 의무적인 체육 수업에 참여하는 것으로부터 많은 이익을 얻을 것이다.
Presumably, children get many advantages from taking mandatory physical education classes in elementary school.
* 의무적인 mandatory

32 십중팔구, ~일 것이다

In all likelihood, 주어 would/will 동사원형

십중팔구, 도시들은 대중교통에 더 많이 투자함으로써 혜택을 얻을 것이다.
In all likelihood, cities **would** benefit from increased spending on public transportation.

33 ~과 무관하게, -이다

Regardless of ~, 주어 + 동사

한 사람이 가진 선천적 재능의 정도와 무관하게, 그가 열심히 노력하지 않으면, 결코 성공할 수 없을 것이다.
Regardless of the amount of natural talent one has, if one does not work hard, one will never find success.

* 선천적 재능 natural talent

✔ CHECK-UP 2. 인과, 주장, 조건, 가정 표현

파란색으로 주어진 표현에 유의하여, 다음에 주어진 우리말 문장을 영어로 바꾸어 쓰시오.

01 소득 불평등 때문에, 많은 사람들이 의료 서비스를 이용하는 데 있어 장애에 직면한다.
  * 소득 불평등 income inequality   * 의료의 health-care   * 장애 obstacle

02 그 결과로, 어떤 부모들은 매일 자녀들이 인터넷에 사용하는 시간을 제한하고 있다.
  * 제한하다 limit

03 최상의 공부 습관을 가진 학생들이 가장 높은 성적을 받는 경향이 있다는 것은 우연의 일치가 아니다.
  * ~하는 경향이 있다 tend to ~

04 만일 나에게 두 가지 선택지 중에서 선택을 하라고 한다면, 나는 사회 기반 시설에 투자하는 것을 우선시할 것이다.
  * 사회 기반 시설 social infrastructure

05 이러한 이유들 때문에, 나는 사람들이 대학 교육의 높은 비용을 심각하게 고려해야 한다고 생각한다.
  * 심각하게 seriously

06 도시권 확대 현상의 결과로, 사람들은 통근할 때 더 멀리 차를 운전하는 경향이 있다.
* 도시권 확대 현상 urban sprawl   * 통근하다 commute   * 더 멀리 farther

07 만일 텔레비전이 없다면, 사람들은 공감대를 훨씬 덜 형성할 것이다.
* 공감대를 형성하다, 공통점을 갖다 have in common

08 학생들이 하루 평균 3시간을 인터넷에 사용한다고 가정해 보라.
* 평균 average

09 이것은 범죄율 증가와 한층 높은 신용카드 빚의 원인이다.
* 범죄율 crime rate   * 신용카드 credit card   * 빚 debt

10 여러 가지 이유로 전문인들이 존경을 받는 것은 분명해 보인다.
* 전문인 professional   * 존경하다 respect

다음에 주어진 우리말 문장을 영어로 바꾸어 쓰시오.

11 십중팔구, 사람들은 그들의 일상생활에서 인공지능에 더 많이 의존하게 될 것이다.
　　＊인공지능 artificial intelligence　＊의존하다 rely

12 그것이 내가 강력한 브랜드 정체성을 구축하는 데 주력하는 것이 중요하다고 생각하는 이유이다.
　　＊브랜드 정체성 brand identity

13 만일 그것이 나에게 달려 있다면, 나는 중소기업들이 번창하도록 돕는 정책을 만들 것이다.
　　＊중소기업 small business　＊번창하다 thrive

14 이는 주로 공유 경제가 새로운 취업 기회를 만들고 있기 때문이다.
　　＊공유 경제 sharing economy　＊취업 기회 job opportunity

15 적절한 의사소통은 효과적인 협업을 촉진하는 데 필수적이다.
　　＊적절한 proper　＊협업 collaboration　＊촉진하다 foster

16 새로운 회사에 적응하는 좋은 방법은 다른 직원들이 무엇을 하는지 자세히 관찰하는 것이다.
　　＊~에 적응하다, 익숙해지다 get used to ~　＊자세히 closely　＊관찰하다 observe

17 일단 고용인들이 계약서에 서명을 하면, 그들은 그 회사의 정책을 따라야 한다.
* 계약서 contract   * 정책 policy

18 만일 선거일에 시민들이 일을 하지 않아도 된다면, 투표율이 상승할 것이다.
* 투표율 voter turnout

19 한 사람이 인생에서 성공하고자 한다면 성실함이 필수적이라는 것은 확실하다.
* ~에서 성공하다 be successful in ~   * 성실함 diligence   * 필수적인 essential

20 이러한 점에서, 환경을 보호하는 것은 미래의 자연재해에 대비하는 보험으로 간주될 수 있다.
* 자연재해 natural disaster   * ~에 대비하는 보험 insurance against ~   * 간주하다 consider

21 이러한 이유 때문에, 나는 최소한 부모 한 명은 직장에 가는 대신 집에 있어야 한다고 생각한다.
* 최소한 at least   * ~ 대신 instead of ~

22 우주 탐사의 이점을 고려하면, 우리는 우주 기술에 계속 투자해야 한다.
* 우주 탐사 space exploration

3. 예시, 인용, 부연, 요약 표현

1 예를 들어, ~이다

For instance/example, 주어 + 동사

예를 들어, 영화는 종종 다른 나라 사람들에 대한 유해한 고정 관념을 포함한다.
For instance, movies often include harmful stereotypes of people from different countries.
* 고정 관념 stereotype

2 특히, ~이다

In particular, 주어 + 동사

특히, 다른 집단의 관습을 존중하지 않는 것은 몇몇 문화에서 흔한 문제이다.
In particular, not respecting the customs of other groups is a common problem in some cultures.

3 구체적으로, ~이다

To be specific, 주어 + 동사

구체적으로, 온라인 괴롭힘은 젊은 세대 사이에서 주요 문제가 되었다.
To be specific, online bullying has become a major problem among the younger generations.

4 A의 예를 보라

Take the example of A

사회에 도움이 되기 위해 재산의 상당 부분을 기부한 빌 게이츠의 예를 보라.
Take the example of Bill Gates, who donated a substantial amount of his wealth to benefit society.

5 나의 경험에 따르면, ~이다

From my experience, 주어 + 동사

나의 경험에 따르면, 학생들은 자신들이 필기한 내용을 나중에 복습하면 더 많이 기억하는 경향이 있다.
From my experience, students tend to remember more if they go over their notes later.
* ~을 복습하다 go over ~

6 우선, ~이다

To begin with, 주어 + 동사

우선, 대면 의사소통은 사람들이 몸짓 언어를 통해 정보를 전달할 수 있도록 한다.
To begin with, face-to-face communication allows people to convey information through body language.
* 전달하다 convey

7 게다가, ~이다

On top of that, 주어 + 동사

게다가, 어떤 사람들은 쉽사리 스트레스를 받으며 진정할 시간을 필요로 한다.
On top of that, some people get stressed out easily and need time to relax.
* 스트레스를 받다 get stressed out

8 또 다른 예로, ~이다

In another case, 주어 + 동사

또 다른 예로, 한 기업은 고객의 불만에 대응하지 못했다.
In another case, a business failed to respond to customer complaints.

9 이해를 돕자면, ~이다

To give you an idea, 주어 + 동사

이해를 돕자면, 여기 최근 연구의 예가 있다.
To give you an idea, here is an example from a recent study.

10 ~에서 보이는 바와 같이, –이다

주어 + 동사, as can be seen in ~

피트니스 앱의 인기에서 보이는 바와 같이, 사람들은 건강에 더 많은 관심을 기울이고 있다.
People are paying more attention to health, **as can be seen in** the popularity of fitness apps.

11 그뿐 아니라, ~이다

Not only that, but 주어 + 동사

그뿐 아니라, 아이의 언어 학습 능력 또한 그때쯤이면 퇴화하기 시작한다.
Not only that, but a child's ability to learn languages also starts to diminish around that time.
* 그때쯤이면 around that time   * 퇴화하다, 줄어들다 diminish

12 연구 결과는 ~을 보여주었다

Studies have shown that 주어 + 동사

연구 결과는 광고상의 미세한 차이라도 고객들이 특정 상품을 사도록 유도할 수 있다는 것을 보여주었다.
Studies have shown that even subtle changes in advertising can induce customers to buy a particular product.
* 미세한 subtle   * 유도하다 induce

13 이 사례가 보여주듯, ~이다

As this case reveals, 주어 + 동사

이 사례가 보여주듯, 뉴스 매체는 종종 이야기를 부풀린다.
As this case reveals, the news media often magnify stories.
* 부풀리다 magnify

14 ~에 따르면, -이다

According to ~, 주어 + 동사

질병 관리 센터의 연구에 따르면, 비만과 싸우기 위해서는 신체적인 활동을 권장하는 정책과 계획이 필요하다.
According to research by the Centers for Disease Control, policies and initiatives to encourage physical activity are needed to combat obesity.

15 많은 전문가들은 ~이라고 믿는다

Many experts believe that 주어 + 동사

많은 전문가들은 어릴 때 제2외국어에 노출되는 것이 아이들의 인지 능력을 더 강하게 만든다고 믿는다.
Many experts believe that early exposure to a second language helps children develop stronger cognitive skills.

16 옛 속담이 말해 주듯, ~이다

As the old saying goes, 주어 + 동사

옛 속담이 말해 주듯, 튼튼한 경제는 강한 나라를 위한 토대이다.
As the old saying goes, a strong economy is the foundation of a strong nation.

17 다시 말해서, ~이다

In other words, 주어 + 동사

다시 말해서, 기술의 발전이 많은 산업을 변화시켜 왔다.
In other words, advancements in technology have transformed many industries.

18 게다가, ~이다

Moreover / Additionally / In addition, 주어 + 동사

게다가, 증가하는 수의 사람들이 스트리밍 서비스가 매우 저렴하기 때문에 영화 티켓의 가격이 비싸다고 인식한다.
Moreover, an increasing number of people perceive the prices of movie tickets as expensive because streaming services are so affordable.

19 이런 식으로, ~이다

In this way, 주어 + 동사

이런 식으로, 교사들은 학생들이 더 효과적으로 배우도록 도와주려는 더 큰 열의를 느끼게 된다.
In this way, teachers feel a greater motivation to help their students learn more effectively.
* 열의, 동기 부여 motivation

20 일반적으로 말해서, ~이다

Generally speaking, 주어 + 동사

일반적으로 말해서, 나는 자동차가 환경에 해가 된다고 믿는다.
Generally speaking, I believe automobiles are harmful to the environment.

21 우리가 알고 있는 것처럼 [알다시피], ~이다

As we have seen, 주어 + 동사

우리가 알고 있는 것처럼, 사회는 몇몇 중요한 발명품으로부터 크게 혜택을 받아 왔다.
As we have seen, society has benefited greatly from certain significant inventions.

22 이와 같이, ~이다

As such, 주어 + 동사

이와 같이, 주주들은 회사를 위해 중요한 결정을 내릴 권한을 가지고 있다.
As such, shareholders have the authority to make major decisions for the company.
* 주주 shareholder   * 권한 authority

23 따라서, ~이다

Therefore, 주어 + 동사

따라서, 모든 대학들은 학생들이 교수진으로부터 적절한 관심을 받는 것을 보장해야 한다.
Therefore, all colleges should ensure that students receive proper attention from the teaching staff.
* 보장하다, 확실히 하다 ensure

24 즉, ~이다

That is, 주어 + 동사

즉, 대기업들은 매체사들을 소유하고 있으며 현실을 그들의 이해관계에 유리한 방식으로 묘사하는 데 관심이 있다.
That is, major corporations own media companies and are interested in portraying reality in a way that is favorable to their own interests.
* 대기업 major corporation   * ~에 유리한 favorable to   * 묘사하다 portray

25 간단히 말해서, ~이다

In short, 주어 + 동사

간단히 말해서, 나는 부모들이 자녀들이 텔레비전을 보는 데 얼마만큼의 시간을 써도 되는지에 대해 분별력이 있어야 한다고 생각한다.

In short, I believe that parents should be selective about how much time their children can spend watching TV.
* 분별력이 있는 selective

26 앞서 언급했던 바와 같이, ~이다

As I have mentioned, 주어 + 동사

앞서 언급했던 바와 같이, 스트레스를 관리하는 것은 신체적·정신적 건강 모두에 중요하다.

As I have mentioned, managing stress is important for both physical and mental health.

27 결론적으로, ~이다

In conclusion, 주어 + 동사

결론적으로, 최고의 직장 동료란 정직하고, 의리가 있으며, 협조적인 사람들이다.

In conclusion, the best coworkers are the ones who are honest, loyal, and cooperative.
* 직장 동료 coworker * 협조적인 cooperative

28 전반적으로, ~이다

Overall, 주어 + 동사

전반적으로, 문화적 통합은 새로운 혼합된 문화의 창조로 이어질 수 있다.

Overall, cultural integration can lead to the creation of new hybrid cultures.
* 통합 integration * 혼합된 hybrid

29 요약하자면, ~이다

To sum up, 주어 + 동사

요약하자면, 소셜 미디어를 사용하는 것에 대한 엄격한 연령 제한이 있어야 한다.

To sum up, there should be strict age restrictions on using social media.
* 연령 제한 age restriction

30 이러한 점에서, ~이다

In this regard, 주어 + 동사

이러한 점에서, 나는 우리가 신체적인 외모를 토대로 다른 사람들을 판단하면 절대 안 된다고 생각한다.

In this regard, I think that we should never judge others based on their physical appearance.

31 모든 것을 고려해 보면, ~이다

All things considered, 주어 + 동사

모든 것을 고려해 보면, 정부는 광범위한 빈곤 문제를 해결하기 위해 더 강력한 조치를 취해야 한다.
All things considered, the government should take stronger measures to tackle the issue of widespread poverty.

* 해결하다, 다루다 tackle

32 대체적으로, ~이다

For the most part, 주어 + 동사

대체적으로, 대학의 자금은 모든 학생에게 이익을 주는 도서관에 투자되어야 할 것이다.
For the most part, university funds should go toward library systems that benefit all students.

33 대체로, ~이다

On the whole, 주어 + 동사

대체로, 텔레비전, 비디오 게임, 그리고 인터넷은 사회에 부정적인 영향을 끼쳐 왔다.
On the whole, TV, video games, and the Internet have had a negative effect on society.

34 마지막으로 중요한 것은, ~이다

Last but not least, 주어 + 동사

마지막으로 중요한 것은, 전쟁은 누가 옳은가를 결정하는 것이 아니라 누가 남겨지는가를 결정한다는 것이다.
Last but not least, war never decides who is right, but who is left.

✔ CHECK-UP 3. 예시, 인용, 부연, 요약 표현

파란색으로 주어진 표현에 유의하여, 다음에 주어진 우리말 문장을 영어로 바꾸어 쓰시오.

01 앞서 언급했던 바와 같이, 국가들은 물 부족 문제를 해결하기 위해 협력해야 한다.
  * 물 부족 water scarcity   * 협력하다 work together

02 간단히 말해서, 나는 어린이들이 건전한 성격을 키우기 위해서는 애정을 필요로 한다고 느낀다.
  * 건전한 성격 healthy personality   * ~하기 위해서 in order to ~   * 애정 affection

03 최근의 절도에서 보이는 바와 같이, 범죄는 여전히 다뤄질 필요가 있는 주요 문제이다.
  * 절도 burglary   * 다루다 address

04 이 사례가 보여주듯, 유명인의 광고는 회사 제품의 판매를 증가시킬 수 있다.
  * 유명인의 광고 celebrity endorsement   * 증가시키다 boost

05 우선, 우주 탐사에 대한 자금 지원은 우리가 얻는 과학적 지식으로 인해 정당화된다.
  * 우주 탐사 space exploration   * 얻다 acquire

06 이런 식으로, 학생들은 자신들이 존경하고 동경하는 사람들로부터 배울 수 있다.
 * 존경하다 respect   * 동경하다 admire

---

07 요약하자면, 마케팅 메시지는 항상 소비자들에게 개인 맞춤형이어야 한다.
 * 개인 맞춤형의 personalized

---

08 특히, 많은 사람들이 그들의 탄소 발자국의 영향에 대해 생각하지 않는다.
 * 탄소 발자국 carbon footprint

---

09 게다가, 대학에 진학하는 모든 학생들이 실제로 졸업하는 것은 아니다.
 * 대학에 진학하다 enter a university   * 실제로 actually

---

10 우리가 알고 있는 것처럼, 휴대 전화는 사람들이 서로를 덜 배려하도록 만드는 경향이 있다.
 * 배려하는, 사려 깊은 considerate

다음에 주어진 우리말 문장을 영어로 바꾸어 쓰시오.

11 옛 속담이 말해 주듯, '필요는 발명의 어머니이다.'
　　＊필요 necessity　＊발명 invention

12 이해를 돕자면, 여기 비현실적인 성공담의 예가 있다.
　　＊비현실적인, 있음 직하지 않은 unlikely　＊성공담 success story

13 다시 말해서, 때때로 기업은 더 큰 보상을 얻기 위해 위험을 감수해야 한다.
　　＊보상 reward　＊얻다 reap　＊위험을 감수하다 take a risk

14 전반적으로, 물가 상승과 경제적 불안정 때문에 생활비가 전 세계적으로 치솟았다.
　　＊물가 상승, 인플레이션 inflation　＊경제적 불안정 economic instability　＊치솟다 skyrocket

15 이러한 점에서, 나는 신중한 계획이 미래 성공의 필수적인 요소라고 믿는다.
　　＊요소 component

16 평등을 위해 싸우는 데 인생을 바친 넬슨 만델라의 예를 보라.
   * 평등 equality   * 바치다 dedicate   * 넬슨 만델라 Nelson Mandela

17 일반적으로 말해서, 의학과나 법학과와 같은 전문적인 학부로의 입학은 극도로 경쟁적이다.
   * 전문적인 professional   * (대학의) 학부 school   * 입학 admission   * 경쟁적인 competitive

18 따라서, 모든 정치인들은 대중의 신뢰를 유지하기 위해 그들의 약속을 지키려고 노력해야 한다.
   * 약속을 지키다 keep one's promise

19 결론적으로, 국가들은 다른 나라들에 대한 그들의 과거 범죄에 대해 책임을 져야 한다.
   * 책임을 지다 be held accountable

20 오크 리지 국립 연구소의 연구에 따르면, 핵 과학은 깨끗하고 안전한 에너지 해결책을 제공할 수 있다.
   * 오크 리지 국립 연구소 Oak Ridge National Laboratory   * 핵 과학 nuclear science   * 에너지 해결책 energy solution

정답 p.422

II | 주제별 표현 익히기

지금까지 상황별 표현을 공부했으니, 어떤 주제에 대해서 글을 쓰더라도 자신 있을 것 같다. 그런데 똑같은 상황별 표현을 활용하더라도 그 안에 담아낼 주제에 대한 표현을 잘 모르면 역시 어려움에 봉착하게 된다. 앞서 살펴본 '맞춤형 광고'에 대한 글의 기본적인 틀을 유지하면서 '공공장소 흡연'에 대한 글을 쓴다고 가정해 보자.

공공장소에서의 **흡연**이 제한되어야 한다는 것은 명백하다.	It is evident that **smoking in public** should be restricted.
이는 주로 **간접흡연**이 사람들의 건강에 해롭기 때문이다.	This is mainly because **secondhand smoke** is bad for people's health.
만일 규제가 없다면, 보행자들은 담배 연기에 노출될 것이다.	Without restrictions, pedestrians would be exposed to **cigarette smoke**.
게다가, **비흡연자**의 권리가 보호되어야 한다는 것에는 의심의 여지가 없다.	Furthermore, there is no question that the rights of **non-smokers** should be protected.
이러한 점에서, 나는 공공장소에서의 흡연금지가 시행되어야 한다고 생각한다.	In this regard, I think that a **ban on** smoking in public should be implemented.

이때 앞서 배운 것과 같이 '~은 명백하다(It is evident that ~)', '이는 주로 ~이기 때문이다(This is mainly because ~)', '~에는 의심의 여지가 없다(there is no question that ~)' 등의 문장의 틀을 알고 있더라도, '공공장소에서의 흡연(smoking in public)', '간접흡연(secondhand smoke)', '비흡연자(non-smokers)'와 같은 주제에 관련된 표현을 다양하게 알고 있어야 해당 주제에 대해서 막힘없이 글을 쓸 수 있다.

이렇게 글이라는 '요리'를 만들 때 그 '식재료'가 되는 것이 주제별 표현이다. 따라서 다양한 분야에서 각각 자주 쓰이는 표현들을 많이 익혀 두면 여러 가지 주제에 대해 글을 쓸 때 자신의 의견을 풍부하게 나타낼 수 있다.

1. 교육, 정치, 사회에 관한 표현

1 학습 과정

learning process

새로운 사회 집단에 적응하는 것은 사회적 규범에 대한 이해로부터 시작되는 학습 과정이다.
Adapting to a new social circle is a **learning process** that begins with an understanding of social norms.
* 적응하다 adapt   * 사회적 규범 social norms

2 사회적 기술

social skill

교실 토론은 학생들이 대화를 통해 사회적 기술을 익히도록 장려한다.
Classroom discussions encourage students to practice their **social skills** through dialogue.

3 인격 발달

personality development

유치원에서의 인격 발달은 아이들에게 한 집단의 일원으로서 상호 작용하는 방법을 가르치는 데 맞추어져 있다.
Personality development in kindergarten is geared toward teaching children how to interact as part of a group.
* 상호 작용하다 interact   * ~에 맞추다 gear towards ~

4 잘 교육받은 사람

well-educated person

잘 교육받은 사람은 지식과 기술을 실제 상황에 적용할 수 있다.
A **well-educated person** can apply knowledge and skills to real-life situations.
* 적용하다 apply

5 인성을 함양하다

build a strong character

인성을 함양하는 것은 어떤 학문적·경제적 성공보다도 더 중요하다.
Building a strong character is more important than any academic or financial success.

6 모범, 본보기

role model

좋은 교사는 공손한 태도로 행동함으로써 학생들에게 모범이 되어야 한다.
A good teacher should be a **role model** to students by behaving in a respectful manner.
* 공손한 respectful   * 행동하다 behave

7 국제 무역

international trade

운송 수단의 발전은 국제 무역을 훨씬 더 쉬운 시도로 만들었다.
Advances in transportation have made **international trade** a much easier endeavor.
* 시도 endeavor

8 국제 협력

international cooperation

국제 협력의 한 예는 온실가스 배출을 줄이기 위한 목표에 합의한 국가들이다.
An example of **international cooperation** is countries agreeing on goals to reduce greenhouse gas emissions.
* 배출 emission

9 외교 관계

diplomatic relations

외교 관계는 평화를 유지하고 국가 간의 협력을 증진하기 위해 필요하다.
Diplomatic relations are necessary to maintain peace and promote cooperation between countries.

10 긴장 상태를 조성하다

create tension

정치적 검열은 정부와 언론 사이에 긴장 상태를 조성할 수 있다.
Political censorship can **create tension** between the government and the press.
* 검열 censorship

11 국제 관광

international tourism

국제 관광은 정치적 안정과 같은 요소들로부터 영향을 받는다.
International tourism is influenced by factors such as political stability.

12 세계화에 발맞추다

keep in step with globalization

일부 기업들은 세계화에 발맞추기 위해 직원들이 이중 언어 사용자이기를 요구한다.
Some companies require their employees to be bilingual to **keep in step with globalization**.

13 무역 협정

trade agreement

그 무역 협정은 유럽으로의 농산물 수출 증가를 야기했다.
The **trade agreement** resulted in an increase in agricultural exports to Europe.
* 농산물의, 농업의 agricultural   * 수출(품) export

14 자원을 배분하다

allocate resources

정부는 시민들의 삶을 개선하기 위해 어떻게 자원을 배분할지 결정한다.
The government decides how to **allocate resources** to improve the lives of citizens.

15 국가 간의 문화 교류

cultural exchanges between nations

기술 발전으로 인해 증가하는 의사소통의 효율성은 국가 간의 문화 교류를 촉진해 왔다.
The increasing efficiency of communication due to technological advancements has facilitated **cultural exchanges between nations**.
* 기술 발전 technological advancement   * 촉진하다 facilitate

16 중립적인 입장을 취하다

take the middle ground

대통령은 갈등을 해결하고 모든 정당을 만족시킬 수 있도록 중립적인 입장을 취해야 한다.
The president needs to **take the middle ground** in order to resolve the conflict and satisfy all parties.
* 해결하다 resolve   * 정당, 당사자 party

17 세입

tax revenues

정부는 의료 및 교육과 같은 서비스에 자금을 조달하기 위해 세입에 의존한다.
Governments rely on **tax revenues** to finance services such as health-care and education.

18 개발도상국

developing country

개발도상국에서는, 빈부 간의 격차가 보통 상당히 크다.
In a **developing country**, the gap between the rich and the poor is often quite large.
* 격차, 틈 gap

19 선진국

advanced country

대부분의 선진국에서는, 고속 전송을 위한 인터넷 기반 시설이 갖추어져 왔다.
In most **advanced countries**, the Internet infrastructure has been equipped for high-speed transmissions.
* 전송 transmission   * 기반 시설 infrastructure   * 갖추다 equip

20 ~의 모국
one's native country
자신의 모국 바깥에서 대학을 다니는 것은 교육적, 문화적, 그리고 언어적 자극을 준다.
Attending college outside **one's native country** allows for educational, cultural, and linguistic stimulation.
* 자극, 고무 stimulation

21 이민법
immigration law
각 나라는 사람들이 어떻게 시민이 될 수 있는지를 설명하는 이민법을 통과시킨다.
Each country passes **immigration laws** that explain how people can become citizens.

22 사회적 관습
social custom
사회적 관습은 각국의 국민들이 어떻게 서로를 맞이하고 작별을 고하는지를 결정한다.
Social customs determine how each country's citizens greet each other and say goodbye.

23 국제적 위기
international crisis
지구 온난화는 모든 정부에 의해 다루어져야 하는 국제적 위기이다.
Global warming is an **international crisis** that must be addressed by all governments.
* 지구 온난화 global warming

24 대중 정서
popular sentiment
금연 구역을 옹호하는 대중 정서는 흡연이 공공장소에서 금지되어야 하는 한 가지 이유이다.
Popular sentiment in favor of smoke-free zones is one reason why lighting up should be banned in public places.
* 금연의 smoke-free   * ~을 옹호하는 in favor of ~   * 흡연, (특히 담배에) 불을 붙이는 것 lighting up

25 특권을 가진 사람들
privileged people
일부 정치적이고 사회적인 구조들은 더 많은 대중의 희생으로 특권을 가진 사람들에게 불공정하게 이익을 주는 그런 방식으로 설립되어 있다.
Some political and social structures are set up in such a way that they unfairly benefit **privileged people** at the expense of the greater public.

26 엄격한 규정
strict regulation

멸종 위기에 처한 야생동물의 천연 서식지는 엄격한 규정으로 보호되어야 한다.
The natural habitats of endangered wildlife must be protected with **strict regulations**.
* 멸종 위기에 처한 endangered   * 야생동물 wildlife

27 신뢰를 쌓다
build up trust

여러 문화적 배경을 가진 사람들이 있는 다양한 사회에서 신뢰를 쌓는 것은 어려울 수 있다.
Building up trust can be difficult in diverse societies with people from various cultural backgrounds.

28 팀을 이루어 일하다
work in teams

다른 사람들과 함께 일하는 것에 익숙해지도록 하기 위해 학생들은 때때로 팀을 이루어 일하도록 요구 받는다.
Students are sometimes asked to **work in teams** in order to get them used to working with others.

교육, 정치, 사회에 관한 추가 표현 모음

성숙 과정	the maturation process
인생에서 가장 중요한 시기	the most important stage of one's life
잠재력을 깨닫다	realize one's potential
체육	physical education
적성 검사	an aptitude test
발표 수업	speech classes
대안교육	alternative education
학업 과정	academic programs
평가 기준	assessment criteria
입학 요건	requirements for admission
초등교육	elementary education
중등교육	secondary education
고등교육	higher education
의무 교육	compulsory education
갭이어(고교 졸업과 대학 입학 사이 1년)	a gap year
특성화 교육	specialized education
학습자 중심의 교육	student-centered learning
야외 활동	outdoor activities
현장 학습	a field trip
정규 교육	formal schooling
양질의 교육	a quality education
교육적인 혜택	an educational benefit
다방면에 걸친 교육	a well-rounded education
교육 격차를 해소하다	bridge the educational gap
저소득층 학생	underprivileged student
실험하다	do experiments
~을 전공하다	specialize in ~
대학을 갓 졸업한	fresh out of university
유용한 기술을 배우다	learn valuable skills
개별적인 관심	individualized attention
학습에 대한 열정	passion for learning
심한 경쟁	heavy competition
경쟁력을 높이다	enhance competitiveness

잘못된 생각	misguided belief
타협하다	make compromises
뒤처지다	fall behind
~에 대한 인식을 높이다	raise awareness of ~
세계 시민 의식을 기르다	cultivate global awareness
긍정적인 자아상을 형성하다	develop a positive self-image
잘 연마된	well-cultivated
심층 연구	in-depth research
협동심을 기르다	build teamwork
심하게 다그치다, 독려하다	push hard
~으로부터 주의를 돌리다	divert one's attention from ~
원격 학습	remote learning
(컴퓨터를 이용한) 가상 수업	virtual classes
디지털 활용 능력	digital literacy
학위를 따다	earn a degree
등록금 지원	tuition assistance
시행착오	trial and error
많은 분야에서 뛰어나다	excel in many areas
국제적 기반 위에	on an international basis
다른 의견을 가지다	hold a different opinion
잘 고안된 제도	well-designed system
외교 정책	foreign policy
선거일	Election Day
대통령제	presidential system
의원내각제	parliamentary system
언론의 자유	freedom of speech
시민 참여	civic engagement
공정한 선거 제도	fair election system
투표 연령	voting age
세금 경감	tax relief
세금 우대 혜택을 제공하다	give a tax break
주간 노동 시간	workweek
빈곤을 근절하다	eliminate poverty

~을 상대로 소송을 걸다	file a suit against ~
국제기관	international agency
동맹을 맺다	build an alliance
견제와 균형	checks and balances
세계 평화에 기여하다	contribute to world peace
정치적 안정	political stability
정치 상황	a political situation
깊이 뿌리박힌 편견	a deep-rooted prejudice
지역 사회의 번영	a community's prosperity
국제적 차원에서	on a global scale
나라마다 다르다	vary from country to country
국가적 특징	national characteristics
공인	public figures
노인	senior citizens
물려주다	hand down
젊은 세대	the younger generation
세대 차이	the generation gap
미래 세대	future generations
특권을 남용하다	abuse the privilege
일반 대중	the general public
여론을 조사하다	poll the public
여론에 호소하다	appeal to public opinion
협동심	feelings of cooperation
일체감	a sense of unity
소속감	a sense of belonging
공동체 유대	community bonds
상호 신뢰	mutual trust
인접 지역	a neighboring community
외딴 지역	a remote region
소수 민족 집단	ethnic minority groups
문명화된 사회	civilized society
빠르게 움직이는 세상	a fast-paced world
늘 변화하는 세상	an ever-changing world

지도자의 책임	leader's responsibility
지도력	leadership skills
사회적 진보	social progress
사교 모임	a social gathering
사회적 규범	social norms
노숙자 수용 시설	a homeless shelter
인구 증가	population growth / a population increase
국가 기반 시설	the country's infrastructure
사회 보장 제도	the social security system
국민의 복지를 증진하다	promote the public welfare
공무원	a civil servant
국가 정체성	national identity
정책을 시행하다	carry out a policy
부패와 맞서다	fight against corruption
공공시설	public facilities
사기를 북돋우다	boost morale
공통점	common ground
권리를 침해하다	violate a right
유행이 되다	be a growing trend
엄격한 규칙을 부과하다	impose strict rules
윤리 기준을 유지하다	uphold ethical standards
논란을 불러일으키다	provoke controversy
~에 대한 금지	ban on ~
사생활을 침해하다	invade one's privacy
활기찬 주변 환경을 만들다	create a vibrant neighborhood
좋은 모범이 되다	set a good example
상호 교류 기술	interpersonal skills
대화 기술	conversational skills
~와 연락하다	get in touch with ~
공통 관심사를 공유하다	share common interests
감당할 수 있는 가격의 주택	affordable housing
주택 부족	housing shortage
통근 시간이 많이 걸리다	have a long commute

✔ CHECK-UP 1. 교육, 정치, 사회에 관한 표현

파란색으로 주어진 표현에 유의하여, 다음에 주어진 우리말 문장을 영어로 바꾸어 쓰시오.

01 국제 분쟁은 국가 간의 긴장 상태를 조성하고 갈등을 초래할 수 있다.
　　＊ 국제 분쟁 international dispute　　＊ ~을 초래하다 lead to ~

02 의무 교육 시기는 일반적으로 인생에서 가장 중요한 시기로 여겨진다.
　　＊ 일반적으로, 널리 widely

03 정치인들은 유권자들을 불쾌하게 하지 않기 위해 민감한 문제들에 대해 중립적인 입장을 취하려 한다.
　　＊ 불쾌하게 하다 offend　　＊ ~하지 않기 위해 so as not to ~　　＊ ~하려 하다 seek to ~

04 정부는 노인이 계속해서 배울 수 있는 기회를 제공해야 한다.
　　＊ 계속해서 배우다 continue learning

05 일부 대학들은 발표 수업을 의무적인 것으로 만드는 아이디어를 고려하고 있다.
　　＊ 의무적인 mandatory　　＊ 고려하다 consider

06 타협하려는 의지는 서로 다른 견해를 가진 집단 간의 협력을 촉진할 수 있다.
  * 의지 willingness   * 서로 다른 견해 differing views

07 그 프로젝트는 정치인들이 효율적으로 자원을 배분할 수 있었기 때문에 성공적이었다.
  * 효율적으로 efficiently   * 성공적인 successful

08 미국에서는, 소개받은 사람 모두와 악수하는 것이 사회적 관습이다.
  * ~를 소개받다 be introduced to ~   * ~와 악수하다 shake hands with ~

09 이민자들은 자신이 사는 나라의 사회적 규범에 익숙해져야 한다.
  * 이민자 immigrant   * ~에 익숙해지다 familiarize oneself with ~

10 국제 협력의 한 가지 장벽은 그들 자신의 이익을 위해 행동하려는 국가들의 경향이다.
  * 장벽 barrier   * 자신의 이익을 위해 행동하다 act in one's own self-interest   * 경향 tendency

다음에 주어진 우리말 문장을 영어로 바꾸어 쓰시오.

11 국기와 국가는 국가 정체성의 상징이다.
　　＊ 국가 national anthem　＊ 상징 symbol

12 심층 연구를 시행하지 않고서 어떤 이론이 옳다고 증명하는 것은 불가능하다.
　　＊ 시행하다 conduct　＊ 이론 theory　＊ 증명하다 prove　＊ 불가능한 impossible

13 일부 사람들은 아직도 전통을 고수하는 것이 안정성을 보장해 줄 것이라는 잘못된 생각을 가지고 있다.
　　＊ ~을 고수하다 adhere to ~　＊ 보장하다 guarantee

14 두 사람이 만나면, 그들은 어떤 공통점을 찾기 위해 서로에게 질문을 한다.
　　＊ ~하기 위해 in order to ~

15 교육에서의 좋은 본보기는 학생들이 어떻게 목표를 세우고 달성하는지 배우도록 도울 수 있다.
　　＊ 목표를 세우다 set a goal　＊ 달성하다 achieve

16 정치인들은 악명 높은 인물들을 공개 행사에 초대함으로써 종종 논란을 불러일으킨다.
  * 악명 높은 notorious   * 인물 figure

17 국가 간의 문화 교류는 외국의 관습에 대한 인식을 높이고 개방적인 태도를 촉진할 수 있다.
  * 외국의 관습 foreign customs   * 개방적인 태도 an open-minded attitude

18 효과적으로 팀을 이루어 일하기 위해서는, 사람들은 타인의 의견을 잘 받아들여야 한다.
  * 효과적으로 effectively   * 의견 idea   * ~을 잘 받아들이다 be receptive to ~

19 몇몇 정치인들은 소셜 미디어를 통해 일반 대중과 상호 작용한다.
  * ~와 상호 작용하다 interact with ~

20 실수를 하는 것은 학습 과정의 중요한 부분이다.
  * 실수를 하다 make mistakes

정답 p.423

2. 건강, 환경, 광고에 관한 표현

1 수명
lifespan

어떤 사람이 반려동물을 기른다면, 그 혹은 그녀는 그 반려동물의 수명 내내 돌볼 준비가 되어 있어야 한다.
If a person gets a pet, he or she should be prepared to take care of it over its entire **lifespan**.
* ~을 돌보다 take care of ~

2 평균 수명
life expectancy

평균 수명은 가족력과 개인의 생활방식과 같은 많은 요인들에 의해 영향을 받는다.
Life expectancy is influenced by a number of factors, such as family history and personal lifestyle.
* 가족력 family history

3 의료 서비스, 치료
health-care / medical care

의료 서비스의 향상은 의학의 발달과 직접적으로 연관되어 있다.
Improvements in **health-care** are directly related to advancements in medical science.
* 발달 advancement

4 치명적인 질병
deadly disease

어린이들에게 치명적인 질병에 대한 예방 접종을 하는 것이 대부분의 국가들에서 사망률을 저하시켜 왔다.
Vaccinating children against **deadly diseases** has lowered mortality rates in most countries.
* 예방 접종을 하다 vaccinate   * 사망률 mortality rate

5 면역 체계
immune system

규칙적인 운동은 면역 체계를 강화시키고, 따라서 질병을 예방하는 데 도움을 준다.
Regular exercise strengthens the **immune system** and, therefore, helps prevent sickness.
* 강화시키다 strengthen

6 건강을 유지하다
stay in shape

낮에는 내내 책상에 앉아 있고 밤새 소파에 앉아 있으면서 건강을 유지하는 것은 어렵다.
It is difficult to **stay in shape** when sitting at a desk all day and then sitting on a couch all night.

7 ~에 걸리다

come down with

상한 음식을 먹은 후, 많은 사람들이 식중독에 걸린다.
After eating contaminated food, many people **come down with** food poisoning.
* 상한, 오염된 contaminated

8 나쁜 습관을 고치다

break a bad habit

흡연과 같은 나쁜 습관을 고치기 위한 효과적인 방법은 껌을 씹는 것과 같은 새로운 행동으로 그것을 대체하는 것이다.
An effective way to **break a bad habit** such as smoking is to substitute it with a new behavior like chewing gum.
* 대체하다 substitute

9 연간 정기 건강 검진

annual checkup

직장에서는 직원들이 연간 정기 건강 검진을 받도록 요구해야 한다.
Workplaces should require their employees to get **annual checkups**.

10 스트레스를 많이 받다

get stressed out

우리가 바꿀 수 없는 일들에 대해 스트레스를 많이 받는 것은 무의미하다.
There is no point in **getting stressed out** about things we cannot change.
* ~하는 것은 무의미하다 there is no point in ~ing

11 긍정적인 시각을 유지하다

maintain a positive outlook

긍정적인 시각을 유지하는 사람들은 회복력을 가지고 정신 건강 문제에 접근할 수 있다.
People who **maintain a positive outlook** can approach mental health challenges with resilience.
* 회복력 resilience

12 식량 부족

food shortage

레소토의 식량 부족은 기후 변화와 농사에 적합한 땅의 부족으로 인해 야기된다.
Lesotho's **food shortage** is caused by climate change and a lack of land suitable for farming.
* 농사 farming   * ~에 적합한 suitable for ~

13 대량 살상

mass destruction

쇼핑몰을 건축하기 위한 지역 야생 동물의 대량 살상은 어리석고 무책임하다.

The **mass destruction** of local wildlife to build a shopping mall is ridiculous and irresponsible.

* 어리석은 ridiculous * 무책임한 irresponsible

14 남용

excessive use

관개를 위한 물의 남용은 수자원을 고갈시키고 가뭄을 야기하고 있다.

The **excessive use** of water for irrigation is depleting water sources and causing droughts.

* 관개 irrigation * 고갈시키다 deplete * 가뭄 drought

15 환경 문제

environmental concern

지난여름의 혹서기 동안 지구 온난화에 대한 환경 문제는 새로운 국면에 도달했다.

Environmental concerns over global warming reached new levels during last summer's heat wave.

* 혹서기 heat wave

16 범죄율

crime rate

소규모의 지역 사회들은 더 낮은 범죄율의 이점을 지닌다.

Small communities have the advantage of a lower **crime rate**.

* 지역 사회 community

17 시골 지역

rural area

시골 지역에서 자라는 것은 혼잡한 도심지에서는 불가능한 자연과의 밀접한 관계를 가질 수 있게 한다.

Growing up in a **rural area** allows for a close connection with nature, which is impossible in a crowded urban area.

* 혼잡한 crowded

18 생활 수준

standard of living / level of lifestyle

각 세대마다, 생활 수준은 새로운 기술적 혁신과 함께 개선된다.

In each generation, the **standard of living** improves with new technological innovations.

19 광고 대상자

target audience

광고의 메시지가 일반 대중의 마음을 끄는 것보다 광고 대상자의 마음을 끄는 것이 더 중요하다.
It is more important that the advertisement's message appeals to the **target audience** than to the general public.

20 정서적 연결

emotional connection

오늘날의 혼잡한 미디어 환경에서 성공하기 위해서는 광고에서의 정서적 연결이 매우 중요하다.
An **emotional connection** in advertising is crucial for success in today's crowded media environment.

21 ~에 노출되다

be exposed to ~

비록 그들이 그것을 깨닫지 못할지라도 많은 사람들은 매일 광고 메시지에 노출된다.
Many people **are exposed to** advertising messages every day even though they might not realize it.

22 ~에 전념하다, ~에 헌신하다

be dedicated to ~

기업은 대상 시장의 변화하는 요구를 이해하고 이에 적응하는 것에 전념해야 한다.
Businesses need to **be dedicated to** understanding and adapting to the changing needs of their target market.

23 제품 품질

product quality

제품 품질에 투자하는 것은 만족한 고객들에 의한 긍정적인 입소문 마케팅으로 이어질 수 있다.
Investing in **product quality** can lead to positive word-of-mouth marketing by satisfied customers.
* 입소문의 word-of-mouth

24 ~에 대해 까다로운

particular about ~

훌륭한 마케팅 담당자는 그들이 협력하는 인플루언서에 대해 까다로우며, 그들의 진정성과 같은 요소를 고려한다.
Good marketers are **particular about** the influencers they partner with, considering factors such as their authenticity.
* 진정성 authenticity

25 약점을 극복하다
overcome a weakness

할인을 제공하는 것은 낮은 브랜드 인지도의 약점을 극복하는 데 도움이 될 수 있다.
Offering discounts can help **overcome the weakness** of low brand awareness.

26 중요한 역할을 하다
play an important role / a crucial role

데이터 분석은 메시지를 개별 소비자에 맞게 조정하는 데 중요한 역할을 한다.
Data analysis **plays an important role** in tailoring messages to individual consumers.
* 조정하다, 맞추다 tailor

27 ~의 영향
the impact of ~

고객 리뷰의 영향은 기업의 평판에 크게 영향을 미칠 수 있다.
The impact of customer reviews can greatly affect a business's reputation.

28 ~을 고려하다
take ~ into account

브랜드 정체성을 만들 때, 브랜드의 핵심 가치를 고려하는 것이 매우 중요하다.
When creating a brand identity, it's crucial to **take** the brand's core values **into account**.

29 제품을 홍보하다
promote a product

제품 포장은 또한 제품을 홍보하고 제품을 진열대에서 돋보이게 하는 데 사용될 수 있다.
Product packaging can also be used to **promote products** and make them stand out on shelves.
* 돋보이다 stand out

30 시장 점유율
market share

강력한 파트너십을 구축하는 것은 시장 점유율을 확대하고 새로운 시장에 도달하는 효과적인 방법이 될 수 있다.
Building strong partnerships can be an effective way to expand **market share** and reach new markets.

31 광고 전략
advertising strategy

광고 전략은 단기 및 장기 목표를 모두 다루어야 한다.
An **advertising strategy** should address both short-term and long-term goals.

32 언론 매체
media outlet

광고주들은 그들이 원하는 대상자들에게 다가가기 위해 가장 적합한 언론 매체를 신중하게 선택해야 한다.
Advertisers must carefully select the most suitable **media outlet** to reach their desired audience.

33 재구매
repeat sales

재구매는 종종 긍정적인 고객 경험의 결과이다.
Repeat sales are often the result of positive customer experiences.

34 소비자 불만
consumer complaint

소비자 불만은 기업이 제품의 개선 영역을 파악할 수 있는 기회가 될 수 있다.
Consumer complaints can be an opportunity for companies to identify areas for improvement in their products.

건강, 환경, 광고에 관한 추가 표현 모음

냉동식품	frozen food
균형 잡힌 식단	a well-balanced diet
건강에 좋은 음식	healthy food
좋아하는 요리	a favorite dish
중요한 영양소	valuable nutrition
성분, 재료	ingredient
지방 함량과 열량이 높은	high in fat and calories
비만과 싸우다	combat obesity
비위생적인	unsanitary
외국 음식	foreign cuisine
맛있는 음식을 즐기다	enjoy a delicious meal
적절하게 영양이 공급된	properly nourished
필요한 영양소가 결여되다	lack necessary nutrients
식단을 계획하다	plan meals
식료품 구매, 장보기	grocery shopping
음식을 배달시키다	get food delivered
음식 가판대	food stands
의료 시설	medical facilities
최신 의약품	cutting-edge medicine
항생제	antibiotics
의학 기술	medical technology
공중보건	public health
병이 나다	get sick
공공장소에서의 흡연	smoking in public
간접흡연	secondhand smoke
담배 연기	cigarette smoke
비흡연자	non-smoker
나쁜 시력	poor eyesight
고혈압	high blood pressure
심장 마비	a heart attack
상처로부터 생긴 감염	an infection from a cut
약물 중독	(a) drug addiction
만성 질병	chronic disease

전염병	infectious disease
(환자 등이) 위급한 상태	critical condition
건강에 위협이 되는 요소들	health risks
신체의 건강	physical fitness
평생의 건강	lifelong physical health
스트레스를 해소하다	relieve stress / release stress
매일의 운동	daily exercise
신체적 능력	physical ability
신체 훈련	physical training
치명적인 사고	a fatal accident
장애인	handicapped people / disabled people
환경 보존	environmental conservation
환경친화적인 정책	environmentally friendly policy
생태계를 보호하다	preserve the ecosystem
개발되지 않은 땅	untouched land / undeveloped land
토지 황폐화	land degradation
천연자원	natural resources
재생되지 않는 자원	a non-renewable resource
환경 파괴	environmental destruction
지구 온난화	global warming
공장 폐기물	factory waste
기업의 쓰레기 투기	corporate dumping
악순환	a vicious cycle
운송 시스템	transportation systems
평화롭고 건전한 환경	a peaceful and healthy environment
범죄 예방	crime prevention
교통 체증을 완화하다	ease traffic congestion
교통 정체에 갇히다	be stuck in traffic
부산물	a by-product
세심한 결정	a careful decision
장기적인 영향	long-term effect
멸종 위기종	endangered species
재생 가능한 에너지	renewable energy

에너지 효율적인	energy-efficient
친환경 기술	green technology
환경세	environmental tax
문제를 처리하다	address issues
낭비를 줄이다	reduce waste
생물 다양성 손실	biodiversity loss
물을 절약하다	conserve water
~에 관여하다	get involved in ~
지속 가능한 발전	sustainable development
가정 쓰레기	residential waste
대체 에너지	alternative energy
자원 고갈	resource depletion
화석 연료	fossil fuel
삼림 벌채	deforestation
전기 자동차	an electric car
정당화할 수 있는 이유	a justifiable reason
지각, 자각	a sense of awareness
책임감	a sense of responsibility
책임감 있게 행동하다	act responsibly
돌이킬 수 없는 손상	irreparable damage
조치를 취하다	take steps
녹지를 조성하다	create green spaces
담수 공급	freshwater supply
자전거 전용도로	dedicated bicycle lanes
~을 차별화하다	set ~ apart
정보의 원천	a source of information
브랜드 인지도	brand awareness
~에 책임이 있는	responsible for ~
자료를 수집하다	collect data
긴박감	a sense of urgency
물질주의	materialism
가능성을 높이다	increase the likelihood
구매 결정	purchase decision

구매 행동	buying behavior
충동구매	impulsive buying
홍보 (활동)	public relations
허위 광고	a misleading advertisement
설득력 있는 언어	persuasive language
중독성 있는 슬로건	catchy slogan
여론을 형성하다	shape public opinion
고객 관계 관리	customer relationship management
~을 좋아하다	go for ~
상업 목적	commercial purpose
입소문	word of mouth
소비자 행동	consumer behavior
사생활 침해	invasion of privacy
~보다 앞서 있다	stay ahead of ~
인기를 얻다	gain popularity
올바른 결정을 내리다	make correct decisions
요구에 부합하다, 수요를 맞추다	meet demand
결론에 도달하다	reach a conclusion
목표에 도달하다	reach one's goal
문제로부터 멀리 떨어져 있다	stay out of trouble
행동을 취하다	take action
신중하게	with discretion
신뢰도, 신뢰성	reliability
무분별한 태도로	in an irrational manner
높은 목표를 세우다	set a high goal
비판적으로 생각하다	think critically
시간 엄수	punctuality
안심하다	feel secure
우선순위를 정하다	set priorities
주의를 끌다	draw one's attention
긍정적인 시각 ↔ 부정적인 시각	optimistic view ↔ pessimistic view
인간 본성	human nature
근시안적인 접근	a short-sighted approach

✔ CHECK-UP   2. 건강, 환경, 광고에 관한 표현

파란색으로 주어진 표현에 유의하여, 다음에 주어진 우리말 문장을 영어로 바꾸어 쓰시오.

01   유독 폐기물은 핵 발전소의 유감스러운 부산물이다.
   * 유독 폐기물 toxic waste   * 핵 발전소 nuclear power plant   * 유감스러운 unfortunate

02   자연재해와 기후 변화는 식량 부족을 악화시킬 수 있다.
   * 악화시키다 exacerbate

03   노인들은 나이가 들면서 만성 질병에 더 취약해진다.
   * 나이 들다 age   * ~에 취약한 vulnerable to ~

04   지구 온난화는 산불의 원인이 되는 악순환의 일부인데, 이 산불은 심지어 지구 온난화를 더욱 초래한다.
   * 산불 forest fires   * ~의 원인이 되다 contribute to ~   * 초래하다 cause

05   삼림 벌채는 수많은 식물과 동물종의 서식지에 돌이킬 수 없는 손상을 야기한다.
   * 수많은 countless   * 서식지 habitat

06 지하 주차장을 건설하는 것은 도시 지역의 교통 체증을 완화할 것이다.
* 지하 주차장 underground parking lot   * 건설하다 construct

---

07 기업들은 새로운 서비스를 고안할 때 고객의 이익을 고려해야 한다.
* ~을 고안하다 come up with ~

---

08 브랜드 평판에 미치는 고객 만족의 영향이 고려되어야 한다.
* 평판 reputation

---

09 높은 의료 비용 때문에, 정부는 더 저렴한 의료 서비스에 대한 요구에 부합하기 위해 더 열심히 일해야 한다.
* 저렴한 affordable   * 열심히 일하다 work hard

---

10 규칙적인 운동은 모든 사람이 건강을 유지하기 위해 따라야 할 기본 공식이다.
* 규칙적인 regular   * 따르다 follow   * 기본 공식 basic formula

다음에 주어진 우리말 문장을 영어로 바꾸어 쓰시오.

11 범죄율이 증가함에 따라 경찰에 대한 국민의 신임은 하락한다.
 * 증가하다 increase   * 국민의 public   * 신임 confidence   * 하락하다, 줄어들다 diminish

12 일부 과학자들은 인간의 수명이 언젠가 200세에 도달할 것이라고 믿는다.
 * 언젠가 someday   * 도달하다 reach

13 최신 의약품의 개발은 환자들의 해결되지 않은 의료적 필요에 의해 추진된다.
 * 개발 development   * 추진하다 drive

14 부모들은 그들의 아이들이 독감에 걸리는 것을 방지하려면 확실히 예방 접종을 받게 해야 한다.
 * 독감 flu   * ~가 -하는 것을 방지하다 prevent ~ from   * 확실히 하다 ensure   * 예방 접종을 받다 get vaccinated

15 증상의 악화를 피하기 위해 인터넷에 있는 건강 관련 조언은 신중하게 취해져야 한다.
 * 증상 symptom   * 악화 worsening

16 연구 결과는 간접흡연이 직접 들이마시는 담배 연기보다 더 유독하다는 것을 보여줬다.
 * 직접 directly   * (연기를) 들이마시다 inhale   * 유독한 toxic

17 마케팅팀은 소셜 미디어에서 신제품들을 광고하는 데 전념한다.
* 신제품 new product

18 회사는 그것의 제품과 서비스에 대해 투명함으로써 고객의 인기를 얻을 수 있다.
* 투명한 transparent

19 피자와 냉동식품은 젊은이들 사이에서 인기 있다.
* ~ 사이에 among ~   * 인기 있는 popular

20 깨끗하고 안전한 환경을 유지하기 위해서는 폐기물 관리 서비스의 시간 엄수가 요구된다.
* 폐기물 관리 waste management

21 균형 잡힌 식단은 신선한 과일과 채소를 포함해야 한다.
* 포함하다 include

22 리뷰는 많은 사람들이 구매하기 전에 의존하는 정보의 원천이다.
* 구매하다 make a purchase   * ~에 의존하다 rely on ~

정답 p.424

3. 문화, 과학기술, 경영/경제에 관한 표현

1 디지털 문맹
digital illiteracy

디지털 문맹은 온라인 뱅킹과 같은 분야에서 노인들에게 어려움을 야기한다.
Digital illiteracy poses challenges for older individuals in areas such as online banking.

2 입소문이 나다
go viral

예를 들어, 사람들이 이타적으로 서로를 돕는 영상이 입소문이 나면서, 전 세계 사람들의 마음을 감동시켰다.
For example, a video of people selflessly helping one another **went viral**, touching the hearts of people worldwide.
* 이타적으로 selflessly

3 풍부한 문화유산
rich cultural heritage

아시아의 풍부한 문화유산은 무수한 사원과 사당을 통해 명백히 알 수 있다.
The **rich cultural heritage** of Asia is evident in its myriad temples and shrines.
* 무수한 myriad   * 사당 shrine

4 모국어
mother tongue / first language

브라질은 남미에서 포르투갈어가 대부분의 시민의 모국어인 유일한 나라이다.
Brazil is the only country in South America where Portuguese is the **mother tongue** of most citizens.
* 포르투갈어 Portuguese

5 세계 공용어
global language

많은 사람들은 영어가 세계 공용어가 되어야 한다고 생각한다.
Many people believe that English should become a **global language**.

6 최신 정보
up-to-date information

어떤 뉴스 주제의 최신 정보라도 항상 마우스를 몇 번만 클릭하면 얻을 수 있다.
Up-to-date information on any news topic is always just a few mouse clicks away.

7 정보 기술
information technology

인도의 정보 기술 전문가들은 미국의 프로그래머들이 청구하는 비용의 일부로 복잡한 소프트웨어를 개발한다.
Information technology specialists in India develop complex software at a fraction of the cost that American programmers charge.
* 일부, 작은 부분 fraction

8 최첨단 기술, 최신 기술
state-of-the-art technology

몇 년 전만 해도, 가상 현실 헤드셋은 최첨단 기술로 여겨졌다.
Just a few years ago, virtual reality headsets were considered **state-of-the-art technology**.

9 양날의 검, 이로움을 줄 수도 있고 해를 끼칠 수도 있는 것
double-edged sword

모바일 기술은 시간을 최적으로 이용할 수 있게 하지만 직원들을 피로하게 할 위험성도 있기 때문에 양날의 검이다.
Mobile technology is a **double-edged sword** because it makes optimal use of time but also risks burning employees out.
* 최적의 optimal

10 조정하다, 수정하다
make an adjustment

그 분야의 전문가들은 최고의 성능을 달성하기 위해 복잡한 시스템을 조정할 수 있다.
Experts in the field can **make adjustments** to complex systems in order to achieve the best performance.

11 재택근무를 하다
work out of one's home / work from home

재택근무를 하는 전문직 종사자들의 수가 크게 증가했다.
The number of professionals who **work out of their homes** has increased greatly.

12 연간 생산량
annual output

몇몇 공장들은 상품들에 대한 높은 수요를 맞추기 위해 연간 생산량을 늘리고 있다.
Some factories are increasing their **annual output** to meet the high demand for their products.
* 수요 demand

13 경제적 불평등
economic inequality

일자리 창출과 공정한 임금을 우선시하는 정책은 경제적 불평등을 완화할 수 있다.
Policies that prioritize job creation and fair wages can mitigate **economic inequality**.
* 완화하다 mitigate

14 노동 인구, 노동력
workforce

다양한 노동 인구는 회사가 경쟁사들보다 한발 앞서도록 돕는다.
A diverse **workforce** helps a company stay ahead of its competitors.
* ~보다 한발 앞서다 stay ahead of ~

15 ~을 유지하다, 지속하다
hold down ~

경기 침체 때문에, 안정된 직업을 유지하는 것이 힘들 수 있다.
Due to the economic downturn, it can be difficult to **hold down** a steady job.
* 경기 침체 economic downturn

16 실업률
unemployment rate

브라질의 실업률은 지난 30년간 높았다.
The **unemployment rate** in Brazil has been high for the last three decades.

17 경제적인 어려움
financial hardship

경제적인 어려움에 시달리는 학생들은 긴급 융자를 신청할 수 있다.
Students who suffer from **financial hardship** can apply for emergency loans.
* 긴급 융자 emergency loans   * ~을 신청하다 apply for ~

18 직업을 구하다
find employment

훌륭한 자격을 가지고 있음에도 불구하고, 젊은이들은 오늘날의 경쟁이 치열한 취업 시장에서 직업을 구하는 데 어려움을 종종 마주한다.
Despite possessing excellent qualifications, young people often face difficulties in **finding employment** in today's competitive job market.
* 자격 qualification

19 구직자
job seeker

훌륭한 이력서와 긍정적인 태도를 지닌 구직자는 일자리를 찾는 데 거의 어려움이 없을 것이다.
A **job seeker** with a good résumé and positive attitude should have little trouble finding work.
* 이력서 résumé

20 손실을 메우다
make up for the loss

어느 회사가 판매 손실을 메우기 위해 가격을 올릴 수 없다면, 그 회사는 직원 수를 줄여야 할지도 모른다.
If a company can't raise prices to **make up for the loss** of sales, they might have to cut back on staff.
* 가격을 올리다 raise price   * ~을 줄이다 cut back on ~

21 빚이 쌓이다
run up debt

사람들은 현금이 부족할 때 종종 신용카드 빚이 쌓인다.
People often **run up debt** on their credit cards when they are short of cash.
* 현금이 부족하다 be short of cash

22 비용을 분담하다
split the cost

자본이 별로 없는 사람들은 창업 비용을 분담하고 후에 결과적인 이익을 나눈다고 알려져 왔다.
People with little money have been known to **split the cost** of starting a new business and then share the resulting benefits.

23 경쟁 우위
competitive advantage

최첨단 기술은 회사에 시장에서의 경쟁 우위를 제공한다.
State-of-the-art technology gives a company a **competitive advantage** in the market.

24 예산을 초과하여
beyond budget

상사가 너무 많은 사업에 실패해 예산을 초과한다면, 그는 직원들로부터 신임을 잃을 것이다.
If a boss goes **beyond budget** on too many failed projects, he will lose the respect of his staff.

25 ~에 돈을 투자하다
invest money in ~

고용주가 숙련된 직원에 더 높은 급료로 돈을 투자한다면, 그 또는 그녀는 더 높은 성과 수준을 기대할 것이다.
If an employer **invests money in** a skilled worker at a higher salary, he or she should expect a higher standard of performance.

26 부유한
well-off

해외 유학은 비용이 많이 들고 부유한 집안의 사람들만이 그 비용을 부담할 수 있다.
Overseas education is expensive and only those from **well-off** families are able to afford it.

27 비전통적인 방식
non-traditional way

오늘날의 업계에서, 회사들은 비전통적인 방식으로 일을 함으로써 종종 성공한다.
In today's business world, companies often succeed by doing things in a **non-traditional way**.

28 자동차 산업
auto industry

자동차 산업은 휘발유를 연료로 삼지 않는 자동차 생산을 고려하는 것이 현명할 것이다.
The **auto industry** would be wise to consider making vehicles that do not run on gasoline.
* ~을 연료로 삼다 run on ~

29 우주 탐사
space exploration

우리는 우주 탐사보다는 지구상의 문제들을 해결하는 데 더 많은 돈을 써야 한다.
We should spend more money on solving problems on this planet than on **space exploration**.

30 견습생 지위
entry-level position

견습생 지위에서 시작한 대부분의 사람들은 중요한 직위에 오른다.
Most people who start at **entry-level positions** rise to important positions.

31 직무 기술서
job description

유능한 지원자의 관심을 끌고자 하는 고용주는 상세하고 정확한 직무 기술서를 작성해야 한다.
An employer who wants to attract good candidates must write detailed and accurate **job descriptions**.
* 지원자 candidate

32 임시직 직원

temporary worker (= temp)

많은 기업들이 연휴 기간 동안 임시직 직원들을 고용한다.
Many companies hire **temporary workers** during the holiday season.

33 고도로 기술이 발달한 사회

high-tech society

고도로 기술이 발달한 사회는 사람들이 더 장수하고 보다 편안한 삶을 살도록 해 준다.
A **high-tech society** allows people to live longer and more comfortable lives.

34 창업하다

start a business

일부 대학은 학생들이 학교에 다니는 동안 창업하는 것을 장려한다.
Some colleges encourage their students to **start businesses** while in school.

문화, 과학기술, 경영/경제에 관한 추가 표현 모음

문화적인 활동	a cultural activity
체험형 전시	hands-on exhibits
라이브 공연	a live performance
영화 애호가	a moviegoer
예술을 감상하다	appreciate art
대중음악	popular music
대중매체	mass media
여흥을 즐길 수 있는 장소	entertainment venues
텔레비전 앞에 달라붙어 있다	glue oneself to the television set
몰아서 보다	binge-watch
지속 가능한 패션	sustainable fashion
복장 규칙	a dress code
미술관	an art gallery
여가 활동	leisure activities
예술적 창의력	artistic creativity
미적 감각을 기르다	develop aesthetic appreciation
진부한 표현	a cliché
종교적 박해	religious persecution
저작권 분쟁	property disagreement
휴양지	recreational areas
기념품	souvenir
지역성	regional identity
문화 동화	cultural assimilation
문화 간 이해	intercultural understanding
최신 도구	the latest gadget
최신 경향	the latest trend
무선 인터넷	mobile Internet
온라인 콘텐츠	online content
온라인 모임	online community
가상 현실	virtual reality (VR)
취소 문화	cancel culture
파일 공유	file sharing
자동화된 프로그램	computerized programs

전문적이고 과학적인 용어	technical and scientific terms
통계 분석	statistical analysis
우주 위성	a space satellite
무선 통신	wireless communications
핵무기	a nuclear weapon
과학적 발견	a scientific discovery
기술 발전	technological advancements
기술 혁신	technological innovation
기술의 기적	a technological miracle
상승과 하강, 좋은 시절과 힘든 시절	ups and downs
중요한 발전	a significant breakthrough
시간 소모적인 과정	a time-consuming process
필수적인 부분을 구성하다	form an integral part
투자할 만한 가치가 있는	worth the investment
지역 예술가를 지원하다	support local artists
해외 투자를 유치하다	attract foreign investment
특허권을 갖다	hold a patent
유전자 조작(변형)	genetic modification
~으로 교체되다	be replaced with ~
자동화	automation
자율 주행 차량	autonomous vehicle
사이버 범죄	cybercrime
윤리적 고려 사항	ethical considerations
디지털 격차	the digital divide
기술에 대한 지나친 의존	overdependence on technology
안면 인식 기술	facial recognition technology
어려움을 극복하다	surmount difficulties
유전 공학	genetic engineering
주택 문제	a housing problem
가구, 생활 물품	a living arrangement
연대기 순으로	in chronological order
구식이 되다, 진부하게 되다	become obsolete
노동 시장	the labor market

업계 선두	the market leader
시장의 수요	market demand
자유시장 체제	a free market system
유망한 직업	a promising job
평생 고용	lifetime employment / lifelong employment
경력 준비	career readiness
스타트업, 신생 기업	a start-up company
일과 삶의 균형	a work-life balance
삶의 질	quality of life
직업적 성취, 만족	career fulfillment
근무 환경	work environment
직무 성과	job performance
직업 요구 조건	a job requirement
직업 안정성	job security
높은 임금 ↔ 낮은 임금	high wage ↔ low wage
고소득 직업	well-paying job / high-paying job
전문적 업무	professional tasks
번창하는 사업	a prosperous business
대량 생산	mass production
기업 규모 축소, 직원 감축	company downsizing
사업주, 경영주	a business owner
예산 삭감	budget cutbacks
금전적 수입	a monetary gain
생활비	the cost of living / living expenses
생계비를 벌다	earn one's living
비용 효율적인 체계	cost-effective system
소매 가격	retail price
공공 재산	public property
지역 사업	local business
지역 경제에 영향을 미치다	affect local economies
정부 보조금	a government subsidy
유지 비용	maintenance costs
구호 자금	a relief fund

가치 있는 자산	valuable assets
사업을 일으키다	get a business off the ground
이익을 거두다	reap the benefits
용돈을 저축하다	save (up) one's allowance
전액 환불받다	get a complete refund
비용만큼 가치가 있다	worth the cost
근무 중인	on duty
소비 습관	spending habits
돈에 의해 좌우되는	money-driven
광고 수익	advertising revenue
정규직	a full-time position
강한 직업 윤리	a strong work ethic
(시간제) 아르바이트를 하다	work a part-time job
경기 침체	slow economy
생산성을 저하시키다	discourage productivity
승진	a promotion
세계적인 기업	a global company
일에 대한 헌신	commitment to a job
더 큰 수입을 창출하다	generate more income
근근이 살아가다	make ends meet
더 높은 가격을 부과하다	charge higher prices
공공요금	utility bills
수요가 매우 높다	be in great demand
경제 성장을 촉진하다	foster economic growth
금전 거래	a monetary transaction
전자상거래 플랫폼	e-commerce platform
세계 자본주의	global capitalism
재정 상태	a financial situation
재정 안정	financial stability
경력을 쌓다	build (up) a career
~의 시야를 넓히다	develop one's perspective
이직률을 낮추다	reduce turnover
수익성이 좋은 사업	a lucrative business

✔ CHECK-UP   3. 문화, 과학기술, 경영/경제에 관한 표현

파란색으로 주어진 표현에 유의하여, 다음에 주어진 우리말 문장을 영어로 바꾸어 쓰시오.

01   비용을 줄이기 위해, 전문직 종사자들이 공동 사무실을 임대하는 비용을 분담하는 것이 점점 더 흔해지고 있다.
* 전문직 종사자 professional   * 공동 사무실 coworking spaces   * 임대하다 rent

02   기업들은 기술 발전에 관해 직원들을 지속적으로 교육하는 것이 바람직하다.
* 지속적으로 continuously   * 바람직한 advisable

03   상세한 예산안을 작성하는 것은 많은 조사와 수정을 수반하는 시간 소모적인 과정이다.
* 조사 research   * 수정 revision   * 수반하다 involve

04   높은 실업률은 제 기능을 발휘하지 못하는 경제의 한 징후이다.
* 제 기능을 발휘하지 못하는 malfunctioning   * 징후 symptom

05   일부 장학금은 경제적인 어려움을 증명할 수 있는 학생들에게만 주어진다.
* 장학금 scholarship   * 증명하다 demonstrate   * 주다, 수여하다 award

06 문화 동화는 결국 고유 언어와 문화적 전통의 상실로 이어질 수 있다.
  * 고유 언어 unique languages   * 문화적 전통 cultural traditions

07 타자기가 구식이 된 것은 컴퓨터의 도입 후 얼마 지나지 않아서였다.
  * 타자기 typewriter   * ~의 도입 introduction of ~   * ~은 - 후 얼마 지나지 않아서이다 it wasn't long after - that ~

08 값비싼 식당에서 너무 자주 식사를 하는 것은 봉급 생활자로 하여금 예산을 초과하게 할 수 있다.
  * 식사 meal   * 봉급 생활자 salaried worker

09 유행병 때문에, 재택근무를 하는 것은 흔해졌다.
  * 유행병 pandemic

10 기술의 발전은 장점과 단점을 모두 수반하는 양날의 검이다.
  * 수반하다 entail

다음에 주어진 우리말 문장을 영어로 바꾸어 쓰시오.

11 주식 시장의 극적인 상승과 하강은 많은 투자자들이 그들의 자금을 잃는 것을 초래할 수 있다.
＊주식 시장 stock market　＊극적인 dramatic

12 환율의 급작스러운 변동은 때때로 지역 경제에 영향을 미친다.
＊환율 exchange rate　＊급작스러운 sudden

13 사이버 위협으로부터 데이터를 보호하는 기술은 투자할 만한 가치가 있다.
＊사이버 위협 cyber threat

14 사업에 돈을 투자하는 것은 안정된 기업에서 정기적인 봉급을 받는 것보다 위험 부담이 더 크다.
＊안정된 established　＊정기적인 봉급 regular salary　＊위험 부담이 큰 risky

15 긍정적인 문화를 조성하는 기업들은 더 높은 직원들의 사기라는 이익을 거둘 수 있다.
＊조성하다 foster　＊직원 사기 employee morale

16 재정적인 문제를 신중하게 다루지 않으면 빚이 쌓일 수 있다.
   * 재정적인 문제 financial matter   * 신중하게 carefully

17 만약 팀이 부진한 성적을 보이면 팀 관리자는 운영 전략을 수정해야 한다.
   * 부진한 성적을 보이다 perform poorly   * 운영 operation

18 어떤 사람들은 근근이 살아갈 만큼의 돈을 벌기 위해 두 가지 직업을 병행해야 한다.
   * 돈을 벌다 earn money   * 두 가지 직업을 병행하다 work two jobs

19 고전하는 고용 시장은 대개 경기 침체의 산물이다.
   * 고전하는 struggling   * 고용 시장 employment market   * 산물 product

20 드라마 시리즈들을 몰아서 보는 것은 많은 젊은이들이 매우 좋아하는 취미가 되었다.
   * 매우 좋아하는, 선호하는 favorite   * 취미, 기분 전환 pastime

정답 p.424

실전익히기

I | 답안의 기본 구조 익히기

주제가 확실히 드러나고 일관성과 통일성이 지켜지는 좋은 답안을 쓰기 위해서는 처음부터 글 전체의 구조를 잘 잡아 두어야 한다. 기본적으로 답안은 '나의 의견' 및 '이유와 근거'로 구성된다.

나의 의견   답안의 중심 내용을 소개하는 부분이다. 글의 토픽을 소개하고(도입) 그에 대한 자신의 의견(나의 의견)을 밝히며 글을 시작한다. 토론에 참여하고 있음을 나타내기 위해 나의 의견과 반대되는 학생의 의견을 반박하거나, 혹은 나와 의견이 같은 학생에게 동의하며 글을 시작해도 된다.

이유와 근거   앞서 밝힌 자신의 의견에 대한 이유를 제시하는 부분이다. 이유를 명확히 밝힌 뒤, 그에 대한 구체적 근거로서 일반적 진술과 예시 혹은 부연 설명을 제시한다. 두 학생이 언급한 이유나 근거와 다른 내용을 쓸 수 있어야 한다. 예시로는 개인적 경험이나 연구 결과 등을 사용할 수 있다.

시간이 남는 경우에는 맺음말을 덧붙임으로써 자신의 의견을 다시 한번 강조하며 글을 마무리 지을 수도 있다.

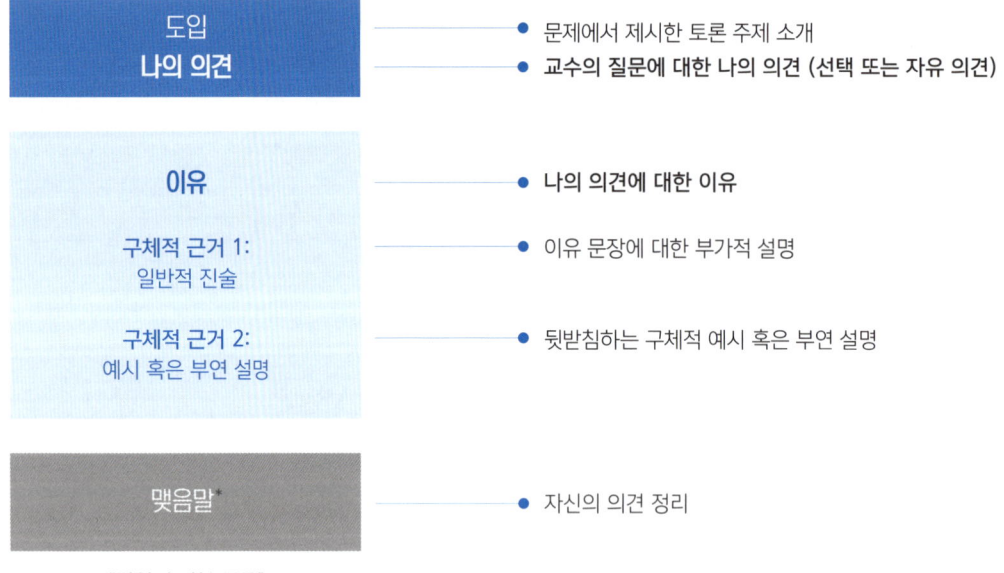

[답안의 기본 구조]

* 시간이 남는 경우에는 자신의 의견을 정리하여 재진술하는 맺음말을 마지막 문장으로 덧붙일 수 있다.

1. 문제 파악하기

본격적으로 답안을 작성하기에 앞서, 문제를 정확히 파악하는 것이 중요하다. 교수가 토론 주제를 제시할 때, 배경지식을 먼저 소개한 뒤, 마지막에 질문을 제시한다. 문제가 길고 복잡한 편이므로, 주제에서 벗어난 답안을 작성해 감점을 받지 않도록 질문과 응시자에게 요구하는 사항을 정확히 파악해야 한다.

문제 파악하기의 예

교수의 질문	두 학생의 의견
Doctor Lee Public funding is limited, and policymakers must make difficult choices when allocating resources to different sectors. For example, they might be tasked with deciding whether to invest in the arts or technological advancement. In your opinion, if government policymakers were pushed to choose between spending money on supporting art museums and music performances or focusing on the development of renewable energy sources, which option should they pick and why? 우리는 21세기를 지나고 있는데, 문화가 끊임없이 진화하고 있고 심오한 방식으로 우리의 삶을 형성하고 있다는 것은 명백합니다. 특히, 대중문화는 우리 삶에서 필수적인 부분이 되었으며, 우리가 생각하고, 말하고, 옷을 입고, 행동하는 방식에 영향을 미쳤습니다. 그런데 21세기에 대두되어 현대 대중문화의 형성에 중요한 역할을 해 온 가장 중요한 문화적 추세나 현상은 무엇입니까? 왜 그렇게 생각하죠?	**Karen** Developing renewable energy should be a top priority, in my opinion. Although promoting creative expression is important, the decline of our planet demands immediate attention. We should focus on renewable energy in order to reduce greenhouse gas emissions. 제 생각에는, 재생 가능한 에너지를 개발하는 것이 최우선 순위가 되어야 합니다. 창의적인 표현을 장려하는 것은 중요하지만, 지구의 쇠퇴는 즉각적인 주의를 요합니다. 우리는 온실가스 배출을 줄이기 위해 재생 가능한 에너지에 집중해야 합니다. **Brad** While renewable energy is vital for the future, supporting art museums and music performances is essential for enriching our society. Art brings communities together while also promoting cultural awareness and providing educational opportunities. It also gives marginalized people a voice and helps them advocate for change. Without art, a lot of people are silenced. 재생 가능한 에너지가 미래를 위해 매우 중요하지만, 미술관과 음악 공연을 지원하는 것은 우리 사회를 풍요롭게 하는 데 필수입니다. 예술은 문화적 인식을 증진하고 교육 기회를 제공하는 동시에 지역 공동체들을 화합시킵니다. 그것은 또한 소외된 사람들에게 발언권을 주고 그들이 변화를 옹호하도록 돕습니다. 예술이 없다면, 많은 사람들이 침묵하게 됩니다.

교수의 질문 이 문제에서는 정부가 제한된 자금을 '예술 지원(미술관·음악 공연)'과 '재생 에너지 개발' 중 어디에 투자해야 하는지에 대해 답안을 작성해야 한다.

두 학생의 의견 토론 주제인 '정부가 제한된 자금을 '예술 지원(미술관·음악 공연)'과 '재생 에너지 개발' 중 어디에 투자해야 하는가'에 관해 Karen은 재생 에너지를 개발하는 것이 최우선 순위가 되어야 한다고 주장했고, Brad는 미술관과 음악 공연을 지원하는 것은 우리 사회를 풍요롭게 하는 데 필수적이라고 강조했다. 따라서 두 학생의 의견을 참고해서 나의 의견을 정해야 한다.

2. 아웃라인 잡기

아웃라인은 답안의 구조를 간략하게 정리한 것으로, 앞으로 쓸 답안의 뼈대 역할을 한다. 따라서 토론 주제에 대한 나의 의견과 그 이유 및 구체적인 근거를 체계적으로 정리해야 하며, 한국어나 영어 중 자신에게 더 편한 언어로 작성하면 된다. 중심적인 내용이 아닌 부분은 아웃라인에 포함하지 않는다.

아웃라인 잡기 전략

STEP 1 브레인스토밍하기

주어진 토론 주제에 대해 떠오르는 생각을 자유롭게 전개해 본다. 이유와 근거를 더 많이 생각할 수 있는 의견은 무엇인지, 특정 학생의 의견에 옹호 혹은 반박할 근거가 있는지 등 다양한 관점에서 생각해 본다.

STEP 2 나의 의견 정하기

브레인스토밍을 통해 얻은 아이디어에 근거하여 자신의 의견을 결정한다. 답안에 쓸 수 있는 아이디어가 더 많거나 설득력이 높은 쪽을 선택하면 더욱 쉽게 글을 전개해 나갈 수 있다.

STEP 3 아웃라인 잡기

자신이 정한 의견과 그를 뒷받침하는 이유 및 구체적인 근거를 간략하게 정리하여 아웃라인을 잡는다. 이유는 자신이 선택한 의견의 장점이나 자신이 선택하지 않은 의견의 단점이 될 수 있다. 구체적인 근거는 각 이유에 대한 일반적 진술이나 예시 혹은 부연 설명으로 정리한다.

아웃라인 잡기의 예

교수의 질문	두 학생의 의견
Doctor Lee ─▶ 정부가 제한된 자금을 어디에 투자해야 하는가 Public funding is limited, and policymakers must make difficult choices when allocating resources to different sectors. For example, they might be tasked with deciding whether to invest in the arts or technological advancement. In your opinion, if government policymakers were pushed to choose between spending money on supporting art museums and music performances or focusing on the development of renewable energy sources, which option should they pick and why?	**Karen** ─▶ 재생 에너지 개발 Developing renewable energy should be a top priority, in my opinion. Although promoting creative expression is important, the decline of our planet demands immediate attention. We should focus on renewable energy in order to reduce greenhouse gas emissions. **Brad** ─▶ 예술 지원 While renewable energy is vital for the future, supporting art museums and music performances is essential for enriching our society. Art brings communities together while also promoting cultural awareness and providing educational opportunities. It also gives marginalized people a voice and helps them advocate for change. Without art, a lot of people are silenced.

브레인스토밍

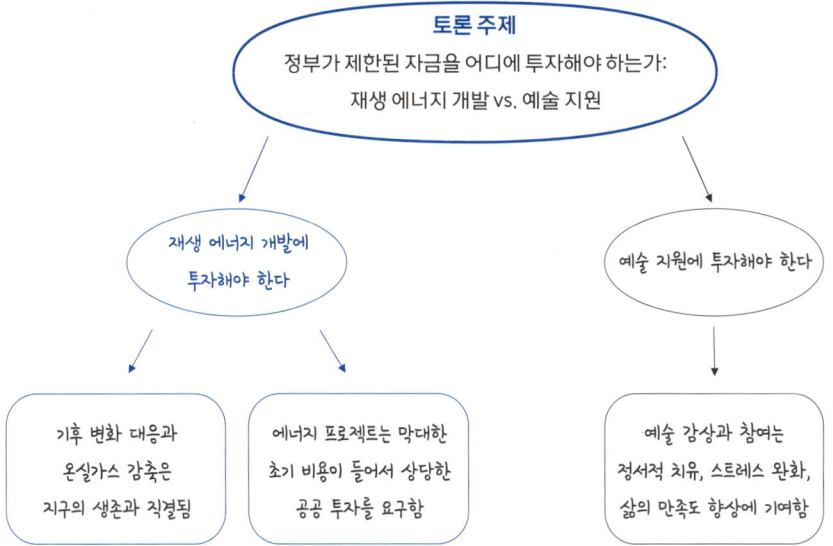

아웃라인

STEP 1 브레인스토밍을 통해 '정부가 제한된 자금을 예술 지원에 투자해야 한다 vs. 재생 에너지 개발에 투자해야 한다'라는 토론의 두 선택지에 대해 제시할 수 있는 각각의 구체적인 이유를 떠올려 본다.

STEP 2 더 많은 아이디어가 떠오른 '재생 에너지에 투자해야 한다'는 쪽으로 자신의 의견을 정한다.

STEP 3 재생 에너지에 투자해야 한다는 의견에 대해 떠올린 이유 중 한 가지를 선택해 정리한다. 그다음, 이유에 대한 구체적 근거를 정리하여 아웃라인을 완성한다.

HACKERS PRACTICE

주어진 가이드라인을 참고하여 다음 문제에 대한 답안의 아웃라인을 완성하시오.

01

Professor Hong

The education system is built on the premise that students must be evaluated and assigned grades based on their academic performance. The importance of grades should not be underestimated as they often determine a student's future educational and professional opportunities. However, there has been much debate about the utility of this system. Let's discuss the following: Does grading students promote learning, or does it lead to excessive competition and a feeling of hopelessness?

Ralph

Providing grades to students is essential to encourage learning. Grades serve as an incentive for student achievement. To be honest, many students are not interested in certain subjects or classes, so they are unlikely to study unless they are graded on their performance.

Miranda

Grading can foster an overly competitive environment that is unhealthy for students. They feel pressured to perform better than their classmates and they may experience low self-esteem if they don't. When self-esteem is damaged during adolescence, it can have a significant impact on life as an adult.

가이드라인
성적을 매기는 것이 과도한 경쟁과 절망감을 초래한다는 쪽으로 의견을 정하고, 그렇게 생각하는 주된 이유를 아웃라인으로 잡아 보자.

아웃라인

- 나의 의견   leads to excessive competition & feeling of hopelessness
- 이유   _____

02

Doctor Spencer

In many major cities, traffic congestion has worsened over the years due to population growth, increased urbanization, and a rise in car ownership. In an attempt to solve this problem, some cities charge congestion fees for driving in certain areas during rush hour. Let's discuss the following: Do you agree that congestion fees should be charged as a way to reduce traffic volumes? Why or why not?

Jane

I disagree with the idea of congestion fees because they may not be a practical solution in areas where alternative transportation options are limited. For example, a friend of mine works in a city where this policy is in place, and she has no other option but to pay the fee due to a lack of adequate public transportation.

Andrew

It is imperative to reduce traffic during rush hour, and charging congestion fees is a possible strategy. Roads are so congested during morning and evening commutes, and this drastically increases commute times, thereby lowering the overall quality of life. Furthermore, drivers are more likely to carpool or find alternative transportation methods so that they do not have to pay.

가이드라인
혼잡 통행료 부과에 반대하는 쪽으로 의견을 정한다. Jane이 말하는 주된 이유는 '대중교통이 충분하지 않은 지역에서는 실효성이 없다'이므로, 이와 다르게 주된 이유를 '저소득층 사람들은 직장 가까이 살 여유가 없다'로 정하고, 이유에 대한 일반적 진술 및 예시를 아웃라인으로 잡아 보자.

아웃라인

●	나의 의견	disagree
●	이유	low-income individuals X afford to live close to workplace
●		– 일반적 진술 _____
●		– 예시 _____

HACKERS PRACTICE

03

Doctor Singh

In the next few weeks, we will examine the positive and negative impacts of social media on society. We use it to communicate with others and get information on various topics. But we've also seen how it can be used to spread misinformation. Before our next lecture, I would like you to discuss the following question: Should the government have a role in regulating social media platforms, or should users have complete freedom of speech?

Tim

Social media users should have freedom of speech in all circumstances. Social media is a great tool for sharing ideas and seeing how other people think, even if their opinions are different from our own. Without imposing regulations, the government should utilize social media as a platform to understand the unfiltered opinions of citizens.

Layla

I disagree with Tim. First, it can be hard to tell the difference between what's real and what's fake on social media these days. Second, there's so much harassment and cyberbullying but no consequences for these behaviors. I think some level of government regulation is needed to protect people from misinformation and cyberbullying.

가이드라인

정부가 소셜 미디어 플랫폼을 규제하는 역할을 해야 한다는 쪽으로 의견을 정한다. Layla가 말하는 주된 이유는 '사용자들이 진실과 거짓을 구별하는 것이 어려울 수 있고, 소셜 미디어에서 많은 폭력이 벌어진다'이므로, 이와 다르게 주된 이유를 '정부 규제가 플랫폼들이 공정하고 투명한 방식으로 운영하는 것을 보장할 수 있다'로 정하고, 이유에 대한 일반적 진술 및 예시를 아웃라인으로 잡아 보자.

아웃라인

- 나의 의견   government should regulate social media platforms
- 이유   ensure platforms operate in fair & transparent manner
  - 일반적 진술 _____
  - 예시 _____

04

Doctor Evans

As we discussed in class, some countries have implemented a special tax on snacks and drinks that are high in sugar. The goal is to reduce sugar consumption, which is linked to health problems like obesity. But there is much debate about whether this type of tax is fair or even effective. What are your thoughts? Should governments implement this strategy to reduce sugar consumption, or should this type of tax be avoided?

Beth

Personally, I think that a sugar tax is a great idea because it encourages people to consume less sugar, which will lead to better health outcomes. It has been proven to work in other countries like Mexico, where there was a slight reduction in sugar-sweetened beverage consumption after the tax was implemented.

Greg

While I agree that something needs to be done to address the obesity epidemic, I don't feel that a sugar tax is the best solution. Independent businesses or mom-and-pop shops won't be able to absorb the tax and will have to pass the cost onto consumers.

가이드라인

정부가 설탕세를 도입해야 한다는 쪽으로 의견을 정한다. Beth가 말하는 주된 이유는 '사람들이 더 적은 설탕을 소비하도록 장려한다'이므로, 이와 다르게 주된 이유를 '회사들이 설탕을 덜 함유한 제품을 새로 만들도록 장려한다'로 정하고, 이유에 대한 일반적 진술 및 부연 설명을 아웃라인으로 잡아 보자.

아웃라인

- 나의 의견: government should implement sugar tax
- 이유: encourage companies to reformulate products to contain less sugar
  - 일반적 진술 _____
  - 부연 설명 _____

모범 답안·해석 p.426
*다른 아웃라인 및 모범 답안은 부록 p.344, p.352, p.350, p.356에서 확인할 수 있습니다.

HACKERS **TEST**

다음 문제에 대한 답안의 아웃라인을 완성하시오.

01

Professor Yoon

As we discussed in class, the Internet has become an integral part of our lives, with over 5 billion active users worldwide. And with the rise of online communication, the issue of anonymity has become an important but controversial topic. So let's talk about the following: Do you think anonymity is necessary for social progress, or does it just allow for online harassment and the spread of hate speech?

Arjun

Anonymity is crucial for building a better society because it allows everyone's voices to be heard. I mean, as human beings, we are inherently biased no matter how hard we try not to be. When people's identities remain hidden, every viewpoint carries equal weight and can be assessed without any kind of prejudice or discrimination.

Louis

A major problem with anonymity is that it lets people hide behind their screens. They might say things on the Internet that they would never say in person, which is why cyberbullying has increased. Anonymity is a shield for people to engage in this toxic behavior. So anonymity makes it difficult to identify and stop the bullies.

아웃라인

- 나의 의견   anonymity allows for online harassment & hate speech
- 이유   _____
  - 일반적 진술 _____
  - 예시 _____

02

Doctor James

As human beings, we are now facing the dual challenges of climate change and environmental degradation. Some people remain doubtful that the state of the environment will improve in the coming years, while others are hopeful that we can take action now to mitigate the damage. What do you think? Is the situation truly hopeless, or do you believe that we can make positive changes to protect the environment for future generations?

Suzy

I believe the situation is hopeless. Climate change is already having a devastating impact on our planet, and it is only going to get worse. Despite efforts to mitigate the damage, we have already caused irreparable harm to our environment. We must accept that we cannot undo the damage and focus on adapting to the changes that are coming.

Taehwan

While the challenges of climate change and environmental degradation are daunting, I remain hopeful that we can meet them. Some progress has already been made in reducing greenhouse gas emissions by increasing our use of renewable energy sources, like the sun and wind. If we continue to make sustainable choices, we can create a better future for generations to come.

아웃라인

- 나의 의견: environmental situation is hopeless
- 이유: _____
    - 일반적 진술 _____
    - 예시 _____

HACKERS TEST

03

Professor Cohen

We have been discussing the use of product placement in movies and TV shows. As we learned in class, product placement is the practice of featuring branded products in a movie or TV show for promotional purposes. Before our upcoming class, I would like you to discuss the following question: Should companies be allowed to advertise their products this way, or is product placement too intrusive?

Tom

I feel that product placement is an effective way for advertisers to reach consumers. Usually, the product placement is integrated into the storyline, so it seems natural and unobtrusive. Plus, advertising fees offset the cost of production, which ultimately benefits viewers. So I think that product placement should not only be allowed but encouraged.

Sarah

I have to respectfully disagree with Tom on this one. I find product placement to be very intrusive, and it often takes me out of the viewing experience. For example, during an emotional scene in a drama, a character asked for a specific brand of juice. It was so obviously a marketing ploy that I no longer felt engaged with the show.

아웃라인

- 나의 의견   product placement should be allowed
- 이유   _____
    - 일반적 진술 _____
    - 부연 설명 _____

04

Dr. Renault

Nowadays, it's important to use politically correct language that doesn't offend people based on their gender, race, or physical condition. When celebrities fail to use the correct terms, there are often public protests to have them removed from movies or shows. This trend is referred to as cancel culture. But is cancel culture necessary to create a society that is free of discrimination, or is it a form of censorship? Why?

Olivia

We should be careful not to offend anyone, of course, but I think cancel culture goes too far. It's almost like celebrities are being forced to censor themselves. And if these people are scared to voice their opinions because of the chance they might be criticized, how are people supposed to have productive discussions?

Justin

Cancel culture is necessary to hold people accountable for their harmful actions and words. Sure, having to use politically correct terminology can be difficult at times. But it's the least we can do to respect our fellow humans. When people use hurtful language, others might feel excluded, and this can create a hostile environment.

아웃라인

- 나의 의견   cancel culture is necessary
- 이유   _____
  - 일반적 진술   _____
  - 예시   _____

모범 답안·해석 p.428
*다른 아웃라인 및 모범 답안은 부록 p.354, p.358, p.362, p.372에서 확인할 수 있습니다.

II | 답안 쓰기 - 나의 의견

답안의 구조에 대해 배웠으니 이제 답안의 구조에 따라 직접 써 보기로 한다. 먼저 답안의 첫인상을 결정하는 나의 의견을 쓰는 방식에 대해 알아보자.

1. 내용과 구성

문제에 제시된 다른 학생의 의견을 언급하며 토픽에 대해 소개한 후, 나의 의견을 한 문장으로 제시한다.

- **도입:** 자신의 의견과 반대되는 학생의 의견을 소개하거나, 자신의 의견과 같은 학생의 의견에 동의하며 토픽에 대해 소개한다. 학생의 의견을 답안에 언급하는 것이 필수는 아니지만, 토론 내용을 이해하며 참여하고 있다는 것을 보여 주기 위해 활용할 수 있다.

- **나의 의견:** 질문에 대한 구체적인 자신의 의견을 밝힌다. 이때 질문에서 제시된 표현을 그대로 사용하지 않고 일부 표현을 약간 다르게 재진술(paraphrase)한다.

구조 및 표현

도입	I understand why A[나와 의견이 반대되는 학생] thinks that + [A의 의견]. I agree with B[나와 의견이 같은 학생]'s perspective that + [B의 의견]. I see why A and B think that + [학생들의 의견 요약].
나의 의견	However, in my opinion, + [나의 의견]. Additionally, I think + [학생들이 제시한 것과는 다른 추가적인 의견이나 이유].

* 두 학생의 의견을 언급하는 것이 필수는 아니므로, 'In my opinion, + [나의 의견].'을 활용해 단도직입적으로 답안을 시작할 수도 있다.

> **TIP**
> 교수 및 학생의 말을 그대로 사용하지 않고 일부 표현을 재진술(paraphrase)함으로써 나의 의견을 더욱 효과적으로 작성할 수 있다.
>
> - 단어나 구 paraphrase
> paraphrase하고자 하는 문장에 쓰인 단어/구와 유사한 의미를 가진 단어/구를 사용하여 paraphrase할 수 있다.
>
> ex)
>
> | 문제에 주어진 학생 Steven의 의견 | Paraphrase하여 도입 쓰기 |
> |---|---|
> | Knowledge should **take priority over** creativity. | I understand why Steven thinks that knowledge is **more important than** creativity. |
>
> - 문장 구조 paraphrase
> 비슷한 의미를 갖지만 문장의 구조를 변화시키는 다른 연결어(접속사, 전치사)를 사용하거나, 문장 성분 간의 위치를 바꾸어 paraphrase 할 수 있다.
>
> ex)
>
> | 교수의 질문 | Paraphrase하여 나의 의견 쓰기 |
> |---|---|
> | **Which inventor** would you choose as **being the greatest of all time**? Why? | In my opinion, **the greatest inventor ever is** Thomas Edison. |

2. 나의 의견 쓰기의 예

문제

Doctor Lee

Public funding is limited, and policymakers must make difficult choices when allocating resources to different sectors. For example, they might be tasked with deciding whether to invest in the arts or technological advancement. In your opinion, if government policymakers were pushed to choose between spending money on supporting art museums and music performances or focusing on the development of renewable energy sources, which option should they pick and why?

Karen

Developing renewable energy should be a top priority, in my opinion. Although promoting creative expression is important, the decline of our planet demands immediate attention. We should focus on renewable energy in order to reduce greenhouse gas emissions.

Brad

While renewable energy is vital for the future, supporting art museums and music performances is essential for enriching our society. Art brings communities together while also promoting cultural awareness and providing educational opportunities. It also gives marginalized people a voice and helps them advocate for change. Without art, a lot of people are silenced.

자신의 의견과 반대되는 Brad의 의견을 활용해 도입 문장을 작성한 후, 재생 가능한 에너지에 투자해야 한다는 자신의 의견을 제시한다. 이때 질문에 제시된 표현을 재진술한다.

Government policymakers should focus on the development of renewable energy sources.

아웃라인

- renewable energy
  - energy projects = call for ↑ public investment
    - initial costs ↑ → private investors hesitant to take on risks
    - ex) requires new infrastructure such as wind farms & solar panels & energy storage facilities

나의 의견 쓰기

도입

I understand why Brad thinks that supporting the arts is fundamental to the enrichment of our society.

나의 의견

However, in my opinion, [the government should invest funds in renewable energy sources instead of art programs.]

HACKERS PRACTICE

주어진 가이드라인과 아웃라인을 참고하여 다음 빈칸에 적절한 문장을 써서 나의 의견을 완성하시오.

01

Doctor Medina
Let's delve into the topic of how university students can prepare for their careers during their university years. Participating in internship programs has become increasingly popular, with many students completing at least one prior to graduation. However, there is a great deal of debate regarding their effects. Some experts argue that pursuing internships while in school is crucial, while others believe it is unnecessary and even detrimental. What are your thoughts? Do internships offer more benefits or drawbacks for students?

Celeste
University students should participate in internships during their academic years. One notable advantage of internships is the chance to acquire hands-on experience in their chosen fields. Through internships, students can apply the knowledge they gain in the classroom to real-world situations, thereby enhancing their understanding of industry practices.

Adeline
Personally, I believe university students should not feel pressured to pursue internships during their academic years. Participating in internships can place additional demands on students, requiring them to balance their academic responsibilities with work commitments. This balancing act can be very challenging and may hurt their academic performance.

가이드라인
Celeste처럼 인턴십에 참여하는 것이 이점을 제공한다는 쪽으로 의견을 정하고, 도입 문장은 생략 후 단도직입적으로 나의 의견을 작성해 보자.

아웃라인
- offer more benefits 더 많은 이점을 제공함
- give opportunities to build networks & connections 네트워크 및 인맥을 구축할 수 있는 기회를 제공함

나의 의견 쓰기 ✏️

나의 의견
① _____
_____.
제 생각에는, 인턴십에 참여하는 것이 경력 측면에서 학생들에게 단점보다 장점을 더 많이 제공합니다.

02

Doctor Ping

Starting from this unit, we will examine the issue of low birth rates, which is a significant concern in many countries. Developed nations in particular are facing the challenge of declining birth rates, which raises worries about the future of humanity. Now, let's shift our focus to the low birth rate problem in your own country. Please propose a potential solution to address this issue and explain why you consider it the most suitable approach.

Erica

In my view, the best solution for addressing our country's low birth rate problem is to implement comprehensive family-friendly policies. This approach involves removing barriers to parenthood and creating a supportive environment for families. For example, providing affordable and accessible childcare services would take pressure off working parents.

Timothy

I think the most suitable approach is to focus on improving work-life balance. Many people delay starting a family due to demanding work schedules. Therefore, we should reduce daily working hours and implement a four-day workweek. These policies will provide people with significantly more time for their personal lives.

가이드라인
Erica와 Timothy가 말한 것과는 다른 아이디어를 떠올려 의견을 정하고, 도입 문장은 생략 후 단도직입적으로 나의 의견을 작성해 보자.

아웃라인

- affordable housing initiatives 저렴한 주택 정책
  - alleviate the financial burden associated with raising a family
  - 가정을 꾸리는 것과 관련된 경제적 부담을 경감시킴

나의 의견 쓰기

나의 의견

① _____

제 생각에는, 우리나라의 저출산 문제를 해결하기 위한 가장 효과적인 방안은 젊은 가정을 위한 저렴한 주택 정책을 시행하는 것일 겁니다.

HACKERS PRACTICE

03

Dr. Klein

Advances in technology have provided us with many benefits, but this has come at the expense of the environment. For instance, the increased extraction of natural resources, like minerals and rare earth elements, has led to widespread ecological destruction. But this is just one of the many environmental issues we are dealing with today. Apart from the damage caused by resource extraction, what is the most significant environmental problem that has been created due to technological advancement?

Xander

One major environmental problem caused by the advancement of technology is the growing amount of electronic waste. As technology evolves at an ever-increasing rate, people often upgrade their electronic devices like phones and computers to newer models. This results in the disposal of large amounts of electronic waste, leading to the release of hazardous chemicals into the environment.

Danielle

Another problem that has come with technological development is our increased consumption of fossil fuels like oil and gas. The transport of raw materials needed to manufacture technological devices and the distribution and delivery of electronic goods to the customer require significant amounts of fossil fuels. This contributes to increased greenhouse gas emissions and, ultimately, climate change.

가이드라인

Xander와 Danielle이 말한 것과는 다른 아이디어를 떠올려 의견을 정하고, 두 학생의 의견을 제시하며 도입을 작성해 보자.

아웃라인

- destruction of natural habitats 자연 서식지 파괴
    - uncontrolled construction activities harm ecosystems 무분별한 건축 활동이 생태계를 해치고 있음

나의 의견 쓰기

도입

① _____

_____.

저는 왜 Xander와 Danielle이 전자 폐기물과 화석 연료 소비가 기술 발전에 의해 야기된 심각한 문제라고 생각하는지 이해합니다.

나의 의견

However, in my opinion, the most significant issue caused by technological development is the destruction of natural habitats.

하지만, 제 생각에는, 기술 발전에 의해 야기된 가장 큰 문제는 자연 서식지의 파괴입니다.

04

Professor Reynolds

Fast-food advertisements are everywhere—on TV, billboards, and social media. Because people are frequently exposed to these food products, they tend to buy them often. The growing influence of fast-food advertisements has led to a great deal of debate about their effects on people's health. Before next class, I'd like you to answer this question: Should we blame fast-food advertisements for obesity, or is it solely the consequence of individual choices?

Maria

I believe that fast-food advertisements should be blamed. Fast food is often high in calories and contains unhealthy ingredients, which can cause obesity. These advertisements are now everywhere, and their constant presence pressures individuals to give in to their cravings. So, these advertisements are indirectly influencing our food choices and ultimately contributing to obesity.

Louis

I agree that fast-food advertisements can make people crave unhealthy foods, but I think obesity is fundamentally an individual issue. People have the choice to eat unhealthy foods or not. It is up to individuals to make these decisions and take responsibility for their own health. We cannot blame advertisements for our own choices.

가이드라인
Maria처럼 패스트푸드 광고가 비만의 원인이 되었다는 쪽으로 의견을 정하고, 반대되는 Louis의 의견을 이용한 도입 문장에 이어 나의 의견을 작성해 보자.

아웃라인

- blame fast-food ads for obesity 비만을 패스트푸드 광고 탓으로 돌림
  - strategically designed to target children 어린아이들을 목표로 하기 위해 전략적으로 제작됨

나의 의견 쓰기

도입

I understand why Louis thinks that people should be responsible for what they choose to eat.
저는 왜 Louis가 사람들이 자신이 먹기로 선택한 것에 책임을 져야 한다고 생각하는지 이해합니다.

나의 의견

① _____

_____.

하지만, 제 생각에는, 패스트푸드 광고들이 여전히 비만의 증가에 상당한 역할을 합니다.

모범 답안·해석 p.431

HACKERS TEST

주어진 아웃라인을 참고하여 다음 문제에 대한 나의 의견을 완성하시오.

01

Doctor Tran

Experts are concerned about the phenomenon of rural depopulation, also known as the "rural exodus"—and for good reason. Many rural areas are currently facing challenges such as declining populations and low birth rates, as more and more young people migrate to urban centers in search of better opportunities. Given these circumstances, I want to ask you: Fifty years from now, will rural communities continue to decline? Why or why not?

Jasper

It is highly likely that rural communities will have fewer and fewer people in fifty years. With urban centers offering better prospects for education, health-care, and entertainment, it is no surprise that young people are leaving rural regions. Unless something drastically changes, which I doubt, I do not see this trend reversing.

Felix

As I see it, rural towns will flourish in the future. While it is true that some rural areas are experiencing depopulation, most people recognize the inherent value and resilience of these small towns. They have a unique charm and offer a sense of community that many people still cherish.

아웃라인

- disagree 동의하지 않음
- high cost of living in cities & remote work technology
  - → attract urban workers to rural areas
  - 도시의 비싼 생활비와 원격 근무 기술이 도시 노동자들을 농촌 지역으로 끌어들임

나의 의견 쓰기

나의 의견

02

Dr. Baker

Today, I want to look at effective teaching methods. The approach used by teachers can significantly affect students' academic achievements. But which teaching method is the best? Is it the use of questioning and answering to encourage participation? Is it a problem-solving approach that enables students to resolve the challenges they face? Or is it an experimental method where students directly observe and verify outcomes? Which approach is the most effective, and why?

Eva

I would argue that the best teaching method is the use of questioning and answering to encourage participation. This approach promotes active engagement and critical thinking among students. Inspiring them to think deeply and articulate their thoughts through questioning stimulates learning and helps them develop problem-solving skills.

Toby

An experimental approach would potentially yield the best academic results. By actively participating in a scientific process, students gain firsthand experience in analyzing data. Students can use this process to develop a deeper conceptual understanding of the subject matter by directly observing cause-and-effect relationships and verifying outcomes.

아웃라인

- problem-solving approach 문제 해결 접근법
- students are required to think independently → foundation for self-directed learning
- 학생들은 독립적으로 생각하도록 요구되며 이는 자기 주도 학습의 토대가 됨

나의 의견 쓰기

나의 의견

HACKERS TEST

03

Doctor Miller

This week, we've explored the issue of the digital divide and its impact on society. Now, let's consider two potential methods that governments can use to bridge this gap. The first proposal is to invest in infrastructure development to expand access to high-speed Internet in underserved areas. The second proposal is to implement digital literacy programs and provide training opportunities to enhance digital skills in marginalized communities. Which approach do you believe would be more effective? Explain your reasoning.

Irene

Both proposals have their merits, but if I had to choose, I believe the second proposal holds more promise in reducing the digital divide. Infrastructure development is undoubtedly important, but it alone does not guarantee digital inclusion. By investing in digital literacy programs, we can ensure that everyone has the skills to leverage digital technologies effectively.

Winston

In my view, narrowing the digital divide requires investing in infrastructure development. Access to reliable, high-speed Internet is the foundation for digital inclusion. It addresses the root cause of the divide. Without reliable Internet access, digital literacy programs on their own may not be fully effective in bridging the gap.

아웃라인

- to invest in infrastructure development 사회 기반 시설 개발에 투자하는 것
  - access to high-speed Internet → countless self-education programs on platforms like YouTube
  - 초고속 인터넷에의 접근성이 유튜브와 같은 플랫폼의 수많은 독학 프로그램을 제공함

나의 의견 쓰기

도입

나의 의견

04

Professor Carter

In our textbook, we read that countries around the world are facing numerous economic problems. For the rest of this week, our focus will be on identifying the most pressing issues and then exploring different ways to address them. I'd like you to begin by considering a specific economic problem at the individual, corporate, or national level. Once you have identified an issue, present an effective solution and explain it in detail.

Mahesh

I believe one significant economic problem is the high level of national debt. High national debt can hinder economic growth, limiting the government's ability to respond to emergencies or invest in critical areas such as infrastructure and education. To address this issue, implementing responsible spending policies is necessary. This includes prioritizing essential expenditures and reducing wasteful spending.

Anh

An economic problem that is occurring throughout the world is high youth unemployment. University graduates spend months and even years competing for a limited number of positions. To address this problem, governments should encourage businesses to increase their hiring of young people. This can be done by providing companies that employ many recent graduates with wage subsidies and tax incentives.

아웃라인

- slowdown in private consumption ← policies to promote spending
  - 민간 소비 둔화가 문제이며 이를 해결하기 위해 지출 촉진 정책이 필요함
- private consumption weakens → directly impacts businesses
  - 민간 소비가 둔화되면 직접적으로 기업에 영향을 줌

나의 의견 쓰기

도입

_____
_____
_____

나의 의견

_____
_____
_____

모범 답안 · 해석 p.433

III | 답안 쓰기 - 이유와 근거

앞서 제시한 자신의 의견을 설득력 있는 의견으로 만들기 위해 그것에 대한 이유와 근거는 필수적이다. 답안의 중심축인 이유와 근거를 쓰는 방식에 대해 알아보자.

1. 내용과 구성

- **이유:** 자신의 의견에 대한 이유를 설명하는 부분이다. 아웃라인에서 정리한 '이유'를 풀어쓰도록 한다.
- **구체적 근거:** 이유를 뒷받침하는 구체적인 근거를 드는 부분으로, 일반적 진술과 예시 혹은 부연 설명으로 구성하면 효과적이다. 일반적 진술 부분에서는 자유로운 방식으로 이유 문장에 대한 부가적인 설명을 덧붙인다. 그런 다음, 이유를 뒷받침하는 예시나 부연 설명으로 자신의 경험담, 연구 및 설문 조사 결과, 기사, 통계 자료 등을 소개한다.

구조 및 표현

이유	This is mainly because + [이유]. The main reason is that + [이유]. The primary reason is that + [이유].
구체적 근거 1: 일반적 진술	이유 문장에 대한 부가적 설명
구체적 근거 2: 예시 혹은 부연 설명	경험담, 연구 및 설문 조사 결과, 기사, 통계 자료 등 소개 - For example / For instance / According to / Studies have shown that / From my experience / Based on my experience / In my case 등

> **TIP**
>
> 이유와 근거를 충분히 작성한 후 시간이 남는다면, 맺음말을 한 문장 덧붙여 답안을 마무리할 수 있다. 이때, 답안의 중심 내용에서 벗어나지 않도록 통일성 있게 정리하는 것이 중요하다. 또한, 이미 사용한 표현을 지나치게 반복하지 않도록, 다른 표현을 활용해서 재진술(paraphrase)한다.
>
> · 맺음말을 쓸 때 사용할 수 있는 표현
>
> > Overall, + [나의 의견].
> > In this regard, + [나의 의견].
> > Therefore, + [나의 의견].

2. 나의 의견 쓰기의 예

문제

Doctor Lee

Public funding is limited, and policymakers must make difficult choices when allocating resources to different sectors. For example, they might be tasked with deciding whether to invest in the arts or technological advancement. In your opinion, if government policymakers were pushed to choose between spending money on supporting art museums and music performances or focusing on the development of renewable energy sources, which option should they pick and why?

Karen

Developing renewable energy should be a top priority, in my opinion. Although promoting creative expression is important, the decline of our planet demands immediate attention. We should focus on renewable energy in order to reduce greenhouse gas emissions.

Brad

While renewable energy is vital for the future, supporting art museums and music performances is essential for enriching our society. Art brings communities together while also promoting cultural awareness and providing educational opportunities. It also gives marginalized people a voice and helps them advocate for change. Without art, a lot of people are silenced.

에너지 프로젝트는 상당한 공공 투자를 요구한다는 이유를 밝힌 뒤, 자신의 이유에 대해 일반적인 관점에서 조금 더 구체적으로 설명하는 일반적 진술을 덧붙인다. 이를 예시 혹은 부연 설명으로 뒷받침한다.

아웃라인

- renewable energy
  - energy projects = call for ↑ public investment
  - initial costs ↑ → private investors hesitant to take on risks
  - ex) requires new infrastructure such as wind farms & solar panels & energy storage facilities

나의 의견 쓰기

이유
This is mainly because [renewable energy projects often call for significant public investment to get started.]

일반적 진술
[As the initial costs can be high, private investors may be hesitant to take on the risks] associated with developing new technologies.

예시
For example, the transition to renewable energy sources [requires the development of new infrastructure, such as wind farms, solar panels, and energy storage facilities.]

해석 p.285

예시 모범 답안

문제

Doctor Lee

Public funding is limited, and policymakers must make difficult choices when allocating resources to different sectors. For example, they might be tasked with deciding whether to invest in the arts or technological advancement. In your opinion, if government policymakers were pushed to choose between spending money on supporting art museums and music performances or focusing on the development of renewable energy sources, which option should they pick and why?

Karen

Developing renewable energy should be a top priority, in my opinion. Although promoting creative expression is important, the decline of our planet demands immediate attention. We should focus on renewable energy in order to reduce greenhouse gas emissions.

Brad

While renewable energy is vital for the future, supporting art museums and music performances is essential for enriching our society. Art brings communities together while also promoting cultural awareness and providing educational opportunities. It also gives marginalized people a voice and helps them advocate for change. Without art, a lot of people are silenced.

1. 문제 파악 및 아웃라인 잡기

- 토론 주제가 정치 분야 중 '예술과 재생 가능한 에너지 중 어떤 것에 우선 투자해야 할 것인지'에 대한 것임을 파악한 뒤, 재생 가능한 에너지에 대한 투자 쪽으로 의견을 정한다.
- 재생 가능한 에너지의 투자가 우선시되어야 하는 이유 및 구체적 근거를 아웃라인으로 정리한다.

renewable energy
  energy projects = call for ↑ public investment
  - initial costs ↑ → private investors hesitant to take on risks
  - ex) requires new infrastructure such as wind farms & solar panels & energy storage facilities

2. 답안 작성하기

작성한 아웃라인을 바탕으로 나의 의견, 이유와 근거를 각각 작성하여 하나의 답안을 완성한다. 시간이 여유 있는 경우 맺음말을 추가로 작성할 수 있다.

[도입] **I understand why Brad thinks that** supporting the arts is fundamental to the enrichment of our society. [나의 의견] **However, in my opinion,** the government should invest funds in renewable energy sources instead of art programs. [이유] **This is mainly because** renewable energy projects often call for significant public investment to get started. [일반적 진술] As the initial costs can be high, private investors may be hesitant to take on the risks associated with developing new technologies. [예시] **For example,** the transition to renewable energy sources requires the development of new infrastructure, such as wind farms, solar panels, and energy storage facilities. Building this infrastructure can be costly, and only the government can provide funding for infrastructure development. [맺음말] **Overall,** investment in renewable energy sources by the government can serve as a cornerstone that drives activities in the private sector.

3. 답안 검토 및 수정하기

답안을 완성한 후에도 시간이 남는다면 다음의 사항에 유의하여 작성한 글을 다시 한번 검토하고 틀린 부분은 수정한다. 감점 요소를 최소화하도록 각각의 유의 사항을 염두에 두고 답안을 쓰도록 한다.

Organization (구성)

나의 의견	질문에 적절한 대답과 의견을 보여주고 있는가?	Yes / No
이유와 근거	이유는 나의 의견을 뒷받침하고 있는가?	Yes / No
	이유를 뒷받침하는 예시나 부연 설명이 충분한가?	Yes / No
	이유에서 벗어난 예시나 부연 설명은 없는가?	Yes / No
	다양한 표현과 연결어가 사용되고 있는가?	Yes / No
맺음말 (작성할 경우)	앞서 서술한 내용과의 통일성이 지켜지는가?	Yes / No
	지나치게 내용이 반복적이지는 않은가?	Yes / No

Sentence Structure & Grammar (문장 구조와 문법)

전체	문장에 주어와 동사가 포함되어 있는가?	Yes / No
	주어와 동사의 수가 일치하는가?	Yes / No
	동사의 시제가 올바로 사용되어 있는가?	Yes / No
	지시어나 소유격이 명사와 일치하는가?	Yes / No
	의미가 모호한 문장은 없는가?	Yes / No

해석

문제 해석

Lee 박사
공공 자금은 제한적이며, 정책 입안자들은 서로 다른 부문에 자원을 배분할 때 어려운 선택을 해야 합니다. 예를 들어, 그들은 예술에 투자할지 아니면 기술 발전에 투자할지를 결정하는 임무를 맡을 수 있습니다. 여러분의 생각에, 만약 정부 정책 입안자들이 미술관과 음악 공연을 지원하는 데 돈을 쓰는 것과 재생 가능한 에너지원의 개발에 집중하는 것 중 하나를 선택해야 한다면, 그들은 어떤 선택을 해야 하고 그 이유는 무엇입니까?

Karen
제 생각에는, 재생 가능한 에너지를 개발하는 것이 최우선 순위가 되어야 합니다. 창의적인 표현을 장려하는 것은 중요하지만, 지구의 쇠퇴는 즉각적인 주의를 요합니다. 우리는 온실가스 배출을 줄이기 위해 재생 가능한 에너지에 집중해야 합니다.

Brad
재생 가능한 에너지가 미래를 위해 매우 중요하지만, 미술관과 음악 공연을 지원하는 것은 우리 사회를 풍요롭게 하는 데 필수적입니다. 예술은 문화적 인식을 증진하고 교육 기회를 제공하는 동시에 지역 공동체들을 화합시킵니다. 그것은 또한 소외된 사람들에게 발언권을 주고 그들이 변화를 옹호하도록 돕습니다. 예술이 없다면, 많은 사람들이 침묵하게 됩니다.

renewable[rinúːəbl] 재생 가능한 **decline**[dikláin] 쇠퇴 **enrich**[inrítʃ] 풍요롭게 하다 **awareness**[əwérnis] 인식 **advocate**[ǽdvəkèit] 옹호하다

아웃라인 해석

- 재생 가능한 에너지
- 에너지 프로젝트는 상당한 공공 투자를 요구함
  - 초기 비용이 높아 개인 투자자들은 위험을 감수하는 것을 주저함
  - 예) 풍력 발전소, 태양 전지판, 에너지 저장 시설과 같은 새로운 기반 시설을 필요로 함

답안 해석

저는 왜 Brad가 예술을 지원하는 것이 우리 사회를 풍요롭게 하는 데 필수적이라고 생각하는지 이해합니다. 하지만, 제 생각에는, 정부는 예술 프로그램 대신 재생 가능한 에너지원에 자금을 투자해야 합니다. 이는 주로 재생 가능 에너지 프로젝트가 시작되기 위해서는 대개 상당한 공공 투자를 요구하기 때문입니다. 초기 비용이 높을 수 있기 때문에, 개인 투자자들은 신기술 개발과 관련된 위험을 감수하는 것을 주저할 수 있습니다. 예를 들어, 재생 가능한 에너지원으로의 전환은 풍력 발전소, 태양 전지판, 그리고 에너지 저장 시설과 같은 새로운 기반 시설의 개발을 필요로 합니다. 이러한 기반 시설을 구축하는 것은 비용이 많이 들 수 있으며, 오직 정부만이 기반 시설 개발을 위한 자금을 제공할 수 있습니다. 전반적으로, 정부에 의한 재생 가능한 에너지원에 대한 투자는 민간 부문의 활동을 추진하는 초석이 될 수 있습니다.

hesitant[hézətənt] 주저하는 **transition**[trænzíʃən] 전환 **infrastructure**[ìnfrəstrʌ́ktʃər] (사회) 기반 시설 **costly**[kɑ́ːstli] 비용이 많이 드는 **cornerstone**[kɔ́ːrnərstoun] 초석

HACKERS **PRACTICE**

주어진 가이드라인과 아웃라인을 참고하여 다음 빈칸에 적절한 문장을 써서 이유와 근거를 완성하시오.

01

Dr. Nguyen
Scientific discoveries are a cornerstone of human progress and have played a critical role in advancing our understanding of the world. For the next few weeks, we are going to look at some of the major scientific milestones over the past century. Before we proceed, however, I want to discuss this question: Should scientists be obligated to reveal their discoveries to the public, or should it be okay to keep them concealed in some cases?

Giselle
Some scientific discoveries may be harmful to society, and in those cases, they should be kept confidential to avoid any potential negative consequences. For example, if a new weapon of mass destruction is developed, scientists and researchers should be careful about publicly revealing the technology behind it.

Dante
I think scientific discoveries should be shared with the public as this will advance our collective knowledge and lead to greater innovations that can benefit society. We can also accelerate progress and ensure that everyone has access to these benefits. Scientists should not keep any discoveries secret unless there is a compelling reason to do so.

가이드라인
과학적 발견을 숨겨도 괜찮다는 쪽으로 의견을 정하고, '발견자들은 지적 재산을 보호할 권리가 있다'라는 이유로 구체적 근거 및 맺음말을 정리해 보자.

아웃라인

- okay to keep discoveries concealed 발견을 숨겨도 괜찮음
- discoverers have the right to protect intellectual property
  발견자들은 지적 재산을 보호할 권리가 있음
  - private organizations invest ↑ resources & time
    민간단체들이 상당한 자원과 시간을 투자함
  - ex) company: develops new manufacturing process
    → keeps details secret to maintain competitive edge & reap benefits
    예) 회사가 새로운 제조 공정을 개발하면 경쟁 우위를 유지하고 이익을 거두기 위해 세부 사항을 비밀로 유지함

이유와 근거 쓰기

이유

① _____

_____.

이는 주로 발견자들이 그들의 지적 재산을 보호할 권리가 있기 때문입니다.

구체적 근거 1: 일반적 진술

Some companies and private organizations invest significant resources and time in scientific discoveries. If scientific discoveries enter the public domain, these groups may lose motivation to do more research, hindering further scientific development.

몇몇 회사들과 민간단체들은 과학적 발견에 상당한 자원과 시간을 투자합니다. 만약 과학적 발견들이 공공 영역에 들어간다면, 이러한 집단들은 추가적인 연구를 할 동기를 잃게 될 것이고, 더 나아간 과학적 발전을 저해할 것입니다.

구체적 근거 2: 예시

For example, if a company develops a new manufacturing process that enables it to produce goods more cheaply and efficiently than its competitors, it may want to keep the details of the process secret to maintain its competitive edge. That way, it can reap the benefits of its investment in research and development.

예를 들어, 어떤 회사가 경쟁사들보다 더 저렴하고 효율적으로 상품을 생산할 수 있는 새로운 제조 공정을 개발하면, 그것은 경쟁 우위를 유지하기 위해 공정의 세부 사항을 비밀로 유지하고 싶을 것입니다. 그런 식으로, 그것은 연구 및 개발에 대한 투자의 이익을 거둘 수 있습니다.

맺음말

② _____

_____.

전반적으로, 저는 과학적 발견의 지적 재산권을 존중하는 것이 합리적이라고 생각합니다.

HACKERS PRACTICE

02

Professor Ortez

As we examine the impact of media on our lives, we must acknowledge the profound influence of platforms like YouTube. In recent years, YouTube has become an integral part of our lives, offering a vast array of videos ranging from entertainment to educational content. But before we explore the details of its influence, let's hear your thoughts. In what ways does YouTube affect people? And why do you think so?

Amir

In my view, the most striking change that YouTube has brought is fostering a sense of community and connection. Through comments, live chats, and other interactive features, viewers can engage with content creators and other viewers, creating a virtual space for discussion, collaboration, and shared experiences.

Carmen

YouTube can negatively affect people because it can be too time-consuming. With so much content available, it has become easy to scroll endlessly and spend hours watching videos. This can have negative consequences for productivity, mental health, and relationships.

가이드라인

유튜브가 지식을 얻는 방식을 혁신하는 영향을 미쳤다는 쪽으로 의견을 정하고, '많은 교육 콘텐츠를 무료로 제공한다'라는 이유로 구체적 근거를 정리해 보자.

아웃라인

- revolutionize the way we acquire knowledge 지식을 얻는 방식을 혁신함
- offers ↑ educational content for free
- 많은 교육 콘텐츠를 무료로 제공함
- - unlike traditional education, learn at own pace & on own time
- 전통적인 교육과 달리, 자신의 속도와 시간에 맞춰 배움
- - ex) learned how to play guitar by watching videos on YouTube
- 예) 유튜브 영상을 보면서 기타 치는 법을 배웠음

이유와 근거 쓰기

이유

① _____
_____ .

주된 이유는 유튜브가 요리와 집수리에 대한 튜토리얼부터 복잡한 과학 주제에 대한 강의에 이르기까지, 다양한 교육 콘텐츠를 무료로 제공한다는 것입니다.

구체적 근거 1: 일반적 진술

Unlike traditional forms of education, YouTube allows individuals to learn what they want at their own pace and on their own time, making education more accessible and flexible.

② _____
_____ .

전통적인 교육 형태와 달리, 유튜브는 사람들이 자신의 속도와 시간에 맞춰 원하는 것을 배울 수 있게 하여, 교육을 더 접근하기 쉽고 융통성 있는 것으로 만듭니다. 게다가, 비용이 전혀 들지 않기 때문에, 그것은 누구에게나 동등한 교육 기회를 제공합니다.

구체적 근거 2: 예시

③ _____
_____ .

The instructor was able to break down each technique into manageable steps, which helped me fully understand and master each one before moving on to the next. And since the videos were available 24/7, I could fit my guitar lessons into my busy schedule without having to commit to a set time each week. It proved to be an effective way for me to learn something new.

예를 들어, 저는 작년에 유튜브의 교육용 영상만 보면서 기타 치는 법을 배웠습니다. 강사는 각 기법을 감당하기 쉬운 단계들로 세분화할 수 있었고, 이는 제가 다음 단계로 넘어가기 전에 각 기술을 완전히 이해하고 숙달하도록 도왔습니다. 그리고 영상이 24시간 내내 이용 가능했기 때문에, 저는 매주 정해진 시간을 할당할 필요 없이 기타 수업을 제 바쁜 일정에 맞춰 넣을 수 있었습니다. 그것은 제가 새로운 것을 배울 수 있는 효과적인 방법으로 증명되었습니다.

HACKERS PRACTICE

03

Dr. Tanaka

Improving work efficiency is critical for a company's success. Doing so can lead to increased productivity, cost savings, enhanced competitiveness, and improved employee satisfaction. Therefore, many companies strive to enhance work efficiency through various strategies. Now, I would like to know your opinion on the following question. What is more important in terms of improving work efficiency: Upgrading computer equipment or creating a comfortable work environment?

Alice

I believe that it is more important to upgrade devices like computers to improve work efficiency. With all the rapid advances in technology, company support is essential to keep up with the pace of change. Having updated software and hardware can speed up work processes and significantly increase productivity.

Malik

While technology is important, I think a comfortable workplace is even more crucial for enhancing work efficiency. This includes having spacious workstations, good lighting, and access to amenities such as healthy snacks and relaxation areas. A positive and supportive work environment can lead to increased employee satisfaction, which, in turn, can lead to higher productivity levels.

가이드라인
컴퓨터 장비를 업그레이드하는 것이 더 중요하다는 쪽으로 의견을 정하고, '지연을 유발할 수 있는 기술적 문제의 위험을 줄인다'라는 이유로 구체적 근거를 정리해 보자.

아웃라인

- upgrading computer equipment 컴퓨터 장비를 업그레이드하는 것
  - reduce risk of technical issues that can cause delays
    - 지연을 유발할 수 있는 기술적 문제의 위험을 줄임
  - - equipment outdated = prone to errors & work has to be halted
    - 장비가 구식이면 오류가 발생하기 쉽고 업무가 중단되어야 함
  - - ex) brother: noticed those w/ older laptops slowed down
    - 예) 형은 오래된 노트북 컴퓨터를 가진 사람들이 느려지는 것을 발견했음

이유와 근거 쓰기

이유
① _____
_____.
주된 이유는 최신 장비가 노동자로 하여금 지연을 유발할 수 있는 기술적 문제의 위험을 줄일 수 있게 한다는 것입니다.

구체적 근거 1: 일반적 진술
② _____
_____.
③ _____
_____.
컴퓨터와 같은 장비가 구식이 되면, 기술적인 오류가 발생하기 더 쉽고, 오류를 수정하기 위해 업무가 중단되어야 하기 때문에 생산성이 저하됩니다. 게다가, 최신 장치와의 호환성 문제가 발생합니다.

구체적 근거 2: 예시
For example, when my older brother worked for a company that provided laptops for its employees, he noticed that those with older laptops often experienced technical problems that slowed down their work. On the other hand, those with newer laptops enjoyed faster processing speeds and were less likely to experience technical difficulties, allowing them to complete tasks more efficiently. By providing regular upgrades to their workers' equipment, companies can ensure that their employees are working at optimal levels.

예를 들어, 저의 형이 직원들에게 노트북 컴퓨터를 제공하는 회사에서 근무했을 때, 그는 오래된 노트북 컴퓨터를 가지고 있는 사람들이 그들의 업무 속도를 늦추는 기술적인 문제를 종종 겪는다는 것을 발견했습니다. 반면, 최신 노트북 컴퓨터를 가지고 있는 사람들은 더 빠른 처리 속도를 누렸고 기술적인 문제를 겪을 가능성이 낮아, 그들이 작업을 보다 효율적으로 완수할 수 있게 했습니다. 직원들의 장비에 대해 정기적인 업그레이드를 제공함으로써, 기업은 직원들이 최적의 수준에서 일하고 있다는 것을 보장할 수 있습니다.

HACKERS PRACTICE

04

Professor Hernandez

In recent years, balancing tourism development with environmental and cultural preservation has become a crucial issue for local governments. On the one hand, tourism can create much-needed economic growth in an area. On the other hand, it can have negative impacts on the environment and the preservation of cultural heritage. So, the question arises: Should local governments prioritize protecting the environment and preserving cultural heritage over promoting tourism and economic growth?

Yejoon

From my point of view, local governments should focus more on tourism to promote economic growth. While environmental and cultural preservation is important, it should not come at the expense of economic opportunities for local communities. A thriving tourism industry can create jobs and generate income for the residents of a community, resulting in a higher standard of living.

Sita

I believe that governments should do more to preserve the environment and culture. Doing so is essential for maintaining a community's unique identity and fostering a sense of pride among its residents. While tourism may bring short-term economic benefits, preserving the community serves as a long-term investment for future generations.

가이드라인

관광업과 경제 성장을 촉진해야 한다는 쪽으로 의견을 정하고, '생태 관광을 장려하면 더 나은 환경 보호로 이어진다'라는 이유로 구체적 근거를 정리해 보자.

아웃라인

- promote tourism & economic growth 관광업과 경제 성장을 촉진해야 함
  - encouraging ecotourism → better environmental protection
    생태 관광을 장려하는 것이 더 나은 환경 보호로 이어짐
    - can create incentives to preserve natural resources & cultural heritage
      천연자원과 문화유산을 보존하게 하는 동기를 만들어 줄 수 있음
    - revenue can be used to fund conservation efforts for cultural heritage sites
      수입은 문화 유적지의 보호 노력에 자금을 대는 데 사용될 수 있음

이유와 근거 쓰기

이유

① _____
_____.

주된 이유는 관광, 특히 생태 관광을 장려하는 것이 실제로 더 나은 환경 보호로 이어질 수 있다는 것입니다.

구체적 근거 1: 일반적 진술

Ecotourism, which emphasizes sustainable and responsible travel, can create incentives for local communities to preserve their natural resources and cultural heritage. This can benefit both the environment and local economies.

생태 관광은 지속 가능하고 책임감 있는 여행을 강조하는데, 이것은 지역 사회가 그들의 천연자원과 문화유산을 보존하게 하는 동기를 만들어 줄 수 있습니다. 이것은 환경과 지역 경제 모두에 이익이 될 수 있습니다.

구체적 근거 2: 부연 설명

② _____
_____.

③ _____
_____.

게다가, 관광업을 통해 창출된 수입은 문화 유적지의 보호 및 보존 노력에 자금을 대는 데 사용될 수 있습니다. 예를 들어, 관광 수입은 역사적인 주요 지형지물, 박물관, 그리고 문화 축제의 유지와 복원을 지원하는 데 도움을 줄 수 있는데, 이것이 지역 정체성을 활성화하고 더 많은 방문객을 끌어들일 수 있습니다.

모범 답안 · 해석 p.436

HACKERS TEST

주어진 아웃라인을 참고하여 다음 문제에 대한 이유와 근거를 완성하시오.

01

Professor Tran

Professional athletes and entertainers are some of the world's highest-paid individuals. The more famous they are, the more astronomical amounts of money they earn, mostly by delighting their fans and viewers. This raises an interesting question for our class discussion: Do famous athletes and entertainers deserve the large amounts of money they are paid, considering the value they bring to their industries, or is it too much compensation for what they do?

Gabrielle

I think it's too much. While professional athletes and entertainers do bring value to their industries, I believe their salaries are excessive. There are so many other professions that are much more important and do not receive nearly as much compensation. For example, teachers play a crucial role in shaping the next generation, yet they are often underpaid and undervalued.

Jacob

I believe that their considerable pay is a fair reflection of their value. Celebrities are greatly idolized by many people for their unique talents and skills, so they often generate significant revenue for their industries through ticket sales, merchandise, and advertising. In my view, they deserve to be compensated accordingly for the value they bring to their respective industries.

아웃라인

- deserve ↑ money 많은 돈을 받을 자격이 있음
  - constantly under scrutiny of public = millions of bosses
    계속해서 대중의 감시를 받고 있어, 수백만 명의 상사가 있는 것과 같음
    - considering the number of bosses to satisfy, high compensation is natural
      만족시켜야 할 상사의 수를 고려하면 고액의 보수가 당연함
    - under ↑ pressure to maintain reputation & personal lives are invaded
      명성을 유지해야 하는 엄청난 압력을 받고 사생활은 침해당함

이유와 근거 쓰기

이유

구체적 근거 1: 일반적 진술

구체적 근거 2: 부연 설명

맺음말

HACKERS TEST

02

Dr. Garcia

The COVID-19 pandemic has affected almost every aspect of our lives. From having significant impacts on the economy and on the operation of health-care systems to influencing our daily routines and personal relationships, the pandemic has caused plenty of widespread changes. People all over the world are still dealing with the consequences of these developments. For our discussion, I want to ask you: What has been the most significant societal impact of the pandemic?

Jihoon

I think the pandemic has highlighted the importance of health-care workers and the health-care system as a whole. We have witnessed these workers risking their lives to care for patients, and we now realize how crucial their role is. This has led to an increased appreciation for their efforts, and hopefully, it will result in long-term improvements in our health-care system.

Gwen

I believe that the pandemic has caused a significant shift in the way we work. We have had to adapt to digital communication technologies like video conferencing and instant messaging to stay connected. Many meetings are held remotely, and correspondence is often virtual. This transition has the potential to make our work culture more flexible and adaptable in the future.

아웃라인

- increase in socioeconomic inequality 사회경제적 불평등의 증가
  - worst effects → poor & marginalized communities
    가장 나쁜 영향이 가난하고 소외된 지역 사회에 끼침
    - widened gap b/w rich & poor
      빈부 격차를 확대시킴
    - ex) daily wage earners → lose jobs vs. higher-income jobs → work from home
      예) 일용직 노동자들은 일자리를 잃은 반면 고소득 직종은 재택근무를 함

이유와 근거 쓰기

이유

구체적 근거 1: 일반적 진술

구체적 근거 2: 예시

맺음말

HACKERS TEST

03

Dr. Santos

In recent decades, the invention of computers has revolutionized various fields, including education. Nowadays, many schools and universities use computers in classrooms, which has transformed the way teachers teach and students learn. Even at this moment, the learning process continues to change with advancements in computer technology. So, I'd like you to address this question: What do you think is the most significant impact of computers on education? And why do you think that?

Hannah

The biggest impact of computers on education is the increased accessibility of information. With the Internet, students and teachers have access to an enormous amount of information from all over the world, allowing them to move beyond the use of traditional textbooks.

Isaac

I think the negative impact of computers on education outweighs any positive benefits. To be specific, students have become too reliant on technology, which has led to a decrease in critical thinking skills. Instead of coming up with their own ideas, students simply look up answers and fail to learn as a result.

아웃라인

- computers increased student engagement 컴퓨터가 학생 참여를 증가시킴
- interactive & immersive learning → active student participation
- 대화형 및 몰입형 학습이 적극적인 학생 참여를 가능하게 함
- - software, simulations, games → learn through trial & error
- 소프트웨어, 모의실험, 게임을 이용하여, 시행착오를 통해 배움
- - ex) geography class: virtual field trips to different parts of world
- 예) 지리 수업에서 세계의 다른 지역으로 가상의 현장 학습을 감

이유와 근거 쓰기 ✏️

이유

구체적 근거 1: 일반적 진술

구체적 근거 2: 예시

HACKERS TEST

04

Professor Karros

As we know, the government has limited resources and must allocate them efficiently. So, governments must make difficult choices when deciding where to invest resources. An example of this is the need to weigh the long-term benefits of promoting space science against the immediate gains from addressing societal problems. If you were a policy maker, which would you argue is more important: Contributing funds to space science or to another matter that society is dealing with? Why?

Jared

Although space science has the potential to benefit humanity in the long term, there is another issue that deserves immediate attention. In many countries, there is a large wealth gap that's increasing, resulting in social instability, crime, and unrest. Therefore, the government should invest in programs that provide equal opportunities for everyone, such as those related to education and social welfare.

Chloe

I think investing in space science has many advantages including giving us a better understanding of how the universe functions. With the decline of our planet, knowing more about its origins and the laws that govern the universe is essential. It can help us solve global problems such as climate change and energy shortages.

아웃라인

- contributing funds to space science 우주 과학에 자금을 대는 것
  - leads to new developments that can have practical applications
    실제적인 응용을 할 수 있는 새로운 개발로 이어짐
    - NASA's investment has resulted in ↑ technological advances
      미국 항공 우주국(NASA)의 투자는 많은 기술적 발전을 야기했음
    - ex) GPS, scratch-resistant lenses, water filters
      예) GPS, 긁힘 방지 렌즈, 여과기

이유와 근거 쓰기

이유

구체적 근거 1: 일반적 진술

구체적 근거 2: 예시

맺음말

모범 답안·해석 p.439

POWER TEST 1

TOEFL iBT Writing

Directions Your professor is teaching a class on business administration. You must post a written response to your professor's question. In your response, make sure to:

- state your opinion and support it
- contribute meaningfully to the discussion

A minimum of 100 words is required for a response to be effective.

Professor Layton

In a professional context, team members must be able to work well together. If they cannot do this, there is no chance that a project will be successful. Obviously, the ability to come up with new ideas is important. But there are many other qualities that contribute to the effectiveness of a team. Today, I'd like to discuss these. Which attribute do you think is the most important for successful teamwork in a business setting?

Kelly

In my view, adaptability is the most important attribute of team members in a business setting. Companies often face unexpected challenges, and team members who can adapt to changing circumstances are valuable assets. They can help their team pivot quickly, find new solutions, and ensure that the company stays on track to achieve its goals.

Dylan

I believe that an outgoing personality is an indispensable characteristic for people in the business world. Without it, successful teamwork is impossible. When team members get along, they are more likely to communicate, share ideas, and collaborate effectively. This creates a positive work environment, which leads to increased productivity and better results overall.

POWER TEST 2

TOEFL iBT Writing

Directions Your professor is teaching a class on sociology. You must post a written response to your professor's question. In your response, make sure to:

- state your opinion and support it
- contribute meaningfully to the discussion

A minimum of 100 words is required for a response to be effective.

Dr. Schulz

In today's world, we rely heavily on our mobile phones. Thanks to their many helpful features and the various mobile applications available now, we can accomplish tasks more quickly and easily than in the past. However, there is some concern regarding our dependence on our phones. Before our next class, please answer the following question: Do you believe that mobile phones have given us more freedom, or have they limited our freedom in some ways?

Jennifer

I believe that mobile phones have given us more freedom. We can now search for information online and call friends or family members at any time and from anywhere. Before these devices were available, people were dependent on computers and landlines. That meant they could only communicate with others from their home or workplace.

Luke

Mobile phones have limited people's freedom in some ways. People are often disturbed by the noise of cell phones in public spaces. According to a survey, over 80 percent from the people who were polled responded that they frequently experienced discomfort in public places due to rampant cell phone activity.

무료 토플자료·유학정보 제공
goHackers.com

**Hackers
Updated TOEFL
WRITING**

ACTUAL TEST

ACTUAL TEST 1

ACTUAL TEST 2

ACTUAL TEST 1

TOEFL iBT Writing Questions 01-10 of 12

Make an appropriate sentence.

01 Is the company planning to open a new branch?

Have _____ _____ _____ _____ _____ _____ _____ ?

making / announcement / heard / they're / if / you / hear / an

02 Are you joining the language exchange club this semester?

I _____ _____ _____ _____ _____ _____ _____ _____ yet.

no / to join / have / whether / going / decided / I'm / not

03 I heard there will be a leadership workshop on Friday.

_____ _____ _____ _____ _____ _____ _____ beforehand?

review / we / be / should / there / will / any preparation materials

04 What questions did the interviewer have for you?

She _____ _____ _____ _____ _____ _____ _____ my previous job.

what / interested / I / gained / from / gaining / was / in

05 I was wondering if you watched the documentaries I recommended.

_____ _____ _____ _____ _____ _____ _____ .

had / them / to watch / have / I / not / a chance

06 I'm thinking of signing up for that new fitness program.

Is _____ _____ _____ _____ _____ _____ with a trainer?

outdoors / you / the one / exercise / where / that

---

07 I started an online course about stress management techniques.

On _____ _____ _____ _____ _____ _____ ?

found / did / platform / find / you / it / which

---

08 We might need to reschedule today's meeting.

Okay. Just _____ _____ _____ _____ _____ _____ for you.

let / works / know / best / me / what time

---

09 Didn't I see Brian talking to you earlier?

He _____ _____ _____ _____ _____ _____ _____ _____ .

new training program / asked / to teach / I / the / could / whether / teach

---

10 Has the program you requested been installed yet?

No, _____ _____ _____ _____ _____ _____ _____ Monday.

installed / be / supposed / is / install / on / it / to

TOEFL iBT Writing

Directions You will read the provided information and write an email based on it.
You will have 7 minutes to finish this task.

You recently started using a new mobile app that helps you with your studies. You have found it convenient and want to share your feedback with the app support team.

Write an email to the app support team. In your email, do the following:
· Thank them for providing the service.
· Describe what you like about the app.
· Suggest what you would like to see in future updates.

Write as much as you can in complete sentences.

Your Response:

To: appteam@studybuddy.com
Subject: Feedback on the new mobile app

TOEFL iBT Writing   Question 12 of 12

Directions Your professor is teaching a class on sociology. You must post a written response to your professor's question. In your response, make sure to:

- state your opinion and support it
- contribute meaningfully to the discussion

A minimum of 100 words is required for a response to be effective.

Doctor Novak

Celebrities such as movie stars and singers can have a big influence on their large and dedicated fan bases. Sometimes, they express their political views to the public, either on television or through their social media accounts. Some argue that it is generally good for people to be exposed to the opinions of celebrities, while others believe that famous people should avoid speaking up about politics. What are your thoughts on the matter?

Aidan

It is important to remember that celebrities are not necessarily experts on the topics they speak about, and their opinions can be based on personal biases or limited information. Some celebrities may even promote radical ideas that are not based on facts. However, millions of fans can be easily influenced by them, and I find that concerning.

Sally

I think that everyone, including celebrities, should be able to express their political opinions. After all, they are members of society, too. Besides, most people have the ability to make reasonable judgments. That's why I don't share Aidan's opinion that the public can be swayed by famous people's biased views.

ACTUAL TEST 2

TOEFL iBT Writing   Questions 01-10 of 12

Make an appropriate sentence.

01 Some friends and I are going camping next week.

_____ _____ _____ _____ _____ _____ _____.

good / for / hope / is / camping / I / the weather

02 Do you know if anyone is taking time off next week?

I _____ _____ _____ _____ _____ _____ _____ _____.

plans / who / on leave / not / be / have / checked / to be

03 What did Kathleen say about the event on Saturday?

She _____ _____ _____ _____ _____ get a ride _____ _____.

she / to / asked / the event / could / if

04 Are you sure you want to buy that speaker model?

It _____ _____ _____ _____ _____ _____ on display.

clearer / the other / than / clear / all / sounds / models

05 What did your boss say when you told him the news?

He was _____ _____ _____ _____ _____ _____ _____.

my job / to quit / confused / about / I / decided / why / did

06 I was wondering where I could get my uniform.

_____ _____ _____ _____ _____.

in charge of / the uniforms / distributing / is / does / the team manager

---

07 What do you think we should do to improve product quality?

Let's see _____ _____ _____ _____ _____ _____.

the / to / manufacturing team / has / what / say / saying

---

08 I wish I hadn't missed the new student orientation session.

You _____ _____ _____ _____ _____ _____

_____.

what / contact / you / to see / the student affairs office / missed / should

---

09 Do you know the price for a consultation with Dr. Fleming?

I _____ _____ _____ _____ _____ _____

_____.

cost / no / will / have / idea / how much / it

---

10 Can you tell me the course registration process?

Sure. _____ _____ _____ _____ _____ _____

_____?

me / which / want / do / to explain / steps / you / explain

ACTUAL TEST 2 **315**

TOEFL iBT Writing

Directions You will read the provided information and write an email based on it. You will have 7 minutes to finish this task.

Your coworker Sarah is planning to move closer to the office. She is considering your neighborhood, and since you have been living there for over three years, she asks for your advice.

Write an email to Sarah. In your email, do the following:
· Describe what you like about your neighborhood.
· Mention some downsides of living there.
· Suggest tips for checking out the neighborhood before moving.

Write as much as you can in complete sentences.

Your Response:

To: Sarah
Subject: About my neighborhood

Directions Your professor is teaching a class on political science. You must post a written response to your professor's question. In your response, make sure to:

- state your opinion and support it
- contribute meaningfully to the discussion

A minimum of 100 words is required for a response to be effective.

Doctor Nelson

The concept of individual freedom is fundamental to a democratic society, but it's also a complex topic. At times, there may be a clash between individual freedoms and the greater good of society. Before our next class, I request that you have a conversation about the following topic: Is it ever acceptable to infringe upon personal freedoms in certain situations, or is taking away individual liberties always abhorrent?

Joseph

I think there are some circumstances when individuals' liberties can be violated. For example, doctors, pilots, and firefighters are responsible for people's lives. If they are under the influence of alcohol or drugs, they will not be able to perform their tasks safely and could seriously endanger others. So, limiting their personal freedom to protect public safety may be necessary.

Benny

Limiting freedom can never be justified. Any attempt to restrict personal liberties is a violation of our basic human rights. Once our rights start to erode, the government can take away more and more of them. Citizens need to be able to express themselves and feel free to challenge authority if they value their liberties.

무료 토플자료·유학정보 제공
goHackers.com

Hackers Updated TOEFL WRITING

TASK 2
20일 완성
모범 답안

TASK 2: 20일 완성 모범 답안 구성

문제
Updated TOEFL WRITING의 출제 경향을 철저하게 반영한 TASK 2 Write an Email 출제 예상 문제로, 매일 한 문제씩 총 20문제를 학습할 수 있도록 구성하였다.

아웃라인
문제에 대한 모범 아웃라인을 세공힌다. 문제에 대한 답안 아이디어와 영어 표현을 함께 제공하여 답안 내용을 체계적으로 구성하고 지언스럽게 영어로 표현할 수 있도록 하였디.

모범 답안
아웃라인으로 작성한 모범 답안으로, 본문에서 학습한 이메일의 구조 및 여러 표현을 이용하여 자연스러운 이메일을 작성하는 방법을 쉽게 익힐 수 있도록 하였다.

Day 01 교환학생 프로그램 문의

문제

→ 이메일을 작성하는 목적과 반드시 포함해야 하는 항목 1~3을 정확히 파악한다.

You are interested in joining your university's international exchange program. You would like to get more information about the program, so you plan to contact the exchange program coordinator, Ms. Peterson, to ask for details.

Write an email to Ms. Peterson. In your email, do the following:
· Explain why you are interested in the exchange program.
· Request more details about the program.
· Thank Ms. Peterson for her assistance.

당신은 당신의 대학교의 교환학생 프로그램에 참여하는 데 관심이 있습니다. 그 프로그램에 대한 더 많은 정보를 얻고 싶어서, 당신은 세부 사항을 문의하기 위해 교환 프로그램 책임자인 Ms. Peterson에게 연락할 계획입니다.

Ms. Peterson에게 이메일을 작성하세요. 당신의 이메일에서:
· 당신이 왜 교환학생 프로그램에 관심이 있는지 설명하세요.
· 그 프로그램에 대한 추가 세부 사항을 요청하세요.
· Ms. Peterson에게 그녀의 도움에 대해 감사를 표하세요.

아웃라인

→ 이메일에 대한 아웃라인을 예상해보고, 주어진 모범 아웃라인과 비교해 본다.

to request more details about the international exchange program
교환학생 프로그램에 대한 추가 세부 사항을 요청드리기 위함

1. improve language skills, experience a new culture, broaden academic perspective
   언어 능력을 향상시키고, 새로운 문화를 경험하며, 학문적 시야를 넓힘
2. share more details about the application process, eligibility requirements, partner universities
   지원 과정, 자격 요건, 교류 대학에 대한 추가 세부 사항 공유
3. thank you for taking the time to respond
   시간을 내어 답변해 주는 것에 감사함

모범 답안

- 굵게 처리된 표현: 답안을 구성하는 기본 표현이므로 반복적으로 익혀 자신의 것으로 만든다.
- 밑줄 친 표현: 다른 답안을 작성할 때도 쓸 수 있는 유용한 표현이므로 특히 유의하여 읽는다.

Dear Ms. Peterson,

[인사말] **I hope this email finds you well. My name is Jane Smith, and I am** a second year majoring in Business Administration. [목적] **I am writing to request** more details about the university's international exchange program. [항목 1] **I am very interested in** the program **because** it will allow me to improve my language skills, experience a new culture, and broaden my academic perspective. [항목 2] To help me make an informed decision, **I would greatly appreciate it if you could** share more details about the application process, eligibility requirements, and partner universities. [항목 3] **Thank you very much for** taking the time to respond. [맺음말] **I look forward to** your reply.

Sincerely,
Jane Smith

해석 Ms. Peterson에게,
이 이메일이 당신에게 잘 전달되길 바랍니다. 제 이름은 Jane Smith이고, 저는 경영학을 전공하는 2학년입니다. 저는 대학교의 교환학생 프로그램에 대한 추가 세부 사항을 요청드리기 위해 이메일을 쓰고 있습니다. 저는 이 프로그램이 제 언어 능력을 향상시키고, 새로운 문화를 경험하며, 학문적 시야를 넓힐 수 있게 해주기 때문에 매우 관심이 있습니다. 정확한 정보를 바탕으로 결정을 내리는 데 도움이 되도록, 지원 과정, 자격 요건 및 교류 대학에 대한 추가 세부 사항을 공유해 주시면 매우 감사하겠습니다. 시간을 내어 답변해 주시는 것에 정말 감사드립니다. 답장을 기다리겠습니다.
Jane Smith 드림

어휘 Business Administration 경영학 broaden[brɔ́:dn] 넓히다 academic perspective 학문적 시야
informed[infɔ́:rmd] 정확한 정보를 바탕으로 하는 application[æpləkéiʃən] 지원, 신청 eligibility requirement 자격 요건

Day 02 자원봉사 동아리 신입 회원 모집

문제

You are a member of the university Volunteer Club. The club is looking for new members this semester, and you want to invite your classmates to join.

Write an email to your classmates. In your email, do the following:
- Explain the purpose of the Volunteer Club.
- Describe the main activities of the club.
- Provide the date, time, and location of the first meeting.

당신은 대학교 자원봉사 동아리의 회원입니다. 이 동아리는 이번 학기에 새로운 회원을 모집하고 있으며, 당신은 반 친구들에게 가입하도록 초대하고자 합니다.

반 친구들에게 이메일을 작성하세요. 당신의 이메일에서:
- 자원봉사 동아리의 목적을 설명하세요.
- 그 동아리의 주요 활동들을 설명하세요.
- 첫 번째 모임의 날짜, 시간, 그리고 장소를 알려 주세요.

아웃라인

to invite you to join the Volunteer Club this semester
이번 학기에 자원봉사 동아리에 가입하도록 초대하기 위함

1. aims to make a positive impact on the local community 지역 사회에 긍정적인 영향을 미치는 것을 목표로 함
2. organize a range of activities 다양한 활동들을 조직함
    ex) food drives for local shelters & park clean-up events
    예) 지역 쉼터를 위한 음식 기부 및 공원 청소 행사
3. first meeting: Friday, 6 P.M. in Room 205 of the Student Union Building
    첫 번째 모임은 금요일 오후 6시에 학생회관 205호에서 개최됨

모범 답안

Dear Classmates,

[인사말] I hope this email finds you well. [목적] I am writing to invite you to join the Volunteer Club this semester. [항목1] Our club **aims to** make a positive impact on the local community. We believe that volunteering not only benefits those in need but also provides us with meaningful experiences and valuable skills. [항목2] Each semester, **we organize a range of activities, including** food drives for local shelters and park clean-up events. [항목3] Our first meeting **will be held on** Friday, 6 P.M. in Room 205 of the Student Union Building. At this meeting, we will introduce our upcoming projects and explain how you can get involved. [맺음말] **We look forward to** seeing many of you there!

Sincerely,
Joshua Martin

해석 학우들에게,
이 이메일이 당신에게 잘 전달되길 바랍니다. 저는 여러분을 이번 학기에 자원봉사 동아리에 가입하도록 초대하기 위해 이메일을 쓰고 있습니다. 우리 동아리는 지역 사회에 긍정적인 영향을 미치는 것을 목표로 합니다. 우리는 봉사가 도움이 필요한 사람들에게 혜택을 줄 뿐만 아니라 우리에게도 의미 있는 경험과 가치 있는 기술을 제공한다고 믿습니다. 매 학기마다, 우리는 지역 쉼터를 위한 음식 기부 행사와 공원 청소 행사를 포함한 다양한 활동들을 조직합니다. 우리의 첫 번째 모임은 금요일 오후 6시에 학생회관 205호에서 개최될 예정입니다. 이 모임에서, 우리는 다가오는 프로젝트들을 소개하고 여러분이 어떻게 참여할 수 있는지 설명할 것입니다. 많은 분들이 참석하시기를 기대합니다!
Joshua Martin 드림

어휘 volunteer club 자원봉사 동아리 aim to ~하는 것을 목표로 하다 food drive 음식 기부 행사 shelter[ʃéltər] 쉼터
Student Union Building 학생회관

Day 03 기숙사 생활 경험 공유

문제

Your friend, Emma, is considering moving into the university dormitory next semester. Since you have already lived in the dormitory for one year, she wants to hear your opinion about dormitory life.

Write an email to Emma. In your email, do the following:
- Share things you like about living in the dormitory.
- Describe some difficulties you face in the dormitory.
- Suggest tips for making dormitory life more comfortable.

당신의 친구인 Emma가 다음 학기에 대학교 기숙사로 들어갈 것을 고민하고 있습니다. 당신은 이미 1년 동안 기숙사 생활을 했기 때문에, 그녀는 기숙사 생활에 대한 당신의 의견을 듣고 싶어 합니다.

Emma에게 이메일을 작성하세요. 당신의 이메일에서:
- 당신이 기숙사에서 생활하는 것에 대해 좋아하는 점을 공유하세요.
- 당신이 기숙사에서 겪는 몇몇 어려움을 설명하세요.
- 기숙사 생활을 더 편안하게 만들 수 있는 팁을 제안하세요.

아웃라인

share what the experience (living in the university dormitory) is like
(기숙사 생활) 경험이 어떤지를 말해줌

1. convenient location; it only takes about five minutes to walk to class
   강의실까지 걸어서 5분 정도밖에 걸리지 않는 편리한 위치

   easy to make friends → always someone around to hang out with
   함께 어울릴 수 있는 누군가가 항상 주변에 있어서 친구를 사귀기 쉬움

2. living closely with many people → feel like you don't have enough privacy & cause noise issues
   많은 사람들과 가까이서 생활하는 것은 당신이 충분한 사생활을 갖지 못한다는 느낌을 줄 수도 있고, 소음 문제도 초래함

3. use noise-canceling headphones & set clear rules with roommates
   소음 차단 헤드폰을 사용하고, 룸메이트와 명확한 규칙을 정함

모범 답안

Hi Emma,

[인사말] **I'm so excited to hear** you're considering living in the university dormitory next year! **I'd be happy to share** what the experience is like. [항목 1] **What I liked most was** the convenient location. It only takes about five minutes to walk to class. You'll also find it easy to make friends since there's always someone around to hang out with. [항목 2] Of course, there are some downsides as well. Living closely with many people **can sometimes make you feel like** you don't have enough privacy and cause noise issues. [항목 3] **I suggest** using noise-canceling headphones **when** you need to focus and setting clear rules with your roommates, such as quiet hours, to avoid conflicts. [맺음말] I hope this helps you decide!

Best,
Maria

해석 Emma에게,
당신이 내년에 대학 기숙사에 살 것을 고려하고 있다는 것을 듣게 되어 매우 기쁩니다! 그 경험이 어떤지 기꺼이 말씀 드리겠습니다. 제가 가장 좋아했던 것은 편리한 위치였습니다. 강의실까지 걸어서 5분 정도밖에 걸리지 않습니다. 또한 함께 어울릴 수 있는 누군가가 항상 주변에 있어서 친구를 사귀기도 쉬울 것입니다. 물론, 몇 가지 단점도 있습니다. 많은 사람들과 가까이서 생활하는 것은 때로 당신이 충분한 사생활을 갖지 못한다는 느낌을 줄 수도 있고, 소음 문제도 초래할 수 있습니다. 집중해야 할 때는 소음 차단 헤드폰을 사용하고, 룸메이트와 조용한 시간 같은 명확한 규칙을 정해서 갈등을 피하는 것을 제안합니다. 이것이 당신이 결정하는 데 도움이 되길 바랍니다.
Maria 드림

어휘 dormitory[dɔ́ːrmətɔ̀ːri] 기숙사   convenient[kənvíːnjənt] 편리한   privacy[práivəsi] 사생활   set rules 규칙을 정하다
conflict[káːnflikt] 갈등

Day 04   빌린 재킷의 얼룩에 대한 사과

문제

You borrowed a jacket from your friend, Ava, but it got stained. You need to contact Ava and explain the situation.

Write an email to Ava. In your email, do the following:
- Apologize for what happened to her jacket.
- Explain how the jacket got stained.
- Describe how you plan to solve the problem.

당신은 당신의 친구인 Ava에게 재킷을 빌렸지만, 그것에 얼룩이 생겼습니다. 당신은 Ava에게 연락해서 이 상황을 설명해야 합니다.

Ava에게 이메일을 작성하세요. 당신의 이메일에서:
- 그녀의 재킷에 생긴 일에 대해 사과하세요.
- 그 재킷에 어떻게 얼룩이 생겼는지 설명하세요.
- 당신이 그 문제를 어떻게 해결할 계획인지 설명하세요.

아웃라인

have some bad news about that jacket you lent me
나에게 빌려준 그 재킷에 대해 몇 가지 안 좋은 소식이 있음

1. accidentally stained it → feel absolutely terrible 실수로 그것에 얼룩이 생기게 했는데, 정말 미안함
2. out grabbing coffee & someone bumped into me → caused my drink to spill right onto the sleeve
   커피를 마시러 나갔는데 누군가가 나에게 부딪히는 바람에 내 커피가 소매 위로 그대로 쏟아졌음

   tried to wash it off right away in the café bathroom → couldn't get the stain out
   카페 화장실에서 즉시 그것을 씻어내려고 했지만, 그 얼룩을 제거할 수 없었음
3. plan to take it to the dry cleaners to see if they can remove the stain
   그들이 얼룩을 제거할 수 있는지 알아보기 위해 그것을 세탁소에 가지고 갈 예정임

   if not → will buy you another jacket 만약 그러지 못한다면, 다른 재킷을 사주겠음

모범 답안

Hi Ava,

[목적] **I'm so sorry, but I have some bad news about** that jacket you lent me. [항목 1] **I accidentally stained it earlier today, and I feel absolutely terrible that** this happened while it was in my care. [항목 2] **I was out** grabbing coffee, and someone bumped into me, causing my drink to spill right onto the sleeve. **I tried to** wash it off right away in the café bathroom, **but** I couldn't get the stain out. [항목 3] **I plan to** take it to the dry cleaners tomorrow to see if they can remove the stain. If not, I will buy you another jacket in the same size and color. [맺음말] I'll let you know how things go at the dry cleaners. Once again, I'm so sorry!

Best,
Natalie

해석   Ava에게,
정말 죄송하지만, 당신이 저에게 빌려준 그 재킷에 대해 몇 가지 안 좋은 소식이 있습니다. 오늘 일찍 제가 실수로 그것에 얼룩이 생기게 했고, 제가 그것을 맡고 있는 동안 이런 일이 생겼다는 것에 정말 미안합니다. 저는 커피를 마시러 나갔는데, 누군가가 저에게 부딪히는 바람에 제 커피가 소매 위로 그대로 쏟아졌습니다. 저는 카페 화장실에서 즉시 그것을 씻어내려고 했지만, 그 얼룩을 제거할 수 없었습니다. 내일 그들이 얼룩을 제거할 수 있는지 알아보기 위해 그것을 세탁소에 가지고 갈 예정입니다. 만약 그러지 못한다면, 같은 크기와 색상의 다른 재킷을 사드리겠습니다. 세탁소에서 어떻게 되는지 알려드리겠습니다. 다시 한번 정말 죄송합니다.
Natalie 드림

어휘   **accidentally**[æksidéntəli] 실수로, 우연히   **stain**[stein] 얼룩이 생기다; 얼룩   **dry cleaner** 세탁소   **remove**[rimúːv] 제거하다

Day 05 분실한 지갑 문의

문제

Yesterday, you visited a café near your home. After returning, you realized that you had left your wallet there. You want to contact the café manager, Ms. Fisher, to ask whether the wallet has been found.

Write an email to Ms. Fisher. In your email, do the following:
· Mention the time when you were at the café.
· Describe the wallet you lost.
· Ask how you can get it back.

어제, 당신은 당신의 집 근처의 카페를 방문했습니다. 돌아온 후에, 당신은 당신의 지갑을 그곳에 두고 온 것을 깨달았습니다. 당신은 지갑이 발견되었는지 문의하기 위해 카페 매니저인 Ms. Fisher에게 연락하고자 합니다.

Ms. Fisher에게 이메일을 작성하세요. 당신의 이메일에서:
· 당신이 그 카페에 있었던 시간을 언급하세요.
· 당신이 잃어버린 지갑에 대해 설명하세요.
· 그것을 어떻게 되찾을 수 있는지 문의하세요.

아웃라인

to inquire about a wallet I believe I left at your café yesterday
어제 당신의 카페에 두고 간 것으로 생각되는 지갑에 대해 문의하기 위함

1. visited around 3:30 P.M. & was sitting near the window 오후 3시 30분경에 방문했고, 창가에 앉아 있었음

2. a small, blue leather bifold wallet with a silver zipper on the side
   옆면에 은색 지퍼가 있는 작은 파란색의 가죽 이중 접힘 지갑

   contains my driver's license under the name Sarah Scott & a small amount of cash
   Sarah Scott라는 이름이 적힌 내 운전면허증과 약간의 현금이 들어 있음

3. let me know if a wallet matching this description has been found;
   이 설명과 일치하는 지갑이 발견되었는지 알려 주길 바람;

   be grateful for instructions on when & how I can pick it up
   언제 그리고 어떻게 그것을 찾아올 수 있는지에 대한 안내를 주면 감사하겠음

모범 답안

Dear Ms. Fisher,

[인사말] My name is Sarah Scott. [목적] I am writing to inquire about a wallet I believe I left at your café yesterday. [항목 1] I visited around 3:30 P.M. and was sitting near the window. After returning home, I realized the wallet was missing. [항목 2] The wallet is a small, blue leather bifold with a silver zipper on the side. Inside, it contains my driver's license under the name Sarah Scott and a small amount of cash. [항목 3] Could you please let me know if a wallet matching this description has been found. If so, I'd be grateful for instructions on when and how I can pick it up. I'm available most afternoons this week and can adjust to your schedule. [맺음말] Thank you very much for your help.

Best regards,
Sarah Scott

해석 Ms. Fisher에게,
제 이름은 Sarah Scott입니다. 저는 어제 당신의 카페에 두고 간 것으로 생각되는 지갑에 대해 문의하기 위해 이메일을 쓰고 있습니다. 저는 오후 3시 30분경에 방문했고, 창가에 앉아 있었습니다. 집에 돌아온 후, 저는 지갑이 없어진 것을 알았습니다. 그 지갑은 옆면에 은색 지퍼가 있는 작은 파란색의 가죽 이중 접힘 지갑입니다. 안에는 Sarah Scott라는 이름이 적힌 제 운전면허증과 약간의 현금이 들어 있습니다. 이 설명과 일치하는 지갑이 발견되었는지 알려 주실 수 있을까요? 만약 그렇다면, 제가 언제 그리고 어떻게 그것을 찾아올 수 있는지에 대한 안내를 주시면 감사하겠습니다. 저는 이번 주 대부분의 오후에 시간이 가능하며 당신의 일정에 맞출 수 있습니다. 당신의 도움에 정말 감사드립니다.
Sarah Scott 드림

어휘 inquire[inkwáiər] 문의하다   bifold[báifòuld] 이중 접힘의, 두 겹의   contain[kəntéin] ~이 들어있다, 포함하다
description[diskrípʃən] 설명   instruction[instrʌ́kʃən] 안내   available[əvéiləbl] (시간이) 가능한   adjust to ~에 맞추다

Day 06 취업 박람회 초대

문제

Your university is hosting a career fair next week with representatives from various companies. You want to invite your friend, Steven, to attend the event with you.

Write an email to Steven. In your email, do the following:
- Give the time and location details.
- Explain why the event will be helpful.
- Mention what activities or opportunities will be available.

당신의 대학교는 다음 주에 다양한 회사의 대표들이 참석하는 취업 박람회를 주최합니다. 당신은 당신의 친구인 Steven에게 당신과 함께 그 행사에 참석하자고 초대하고자 합니다.

Steven에게 이메일을 작성하세요. 당신의 이메일에서:
- 시간과 장소의 세부 사항을 제공하세요.
- 그 행사가 왜 유익할 것인지 설명하세요.
- 어떤 활동이나 기회들이 이용 가능할지 언급하세요.

아웃라인

a career fair on campus → thought you would be interested
캠퍼스에서 열리는 취업 박람회에 당신이 관심이 있을 것 같다고 생각했음

1. takes place next Friday at the Student Union from 10 A.M. to 4 P.M.
   다음 주 금요일에 학생회관에서 오전 10시부터 오후 4시까지 개최됨
2. representatives from over 50 companies will be there
   → a valuable opportunity to learn about different industries
   50개 이상의 기업 대표들이 그곳에 있을 거고 다양한 산업에 대해 배울 수 있는 가치 있는 기회임
3. get a free résumé review by an actual job recruiter & short talks from professionals
   실제 채용 담당자로부터 무료 이력서 검토를 받을 수 있고, 전문가들의 짧은 강연도 있음

모범 답안

Hi Steven,

[인사말] How's everything going? [목적] **I was just notified about** a career fair on campus **and thought you would be interested.** [항목 1] It **takes place** next Friday at the Student Union from 10 A.M. to 4 P.M. [항목 2] I've heard that representatives from over 50 companies will be there, covering fields like tech, finance, consulting, and more. Even if you're not actively looking for a job right now, it's a valuable opportunity to learn about different industries. [항목 3] The notice also highlighted a few cool perks. It says that attendees can get a free résumé review by an actual job recruiter, and there will be short talks from professionals about required skills and current industry trends. [맺음말] **Let me know if** you're interested, and we can plan to meet at the fair.

Best,
Brad

해석 Steven에게,
잘 지내고 있죠? 저는 방금 캠퍼스에서 열리는 취업 박람회에 대한 소식을 들었는데, 당신이 관심이 있을 것 같다고 생각했습니다. 이 박람회는 다음 주 금요일에 학생회관에서 오전 10시부터 오후 4시까지 개최됩니다. 기술, 금융, 컨설팅과 같은 분야를 다루는 50개 이상의 기업 대표들이 그곳에 있을 것이라고 들었습니다. 당신이 지금 당장 일자리를 적극적으로 찾고 있지 않더라도, 이는 다양한 산업에 대해 배울 수 있는 가치 있는 기회입니다. 해당 공지는 몇 가지 멋진 혜택도 강조했습니다. 참석자들은 실제 채용 담당자로부터 무료 이력서 검토를 받을 수 있으며, 전문가들의 필요한 기술과 현재 산업 동향에 대한 짧은 강연도 있을 예정입니다. 당신이 관심 있는지 알려주시면, 우리가 박람회에서 만날 계획을 세울 수 있을 것입니다.
Brad 드림

어휘 career fair 취업 박람회 take place 개최되다 representative[rèprizéntətiv] 대표 highlight[háilàit] 강조하다 perk[pəːrk] 혜택 attendee[ətèndíː] 참석자 résumé[rézumèi] 이력서 job recruiter 채용 담당자

Day 07 발표 리허설 피드백

문제

You recently finished a rehearsal for a group presentation in one of your classes. The presenter, Alex, has reached out to you for feedback on his performance.

Write an email to Alex. In your email, do the following:
· Thank him for giving the presentation.
· Mention what you liked about his presentation.
· Point out some areas that could be improved.

당신은 최근에 수업 중 하나에서 조별 발표를 위한 리허설을 마쳤습니다. 발표자인 Alex가 자신의 발표에 대한 피드백을 위해 당신에게 연락했습니다.

Alex에게 이메일을 작성하세요. 당신의 이메일에서:
· 그에게 발표를 해준 것에 대해 감사를 전하세요.
· 당신이 그의 발표에서 좋아했던 점을 언급하세요.
· 개선이 가능한 몇 가지 부분들을 지적하세요.

아웃라인

to provide feedback on your rehearsal presentation for our group project
우리 조별 과제를 위한 당신의 리허설 발표에 대한 피드백을 제공하기 위함

1. thank you for taking the time to prepare & present it 시간을 내어 그것을 준비하고 발표해 줘서 감사함

2. liked how you spoke with confidence & maintained good eye contact
   자신감 있게 말하고 시선 맞춤을 잘 유지한 게 마음에 들었음

   appreciated the clear examples you used to explain complex points
   복잡한 요점들을 설명하기 위해 사용한 명확한 예시들을 높이 평가함

3. spoke a little quickly → slowing down would help the audience absorb the details
   조금 빠르게 말했기 때문에, 속도를 늦추면 청중이 세부 사항을 완전히 받아들이는 데 도움이 될 것임

   practice smoother transitions between sections → make the overall flow more natural
   섹션 간의 더 매끄러운 전환을 연습하면 전체적인 흐름을 더 자연스럽게 만들 수 있을 것임

모범 답안

Dear Alex,

[목적] I'm writing to provide feedback on your rehearsal presentation for our group project. [항목 1] Thank you for taking the time to prepare and present it at today's team meeting. [항목 2] I especially liked how you spoke with confidence and maintained good eye contact. I also appreciated the clear examples you used to explain complex points, as they made the presentation much easier to follow. [항목 3] That said, a few adjustments could make your performance even stronger. At times, you spoke a little quickly, so slowing down would help the audience absorb the details. In addition, practicing smoother transitions between sections could make the overall flow more natural. [맺음말] With these refinements, I'm confident your final presentation will be excellent.

Best,
Adam

해석 Alex에게,
저는 우리 조별 과제를 위한 당신의 리허설 발표에 대한 피드백을 제공하기 위해 이메일을 쓰고 있습니다. 시간을 내어 그것을 준비하고 오늘 팀 미팅에서 발표해 주셔서 감사합니다. 저는 특히 당신이 자신감 있게 말하고 시선 맞춤을 잘 유지한 게 마음에 들었습니다. 또한 그것들이 발표를 이해하기 훨씬 더 쉽게 만들었기 때문에 당신이 복잡한 요점들을 설명하기 위해 사용한 명확한 예시들을 높이 평가합니다. 그렇기는 하지만, 몇 가지 수정은 당신의 발표를 훨씬 더 좋아지게 만들 수 있을 것입니다. 때때로, 당신은 조금 빠르게 말했기 때문에, 속도를 늦추면 청중이 세부 사항을 완전히 받아들이는 데 도움이 될 것입니다. 또한, 섹션 간의 더 매끄러운 전환을 연습하면 전체적인 흐름을 더 자연스럽게 만들 수 있을 것입니다. 이러한 개선을 통해, 저는 당신의 최종 발표가 훌륭할 것이라고 확신합니다.
Adam 드림

어휘 confidence[kánfədəns] 자신감 absorb[æbsɔ́:rb] 받아들이다, 흡수하다 transition[trænzíʃən] 전용 refinement[ri:fáinmənt] 개선

Day 08 저녁 약속 취소

문제

You had planned to meet your friend Anna for dinner, but something unexpected has come up, and you are unable to make it. You feel sorry about canceling and want to suggest another day to meet.

Write an email to Anna. In your email, do the following:
- Apologize for canceling your dinner plans.
- Explain why you cannot go.
- Suggest an alternative day when you could meet.

당신은 당신의 친구인 Anna와 저녁 식사를 하기위해 만나기로 계획했었지만, 예상치 못한 일이 생겼고, 당신은 약속을 지킬 수 없게 되었습니다. 당신은 약속을 취소하는 것에 대해 미안함을 느끼고 있으며, 만나기 위한 다른 날을 제안하고자 합니다.

Anna에게 이메일을 작성하세요. 당신의 이메일에서:
- 저녁 약속을 취소하는 것에 대해 사과하세요.
- 당신이 왜 갈 수 없는지 설명하세요.
- 만날 수 있는 다른 날을 제안하세요.

아웃라인

have to cancel our dinner plans for tonight 오늘 우리의 저녁 약속을 취소해야 함

1. must be really disappointing & feel terrible for letting you down
   정말 실망스러울 거라는 것을 알고, 당신을 실망시켜서 정말 죄송함
2. something urgent came up at work 직장에서 긴급한 일이 생겼음

   asked to join a critical client call first thing tomorrow morning & need to prepare for it tonight
   내일 아침 첫 일정으로 중요한 고객 통화에 참여해 달라는 요청을 받았고, 오늘 밤에 그것을 준비해야 함
3. be free this Thursday or Friday? → available both evenings 이번 주 목요일이나 금요일에 시간 있는지? 두 저녁 모두 가능함

모범 답안

Dear Anna,

[목적] **I am so sorry to do this at the last minute, but I have to** cancel our dinner plans for tonight. [항목 1] I know this must be really disappointing, and I feel terrible for letting you down. [항목 2] **I was really looking forward to** catching up, **but** something urgent came up at work. I've been asked to join a critical client call first thing tomorrow morning and need to prepare for it tonight. Unfortunately, the timing on this is completely out of my control. [항목 3] **Would you be free** this Thursday or Friday instead? I'm completely available both evenings and would love to make it up to you. Maybe we could even try that new place you mentioned last time. [맺음말] **Let me know** what works best for you.

Best,
Alice

해석 Anna에게,
마지막 순간에 이렇게 해서 정말 죄송하지만, 오늘 우리의 저녁 약속을 취소해야 합니다. 이게 정말 실망스러울 거라는 것을 알고 있고, 당신을 실망시켜서 정말 죄송합니다. 서로의 근황을 나누는 것을 정말 기대했지만, 직장에서 긴급한 일이 생겼습니다. 내일 아침 첫 일정으로 중요한 고객 통화에 참여해 달라는 요청을 받았고, 오늘 밤에 그것을 준비해야 합니다. 안타깝게도 이것에 대한 일정은 완전히 제 통제를 벗어나 있습니다. 대신 이번 주 목요일이나 금요일에 시간 있나요? 저는 두 저녁 모두 완전히 가능하고, 당신에게 만회하고 싶습니다. 어쩌면 우리는 당신이 지난번에 말한 그 새로운 장소에 가볼 수도 있을 것 같습니다. 당신에게 언제가 가장 괜찮은지 알려주세요.
Alice 드림

어휘 disappointing[dìsəpɔ́intiŋ] 실망스러운   let ~ down ~을 실망시키다   urgent[ə́ːrdʒənt] 긴급한   critical[krítikəl] 중요한
client[kláiənt] 고객

Day 09 관광지 추천

문제

Your cousin Sarah is visiting your city for the first time and wants to know where she should go sightseeing. You have a favorite tourist attraction that you would like to recommend.

Write an email to Sarah. In your email, do the following:
- Tell her where the place is located.
- Describe what she can see and do there.
- Suggest the best time of day to visit.

당신의 사촌 Sarah가 처음으로 당신의 도시를 방문할 예정이며, 그녀가 어디로 관광을 가면 좋을지 알고 싶어 합니다. 당신은 추천하고 싶은 가장 좋아하는 관광 명소가 있습니다.

Sarah에게 이메일을 작성하세요. 당신의 이메일에서:
- 그 장소가 어디에 위치하고 있는지 알려주세요.
- 그곳에서 그녀가 볼 수 있고 할 수 있는 것들을 설명하세요.
- 방문하기에 가장 좋은 시간대를 제안하세요.

아웃라인

recommend my favorite place — the Skyview Observation Deck 내가 가장 좋아하는 장소인 Skyview 전망대를 추천함

1. located right in the heart of downtown, just a short walk from Central Station
   시내 중심부에 위치해 있으며, 센트럴 역에서 가까운 도보 거리에 있음
2. get incredible 360-degree views of the skyline, mountains, & even the coastline on a clear day
   스카이라인, 산, 그리고 맑은 날에는 해안선까지 놀라운 360도 전망을 감상할 수 있음

   also features interactive exhibits that explain the history of the city & its landmarks
   도시의 역사와 랜드마크를 설명하는 체험형 전시물도 갖추고 있음
3. late afternoon → see the city glow in golden light 늦은 오후에 가면 황금빛으로 빛나는 도시를 보게 될 것임

모범 답안

Dear Sarah,

[인사말] **I'm so excited to hear** you're finally coming to visit! Since it's your first visit, **I'd love to recommend** my favorite place — the Skyview Observation Deck. [항목1] The Skyview Observation Deck is located right in the heart of downtown, just a short walk from Central Station. [항목2] From the top floor, you'll get incredible 360-degree views of the skyline, mountains, and even the coastline on a clear day. The observation deck also features interactive exhibits that explain the history of the city and its landmarks. [항목3] **The best time to** go **is** late afternoon, just before sunset. You'll see the city glow in golden light. It's truly magical and perfect for photos. [맺음말] **Let me know** if you'd like to try and go together! I **can't wait to** see you.

Best,
Jessica

해석 Sarah에게,
당신이 드디어 방문하러 온다는 것을 듣게 되어 매우 기쁩니다! 이번이 당신의 첫 방문이니, 제가 가장 좋아하는 장소인 Skyview 전망대를 기꺼이 추천해 드리고 싶습니다. Skyview 전망대는 시내 중심부에 위치해 있으며, 센트럴 역에서 가까운 도보 거리에 있습니다. 맨 꼭대기 층에서는 스카이라인, 산, 그리고 맑은 날에는 해안선까지 놀라운 360도 전망을 감상할 수 있을 거예요. 그 전망대는 또한 도시의 역사와 랜드마크를 설명하는 체험형 전시물도 갖추고 있습니다. 가기 가장 좋은 시간은 해 질 녘 바로 전인 늦은 오후입니다. 황금빛으로 빛나는 도시를 보게 될 거예요. 그것은 정말 마법 같고 사진 찍기에도 완벽해요. 함께 가보고 싶은지 알려주세요! 당신을 만나는 것이 정말 기대됩니다.
Jessica 드림

어휘 observation deck 전망대 in the heart of downtown ~의 중심부에 360-degree views 360도 전망
interactive exhibit 체험형 전시물

Day 10 온라인 수강 신청 문제

문제

You tried to register for an online course at your university, but you experienced a problem with the registration system. You want to contact the course administrator to confirm whether your registration was successful.

Write an email to the course administrator. In your email, do the following:
- Provide details about the course you tried to register for.
- Describe the problem you experienced with the registration system.
- Ask about the status of your course registration.

당신은 당신의 대학교에서 온라인 강의를 수강 신청하려고 시도했지만, 수강 신청 시스템에서 문제를 겪었습니다. 당신은 당신의 등록이 성공적이었는지 확인하기 위해 강의 관리자에게 연락하고자 합니다.

강의 관리자에게 이메일을 작성하세요. 당신의 이메일에서:
- 당신이 수강 신청을 시도한 강의에 대한 세부 사항을 제공하세요.
- 당신이 수강 신청 시스템에서 겪은 문제를 설명하세요.
- 당신의 수강 신청 상태에 대해 문의하세요.

아웃라인

to report an issue I encountered while registering for an online course
온라인 강의 수강 신청 중에 겪었던 문제를 알리기 위함

1. International Trade Theory (ECON 312), scheduled for the upcoming semester
   다음 학기에 열리는 국제 무역 이론(ECON 312)
2. the website displayed an error message after I clicked 'submit'; '제출'을 클릭한 후 웹사이트에 오류 메시지가 표시되었음;
   never received a confirmation email or message 확인 이메일이나 메시지를 받지 못했음
3. confirm whether my registration was received; 내 등록이 접수되었는지 확인해 주길 바람
   if not (received) → appreciate your guidance on how to proceed to secure a spot
   만약 접수되지 않았다면, 자리를 확보하기 위한 방법에 대해 안내해 주면 감사하겠음

모범 답안

To whom it may concern,

[인사말] **My name is Ryan Thompson, and I'm** a junior majoring in economics (Student ID: 2023456). [목적] **I am writing to report** an issue I encountered while registering for an online course. [항목 1] The course is International Trade Theory (ECON 312), which is scheduled for the upcoming semester. [항목 2] When I attempted to register last night, the website displayed an error message after I clicked 'submit.' Although the system showed a loading page, I never received a confirmation email or message indicating whether my registration was successful. [항목 3] **Could you please confirm whether** my registration was received? If not, **I would greatly appreciate your guidance on** how to proceed to secure a spot. [맺음말] **Thank you very much for** your assistance.

Sincerely,
Ryan Thompson

해석 관계자분께,
제 이름은 Ryan Thompson이고, 저는 경제학을 전공하는 3학년 학생입니다 (학번: 2023456). 저는 온라인 강의 수강 신청 중에 겪었던 문제를 알리기 위해 이메일을 쓰고 있습니다. 해당 강의는 다음 학기에 열리는 국제 무역 이론(ECON 312)입니다. 어젯밤에 제가 수강 신청을 시도했을 때, '제출'을 클릭한 후 웹사이트에 오류 메시지가 표시되었습니다. 시스템이 로딩 페이지를 보여주었지만, 제 등록이 성공적으로 이루어졌는지 나타내는 확인 이메일이나 메시지를 받지 못했습니다. 제 등록이 접수되었는지 확인해 주실 수 있나요? 만약 접수되지 않았다면, 자리를 확보하기 위한 방법에 대해 안내해 주시면 매우 감사하겠습니다. 당신의 도움에 진심으로 감사드립니다.
Ryan Thompson 드림

어휘 junior[dʒúːnjər] (4년제 대학·고교의) 3학년   major in ~을 전공하다   encounter[inkáuntər] 겪다, 맞닥뜨리다   secure[sikjúər] 확보하다

Day 11 생일 파티 준비 초대

문제

You are planning a surprise birthday party for your friend Mia's birthday. You want to invite Kevin, who is also a close friend of Mia, and ask for his help with the preparations.

Write an email to Kevin. In your email, do the following:
· Give the details regarding the time and place.
· Explain what you have planned for the party.
· Request his help in getting things ready for the party.

당신은 당신의 친구인 Mia의 생일을 위한 깜짝 생일 파티를 계획하고 있습니다. 당신은 Mia의 또 다른 가까운 친구인 Kevin을 초대하고, 준비를 도와달라고 부탁하고자 합니다.

Kevin에게 이메일을 작성하세요. 당신의 이메일에서:
· 시간과 장소에 관한 세부 사항을 제공하세요.
· 당신이 파티를 위해 계획한 것을 설명하세요.
· 파티를 위해 준비하는 데에 그의 도움을 요청하세요.

아웃라인

throwing a surprise party for her (Mia) & really hope you can join us
그녀(Mia)를 위한 깜짝 파티를 열 예정인데, 당신이 함께하기를 정말 바람

1. at my house next Friday 다음 주 금요일에 우리 집에서

   guests will arrive at 6:30 P.M., told Mia to come over by 7 P.M.
   손님들은 오후 6시 30분에 도착할 예정이며, Mia에게는 오후 7시까지 오라고 말했음

2. planning to order a bunch of Mia's favorite foods
   (her favorite chocolate cake from the bakery downtown)
   시내 베이커리에서 Mia가 가장 좋아하는 초콜릿 케이크를 포함해서, 그녀가 가장 좋아하는 음식들을 잔뜩 주문할 계획임

   rented a karaoke machine → she loves singing
   그녀는 노래하는 것을 좋아하기 때문에 노래방 기계도 대여함

3. arrive a bit early (around 5:30 P.M.) to help me set up some balloons & a banner
   조금 일찍 (오후 5시 30분쯤) 와서 풍선과 현수막을 설치하는 것을 도와주길 바람

모범 답안

Hi Kevin,

[인사말] **I'm so excited to tell you about my plan for** Mia's birthday! [목적] **I'm throwing a surprise party for her and really hope you can join us.** [항목 1] The party will be at my house next Friday. Guests will arrive at 6:30 P.M., and I told Mia to come over by 7 P.M. [항목 2] **I'm planning to** order a bunch of Mia's favorite foods, including her favorite chocolate cake from the bakery downtown. I've also rented a karaoke machine since she loves singing. [항목 3] I've taken care of the big things, but **I'd really love your help with** the last-minute preparations. Could you arrive a bit early, maybe around 5:30 P.M., to help me **set up** some balloons and a banner? [맺음말] **Let me know** if you can make it.

Best,
Christopher

해석 Kevin에게,
Mia의 생일을 위한 제 계획을 알려 드리게 되어 매우 기쁩니다! 저는 그녀를 위한 깜짝 파티를 열 예정인데, 당신이 함께하기를 정말 바랍니다. 파티는 다음 주 금요일에 우리 집에서 열릴 예정입니다. 손님들은 오후 6시 30분에 도착할 예정이며, Mia에게는 오후 7시까지 오라고 말해두었습니다. 저는 시내 베이커리에서 Mia가 가장 좋아하는 초콜릿 케이크를 포함해서, 그녀가 가장 좋아하는 음식들을 잔뜩 주문할 계획입니다. 저는 또한 그녀가 노래하는 것을 좋아하기 때문에 노래방 기계도 대여했습니다. 큰 부분들은 해결했지만, 막바지 준비에 관해 도움을 주셨으면 합니다. 혹시 조금 일찍, 오후 5시 30분쯤 와서 풍선과 현수막을 설치하는 것을 도와줄 수 있을까요? 참석 가능한지 알려주세요.
Christopher 드림

어휘 throw a party 파티를 열다 last-minute 막바지의, 마지막 순간의 set up 설치하다

Day 12 워크숍 장소 문제 보고

문제

You organized a team workshop at a venue recommended by your coworker, Henry. However, the room was too small, and the equipment did not function properly. You need to inform Henry about the situation and discuss future arrangements.

Write an email to Henry. In your email, do the following:
· Thank him for recommending the venue.
· Mention the problems your team had at the venue.
· Suggest alternative arrangements for future workshops.

당신은 회사 동료인 Henry가 추천한 장소에서 팀 워크숍을 조직했습니다. 그런데, 방이 너무 작았고, 장비도 제대로 작동하지 않았습니다. 당신은 Henry에게 이 상황을 알리고, 향후 계획에 대해 논의해야 합니다.

Henry에게 이메일을 작성하세요. 당신의 이메일에서:
· 장소를 추천해 준 것에 대해 감사를 표하세요.
· 당신의 팀이 그 장소에서 겪은 문제를 언급하세요.
· 향후 워크숍을 위한 대안 계획을 제안하세요.

아웃라인

follow up on how the team workshop went 팀 워크숍이 어떻게 진행되었는지에 대해 알려 주고자 함

1. thanks again for recommending the Parkside Conference Room
   Parkside Conference Room을 추천해 준 것에 대해 다시 한번 감사함
2. the room was too small to accommodate the participants comfortably
   방이 너무 작아서 참가자들을 편안하게 수용할 수 없었음
   the projector & audio setup didn't work properly 프로젝터와 오디오 장비가 제대로 작동하지 않았음
3. for future workshops → consider larger venues with reliable equipment
   향후 워크숍을 위해, 신뢰할 수 있는 장비를 갖춘 더 큰 장소 고려

모범 답안

Dear Henry,

[인사말] **I hope this email finds you well.** [목적] **I wanted to follow up on** how the team workshop went. [항목 1] **Thanks again for** recommending the Parkside Conference Room. I know you had a good experience there before, and I appreciate the suggestion. [항목 2] But unfortunately, we **ran into a couple of issues that** made the space less suitable than we had hoped. One, the room was too small to accommodate the participants comfortably. In addition, the projector and audio setup didn't work properly and failed repeatedly throughout the event. [항목 3] For future workshops, **I think it would be better to** consider larger venues with reliable equipment. The Riverside Business Center and the Downtown Learning Hub both seem like strong alternatives. [맺음말] **Thanks again for** your help, and **I look forward to** planning the next session together.

Sincerely,
Parker Breen

해석　Henry에게,
이 이메일이 당신에게 잘 전달되길 바랍니다. 팀 워크숍이 어떻게 진행되었는지에 대해 알려 드리고자 합니다. Parkside Conference Room을 추천해 준 것에 대해 다시 한번 감사드립니다. 당신이 이전에 그곳에서 좋은 경험을 했다는 것을 알고 있으며, 제안에 감사드립니다. 하지만 아쉽게도, 저희는 그 공간을 희망했던 것보다 덜 적합하게 만든 몇 가지 문제들을 겪었습니다. 첫째로, 방이 너무 작아서 참가자들을 편안하게 수용할 수 없었습니다. 게다가, 프로젝터와 오디오 장비가 제대로 작동하지 않았고 행사 내내 반복적으로 멈췄습니다. 향후 워크숍을 위해, 저는 신뢰할 수 있는 장비를 갖춘 더 큰 장소를 고려하는 게 더 나을 것 같다고 생각합니다. Riverside Business Center와 Downtown Learning Hub 모두 좋은 대안으로 보입니다. 도움에 다시 한번 감사드리며, 다음 세션을 함께 계획하기를 기대합니다.
Parker Breen 드림

어휘　suitable [súːtəbl] 적합한　accommodate [əkɑ́ːmədèit] 수용하다　venue [vénjuː] 장소　alternative [ɔːltə́ːrnətiv] 대안

Day 13   변경된 항공편 일정 관련 문제

문제

You received a notification that your flight for an upcoming vacation has been rescheduled to a later time. This new departure time will reduce the amount of time you have at your destination. You need to contact the airline's customer service team to request assistance.

Write an email to the customer service team. In your email, do the following:
- Mention your flight booking details and the schedule change.
- Explain how the new flight time affects your travel plans.
- Ask about possible rebooking or refund options.

당신은 다가오는 휴가를 위한 항공편이 더 늦은 시간으로 일정이 변경되었다는 통지를 받았습니다. 이 새로운 출발 시간은 당신이 목적지에서 보낼 수 있는 시간을 줄일 것입니다. 당신은 항공사의 고객 서비스 팀에 연락하여 도움을 요청해야 합니다.

고객 서비스 팀에게 이메일을 작성하세요. 당신의 이메일에서:
- 당신의 항공편 예약 세부 사항과 일정 변경에 대해 언급하세요.
- 새로운 항공편 시간이 당신의 여행 계획에 어떤 영향을 미치는지 설명하세요.
- 가능한 재예약이나 환불 옵션에 대해 문의하세요.

아웃라인

contacting you regarding a schedule change for my upcoming flight
다가오는 내 항공편의 일정 변경에 관하여 연락함

1. flight 837 to Athens, Greece, scheduled to depart Toronto at 10:30 A.M. on March 12
   3월 12일 오전 10시 30분에 토론토에서 그리스 아테네로 출발 예정이었던 837편 항공편
   → now scheduled to leave at 3:30 P.M. 현재 오후 3시 30분에 출발하는 것으로 일정이 변경되었음

2. arrive in Athens the following day → lose an entire day at my destination
   다음 날 아테네에 도착하게 되어, 내 목적지에서 하루 전체를 잃게 됨

3. advise if I am eligible for a complimentary rebooking on an earlier flight or a full refund
   더 이른 항공편으로의 무료 재예약이나 전액 환불을 받을 자격이 있는지 조언해 주길 바람

모범 답안

To whom it may concern,

[인사말] **My name is Alex Martin.** [목적] **I am contacting you regarding** a schedule change for my upcoming flight. [항목 1] I booked flight 837 to Athens, Greece, which was scheduled to depart Toronto at 10:30 A.M. on March 12. Earlier today, **I was notified that** the flight is now scheduled to leave at 3:30 P.M. [항목 2] This change **significantly impacts** my travel plans. With the new departure time, the flight will arrive in Athens the following day, causing me to lose an entire day at my destination. [항목 3] **Could you please advise** if I am eligible for a complimentary rebooking on an earlier flight or a full refund? [맺음말] **I would greatly appreciate** your assistance.

Sincerely,
David Morrison

해석   관계자분께,
제 이름은 Alex Martin입니다. 저는 다가오는 제 항공편의 일정 변경에 관하여 연락드립니다. 저는 3월 12일 오전 10시 30분에 토론토에서 그리스 아테네로 출발 예정이었던 837편 항공편을 예약했습니다. 오늘 일찍, 비행편이 현재 오후 3시 30분에 출발하는 것으로 일정이 변경되었다고 통보 받았습니다. 이러한 변경은 제 여행 계획에 상당한 영향을 미칩니다. 새로운 출발 시간으로 인해, 비행편은 다음 날 아테네에 도착하게 되어, 저는 제 목적지에서 하루 전체를 잃게 됩니다. 더 이른 항공편으로의 무료 재예약이나 전액 환불을 받을 자격이 있는지 조언해 주실 수 있으신가요? 도움에 진심으로 감사드립니다.
David Morrison 드림

어휘   **depart** [dipáːrt] 출발하다   **notify** [nóutəfài] 통보하다, 안내하다   **departure** [dipáːrtʃər] 출발   **entire** [intáiər] 전체의
be eligible for ~을 받을 자격이 있다, ~의 대상이다   **complimentary** [kàmpləméntəri] 무료의

Day 14 재활용 구역 쓰레기 문제 신고

문제

In your apartment building, some neighbors often leave the unsorted trash in the recycling area. This makes the space messy and unpleasant for other residents. You would like to contact the building manager, Mr. Brown, to report the problem and suggest solutions.

Write an email to Mr. Brown. In your email, do the following:
- Describe the problem in the recycling area.
- Explain how this problem affects apartment residents.
- Suggest ways to solve this problem.

당신의 아파트 건물에서, 몇몇 이웃들이 종종 분리수거 구역에 분류하지 않은 쓰레기를 버립니다. 이는 그 공간을 지저분하고 다른 주민들에게 불쾌하게 만듭니다. 당신은 건물 관리자인 Mr. Brown에게 연락하여 이 문제를 알리고 해결 방안을 제안하고자 합니다.

Mr. Brown에게 이메일을 작성하세요. 당신의 이메일에서:
- 분리수거 구역의 문제를 설명하세요.
- 이 문제가 아파트 주민들에게 어떻게 영향을 미치는지 설명하세요.
- 이 문제를 해결하기 위한 방법을 제안하세요.

아웃라인

to report an ongoing issue in the shared recycling area
공용 분리수거 구역에서 계속 발생하고 있는 문제를 신고하기 위함

1. one or more residents continually leave unsorted trash in the shared recycling area
   한 명 또는 그 이상의 거주자들이 공용 분리수거 구역에 분류되지 않은 쓰레기를 지속적으로 버리고 있음
2. create a mess & make the area unpleasant for other residents
   지저분하게 만들고 그 장소를 다른 주민들이 불편하게 느끼도록 만듦
3. placing clearer signs with proper recycling rules & sending a reminder notice to all residents
   올바른 분리수거 규칙이 적힌 더 명확한 표지판을 설치하고 모든 주민들에게 알림 통지를 보내는 것

   consider imposing a fine 벌금을 부과하는 것을 고려

모범 답안

Dear Mr. Brown,

[인사말] This is Sarah Peterson from Apartment 7B. [목적] I'm writing to report an ongoing issue in the shared recycling area. [항목1] In particular, I've noticed that one or more residents continually leave unsorted trash in the shared recycling area. [항목2] This not only creates a mess but also makes the area unpleasant for other residents. [항목3] To address this issue, I suggest placing clearer signs with proper recycling rules and sending a reminder notice to all residents. If the problem continues, you might also consider imposing a fine. [맺음말] Thank you for your attention to this matter. I would greatly appreciate your efforts in helping keep our building clean and comfortable for everyone.

Sincerely,
Sarah Peterson

해석 Mr. Brown에게,
저는 7B호에 거주하는 Sarah Peterson입니다. 저는 공용 분리수거 구역에서 계속 발생하고 있는 문제를 신고하기 위해 이메일을 쓰고 있습니다. 특히, 한 명 또는 그 이상의 거주자들이 공용 분리수거 구역에 분류하지 않은 쓰레기를 지속적으로 버리는 것을 알게 되었습니다. 이것은 지저분하게 만들 뿐만 아니라 그 장소를 다른 주민들이 불편하게 느끼도록 만듭니다. 이 문제를 해결하기 위해, 저는 올바른 분리수거 규칙이 적힌 더 명확한 표지판을 설치하고 모든 주민들에게 알림 통지를 보낼 것을 제안합니다. 만약 문제가 계속된다면, 벌금을 부과하는 것도 고려해 볼 수 있을 것입니다. 이 문제에 대한 당신의 관심에 감사드립니다. 모든 사람을 위해 저희 건물을 깨끗하고 편안하게 유지하는 데 도움을 주시려는 당신의 노력에 대단히 감사드립니다.
Sarah Peterson 드림

어휘 ongoing[ángòuiŋ] 계속 발생하는 resident[rézədənt] 거주자, 주민 unsorted[ʌnsɔ́ːrtid] 분류하지 않은, 분리되지 않은
unpleasant[ənplézənt] 불편한, 불쾌한 impose[impóuz] 부과하다 fine[fain] 벌금

Day 15   가족 저녁 식사 식당 추천

문제

Your friend, Daniel, is planning to have a special family dinner this weekend. He asked you if there were any good restaurants in the neighborhood. You want to share your suggestion with him.

Write an email to Daniel. In your email, do the following:
· Recommend a restaurant for a special family dinner.
· Explain why it is a good choice for the occasion.
· Suggest some dishes that Daniel and his family should try.

당신의 친구인 Daniel은 이번 주말에 특별한 가족 저녁 식사를 할 계획입니다. 그는 당신에게 동네에 좋은 식당이 있는지 물어보았습니다. 당신은 그에게 당신의 제안을 공유하고자 합니다.

Daniel에게 이메일을 작성하세요. 당신의 이메일에서:
· 특별한 가족 저녁 식사를 위한 식당을 추천하세요.
· 왜 그곳이 그 행사를 위한 좋은 선택인지 설명하세요.
· Daniel과 그의 가족이 먹어봐야 할 몇 가지 요리를 제안하세요.

아웃라인

to recommend a great restaurant nearby 근처에 있는 좋은 식당을 추천하기 위함

1. Mission Bay Tavern, the Italian place located just a few blocks from
   Central Park에서 불과 몇 블록 떨어진 곳에 위치한 이탈리안 식당인 Mission Bay Tavern

2. well-suited for family gatherings → warm atmosphere & spacious seating
   따뜻한 분위기와 넓은 좌석을 갖추고 있어서 가족 모임에 매우 적합함

   the staff members are also very attentive → make the dining experience even more enjoyable
   직원들도 매우 세심해서 식사 경험을 훨씬 더 즐겁게 만들어 줌

3. recommend trying their signature roasted chicken with herbs; for dessert, the homemade tiramisu
   허브를 곁들인 시그니처 로스트 치킨을 먹어보길 추천함; 디저트로는 수제 티라미수

모범 답안

Hi Daniel,

[인사말] I'm excited to hear that you're planning a special family dinner this weekend. [목적] I'd be happy to recommend a great restaurant nearby. [항목 1] I think the Mission Bay Tavern would be a great choice for the occasion. It's the Italian place located just a few blocks from Central Park. [항목 2] The restaurant is especially well-suited for family gatherings, with its warm atmosphere and spacious seating that can comfortably accommodate everyone. The staff members are also very attentive, which makes the dining experience even more enjoyable. [항목 3] If you do decide to go, I recommend trying their signature roasted chicken with herbs, which is both flavorful and tender. For dessert, the homemade tiramisu is definitely worth a try! [맺음말] I hope you and your family have a wonderful evening there.

Best,
Karen

해석   Daniel에게,
당신이 이번 주말에 특별한 가족 저녁 식사를 계획 중이라는 것을 듣게 되어 기쁩니다. 근처에 있는 좋은 식당을 기꺼이 추천해 드리고 싶습니다. Mission Bay Tavern이 그 특별한 날에 딱 맞는 선택이라고 생각합니다. 그곳은 Central Park에서 불과 몇 블록 떨어진 곳에 위치한 이탈리안 식당입니다. 그 식당은 특히 가족 모임에 매우 적합한데, 따뜻한 분위기와 모든 분을 편안하게 수용할 수 있는 넓은 좌석을 갖추고 있습니다. 직원들도 매우 세심해서 식사 경험을 훨씬 더 즐겁게 만들어 줍니다. 만약 가기로 결정한다면, 풍미있고 부드러운 허브를 곁들인 시그니처 로스트 치킨을 먹어보길 추천합니다. 디저트로 수제 티라미수는 정말 시도해 볼만합니다! 당신과 당신의 가족이 그곳에서 멋진 저녁을 보내길 바랍니다.
Karen 드림

어휘   gathering[gǽðəriŋ] 모임   spacious[spéiʃəs] 넓은   accomodate[əkάmədèit] 수용하다, 만족시키다   attentive[əténtiv] 세심한   tender[téndər] 부드러운

Day 16 콘서트 피드백

문제

You recently went to a concert by your favorite singer. You had a great time, so you want to thank the event organizer, Mr. Jake, for arranging the event and also share some feedback about the concert.

Write an email to Mr. Jake. In your email, do the following:
- Thank him for arranging the concert.
- Describe what you liked most about the event.
- Suggest one or two improvements for future concerts.

당신은 최근에 가장 좋아하는 가수의 콘서트에 다녀왔습니다. 당신은 정말 즐거운 시간을 보냈기 때문에, 행사 주최자인 Mr. Jake에게 그 행사를 준비해 준 것에 대해 감사를 표하고, 콘서트에 대한 피드백도 공유하고자 합니다.

Mr. Jake에게 이메일을 작성하세요. 당신의 이메일에서:
- 콘서트를 주최해 준 것에 대해 그에게 감사를 표하세요.
- 그 행사에서 당신이 무엇을 가장 좋아했는지 설명하세요.
- 향후 콘서트를 위한 한두 가지 개선 사항을 제안하세요.

아웃라인

to express my gratitude & share some feedback on the event
감사를 표하고 그 행사에 대해 몇 가지 피드백을 공유하기 위함

1. thank you for organizing the concert 콘서트를 조직해 줘서 감사함
2. the excellent sound quality; clear audio highlighted both the artist's vocals & the details of the music
   뛰어난 음질; 선명한 오디오는 아티스트의 보컬과 음악의 세부 사항 모두를 돋보이게 함
3. adding more vendors or improving the ordering system at concession stands → reduce wait times
   매점에 더 많은 판매업체를 추가하거나 주문 시스템을 개선하는 것은 대기 시간을 줄임

모범 답안

Dear Mr. Jake,

[인사말] **My name is Sophia Lee, and I** attended the concert you organized in Seoul last weekend. [목적] I am a huge fan of the musician, and **I wanted to express my gratitude** and **share some feedback on** the event. [항목 1] First of all, **thank you for** organizing the concert. The entire show was unforgettable. [항목 2] **What impressed me most was** the excellent sound quality. The clear audio highlighted both the artist's vocals and the details of the music. [항목 3] However, I do have one small suggestion for future events. Adding more vendors or improving the ordering system at concession stands **would help** reduce wait times and make the experience even better. [맺음말] **Thank you again for** your effort and dedication.

Best regards,
Sophia Lee

해석 Mr. Jake에게,
제 이름은 Sophia Lee이고, 저는 당신이 지난 주말에 서울에서 주최하신 콘서트에 다녀왔습니다. 저는 그 가수의 열렬한 팬이며, 감사를 표하고 그 행사에 대해 몇 가지 피드백을 공유하고 싶습니다. 우선, 콘서트를 조직해 주셔서 감사합니다. 전체적인 쇼는 잊을 수 없었습니다. 저에게 가장 인상 깊었던 것은 뛰어난 음질이었습니다. 선명한 오디오는 아티스트의 보컬과 음악의 세부 사항 모두를 돋보이게 했습니다. 하지만 향후 행사를 위한 작은 제안이 하나 있습니다. 매점에 더 많은 판매업체를 추가하거나 주문 시스템을 개선하는 것은 대기 시간을 줄이고 경험을 훨씬 좋게 만드는 데 도움이 될 것입니다. 당신의 노력과 헌신에 다시 한번 감사드립니다.
Sophia Lee 드림

어휘 **attend** [əténd] 다녀오다, 참석하다 **gratitude** [grǽtətjùːd] 감사 **concession stand** 매점 **dedication** [dèdikéiʃən] 헌신

Day 17 — 가족 행사로 인한 휴가 요청

문제

You are working at a café as a part-time employee. Next week, you need to take some time off to attend an important family event. You want to inform your manager, Ms. Green, about the situation and request a short leave.

Write an email to Ms. Green. In your email, do the following:
· Explain the family event and why it is important for you to attend.
· Say how much time you will need to be away from work.
· Suggest how your work could be managed while you are gone.

당신은 카페에서 시간제 직원으로 일하고 있습니다. 다음 주에, 당신은 중요한 가족 행사에 참석하기 위해 휴가를 내야 합니다. 당신은 당신의 매니저인 Ms. Green에게 상황을 알리고 단기 휴가를 요청하고자 합니다.

Ms. Green에게 이메일을 작성하세요. 당신의 이메일에서:
· 가족 행사와 왜 당신이 참석하는 것이 중요한지 설명하세요.
· 당신이 직장에서 얼마나 자리를 비워야 하는지 말하세요.
· 당신이 없는 동안 당신의 업무가 어떻게 관리될 수 있는지 제안하세요.

아웃라인

to formally request time off from work next week 다음 주 휴가를 공식적으로 요청하기 위함

1. need to travel out of town to attend my grandmother's 90th birthday celebration
   우리 할머니의 90세 생신 축하 행사에 참석하기 위해 다른 지역으로 가야 함

   a very meaningful occasion for my family → important for me to be there
   우리 가족에게 매우 의미 있는 행사이며, 내가 참석하는 것이 중요함

2. ask for three days off, from Wednesday, October 16, to Friday, October 18
   10월 16일 수요일부터 10월 18일 금요일까지, 3일간의 휴가를 요청함

3. have already spoken with Emma → she kindly agreed to cover my shifts for those three days
   이미 Emma와 이야기했으며, 그녀는 친절하게도 그 3일 동안 내 근무 시간을 대신해 주기로 동의했음

모범 답안

Dear Ms. Green,

[인사말] **This is Victoria Campbell, and I'm** one of the part-time employees who work the morning shift on weekdays. [목적] **I am writing to** formally **request** time off from work next week. [항목 1] I need to travel out of town to attend my grandmother's 90th birthday celebration. This is a very meaningful occasion for my family, and it is important for me to be there. [항목 2] I would like to ask for three days off, from Wednesday, October 16, to Friday, October 18. I will be back and ready to work on Saturday. [항목 3] To make up for my absence, I have already spoken with Emma, and she kindly agreed to cover my shifts for those three days. [맺음말] **Thank you for** your understanding. Please let me know if there is anything else I can do to make the transition smoother.

Best regards,
Victoria Campbell

해석 Ms. Green에게,
저는 Victoria Campbell이고, 저는 평일에 오전 교대근무를 하는 시간제 직원들 중 한 명입니다. 저는 다음 주 휴가를 공식적으로 요청드리기 위해 이메일을 쓰고 있습니다. 저는 저희 할머니의 90세 생신 축하 행사에 참석하기 위해 다른 지역으로 가야 합니다. 이것은 우리 가족에게 매우 의미 있는 행사이며, 제가 참석하는 것이 중요합니다. 저는 10월 16일 수요일부터 10월 18일 금요일까지, 3일간의 휴가를 요청하고 싶습니다. 토요일에 돌아와 일할 준비가 되어 있을 것입니다. 제 부재를 대비하기 위해, 저는 이미 Emma와 이야기했으며, 그녀는 친절하게도 그 3일 동안 제 근무 시간을 대신해 주기로 동의했습니다. 당신의 이해에 감사드립니다. 인수인계를 더 원활하게 하기 위해 제가 할 수 있는 다른 부분이 있다면 알려주시기 바랍니다.
Victoria Campbell 드림

어휘 **time off** 휴가, 휴식   **occasion** [əkéiʒən] 행사, 특별한 날   **absence** [ǽbsəns] 부재   **cover one's shift** ~의 근무 시간을 대신하다

Day 18 스포츠 클럽 가입 문의

문제

You are interested in joining a sports club. You found one that you like, but you would like more information before signing up for a membership.

Write an email to the sports club manager. In your email, do the following:

- Explain why you are interested in the club.
- Ask for more details about the club.
- Mention what activities you would like to do.

당신은 스포츠 클럽에 가입하는 것에 관심이 있습니다. 당신은 마음에 드는 클럽을 찾았지만, 회원으로 가입을 하기 전에 더 많은 정보를 원합니다.

스포츠 클럽 매니저에게 이메일을 작성하세요. 당신의 이메일에서:
- 왜 당신이 그 클럽에 관심이 있는지 설명하세요.
- 그 클럽에 대한 추가 세부 사항을 요청하세요.
- 당신이 무슨 활동들을 하고 싶은지 언급하세요.

아웃라인

to express my interest in joining your sports club
귀하의 스포츠 클럽에 가입하는 것에 대한 나의 관심을 표현하기 위함

1. the positive reviews & the wide range of programs mentioned on your website caught my attention
   귀하의 웹사이트에 언급된 긍정적인 후기들과 다양한 프로그램들이 내 관심을 끌었음

2. provide more details about the membership 회원권에 대한 추가 세부 사항을 제공해 줄 바람

   ex) the fees, opening hours, and any special programs available
   예) 요금, 운영시간, 그리고 이용 가능한 특별 프로그램들

3. interested in swimming, tennis, group fitness classes 수영, 테니스, 그리고 그룹 피트니스 수업에 관심이 있음

모범 답안

Dear Club Manager,

[인사말] **My name is Alex Chen.** [목적] **I am writing to express my interest in** joining your sports club. [항목 1] I recently came across it while searching for local clubs and the positive reviews along with the wide range of programs mentioned on your website caught my attention. I believe it would be **the perfect environment to** stay active and improve my fitness. [항목 2] Before signing up, **I would appreciate it if you could** provide more details about the membership, including the fees, opening hours, and any special programs available. [항목 3] In particular, I am interested in swimming, tennis, and group fitness classes. Please let me know if these activities are offered and whether they are open to beginners. [맺음말] **Thank you for** your assistance. **I look forward to** your reply.

Best regards,
Alex Chen

해석 클럽 매니저에게,
제 이름은 Alex Chen입니다. 저는 귀하의 스포츠 클럽에 가입하는 것에 대한 저의 관심을 표현하기 위해 이메일을 쓰고 있습니다. 저는 최근에 지역 클럽들을 찾던 중에 이 클럽을 우연히 발견했고, 귀하의 웹사이트에 언급된 긍정적인 후기들과 다양한 프로그램들이 제 관심을 끌었습니다. 저는 그것이 활동적으로 지내고 제 체력을 향상시키기 위한 완벽한 환경이라고 믿습니다. 가입하기 전에, 요금, 운영시간, 그리고 이용 가능한 특별 프로그램들을 포함한 회원권에 대한 추가 세부 사항을 제공해 주시면 감사하겠습니다. 특히, 저는 수영, 테니스, 그리고 그룹 피트니스 수업에 관심이 있습니다. 이러한 활동들이 제공되는지 그리고 그것들이 초보자들에게도 열려 있는지 알려주시기 바랍니다. 당신의 도움에 감사드립니다. 당신의 답변을 기대하겠습니다.
Alex Chen 드림

어휘 come across ~을 우연히 발견하다 catch one's attention ~의 관심을 끌다 fee[fi:] 요금

Day 19　공부 앱 추천

문제

You recently discovered a useful study app. You think this app would be very helpful for your friend, Julian, and you want to recommend it to him.

Write an email to Julian. In your email, do the following:
- Explain how you found the app.
- Mention features that make the app helpful.
- Describe how you use it for your own studies.

당신은 최근에 유용한 학습 앱을 발견했습니다. 당신은 이 앱이 당신의 친구인 Julian에게 매우 도움이 될 것이라고 생각하며, 그에게 그것을 추천하고자 합니다.

Julian에게 이메일을 작성하세요. 당신의 이메일에서:
· 당신이 어떻게 그 앱을 찾았는지 설명하세요.
· 그 앱을 유용하게 하는 기능들을 언급하세요.
· 당신이 자신의 학습을 위해 그것을 어떻게 사용하는지 설명하세요.

아웃라인

discovered a really useful app called Study Flow → wanted to share it with you
Study Flow라는 정말 유용한 앱을 발견해서 당신과 그것을 공유하고 싶었음

1. stumbled upon it while reading some online reviews about productivity tools for students
   학생들을 위한 생산성 도구에 관한 온라인 후기를 읽다가 그것을 우연히 발견함

2. create your own flashcards, customize quizzes, organize them by topic
   자신만의 플래시 카드를 만들고, 퀴즈를 맞춤 설정하며, 주제별로 정리할 수 있음

   track your progress → see how much you've improved
   진행 상황을 추적하여, 당신이 얼마나 향상되었는지를 볼 수 있음

3. use it every day to review vocabulary & take short quizzes before class
   수업 전에 어휘를 복습하고 짧은 퀴즈를 풀기 위해 매일 이것을 사용함

모범 답안

Hi Julian,

[인사말] How's everything going? [목적] I recently discovered a really useful app called Study Flow, and I wanted to share it with you. [항목 1] I stumbled upon it while reading some online reviews about productivity tools for students. Since so many people praised it, I figured I'd give it a try. [항목 2] What makes this app so helpful is that you can create your own flashcards, customize quizzes, and organize them by topic. It also tracks your progress so you can clearly see how much you've improved. [항목 3] Personally, I use it every day to review vocabulary and take short quizzes before class. It's been a great way to keep myself motivated and organized. [맺음말] I think you'd find it useful too. Let me know if you decide to try it out!

Best,
Samuel

해석　Julian에게,
잘 지내고 있죠? 저는 최근에 Study Flow라는 정말 유용한 앱을 발견해서 당신과 그것을 공유하고 싶었습니다. 저는 학생들을 위한 생산성 도구에 관한 온라인 후기를 읽다가 그것을 우연히 발견했습니다. 매우 많은 사람들이 그 앱을 칭찬했기 때문에, 저는 그것을 한번 시도해보기로 했습니다. 이 앱이 그렇게 유용한 이유는, 당신은 자신만의 플래시 카드를 만들 수 있고, 퀴즈를 맞춤 설정할 수 있으며, 그것들을 주제별로 정리할 수 있기 때문입니다. 그것은 또한 당신의 진행 상황을 추적하여, 당신이 얼마나 향상되었는지를 명확하게 볼 수 있게 해줍니다. 개인적으로, 저는 수업 전에 어휘를 복습하고 짧은 퀴즈를 풀기 위해 매일 이것을 사용하고 있습니다. 그것은 저 자신을 동기부여하고 체계적으로 유지하는 훌륭한 방법이었습니다. 당신도 그것이 유용하다고 느끼실 거라고 생각합니다. 만약 당신이 그것을 시도해 보기로 결정하신다면 알려주세요!
Samuel 드림

어휘　stumble upon ~을 우연히 발견하다　productivity [prɑ̀dəktívəti] 생산성　praise [preiz] 칭찬하다
customize [kʌ́stəmàiz] 맞춤 설정하다　track [træk] 추적하다　motivate [móutəvèit] 동기부여 하다

Day 20 직무 연수 과정 피드백

문제

You recently attended a training course for your work. Your team leader, Mr. Johnson, has asked you to provide feedback on the course.

Write an email to Mr. Johnson. In your email, do the following:
- Remind him what the course was about.
- Explain why the course was useful to you.
- Suggest why it may not suit some colleagues.

당신은 최근에 당신의 업무를 위한 교육 과정에 참석했습니다. 당신의 팀 리더인 Mr. Johnson이 당신에게 그 과정에 대한 피드백을 제공해달라고 요청했습니다.

Mr. Johnson에게 이메일을 작성하세요. 당신의 이메일에서:
- 그에게 그 과정이 무엇에 관한 것이었는지 상기시키세요.
- 그 과정이 당신에게 왜 유용했는지 설명하세요.
- 그것이 왜 일부 동료들에게는 적합하지 않을 수도 있는지 제시하세요.

아웃라인

to provide feedback on the recent career development seminar you hosted
당신이 주최한 최근의 경력 개발 세미나에 대한 피드백을 드리기 위함

1. thank you for taking the time to organize the event 시간을 내어 그 행사를 주최해 준 것에 대해 감사함
2. enjoyed the session on résumé writing & interview strategies 이력서 작성과 면접 전략에 관한 세션을 즐겼음
   the practical examples & advice from the guest speakers were very helpful
   초청 연사들로부터의 실질적인 예시와 조언이 매우 도움이 되었음
3. include more time for student questions or small group discussions
   학생 질문이나 소그룹 토론을 위한 더 많은 시간을 포함함

모범 답안

Dear Mr. Johnson,

[인사말] This is Chloe Fitzgerald from Northbirdge University. [목적] I am writing to provide feedback on the recent career development seminar you hosted. [항목 1] First, thank you for taking the time to organize the event. It was both informative and motivating. [항목 2] I especially enjoyed the session on résumé writing and interview strategies. The practical examples and advice from the guest speakers were very helpful, offering clear steps to follow. [항목 3] For future seminars, it might be beneficial to include more time for student questions or small group discussions. This would encourage greater participation and allow students to apply the strategies in practice. [맺음말] Thank you again for your guidance and support.

Sincerely,
Chloe Fitzgerald

해석 Mr. Johnson에게,
저는 Northbirdge 대학교의 Chloe Fitzgerald입니다. 저는 당신이 주최한 최근의 경력 개발 세미나에 대한 피드백을 드리기 위해 이메일을 쓰고 있습니다. 먼저, 저는 시간을 내어 그 행사를 주최해 준 것에 대해 감사드립니다. 그것은 유익하고 동기부여가 되었습니다. 저는 특히 이력서 작성과 면접 전략에 관한 세션을 즐겼습니다. 초청 연사들로부터의 실질적인 예시와 조언이 매우 도움이 되었으며, 따라야 할 명확한 단계들을 제공해 주었습니다. 향후 세미나들을 위해서는, 학생 질문이나 소그룹 토론을 위한 더 많은 시간을 포함하는 것이 유익할 수도 있습니다. 이것은 더 많은 참여를 장려하고 학생들이 그 전략들을 실제로 적용할 수 있게 해줄 것입니다. 당신의 지도와 지원에 대해 다시 한번 감사드립니다.
Chloe Fitzgerald 드림

어휘 informative [infɔ́:rmətiv] 유익한   résumé [rézumèi] 이력서   practical [prǽktikəl] 실질적인   guest speaker 초청 연사

무료 토플자료·유학정보 제공
goHackers.com

Hackers
Updated TOEFL
WRITING

TASK 3
20일 완성
모범 답안

TASK 3: 20일 완성 모범 답안 구성

문제
Updated TOEFL WRITING의 출제 경향을 철저하게 반영한 TASK 3 Write for an Academic Discussion 출제 예상 문제로, 매일 한 문제씩 총 20문제를 학습할 수 있도록 구성하였다.

아웃라인
질문에 대해 서로 다른 의견으로 작성된 두 가지 모범 아웃라인을 제공한나.

모범 답안
두 가지 아웃라인 중 하나를 선택하여 작성한 모범 답안으로, 본문에서 학습한 답안 구조 및 여러 표현을 이용하여 답안의 구조와 사고의 흐름을 쉽게 익힐 수 있도록 하였다.

Day 01 교육

> 교수가 무엇을 물어보고 있는지 정확히 파악한 뒤, 두 학생의 의견을 참고하여 나의 의견을 무엇으로 정할지 생각해 본다.

문제

Professor Hong
The education system is built on the premise that students must be evaluated and assigned grades based on their academic performance. The importance of grades should not be underestimated as they often determine a student's future educational and professional opportunities. However, there has been much debate about the utility of this system. Let's discuss the following: Does grading students promote learning, or does it lead to excessive competition and a feeling of hopelessness?

교육 체제는 학생들이 학업 성취도에 따라 평가되고 성적을 받아야 한다는 것을 전제로 하여 구축됩니다. 성적의 중요성이 과소평가되어서는 안 되는데 이는 그것이 종종 학생의 교육적, 직업적인 장래의 기회를 결정하기 때문입니다. 하지만, 이 체제의 유용성에 대해 많은 논쟁이 있어 왔습니다. 다음 사항에 대해 논의해 보죠. 학생들의 성적을 매기는 것이 학습을 촉진하나요, 아니면 그것은 과도한 경쟁과 절망감을 초래하나요?

Ralph
Providing grades to students is essential to encourage learning. Grades serve as an incentive for student achievement. To be honest, many students are not interested in certain subjects or classes, so they are unlikely to study unless they are graded on their performance.

학생들에게 성적을 제공하는 것은 학습을 장려하기 위해 필수입니다. 성적은 학생의 성취를 장려하는 역할을 합니다. 솔직히 말하자면, 많은 학생은 특정 과목이나 수업에 관심이 없기 때문에, 그들은 자신의 성과에 대한 성적이 매겨지지 않으면 공부할 것 같지 않습니다.

Miranda
Grading can foster an overly competitive environment that is unhealthy for students. They feel pressured to perform better than their classmates and they may experience low self-esteem if they don't. When self-esteem is damaged during adolescence, it can have a significant impact on life as an adult.

성적을 매기는 것은 학생들에게 유해하게 과도하게 경쟁적인 환경을 조성할 수 있습니다. 그들은 반 친구들보다 더 잘해야 한다는 압박감을 느끼고 만약 그렇게 하지 못하면 낮은 자존감을 경험할 수도 있습니다. 청소년기에 자존감에 손상을 입으면, 그것은 성인으로서의 삶에 중대한 영향을 끼칠 수 있습니다.

##

> 나의 의견에 대한 아웃라인을 예상해 보고, 주어진 모범 아웃라인과 비교해 본다.
> 내가 선택하지 않은 의견에 대한 아이디어도 다른 문제에서 응용하여 사용할 수 있도록 다양하게 익혀 둔다.
> 제시된 모범 답안의 기본 구조가 되므로 사고의 전개를 미리 파악해 본다.
> 별표(*) 표시된 아웃라인에 대해서는 모범 답안이 제공된다.

promotes learning*

provide students w/ concrete evidence of academic progress
학생들에게 학업 진전에 대한 구체적인 증거를 제공함

- can get clear indication of how much further they need to go to fully grasp the material
  내용을 확실히 이해하기 위해 얼마나 더 해야 하는지에 대한 명확한 표시를 얻음
- ex) research: teachers give feedback → students develop comprehensive understanding
  수업에서 다루는 주요 주제와 필수 자료나 교재가 있는지 여부

leads to excessive competition & feeling of hopelessness

discourages creativity & motivation → makes students focus only on achieving high grades
창의력과 의욕을 꺾고 학생들이 높은 성적을 받는 것에만 집중하게 함

- X explore interests & engage in learning for its own sake
  학습 자체를 위한 관심사를 탐구하거나 배움에 참여하지 않음
- ex) standardized tests require students to spend ↑ time just memorizing info.
  예) 표준화된 시험은 학생들이 정보를 그저 암기하는 데 많은 시간을 보내도록 요구함

모범 답안

I agree with Ralph's perspective that grading motivates students to study certain subjects even when they don't have an interest in them. **Additionally, I think that** assessing students improves the learning process **because** grades provide students with concrete evidence of their academic progress. Thanks to grades, students can get a clear indication of how much further they need to go to fully grasp the material being taught in a particular course. **According to research,** grades assist teachers in conveying specific information about their students' performance. By giving regular feedback on the work of students in the form of grades, teachers can help them identify areas for which they may need to seek additional support and adjust their study habits. This ongoing feedback aids students in developing a more comprehensive understanding of the subject matter, leading to enhanced learning. **Without** grades, students **would** not know for sure which areas of their education require more effort, and they could lose sight of their goals.

해석 저는 성적을 매기는 것이 학생들이 특정 과목들에 흥미가 없을 때도 그것들을 공부하도록 동기 부여한다는 Ralph의 견해에 동의합니다. 추가적으로, 저는 성적이 학생들에게 그들의 학업 진전도에 대한 구체적인 증거를 제공하기 때문에 학생들을 평가하는 것이 학습 과정을 개선시킨다고 생각합니다. 성적 덕분에, 학생들은 각각의 수업에서 배우는 내용을 확실히 이해하기 위해 얼마나 더 해야 하는지에 대한 명확한 표시를 얻을 수 있습니다. 연구에 따르면, 성적은 교사들이 학생들의 수행에 대한 구체적인 정보를 전달하는 데 도움을 줍니다. 성적의 형태로 학생들의 학업에 대해 주기적인 피드백을 줌으로써, 교사들은 학생들이 추가적인 지원을 구할 필요가 있을 수 있는 영역을 확인하고 그들의 공부 습관을 조정하도록 도울 수 있습니다. 이러한 지속적인 피드백은 학생들이 과목에 대한 보다 포괄적인 이해를 증진시키도록 도와서, 향상된 학습으로 이어집니다. 성적이 없다면, 학생들은 그들 교육의 어떤 분야가 더 많은 노력을 필요로 하는지 확실히 알지 못할 것이고, 그들은 목표를 잃을 수 있습니다.

어휘 concrete[kánkri:t] 구체적인 evidence[évədəns] 증거, 근거 indication[ìndikéiʃən] 표시, 조짐
grasp[græsp] 이해하다, 파악하다 convey[kənvéi] 전달하다 comprehensive[kàmprihénsiv] 포괄적인 lose sight of ~을 잃다

Day 02 교육

문제

Doctor Elliot
Education authorities are tasked with the difficult challenge of allocating limited resources, and two areas that often compete for funding are libraries and physical education programs. While libraries play a crucial role in promoting literacy and providing access to knowledge, physical education programs are important for encouraging healthy habits. In the face of limited resources, should university administrators prioritize funding for libraries or physical education programs? Why?

교육 당국은 제한된 자원을 배분해야 하는 어려운 과제를 안고 있으며, 종종 재정 지원을 두고 경쟁하는 두 가지 영역은 도서관과 체육 프로그램입니다. 도서관이 문해력을 증진하고 지식에 대한 접근을 제공하는 데 중요한 역할을 하는 한편, 체육 프로그램은 건강한 습관을 장려하는 데 중요합니다. 제한된 자원에 직면하여, 대학 행정가들은 도서관에 대한 재정 지원을 우선시해야 할까요, 아니면 체육 프로그램에 대한 재정 지원을 우선시해야 할까요? 그 이유는 무엇이죠?

Amy
In my view, education authorities should invest more in physical education programs. These programs teach practical life skills that students cannot acquire by reading books. They help students develop social skills and learn about teamwork and sportsmanship, which I think are essential in workplaces and social settings.

제 생각에, 교육 당국은 체육 프로그램에 더 많은 투자를 해야 합니다. 이러한 프로그램들은 학생들이 책을 읽음으로써 습득할 수 없는 실용적인 삶의 기술을 가르칩니다. 그것들은 학생들이 사회적 능력을 발달시키고 팀워크와 스포츠맨 정신에 대해 배우는 데 도움을 주는데, 저는 이것들이 직장과 사회생활에서 필수적이라고 생각합니다.

Maxwell
Libraries offer a wide range of resources for students to develop their critical thinking skills. Investing in libraries can benefit students who may not have access to resources outside of school, thus leveling the playing field and promoting equality in education. On the other hand, there are plenty of opportunities to participate in physical education programs outside of college.

도서관은 학생들이 비판적인 사고 능력을 발달시킬 수 있는 다양한 자원을 제공합니다. 도서관에 투자하는 것은 학교 밖에서 자원에 접근할 수 없을지 모르는 학생들에게 도움이 될 수 있으며, 그럼으로써 경쟁의 장을 평준화하고 교육의 평등을 도모할 수 있습니다. 반면에, 대학 밖에서 체육 교육 프로그램에 참여할 기회는 많이 있습니다.

아웃라인

libraries*

- offer calm & undisturbed setting → enables students to focus on studies
  학생들이 학업에 집중할 수 있게 하는 차분하고 방해받지 않는 환경을 제공함
  - students who live in dorms X have ideal environment for concentration
    기숙사에 사는 학생들은 집중을 위한 이상적인 환경을 갖추고 있지 못함
  - ex) research: students who study in quiet environ. = more capable of retaining info.
    예) 연구에 따르면 조용한 환경에서 공부하는 학생들이 정보를 더 잘 기억할 수 있음

physical education programs

- encourage students to interact w/ each other
  학생들이 서로 상호 작용하도록 장려함
  - require cooperation → students practice & hang out together
    협동을 요구하므로 학생들은 함께 연습하며 많은 시간을 보냄
  - ex) joined soccer club → had new group of friends
    예) 축구부에 가입해서 새로운 무리의 친구들을 사귀었음

모범 답안

[도입] I understand why Amy thinks that investing in physical education programs is important, given that it can facilitate the development of crucial life skills. **[나의 의견] However, in my opinion,** libraries should receive more funding than programs that focus on physical activities. **[이유] This is mainly because** libraries offer a calm and undisturbed setting that enables students to focus on their studies, leading to improved academic results. **[일반적 진술]** Since students who live in shared dormitories may not have an ideal environment for concentration, it is crucial for universities, as institutions of higher education where advanced research is conducted, to provide a distraction-free atmosphere for optimal learning. **[예시] Research has shown that** students who study in a quiet environment, are more capable of retaining information than those who study in a noisy environment, as the brain is better able to process and store information in a tranquil setting. **[맺음말] Therefore,** investing in libraries should be considered a top priority for learning and research institutions.

해석 체육 프로그램에 투자하는 것이 중요한 삶의 기술의 발달을 촉진할 수 있다는 것을 고려할 때, 저는 왜 Amy가 체육 프로그램에 투자하는 것이 중요하다고 생각하는지 이해합니다. 하지만, 제 생각에는, 도서관이 신체 활동에 초점을 맞춘 프로그램보다 더 많은 재정 지원을 받아야 합니다. 이는 주로 도서관이 학생들이 학업에 집중할 수 있게 하는 차분하고 방해받지 않는 환경을 제공하여, 향상된 학업적인 결과를 가져오기 때문입니다. 공유 기숙사에 사는 학생들은 집중을 위한 이상적인 환경을 갖추고 있지 못할 수도 있기 때문에, 수준 높은 연구가 수행되는 고등 교육 기관으로서 대학이 최적의 학습을 위해 산만함이 없는 분위기를 제공하는 것은 중요합니다. 연구는 조용한 환경에서 공부하는 학생들이 시끄러운 환경에서 공부하는 학생들보다 정보를 더 잘 기억할 수 있다는 것을 보여주었는데 이는 뇌가 조용한 환경에서 정보를 더 잘 처리하고 저장할 수 있기 때문입니다. 따라서, 학습 및 연구 기관을 위해 도서관에 투자하는 것이 최우선 과제로 고려되어야 합니다.

어휘 undisturbed[ʌ̀ndístəːrbd] 방해받지 않는   institution[ìnstitúːʃən] 기관   conduct[kəndʌ́kt] 수행하다
       distraction[distrǽkʃən] 산만함   optimal[áptəməl] 최적의   retain[ritéin] 기억하다, 보유하다   tranquil[trǽŋkwil] 조용한

Day 03 교육

문제

Doctor Haddad
Over the next few weeks, we are going to explore ways to improve the education system. But before moving on, please let me know your opinion on this topic. Which measure do you think is more important for improving the quality of education: providing more training opportunities for existing teachers or hiring more teachers? And why do you think that?

앞으로 몇 주 동안, 우리는 교육 체계를 개선할 방법을 탐구할 것입니다. 하지만 다음으로 넘어가기 전에, 이 주제에 대한 여러분의 의견을 알려 주시기 바랍니다. 교육의 질을 향상시키기 위해 기존 교사들에게 더 많은 훈련 기회를 제공하는 것과 더 많은 교사들을 고용하는 것 중 여러분은 어떤 방법이 더 중요하다고 생각하나요? 그리고 왜 그렇게 생각하죠?

Winston
I believe that providing more training opportunities for existing teachers is key to improving the education system. Teachers need to stay up-to-date with the latest teaching techniques to provide their students with the best possible education. With proper training, teachers can learn how to effectively manage their classes and make the most of limited resources.

저는 기존 교사들에게 더 많은 훈련 기회를 제공하는 것이 교육 체계를 향상시키는 핵심이라고 생각합니다. 교사들은 학생들에게 가능한 최고의 교육을 제공하기 위해 최신 교육 기법에 대한 최신 정보를 알고 있을 필요가 있습니다. 적절한 훈련을 통해, 교사들은 학급을 효과적으로 관리하고 제한된 자원을 최대한 활용하는 방법을 배울 수 있습니다.

Nia
Training is important, but I think that hiring more teachers is the most effective way to improve the quality of education. Hiring more teachers can help to address the problem of schools not having enough teachers, particularly in subjects such as math and science. Furthermore, it becomes possible to have more specialized education.

훈련은 중요하지만, 교사를 더 많이 고용하는 것이 교육의 질을 향상시키는 가장 효과적인 방법이라고 생각합니다. 더 많은 교사들을 고용하는 것은 특히 수학 및 과학과 같은 과목에서 충분한 교사가 없는 학교들의 문제를 해결하는 데 도움이 될 수 있습니다. 게다가, 더 전문화된 교육을 받는 것이 가능해집니다.

아웃라인

providing more training opportunities for existing teachers

- cost-effective in the long term
  장기적으로 비용 효율적임

  - teachers w/ training feel supported by school → reduce turnover
    훈련을 받은 교사들은 학교에 의해 지원받는다는 느낌을 받고 이는 이직률을 낮춤
  - cost of recruiting, hiring & training new teachers = cost ↑ than providing ongoing support
    새로운 교사를 구인, 채용, 교육하는 것이 지속적인 지원을 제공하는 것보다 비용이 더 많이 듦

hiring more teachers*

- lead to reduced class sizes → alleviate workload of each teacher
  축소된 학급 규모로 이어져서, 교사 한 명당의 업무량을 줄임

  - focus on improving education & optimize classroom management and discipline
    교육을 향상시키는 데 집중하고 학급 관리와 훈육을 최적화함
  - ex) research: smaller classes provide individual attention → elevated academic performance
    예) 연구에 따르면 더 작은 규모의 학급에서는 개인적인 관심을 제공하므로 향상된 학업 성취도를 낳음

모범 답안

나의 의견 **In my opinion,** employing additional teachers should be prioritized over training to upgrade the education system. **이유** **The main reason is that** it would lead to reduced class sizes and alleviate the workload of each teacher. **일반적 진술** This would allow teachers to focus on improving the overall quality of education instead of becoming overwhelmed and fatigued, which can adversely affect student learning outcomes. **Moreover,** reducing class sizes can also optimize classroom management and discipline. With fewer students to supervise, teachers can more easily monitor student behavior and intervene in problematic situations. **예시** **For example, research has shown that** teachers with smaller classes are better able to provide individual attention to each student, which has been demonstrated to yield elevated academic performance. This is a natural consequence of students taking part in more engaging lessons within smaller-sized classes.

해석 제 생각에는, 교육 체계를 개선하기 위해서 훈련보다 추가적인 교사를 채용하는 것이 우선시되어야 합니다. 주된 이유는 그것이 축소된 학급 규모로 이어져서 교사 한 명당의 업무량을 줄인다는 것입니다. 이것은 교사들이 압도되고 피곤해 학생들의 학습 성과에 부정적으로 영향을 미칠 수 있게 되는 대신에, 그들이 전반적인 교육의 질을 향상시키는 데 집중할 수 있게 할 것입니다. 게다가, 학급 규모를 줄이는 것은 또한 학급 관리와 훈육을 최적화할 수 있습니다. 지도할 학생이 더 적어지면서, 교사들은 학생의 행동을 더 쉽게 관찰하고 문제적 상황에 더 쉽게 개입할 수 있습니다. 예를 들어, 연구는 더 작은 규모의 학급을 가진 교사들이 각 학생에게 개인적인 관심을 더 잘 제공할 수 있다는 것을 보여주어 왔는데, 이것은 향상된 학업 성취도를 낳는다는 것이 증명되어 왔습니다. 이것은 소규모 학급 내에서 더 참여적인 수업을 듣는 학생들로부터 도출되는 자연스러운 결과입니다.

어휘 alleviate[əlíːvièit] 줄이다, 완화하다 overwhelmed[òuvərhwélmd] 압도된 fatigued[fətíːgd] 피곤한
adversely[ædvə́ːrsli] 부정적으로 optimize[á:ptəmàiz] 최적화하다 discipline[dísəplin] 훈육 supervise[súːpərvàiz] 지도하다
intervene[ìntərvíːn] 개입하다

Day 04 정치

문제

Doctor Singh
In the next few weeks, we will examine the positive and negative impacts of social media on society. We use it to communicate with others and get information on various topics. But we've also seen how it can be used to spread misinformation. Before our next lecture, I would like you to discuss the following question: Should the government have a role in regulating social media platforms, or should users have complete freedom of speech?

다음 몇 주 동안, 우리는 소셜 미디어가 사회에 미치는 긍정적, 부정적 영향을 살펴볼 겁니다. 우리는 그것을 다른 사람들과 소통하고 다양한 주제에 대한 정보를 얻기 위해 사용합니다. 하지만 우리는 또한 그것이 어떻게 잘못된 정보를 퍼뜨리는 데 사용될 수 있는지를 목격해 왔습니다. 다음 강의 전에, 다음 질문을 토론해 보기를 바랍니다. 정부가 소셜 미디어 플랫폼을 규제하는 역할을 해야 할까요, 아니면 이용자들이 완전한 언론의 자유를 가져야 할까요?

Tim
Social media users should have freedom of speech in all circumstances. Social media is a great tool for sharing ideas and seeing how other people think, even if their opinions are different from our own. Without imposing regulations, the government should utilize social media as a platform to understand the unfiltered opinions of the citizens.

소셜 미디어 이용자들은 모든 상황에서 언론의 자유를 가져야 합니다. 소셜 미디어는 아이디어를 공유하고, 다른 사람들의 의견이 우리의 것과 다를지라도, 그들이 어떻게 생각하는지를 알 수 있는 훌륭한 도구입니다. 규제를 가하지 말고, 정부는 시민들의 여과되지 않은 의견을 이해하는 플랫폼으로 소셜 미디어를 활용해야 합니다.

Layla
I disagree with Tim. First, it can be hard to tell the difference between what's real and what's fake on social media these days. Second, there's so much harassment and cyberbullying but no consequences for these behaviors. I think some level of government regulation is needed to protect people from misinformation and cyberbullying.

저는 Tim의 의견에 동의하지 않습니다. 우선, 요즘 소셜 미디어에서 진실과 거짓을 구별하는 것은 어려울 수 있습니다. 둘째로, 요즘 괴롭힘과 사이버 폭력이 너무 많지만 이러한 행동에 대한 결과는 없습니다. 저는 잘못된 정보와 사이버 폭력으로부터 사람들을 보호하기 위해 어느 정도의 정부 규제가 필요하다고 생각합니다.

아웃라인

government should regulate social media platforms

ensure platforms operate in fair & transparent manner
플랫폼들이 공정하고 투명한 방식으로 운영하는 것을 보장함

- social media shapes public opinion: some voices are heard & some are silenced
  소셜 미디어는 여론을 형성하는데, 어떤 의견은 청취되고, 어떤 것은 묵살됨
- ex) govern. should require platforms to disclose how algorithms work → not biased
  예) 정부가 플랫폼들에 알고리즘이 어떻게 작용하는지 공개하도록 요구하면 편향되지 않음

users should have complete freedom of speech*

govern. may abuse power to suppress free speech
정부가 언론의 자유를 억압하기 위해 권력을 남용할 수 있음

- only allow content that is in its favor
  자신에게 유리한 콘텐츠만을 허용함
- ex) law prohibiting hate speech → broad discretion to suppress speech & remove content
  예) 혐오 발언을 금지하는 법은 발언을 억압하고 콘텐츠를 지울 광범위한 재량권을 줌

모범 답안

> [도입] **I understand why Layla thinks that** separating fact from fiction and protecting people from bullying can be difficult with unrestricted freedom of speech on social media. [나의 의견] **However, in my opinion,** social media should not be subject to government regulation. [이유] **This is mainly because** the government may abuse its power and use regulations to suppress free speech. [일반적 진술] **In other words,** it may only allow content that is in its favor. [예시] **For example,** a government could pass a law prohibiting "hate speech" on social media without clearly defining what constitutes hate speech. This lack of clarity could give the government broad discretion to suppress any speech it deems critical of those in power. **Similarly,** a government could remove content that it believes is "offensive" or "dangerous," which could be used to limit dissenting voices or unpopular opinions online. This could result in unintended consequences like impeding innovation and social progress.

해석 저는 왜 Layla가 허구로부터 사실을 구별하는 것과 사람들을 폭력으로부터 보호하는 것이 소셜 미디어에서의 제한받지 않는 언론의 자유로 인해 어려울 수 있다고 생각하는지 이해합니다. 하지만, 제 생각에는, 소셜 미디어가 정부 규제의 대상이 되어서는 안 됩니다. 이는 주로 정부가 언론의 자유를 억압하기 위해 권력을 남용하고 규제를 사용할 수 있기 때문입니다. 다시 말해서, 그것은 자신에게 유리한 콘텐츠만을 허용할 수 있습니다. 예를 들어, 정부는 무엇이 '혐오 발언'을 구성하는지 명확하게 정의하지 않고 소셜 미디어상의 혐오 발언을 금지하는 법을 통과시킬 수 있습니다. 이러한 명확성의 부족은 정부가 권력자들을 비판한다고 간주하는 어떤 발언도 억압할 수 있는 광범위한 재량권을 줄 수 있습니다. 마찬가지로, 정부는 그것이 생각하기에 '공격적'이거나 '위험한' 콘텐츠를 지울 수 있는데, 이는 온라인상의 반대 의견이나 인기 없는 의견을 제한하는 데 사용될 수 있습니다. 이것은 혁신과 사회 발전을 저해하는 것과 같은 의도하지 않은 결과를 초래할 수 있습니다.

어휘 separate[sépərèit] 구별하다 unrestricted[ʌ̀nristríktid] 제한받지 않는 be subject to ~의 대상이다 regulation[règjuléiʃən] 규제
abuse[əbjúːz] 남용하다 suppress[səprés] 억압하다 in one's favor ~에 유리한 constitute[kánstətjùːt] 구성하다
clarity[klǽrəti] 명확성 discretion[diskréʃən] 재량권 offensive[əfénsiv] 공격적인 dissenting[diséntiŋ] 반대하는
impede[impíːd] 저해하다

Day 05 사회

문제

Doctor Spencer
In many major cities, traffic congestion has gotten worse over the years due to population growth, increased urbanization, and a rise in car ownership. In an attempt to solve this problem, some cities charge congestion fees for driving in certain areas during rush hour. Let's discuss the following: Do you agree that congestion fees should be charged as a way to reduce traffic volumes? Why or why not?

많은 주요 도시에서, 교통 체증은 인구 증가, 확대된 도시화, 그리고 자동차 소유의 증가로 인해 수년간 더 악화되어 왔습니다. 이 문제를 해결하기 위한 시도로, 일부 도시들은 출퇴근 시간에 특정 지역에서 운전하는 것에 대해 혼잡 통행료를 부과합니다. 다음 사항에 대해 논의해 보죠. 여러분은 교통량을 줄이기 위한 방법으로 혼잡 통행료가 부과되어야 한다는 것에 동의하시나요? 왜 그런가요, 혹은 왜 그렇지 않은가요?

Jane
I disagree with the idea of congestion fees because they may not be a practical solution in areas where alternative transportation options are limited. For example, a friend of mine works in a city where this policy is in place, and she has no other option but to pay the fee due to a lack of adequate public transportation.

혼잡 통행료는 대체 교통수단이 제한적인 지역에서 실질적인 해결책이 될 수 없기 때문에 저는 그 아이디어에 반대합니다. 예를 들어, 제 친구는 그 정책이 시행 중인 도시에서 일하는데, 적절한 대중교통의 부족으로 인해 요금을 지불하는 것밖에 다른 방법이 없습니다.

Andrew
It is imperative to reduce traffic during rush hour, and charging congestion fees is a possible strategy. Roads are so congested during morning and evening commutes, and this drastically increases commute times, thereby lowering the overall quality of life. Furthermore, drivers are more likely to carpool or find alternative transportation methods so that they do not have to pay.

출퇴근 시간에 교통량을 줄이는 것이 시급하고, 혼잡 통행료를 부과하는 것은 가능성 있는 전략입니다. 아침저녁의 출퇴근 시간 동안에 도로가 너무 막히고, 이는 출퇴근 시간을 대폭 늘리며, 따라서 전반적인 삶의 질을 저하시킵니다. 게다가, 운전자들은 요금을 내지 않아도 되기 위해 카풀을 하거나 대체 교통수단을 찾을 가능성이 더 높습니다.

아웃라인

agree*

urgently need to control urban air pollution
도시 대기 오염을 시급하게 억제할 필요가 있음

- much of pollution comes from automobiles: emissions go into air → lower air quality
  오염 대부분이 자동차에서 비롯되는데, 배기가스가 공기 중으로 배출되어 공기 질을 저하시킴
- ex) studies: idling vehicles produce more emissions → traffic jams generate ↑ pollution
  예) 연구에 의하면 공회전하는 차량이 더 많은 배기가스를 생성하므로 교통 체증은 더 많은 오염 물질을 발생시킴

disagree

low-income individuals X afford to live close to workplace
저소득층 사람들은 직장 가까이 살 여유가 없음

- commute from outside city → X alternative
  도시 바깥에서 통근하므로 대안이 없음
- ex) cousin lives in suburbs but works downtown → pays fee each day
  예) 사촌은 근교에 살지만 시내에서 일하는데 매일 요금을 냄

모범 답안

[도입] **I understand why Jane thinks that** introducing congestion fees is impractical because driving one's car would be the only option when public transportation is not readily available. [나의 의견] **However, in my opinion,** congestion fees should be charged in crowded cities. [이유] **This is mainly because** we urgently need to control urban air pollution. [일반적 진술] **It is evident that** much of the pollution in cities comes from automobiles. Large amounts of vehicle emissions go directly into the air, reducing visibility and lowering air quality. These emissions are also linked to various health problems, such as respiratory illnesses and heart disease. [예시] **Studies have shown that** idling vehicles produce more emissions than moving ones. This means that traffic jams during peak hours generate especially large amounts of pollution, causing great harm to the environment and human health. [맺음말] **Overall,** charging a congestion fee would deter people from driving, and that could help improve urban air quality.

해석 저는 왜 Jane이 혼잡 통행료를 도입하는 것이 비현실적이라고 생각하는지 이해하는데 이는 대중교통이 쉽게 이용 가능하지 않을 때는 자차를 운전하는 것이 유일한 선택지일 것이기 때문입니다. 하지만, 제 생각에는, 혼잡한 도시에서는 혼잡 통행료가 부과되어야 합니다. 이는 주로 우리가 도시 대기 오염을 시급하게 억제할 필요가 있기 때문입니다. 도시의 오염 대부분이 자동차에서 비롯된다는 것은 명백합니다. 다량의 차량 배기가스가 공기 중으로 직접 배출되어, 가시성을 낮추고 공기 질을 저하시킵니다. 이러한 배기가스는 또한 호흡기 질병 및 심장 질환과 같은 여러 건강 문제와 관련이 있습니다. 연구는 공회전하는 차량이 움직이는 차량보다 더 많은 배기가스를 생성한다는 것을 보여 주었습니다. 이것은 혼잡 시간대의 교통 체증이 특히 많은 양의 오염 물질을 발생시켜, 환경과 인간 건강에 엄청난 해를 끼친다는 것을 의미합니다. 전반적으로, 혼잡 통행료를 부과하는 것은 사람들이 운전하는 것을 단념하게 할 것이고, 이것이 도시의 대기질을 개선하는 데 도움이 될 수 있습니다.

어휘 congestion[kəndʒéstʃən] 혼잡 urgently[ə́:rdʒəntli] 시급하게 emission[imíʃən] 배기가스, 배출 visibility[vìzəbíləti] 가시성 respiratory[réspərətɔ̀:ri] 호흡기의 idle[áidl] 공회전하다 traffic jam 교통 체증 peak hours 혼잡 시간대 deter[ditə́:r] 단념하게 하다, 막다

Day 06 사회

문제

Professor Yoon
As we discussed in class, the Internet has become an integral part of our lives, with over 5 billion active users worldwide. And with the rise of online communication, the issue of anonymity has become an important but controversial topic. So let's talk about the following: Do you think anonymity is necessary for social progress, or does it just allow for online harassment and the spread of hate speech?

우리가 수업 시간에 논의했듯이, 인터넷은 우리 삶의 필수적인 부분이 되어 왔으며, 전 세계에 활성 사용자는 50억 명 이상입니다. 그리고 온라인 커뮤니케이션의 증가와 함께, 익명성의 문제는 중요하면서도 논란의 여지가 있는 주제가 되었습니다. 그래서 다음에 대해 이야기해 봅시다. 여러분은 익명성이 사회 발전을 위해 필요하다고 생각하나요, 아니면 그것이 단지 온라인 괴롭힘과 혐오 발언의 확산을 허용할 뿐이라고 생각하나요?

Arjun
Anonymity is crucial for building a better society because it allows everyone's voices to be heard. I mean, as human beings, we are inherently biased no matter how hard we try not to be. When people's identities remain hidden, every viewpoint carries equal weight and can be assessed without any kind of prejudice or discrimination.

익명성은 모든 사람들의 목소리가 청취될 수 있게 해 주기 때문에 더 나은 사회를 만드는 데 있어 중요합니다. 제 말은, 인간으로서, 우리가 아무리 그렇게 되지 않으려고 노력해도 우리는 본질적으로 편향됩니다. 사람들의 정체가 숨겨져 있을 때, 모든 관점은 동등한 무게를 가지며 어떤 종류의 편견이나 차별 없이 평가될 수 있습니다.

Louis
A major problem with anonymity is that it lets people hide behind their screens. They might say things on the Internet that they would never say in person, which is why cyberbullying has increased. Anonymity is a shield for people to engage in this toxic behavior. So anonymity makes it difficult to identify and stop the bullies.

익명성의 주요 문제는 그것이 사람들을 화면 뒤에 숨게 한다는 것입니다. 그들은 직접 만나서는 절대 하지 않을 말을 인터넷상에서 할 수도 있는데, 이것이 사이버 폭력이 증가해 온 이유입니다. 익명성은 이러한 유해 행동에 관여하는 사람들을 위한 방패입니다. 그래서 익명성은 괴롭히는 사람들을 식별하여 중단시키는 것을 어렵게 만듭니다.

아웃라인

anonymity is necessary*

- creates environment where whistleblowers can come forward
  내부 고발자가 나설 수 있는 환경을 조성함
  - corrupt practices are exposed → cornerstone of social development
    부패 관행이 드러나서 사회 발전의 초석이 됨
  - ex) low-level employee can report misconduct anonymously → company can be held accountable
    예) 하급 직원이 익명으로 부정행위를 보고할 수 있으면 회사가 책임을 질 수 있음

anonymity allows for online harassment & hate speech

- creates multiple fake accounts → easy to harass others
  여러 개의 가짜 계정을 만들면 다른 사람들을 괴롭히기 쉬움
  - no way for victims to know how many people are harassing them
    피해자는 얼마나 많은 사람들이 자신을 괴롭히고 있는지 알 방법이 없음
  - ex) individuals created multiple accounts to bully other players in game communities
    예) 사람들이 게임 커뮤니티에서 다른 플레이어들을 괴롭히기 위해 여러 개의 계정을 만들었음

모범 답안

[나의 의견] **In my opinion,** the benefits of preserving online anonymity far outweigh the downsides. [이유] **The main reason is that** anonymity creates a virtual environment where whistleblowers can come forward. [일반적 진술] When such conditions exist, corrupt practices within organizations can be exposed. **In that way,** protecting peoples' identities online is actually a cornerstone of social development. [예시] **For example,** imagine a scenario where a low-level employee at a company knows about unethical practices being carried out by senior management but fears retaliation for speaking up. If the employee can report the misconduct anonymously, the information will be brought to light and the company can be held accountable for its actions, which plays a pivotal role in driving social progress by fostering trust among individuals and institutions. [맺음말] **Therefore,** while measures to address the problems with anonymity need to be implemented, anonymity is essential for exposing immoral conduct and moving society forward.

해석 제 생각에는, 온라인 익명성을 보호하는 것의 이점은 단점보다 훨씬 더 큽니다. 주된 이유는 익명성이 내부 고발자가 나설 수 있는 가상의 환경을 조성한다는 것입니다. 이러한 환경이 존재할 때, 조직 내의 부패 관행이 드러날 수 있습니다. 이렇게, 온라인에서 사람들의 정체를 보호하는 것은 사실 사회 발전의 초석입니다. 예를 들어, 한 회사의 하급 직원이 고위 경영진에 의해 행해지는 비윤리적인 관행에 대해 알고 있지만 목소리를 내는 것으로 인한 보복을 두려워하는 시나리오를 상상해 보십시오. 그 직원이 익명으로 부정행위를 보고할 수 있다면, 그 정보가 드러날 것이고 회사가 그것의 행동에 대해 책임을 질 수 있을 것인데, 이것은 개인과 기관 간의 신뢰를 조성함으로써 사회 발전을 촉진하는 데 중추적인 역할을 합니다. 따라서, 익명성의 문제점을 해결하기 위한 조치가 시행되어야 하지만, 익명성은 부도덕한 행위를 폭로하고 사회를 나아가게 하는 데 있어 필수적입니다.

어휘 outweigh[àutwéi] ~보다 더 크다 whistleblower[wíslblòuər] 내부 고발자 come forward 나서다 corrupt[kərʌ́pt] 부패한
cornerstone[kɔ́:rnərstoun] 초석 unethical[ʌnéθikəl] 비윤리적인 retaliation[ritæ̀liéiʃən] 보복
misconduct[mìskʌ́ndʌkt] 부정행위 bring to light 드러내다 be held accountable 책임을 지다 immoral[imɔ́:rəl] 부도덕한

Day 07 건강

문제

Doctor Evans
As we discussed in class, some countries have implemented a special tax on snacks and drinks that are high in sugar. The goal is to reduce sugar consumption, which is linked to health problems like obesity. But there is much debate about whether this type of tax is fair or even effective. What are your thoughts? Should governments implement this strategy to reduce sugar consumption, or should this type of tax be avoided?

우리가 수업에서 논의했듯이, 일부 국가들은 설탕이 많이 든 과자와 음료에 특별세를 도입했습니다. 그 목표는 설탕 소비를 줄이는 것인데, 이것은 비만과 같은 건강 문제와 관련이 있습니다. 하지만 이런 유형의 세금이 공정한지 아니면 심지어 효과적인지에 대해서는 많은 논쟁이 있습니다. 여러분의 생각은 어떻습니까? 정부는 설탕 소비를 줄이기 위해 이 전략을 도입해야 합니까, 아니면 이런 유형의 세금은 지양되어야 합니까?

Beth
Personally, I think that a sugar tax is a great idea because it encourages people to consume less sugar, which will lead to better health outcomes. It has been proven to work in other countries like Mexico, where there was a slight reduction in sugar-sweetened beverage consumption after the tax was implemented.

개인적으로, 저는 설탕세가 사람들이 더 적은 설탕을 소비하도록 장려하고, 이것이 더 나은 건강의 결과로 이어지기 때문에 좋은 아이디어라고 생각합니다. 그것은 멕시코와 같은 다른 나라에서 효과가 있는 것으로 입증되었는데, 그곳에서 세금이 도입된 후 가당 음료 소비가 소폭 감소했습니다.

Greg
While I agree that something needs to be done to address the obesity epidemic, I don't feel that a sugar tax is the best solution. Independent businesses or mom-and-pop shops won't be able to absorb the tax and will have to pass the cost onto consumers.

저는 만연한 비만을 해결하기 위해 어떤 조치가 필요하다는 것에는 동의하지만, 설탕세가 최선의 해결책이라고는 생각하지 않습니다. 자영업이나 구멍가게들은 세금을 부담할 수 없을 것이고 그 비용을 소비자들에게 전가해야 할 것입니다.

아웃라인

government should implement sugar tax

encourage companies to reformulate products to contain less sugar
회사들이 설탕을 덜 함유한 제품을 새로 만들도록 장려함

- companies will develop healthier options to avoid higher tax
  회사들은 높은 세금을 피하기 위해 더 건강한 선택지를 개발할 것임
- revenue generated from sugar tax → used to fund health initiatives
  설탕세로부터 벌어들인 세입이 건강 계획에 자금을 대는 데 사용됨

sugar tax should be avoided*

unfairly targets lower-income individuals
부당하게도 저소득층 개인들을 겨냥함

- cost of sugary foods rises → find it difficult to cover food expenses
  설탕이 든 음식 가격이 상승함에 따라 식비를 감당하는 것을 힘들게 느낌
- further exacerbate health issues prevalent among disadvantaged communities
  가난한 지역 사회에 만연한 건강 문제를 더욱 악화시킴

모범 답안

[도입] **I understand why Beth thinks that** a sugar tax could discourage the consumption of sugary products and ultimately lead to improved health outcomes. [나의 의견] **However, in my opinion,** a sugar tax would be a poor policy. [이유] **The main reason is that** it unfairly targets lower-income individuals. [일반적 진술] As the cost of sugary beverages and foods rises due to the introduction of a sugar tax, lower-income individuals may find it difficult to cover their food expenses. While the intention of the sugar tax is to encourage healthier choices, the immediate impact on those with limited resources could be a strain on their food budget, making it challenging for them to allocate sufficient funds for a well-rounded and nutritious diet. [부연 설명] This situation can further exacerbate existing health issues prevalent among economically disadvantaged communities, as individuals may be forced to prioritize affordability over healthier food options. [맺음말] **Therefore,** instead of relying on a sugar tax, promoting education and public health campaigns would be a better approach to reduce for reducing sugar consumption in the long term.

해석 저는 왜 Beth가 설탕세가 설탕이 든 제품의 소비를 억제하고 궁극적으로 향상된 건강 결과로 이어질 수 있다고 생각하는지 이해합니다. 하지만, 제 생각에는, 설탕세는 좋지 않은 정책이 될 것입니다. 주된 이유는 그것이 부당하게도 저소득층 개인들을 겨냥한다는 것입니다. 설탕세의 도입 때문에 설탕이 든 음료와 음식의 가격이 상승함에 따라, 저소득층 사람들은 그들의 식비를 감당하는 것을 힘들게 느낄 수 있습니다. 설탕세의 의도는 더 건강한 선택을 장려하는 것이지만, 제한된 자원을 가진 사람들에게 미치는 즉각적인 영향은 식비 예산에 대한 부담일 수 있으며, 이것은 그들이 균형 잡힌 영양가 있는 식단을 위해 충분한 자금을 할당하는 것을 어렵게 만듭니다. 이러한 상황은 경제적으로 가난한 지역 사회에 만연한 기존의 건강 문제를 더욱 악화시킬 수 있는데, 이는 사람들이 더 건강한 음식 선택지보다 저렴한 가격을 우선시하도록 강제될 수 있기 때문입니다. 따라서, 설탕세에 의존하는 대신에, 교육과 공중 보건 캠페인을 촉진하는 것이 장기적으로 설탕 소비를 줄이기 위한 더 나은 접근법일 것입니다.

어휘 discourage[diskə́:ridʒ] 억제하다　unfairly[ʌ̀nfɛ́rli] 부당하게　strain[strein] 부담　allocate[ǽləkèit] 할당하다
well-rounded 균형 잡힌　exacerbate[igzǽsərbèit] 악화시키다　prevalent[prévələnt] 만연한
disadvantaged[dìsədvǽntidʒd] 가난한　affordability[əfɔ̀:rdəbíləti] 저렴한 가격, 감당할 수 있는 비용

Day 08 환경

문제

Doctor James
As human beings, we are now facing the dual challenges of climate change and environmental degradation. Some people remain doubtful that the state of the environment will improve in the coming years, while others are hopeful that we can take action now to mitigate the damage. What do you think? Is the situation truly hopeless, or do you believe that we can make positive changes to protect the environment for future generations?

인간으로서, 오늘날 우리는 기후 변화와 환경 악화라는 이중의 도전에 직면하고 있습니다. 일부 사람들은 향후 몇 년 동안 환경 상태가 개선될 것이라는 것에 대해 의심하고 있지만, 다른 사람들은 현재 우리가 피해를 줄이기 위한 행동을 취할 수 있다는 희망을 가집니다. 여러분은 어떻게 생각하나요? 이 상황은 정말로 절망적인가요, 아니면 여러분은 미래 세대를 위해서 환경을 보호하기 위하여 우리가 긍정적인 변화를 만들 수 있다고 믿나요?

Suzy
I believe the situation is hopeless. Climate change is already having a devastating impact on our planet, and it is only going to get worse. Despite efforts to mitigate the damage, we have already caused irreparable harm to our environment. We must accept that we cannot undo the damage and focus on adapting to the changes that are coming.

저는 이 상황이 절망적이라고 믿습니다. 기후 변화는 이미 지구에 파괴적인 영향을 미치고 있으며, 더 악화되기만 할 것입니다. 피해를 줄이기 위한 노력에도 불구하고, 우리는 이미 우리의 환경에 돌이킬 수 없는 해를 끼쳤습니다. 우리는 피해를 되돌릴 수 없다는 것을 인정하고 다가오는 변화에 적응하는 데 집중해야 합니다.

Taehwan
While the challenges of climate change and environmental degradation are daunting, I remain hopeful that we can meet them. Some progress has already been made in reducing greenhouse gas emissions by increasing our use of renewable energy sources, like the sun and wind. If we continue to make sustainable choices, we can create a better future for generations to come.

기후 변화와 환경 악화의 문제가 다루기 벅차지만, 저는 우리가 그것들에 대응할 수 있다는 희망을 가지고 있습니다. 태양 및 바람과 같은 재생 가능한 에너지원의 사용을 늘림으로써 온실가스 배출을 줄이는 데 있어 이미 약간의 진전이 이루어져 왔습니다. 우리가 지속 가능한 선택을 계속한다면, 우리는 다음 세대를 위해 더 나은 미래를 만들 수 있습니다.

아웃라인

environmental situation is hopeless

- companies are reluctant to invest in environmentally friendly technologies
  기업들은 환경친화적인 기술에 투자하는 것을 꺼림
  - these technologies are expensive & time-consuming to develop
    이러한 기술은 개발하는 데 비용이 많이 들고 많은 시간이 걸림
  - ex) solar power: requires lots of time & money to make practical
    예) 태양 에너지는 실용화하는 데 많은 시간과 돈을 필요로 함

can make changes to protect the environment*

- governments are implementing measures to protect the planet
  정부들이 지구를 보호하기 위한 조치들을 시행하고 있음
  - if companies X comply, face fines & criminal charges
    만약 기업들이 지키지 못하면 벌금과 형사 고발에 직면함
  - ex) South Korea: law banning plastic straws → decrease in plastic waste production
    예) 한국의 플라스틱 빨대 금지법은 플라스틱 폐기물 생산의 감소로 이어짐

모범 답안

In my opinion, humans have the potential to improve the state of the environment by taking decisive action. **The main reason is that** governments worldwide are implementing concrete measures to protect the planet by imposing new regulations on companies. Some of these policies include limiting the use of toxic chemicals, restricting harmful emissions that contribute to air pollution, and promoting sustainable resource management practices. If companies fail to comply with these regulations, they face steep fines and even criminal charges. **As a result,** companies now have a powerful incentive to take proactive measures to prevent environmental damage. **For example,** in South Korea, a law has recently been introduced banning large café franchises from providing plastic straws to customers. Those who do not conform are subject to hefty fines, and this is expected to lead to a significant decrease in plastic waste production. If this trend continues, the amount of plastic pollution will decline.

해석 제 생각에는, 인간은 결단력 있는 행동을 함으로써 환경의 상태를 개선할 수 있는 잠재력을 가지고 있습니다. 주된 이유는 전 세계의 정부들이 기업들에 새로운 규제를 가함으로써 지구를 보호하기 위한 구체적인 조치들을 시행하고 있다는 것입니다. 이러한 정책들 중 일부는 독성 화학물질의 사용을 제한하고, 대기 오염의 원인이 되는 유해 배기가스를 통제하며, 지속 가능한 자원 관리 관행을 장려하는 것을 포함합니다. 만약 기업들이 이러한 규정들을 지키지 못한다면, 그것들은 너무 비싼 벌금과 심지어 형사 고발에 직면합니다. 결과적으로, 기업은 이제 환경 피해를 방지하기 위한 사전 예방적 조치를 취할 강력한 동인을 갖게 되었습니다. 예를 들어, 한국에서는, 최근 대형 카페 프랜차이즈가 고객들에게 플라스틱 빨대를 제공하는 것을 금지하는 법이 도입되었습니다. 이에 따르지 않는 프랜차이즈들은 막대한 벌금을 물게 되는데, 이는 플라스틱 폐기물 생산의 큰 감소로 이어질 것으로 예상됩니다. 이 추세가 계속되면, 플라스틱 오염의 양은 감소할 것입니다.

어휘 decisive[disáisiv] 결단력 있는 impose[impóuz] 가하다 regulation[règjuléiʃən] 규제 restrict[ristríkt] 통제하다
comply[kəmplái] 지키다, 따르다 steep[sti:p] 너무 비싼 criminal charge 형사 고발
proactive[pròuǽktiv] 사전 예방적인, 사전 대책을 강구하는 conform[kənfɔ́:rm] 따르다, 순응하다 hefty[héfti] 막대한

Day 09 환경

문제

Professor McLeod
Over the past couple of weeks, we have been engaged in extensive discussions regarding the multitude of urgent environmental challenges that our world is currently facing. As we approach the conclusion of this unit, I would like each of you to carefully reflect upon the topics we have covered and select one environmental problem that you perceive as particularly severe. Furthermore, I encourage you to propose an effective solution to the problem.

지난 몇 주 동안, 우리는 세계가 현재 직면하고 있는 수많은 시급한 환경 문제들에 대한 광범위한 논의에 열중해 왔습니다. 본 단원의 결론에 가까워짐에 따라, 저는 여러분 각자가 우리가 다룬 주제에 대해 곰곰이 생각해 보고 여러분이 특히 심각하다고 생각하는 환경 문제를 하나 선택했으면 합니다. 또한, 저는 여러분이 그 문제에 대한 효과적인 해결책을 제안하기를 권합니다.

Chen
I think deforestation is the most severe environmental problem, and using reusable products would help. The more disposable products we use, the more will be made, and this can have disastrous effects on the environment. For instance, millions of trees are cut down every year in China to make disposable chopsticks.

저는 삼림 벌채가 가장 심각한 환경 문제라고 생각하며, 재사용 가능한 제품들을 사용하는 것이 도움이 될 것입니다. 우리가 일회용품을 더 많이 사용할수록, 더 많이 만들어질 것이고, 이것은 환경에 파괴적인 영향을 미칠 수 있습니다. 예를 들어, 중국에서는 매년 수백만 그루의 나무들이 일회용 젓가락을 만들기 위해 베어집니다.

Clara
Too much waste is the most pressing issue. One of the best solutions to the problem is reducing plastic waste. Plastic does not degrade easily, so it can eventually enter the ocean and kill marine animals. I watched a documentary that showed how sea turtles consume plastic bags because they look like jellyfish. The plastic blocks the turtles' intestines.

너무 많은 쓰레기가 가장 시급한 문제입니다. 이 문제에 대한 가장 좋은 해결책들 중 하나는 플라스틱 쓰레기를 줄이는 것입니다. 플라스틱은 쉽게 분해되지 않기 때문에, 결국 바다로 들어가 해양 동물들을 죽일 수 있습니다. 저는 바다거북이 비닐봉지가 해파리처럼 보여서 그것을 섭취하는 것을 보여주는 다큐멘터리를 봤습니다. 플라스틱은 거북이의 창자를 막습니다.

아웃라인

energy consumption*

- directly linked to utilization of natural resources
  천연자원의 이용과 직결됨

  - extraction & use of resources leads to environmental destruction
    자원의 추출과 이용은 환경 파괴를 초래함
  - solutions in daily lives: turn off lights, improve insulation
    일상생활에 해결책들이 있는데, 그것은 전등을 끄고 단열재를 개선하는 것임

huge carbon footprint

- carbon dioxide released into atmosphere contribute to climate change
  대기에 배출된 이산화 탄소가 기후 변화의 원인이 됨

  - chemical waste from industrial processes releases ↑ greenhouse gases → increases carbon footprint
    산업 공정에서 발생한 화학적 폐기물이 많은 온실가스를 배출해서 탄소 발자국을 증가시킴
  - slow fashion: decreases turnover of clothing items → reduce production & waste
    슬로우 패션은 의복 제품의 교체율을 낮춰서 생산과 폐기물을 줄임

모범 답안

[나의 의견] **In my opinion,** one of the most severe environmental problems is energy consumption. [이유] **The main reason is that** energy consumption is directly linked to the utilization of natural resources like oil, gas, and coal. [일반적 진술] The extraction and use of these resources lead to environmental destruction, including air and water pollution, deforestation, and wildlife habitat loss. [부연 설명] The effective solutions to this problem lie in our daily lives. We should turn off lights and appliances when they are not in use, use energy-efficient light bulbs and devices, and improve insulation in homes to reduce heating and cooling needs. [맺음말] **In this regard,** while reducing energy consumption alone may not solve all of our environmental problems, it is an essential step toward sustainable living and the protection of our planet for future generations.

해석 제 생각에는, 가장 심각한 환경 문제 중 하나는 에너지 소비입니다. 주된 이유는 에너지 소비가 석유, 가스, 그리고 석탄과 같은 천연자원의 이용과 직결된다는 것입니다. 이러한 자원들의 추출과 이용은 대기 및 수질 오염, 삼림 벌채, 그리고 야생 동물 서식지 상실을 비롯한 환경 파괴를 초래합니다. 이 문제에 대한 효과적인 해결책들은 우리의 일상생활에 있습니다. 우리는 전등과 가전제품을 사용하지 않을 때는 꺼야 하고, 에너지 효율적인 전구와 장치를 사용해야 하며, 난방과 냉방의 필요를 줄이기 위해 집의 단열재를 개선해야 합니다. 이러한 점에서, 에너지 소비를 줄이는 것만으로는 우리의 모든 환경 문제를 해결할 수 없을지도 모르지만, 그것은 미래 세대를 위한 지속 가능한 삶과 우리 지구의 보호를 위한 필수적인 단계입니다.

어휘 consumption[kənsʌ́mpʃən] 소비 utilization[jùːtəlizéiʃən] 이용 extraction[ikstrǽkʃən] 추출 destruction[distrʌ́kʃən] 파괴 deforestation[diːfɔ̀ːristéiʃən] 삼림 벌채 appliance[əpláiəns] 가전제품 insulation[ìnsəléiʃən] 단열재

Day 10 문화

문제

Professor Cohen
We have been discussing the use of product placement in movies and TV shows. As we learned in class, product placement is the practice of featuring branded products in a movie or TV show for promotional purposes. Before our upcoming class, I would like you to discuss the following question: Should companies be allowed to advertise their products this way, or is product placement too intrusive?

우리는 영화와 텔레비전 프로그램에서의 제품 간접 광고 사용에 대해 논의하고 있습니다. 수업에서 배웠듯이, 제품 간접 광고는 홍보 목적으로 영화나 텔레비전 프로그램에 브랜드의 제품을 출연시키는 행위입니다. 다음 수업 전에, 다음 질문에 대해 토론해 봤으면 합니다. 기업들이 그들의 제품을 이런 식으로 광고하는 것이 허용되어야 할까요, 아니면 제품 간접 광고는 너무 거슬리는 것인가요?

Tom
I feel that product placement is an effective way for advertisers to reach consumers. Usually, the product placement is integrated into the storyline, so it seems natural and unobtrusive. Plus, advertising fees offset the cost of production, which ultimately benefits viewers. So I think that product placement should not only be allowed but encouraged.

저는 제품 간접 광고가 광고주들이 소비자들에게 다가갈 수 있는 효과적인 방법이라고 생각합니다. 보통, 제품 간접 광고는 줄거리에 융화되어, 자연스럽고 눈에 띄지 않는 것 같습니다. 게다가, 광고료는 제작비를 상쇄하는데, 이는 결국 시청자들에게 이익이 됩니다. 그래서 저는 제품 간접 광고가 허용될 뿐만 아니라 장려되어야 한다고 생각합니다.

Sarah
I have to respectfully disagree with Tom on this one. I find product placement to be very intrusive, and it often takes me out of the viewing experience. For example, during an emotional scene in a drama, a character asked for a specific brand of juice. It was so obviously a marketing ploy that I no longer felt engaged with the show.

저는 이것에 대해 정중하게 Tom에게 동의하지 않습니다. 저는 제품 간접 광고가 매우 방해가 된다고 생각하며, 그것은 종종 저를 관람 경험에서 벗어나게 합니다. 예를 들어, 드라마에서 감정적인 장면이 나올 때, 한 등장인물이 특정 브랜드의 주스를 요청했습니다. 그것은 너무 명백한 마케팅 전략이었으므로 저는 더 이상 그 프로그램에 몰두하지 못했습니다.

아웃라인

product placement should be allowed

additional revenue for media producers
미디어 제작자들에게 추가적인 수입이 됨

- producers & staff receive lower pay than actors despite challenging labor conditions
  제작자와 스태프는 힘든 노동 환경에도 불구하고 배우에 비해 낮은 보수를 받음
- additional income = incentive for their creative drive, leading to the production of better works
  추가적인 수입은 창작 욕구에 대한 동기 부여가 되어 더 나은 작품의 제작으로 이어짐

product placement is intrusive*

can compromise artistic integrity of creator
제작자의 예술가적 진실성을 손상시킴

- focus shifts from creative vision to commercial interests
  초점이 창의적 시각에서 상업적 이익으로 옮겨감
- can contribute to lack of diversification ← relying on select brands for partnerships
  고급 브랜드에 대한 제휴에 의존함으로써 다양성 부족의 원인이 될 수 있음

모범 답안

[도입] I understand why Tom thinks that product placement can benefit viewers as the revenue generated from advertising can be used for production expenses. [나의 의견] **However, in my opinion,** product placement will have the opposite effect overall. [이유] **This is mainly because** product placement can compromise the artistic integrity of the creator of a TV show or movie. [일반적 진술] When products are inserted into the storyline, the focus often shifts from the creative vision of the director or writer to the commercial interests of the advertiser. This results in a dilution of the original message, which weakens the TV show or movie. [부연 설명] What's worse, product placement can contribute to a lack of diversification in the media. When it becomes a prominent source of revenue for TV shows or movies, there is a risk of heavily relying on a few select brands for partnerships. Filmmakers may prioritize securing deals with well-known or financially lucrative brands, which can restrict the representation of diverse brands and limit the variety of consumer products portrayed on screen.

해석 저는 왜 Tom이 제품 간접 광고가 시청자들에게 이익이 될 수 있다고 생각하는지 이해하는데 이는 광고에서 창출된 수익이 제작비로 사용될 수 있기 때문입니다. 하지만, 제 생각에는, 제품 간접 광고가 전반적으로 역효과를 가져올 것입니다. 이는 주로 제품 간접 광고가 텔레비전 프로그램 또는 영화 제작자의 예술가적 진실성을 손상시킬 수 있기 때문입니다. 줄거리에 제품이 삽입되면, 초점은 보통 감독이나 작가의 창의적 시각에서 광고주의 상업적 이익으로 옮겨갑니다. 이로 인해 원래의 메시지가 희석되어, 텔레비전 프로그램이나 영화를 무력화시킵니다. 설상가상으로, 제품 간접 광고는 미디어에서의 다양성 부족의 원인이 될 수 있습니다. 그것이 텔레비전 프로그램이나 영화의 주요 수입원이 될 경우, 몇몇 고급 브랜드에 대한 제휴에 크게 의존할 위험성이 있습니다. 영화 제작자들은 유명하거나 재정적으로 수익성이 좋은 브랜드와의 거래를 확보하는 것을 우선시할 수 있는데, 이는 다양한 브랜드를 내보이는 것을 막고 텔레비전에 묘사되는 소비재의 다양성을 제한할 수 있습니다.

어휘 revenue[révənjù:] 수익, 수입 compromise[kɑ́:mprəmaiz] 손상시키다 integrity[intégrəti] 진실성
commercial[kəmə́:rʃəl] 상업적인; 광고 dilution[dilú:ʃən] 희석 weaken[wí:kən] 무력화시키다
diversification[divə̀:rsəfikéiʃən] 다양성, 다양화 select[silékt] 고급의 secure[sikjúər] 확보하다, 얻다
lucrative[lú:krətiv] 수익성이 좋은

Day 11 문화

문제

Dr. Patel
As we discussed in class, advertising is everywhere, and it's becoming more prevalent because of technology. Advertisements show up in our mobile games and online videos constantly. But while some advertisements are simply an annoyance, others may be more problematic. In particular, the advertising of alcohol is quite contentious. What do you think? Should advertising of alcohol be prohibited, or should companies be free to promote this type of product?

우리가 수업 시간에 논의했듯이, 광고는 어디에나 있고, 기술 때문에 점점 더 보편화되고 있습니다. 모바일 게임과 온라인 영상에 광고가 끊임없이 나타납니다. 하지만 일부 광고들이 단순히 성가신 반면, 다른 광고들은 더 문제가 될 수 있습니다. 특히, 술 광고는 상당히 논란이 많습니다. 여러분은 어떻게 생각하시나요? 술 광고는 금지되어야 할까요, 아니면 기업들이 이런 종류의 제품을 홍보할 자유가 있어야 할까요?

Lucy
I don't think alcohol should be advertised at all. The negative health effects of alcohol consumption are well-documented, and allowing companies to advertise this type of product only makes things worse. The government outlawed smoking commercials because tobacco is bad for our health, and the same should be done with alcohol advertisements.

저는 술을 절대 광고해서는 안 된다고 생각합니다. 술 섭취의 부정적인 건강상의 영향은 문서에 의해 충분히 입증되었고, 기업들이 이런 종류의 제품을 광고하도록 허용하는 것은 상황을 더 악화시킬 뿐입니다. 정부는 담배가 우리 건강에 나쁘기 때문에 흡연 광고를 금지했고, 술 광고도 마찬가지여야 합니다.

Arthur
All companies have the right to advertise their products. Allowing some ads but not others is no different from allowing some people to have freedom of speech but not others. Alcohol is not illegal, and manufacturers even remind people to drink responsibly. After that, it's the consumer's decision whether to drink or not.

모든 기업은 제품을 광고할 권리가 있습니다. 일부 광고만 허용하고 다른 광고는 허용하지 않는 것은 일부 사람들에게만 언론의 자유를 허용하고 다른 사람들에게는 허용하지 않는 것과 다를 바 없습니다. 술은 불법이 아니며, 제조업자들은 심지어 사람들에게 책임감 있게 술을 마시라고 상기시킵니다. 그 후에, 마실지 말지는 소비자의 결정입니다.

아웃라인

advertising of alcohol should be prohibited*

causes social harm by normalizing culture of drinking
음주 문화를 정상화함으로써 사회적 손해를 야기함

- people continue to see ads → perceive alcohol as harmless → particularly dangerous for teenagers
  사람들이 광고를 계속 보면 술을 무해하게 인식하고 이는 특히 청소년들에게 위험함
- ex) research: exposed to alcohol ads → start drinking at earlier age & associated with risky behaviors
  예) 연구에 따르면 술 광고에 노출되면 더 이른 나이에 술을 마시기 시작하며 위험한 행동과 관련이 있음

companies should be free to promote alcohol

burden of alcohol-related harm: X solely placed on companies
술과 관련된 피해의 부담이 기업들에만 지워져서는 안 됨

- most individuals can control alcohol consumption & know their limits
  대부분의 사람들은 술 섭취를 조절할 수 있고 자신의 주량을 알고 있음
- for some people who can't, other solutions: alcohol programs, education
  조절할 수 없는 소수의 사람들에게는 술 프로그램이나 교육과 같은 다른 해결책들이 있음

모범 답안

도입 **I agree with Lucy's perspective that** governments should ban alcohol commercials because of the potential health problems. **나의 의견 + 이유** **Additionally, I think** products containing alcohol should not be advertised **because** this causes social harm by normalizing a culture of drinking. **일반적 진술** When people continue to see ads for alcohol, they may start to perceive alcohol as a relatively harmless product, similar to soda. This misconception can be particularly dangerous for teenagers, who are more vulnerable to the negative effects of alcohol consumption. **예시** **Research has shown that** teenagers who are exposed to alcohol advertising are more likely to start drinking at an earlier age and to drink more frequently and in larger quantities. And most people know that underage drinking is associated with a range of risky behaviors. Perhaps the most harmful of these is drunk driving. Thousands of people are injured or even die because of drunk drivers every year. **맺음말** **In this regard,** prohibiting alcohol advertising can reduce alcohol-related harm and promote a safer society.

해석 저는 잠재적인 건강 문제 때문에 정부가 술 광고를 금지해야 한다는 Lucy의 견해에 동의합니다. 추가적으로, 저는 알코올을 함유한 제품이 광고되어서는 안 된다고 생각하는데 이는 그것이 음주 문화를 정상화함으로써 사회적 손해를 야기하기 때문입니다. 사람들이 술에 대한 광고를 계속 보면, 그들은 술을 탄산음료와 같이 상대적으로 무해한 제품으로 인식하기 시작할 수 있습니다. 이러한 오인은 청소년들에게 특히 위험할 수 있는데, 그들은 알코올 섭취의 부정적인 영향에 더욱 취약합니다. 연구는 술 광고에 노출된 청소년들이 더 이른 나이에 술을 마시기 시작하고 더 자주 그리고 더 많은 양의 술을 마실 가능성이 더 크다는 것을 보여줬습니다. 또한, 대부분의 사람들은 미성년자 음주가 다양한 위험한 행동과 관련이 있다는 것을 알고 있습니다. 아마 이것들 중 가장 위험한 것은 음주 운전입니다. 매년 수천 명의 사람들이 음주 운전자 때문에 다치거나 심지어 사망합니다. 이러한 점에서, 술 광고를 금지하는 것은 술과 관련된 피해를 줄이고 더 안전한 사회를 도모할 수 있습니다.

어휘 **normalize**[nɔ́ːrməlàiz] 정상화하다 **perceive**[pərsíːv] 인식하다 **misconception**[mìskənsépʃən] 오인
particularly[pərtíkjulərli] 특히 **vulnerable**[vʌ́lnərəbəl] 취약한 **underage**[ʌ̀ndəreidʒ] 미성년자의

Day 12 문화

문제

Doctor Petrovsky
Social media use has exploded in popularity over the past two decades. And for many people, it has become their primary means of socially interacting with others. But there is a lot of disagreement about whether this is a positive or negative trend. I want to know what you think. Does social media help connect people and foster relationships, or does it contribute to loneliness and isolation?

소셜 미디어 사용은 지난 20년 동안 폭발적인 인기를 얻었습니다. 그리고 많은 사람들에게, 그것은 다른 사람들과 사회적으로 상호 작용하는 주요한 수단이 되었습니다. 하지만 이것이 긍정적인 추세인지 부정적인 추세인지에 대해서는 많은 의견 충돌이 있습니다. 저는 여러분이 어떻게 생각하는지를 알고 싶습니다. 소셜 미디어가 사람들을 연결하고 관계를 형성하는 것을 돕습니까, 아니면 그것은 외로움과 고립감의 원인이 됩니까?

Katie
I'm active on social media, and I think it is a great way to meet and stay in touch with others. My cousin has a rare health condition, and she was able to find a support group through social media. Plus, I can see what my friends are doing just by looking at their photos.

저는 소셜 미디어에서 활동하고 있으며, 그것은 다른 사람들을 만나고 그들과 연락을 유지하는 좋은 방법이라고 생각합니다. 제 사촌은 희귀한 건강 질환을 가지고 있고, 그녀는 소셜 미디어를 통해 지원 단체를 찾을 수 있었습니다. 게다가, 저는 그저 친구들의 사진을 봄으로써 그들이 무엇을 하고 있는지 알 수 있습니다.

Mateo
Katie's points are good, but we can't ignore the negative effects of social media. People often spend more time on their phones than socializing in real life. And this can make them feel isolated because virtual relationships tend to be much less fulfilling than real-life ones.

Katie의 주장은 좋지만, 우리는 소셜 미디어의 부정적인 영향을 무시할 수 없습니다. 사람들은 종종 실제 생활에서 사교 활동을 하는 것보다 그들의 휴대폰에 더 많은 시간을 씁니다. 그리고 이것은 그들이 고립감을 느끼게 할 수 있는데 이는 가상의 관계는 실제의 관계보다 훨씬 덜 만족스러운 경향이 있기 때문입니다.

아웃라인

helps connect people and foster relationships

eliminates geographical barriers → makes it easier to connect with people who live far away
지리적 장벽을 제거하여 멀리 사는 사람들과 연락하는 것을 더 쉽게 만듦

- revolutionize the way we communicate by offering ↑ features
  많은 기능을 제공함으로써 우리가 소통하는 방식을 혁신함
- ex) video calls, chat rooms, group messaging: enable people to communicate in real time
  예) 영상 통화, 채팅방, 그룹 메시지 등은 사람들이 실시간으로 소통하는 것을 가능하게 함

contributes to loneliness and isolation*

compare with others even when what they see is X real
그들이 보는 것이 현실이 아닐 때도 다른 사람들과 비교함

- posts on social media = idealized versions → misleading
  소셜 미디어의 게시물들은 이상화된 버전이며 사실과 다름
- see only positive posts → feelings of inadequacy & low self-esteem
  긍정적인 게시물만 보는 것은 무능감과 낮은 자존감으로 이어짐

모범 답안

[도입] **I understand why Katie thinks that** social media is an effective means of connecting individuals with one another based on her personal experience. [나의 의견] **However, in my opinion,** social media can lead us to feel disconnected from others. [이유] **This is mainly because** people have a tendency to compare themselves with others on social media, even when what they see is not real. [일반적 진술] The posts that people share on social media, with pictures and descriptions of their vacations and fun nights out with friends, often depict idealized or curated versions of their lives that are misleading. Most people rarely post about the bad things that happen to them. [부연 설명] If we see only positive posts, we may start to believe that everyone but us has a perfect life. Comparing our lives to these unrealistic portrayals of others' lives leads to feelings of inadequacy and low self-esteem. This makes us reluctant to hang out with other people, resulting in increased social isolation. [맺음말] **Overall,** social media tends to isolate people rather than connect them.

해석 저는 왜 Katie가 그녀의 개인적인 경험에 기반해 소셜 미디어가 사람들을 서로 연결하는 효과적인 수단이라고 생각하는지 이해합니다. 하지만, 제 생각에는, 소셜 미디어는 우리가 다른 사람들로부터의 단절감을 느끼게 할 수 있습니다. 이는 주로 심지어 그들이 보는 것이 현실이 아닐 때도, 사람들은 소셜 미디어에서 자신들을 다른 사람들과 비교하는 경향이 있기 때문입니다. 소셜 미디어에서 사람들이 공유하는 게시물은 그들의 휴가와 친구들과의 즐거운 밤에 대한 사진 및 묘사와 함께, 보통 사실과 다른 이상화되거나 선별된 그들의 삶의 버전을 보여줍니다. 대부분의 사람들은 그들에게 일어나는 나쁜 일들에 대해 거의 게시하지 않습니다. 만약 우리가 긍정적인 게시물만 본다면, 우리는 우리를 제외한 모든 사람들이 완벽한 삶을 살고 있다고 믿기 시작할지도 모릅니다. 우리의 삶을 다른 사람들의 이러한 비현실적인 삶의 묘사와 비교하는 것은 무능감과 낮은 자존감으로 이어집니다. 이것은 우리가 다른 사람들과 어울리는 것을 꺼리게 만들고, 결과적으로 사회적 고립을 증가시킵니다. 전반적으로, 소셜 미디어는 사람들을 연결하기보다는 고립시키는 경향이 있습니다.

어휘 disconnected[dìskənéktid] 단절된 description[diskrípʃən] 묘사, 서술 misleading[mislí:diŋ] 사실과 다른 portrayal[pɔ:rtréiəl] 묘사 inadequacy[inǽdikwəsi] 무능함 self-esteem 자존감 reluctant[rilʌ́ktənt] 꺼리는 hang out with ~와 어울리다, 놀다 isolation[àisəléiʃən] 고립

Day 13 문화

문제

Professor Kraus

Sports were once played by amateur athletes for recreation. But nowadays, professional sports have become more competitive, and as a result, issues and incidents that go against the spirit of sportsmanship can arise. So I would like you to discuss this question: Do you think that intense competition contributes to the development of professional sports, or does it just contradict the true spirit of sports? Why do you hold that opinion?

스포츠는 한때 아마추어 선수들에 의해 취미로 행해졌습니다. 하지만 요즘, 프로 스포츠는 더욱 경쟁적으로 변했고, 그 결과로, 스포츠맨 정신에 반하는 많은 이슈와 사건들이 발생할 수 있습니다. 그래서 저는 여러분이 이 질문에 대해 논의했으면 합니다. 여러분은 치열한 경쟁이 프로 스포츠의 발전에 기여한다고 생각하나요, 아니면 그것은 그저 진정한 스포츠 정신에 반한다고 생각하나요? 왜 그런 의견을 가지고 있나요?

Meghan

Competition isn't detrimental to sports. It actually improves the spirit of sportsmanship. When we watch the Olympics, we often see great moments when the first-place winner congratulates the second-place winner after the event. So competition can create a sense of camaraderie and sportsmanship between opponents.

경쟁은 스포츠에 해롭지 않습니다. 그것은 실제로 스포츠맨 정신을 향상시킵니다. 올림픽을 볼 때, 우리는 경기가 끝난 후에 1등을 한 사람이 2등에게 축하의 말을 하는 멋진 순간들을 종종 봅니다. 그래서 경쟁은 상대편 간의 동지애와 스포츠맨 정신을 만들어 낼 수 있습니다.

Raj

I think competition in professional sports can be bad for both the athletes and the industry. The reason is that there's a lot of money involved. As competition gets more intense, big companies that sponsor sports events have more power in the sports world. So now, sports are really just a way for these companies to advertise their products.

저는 프로 스포츠에서의 경쟁이 선수들과 산업 모두에 나쁠 수 있다고 생각합니다. 그 이유는 많은 돈이 관련되어 있다는 것입니다. 경쟁이 치열해질수록, 스포츠 대회를 후원하는 대기업들이 스포츠계에서 더 많은 힘을 갖게 됩니다. 그래서 이제, 스포츠는 그저 이런 회사들이 그들의 제품을 광고하기 위한 하나의 방법일 뿐입니다.

아웃라인

contributes to development of sports

motivates athletes to develop skills & fitness
운동선수들이 기술과 체력을 증진시키도록 동기 부여함

- athletes push themselves to their limits → development by achieving better physical results
  운동선수들이 한계를 향해 자신들을 몰아붙임으로써, 더 좋은 신체적 결과를 얻어 발전을 이룸

- success of pro. athletes inspires others to pursue sports as a career or hobby
  프로 운동선수들의 성공은 다른 사람들이 스포츠를 직업이나 취미로 추구하도록 고무함

contradicts true spirit of sports*

can lead to a win-at-all-costs mentality
승리지상주의로 이어질 수 있음

- some athletes use any means to win
  일부 운동선수들은 이기기 위해 어떤 수단이라도 사용함

- ex) use of performance-enhancing drugs & match-fixing
  예) 경기력 향상 약물의 사용과 승부 조작

모범 답안

[도입] **I understand why Meghan thinks that** competition does not reduce sportsmanship as demonstrated by the Olympic Games. [나의 의견] **However, in my opinion,** excessive competition in professional sports can have a negative effect on sports. [이유] **This is mainly because** the pressure to perform at a high level can lead to a win-at-all-costs mentality. [일반적 진술] As this pressure becomes overwhelming, some athletes may use any means necessary to win. [예시] **For instance,** the use of performance-enhancing drugs is always controversial in international competitions, as it not only puts athletes' health at risk but also undermines the integrity of the sport. There have even been cases where countries have covered up their athletes' drug use. Another example is match-fixing. There once was a controversy in short-track speed skating where some players deliberately interfered with others to help their teammates win first place. All of these cases stem from a culture of cutthroat competition, with athletes prioritizing winning over sportsmanship.

해석 저는 왜 Meghan이 올림픽 경기에서 증명되듯이 경쟁이 스포츠맨 정신을 낮추지 않는다고 생각하는지 이해합니다. 하지만, 제 생각에는, 프로 스포츠에서의 지나친 경쟁은 스포츠에 부정적인 영향을 끼칠 수 있습니다. 이는 주로 높은 수준의 성과를 내야 한다는 압박감이 승리지상주의로 이어질 수 있기 때문입니다. 이 압박감이 극심해짐에 따라, 일부 운동선수들은 이기기 위해 필요한 어떤 수단이라도 사용할 수 있습니다. 예를 들어, 경기력 향상 약물의 사용은 운동선수들의 건강을 위험에 빠뜨릴 뿐만 아니라 스포츠의 진실성을 훼손하기 때문에, 국제 대회에서 항상 논란이 되고 있습니다. 심지어 국가들이 운동선수들의 약물 사용을 은폐한 사례도 있었습니다. 또 다른 예는 승부 조작입니다. 한 번은 쇼트트랙 스피드 스케이팅에서 일부 선수들이 그들의 팀 동료가 1등을 하도록 돕기 위해 일부러 다른 선수들을 방해한 논란이 있었습니다. 이 모든 사례는 운동선수들이 스포츠맨 정신보다 승리를 우선시하는 치열한 경쟁 문화에서 비롯됩니다.

어휘 excessive[iksésiv] 지나친 win-at-all-costs mentality 승리지상주의 overwhelming[òuvərwélmiŋ] 극심한, 압도적인
undermine[ʌ̀ndərmáin] 훼손하다 integrity[intégrəti] 진실성 cover up 은폐하다 match-fixing 승부 조작
deliberately[dilíbərətli] 일부러, 고의적으로 stem from ~에서 비롯되다 cutthroat[kʌ́tθròut] 치열한

Day 14 문화

문제

Dr. Choi
One of the biggest consequences of technological advancement in the modern world is globalization. The Internet, social media, and new methods of international travel have made it easier than ever before for people around the world to connect and share with one another. Thus, we now find ourselves living in a global society. In such an environment, do you think cultures are becoming too similar, or will each culture continue to have qualities that make it unique?

현대 세계에서 기술 발전의 가장 큰 결과들 중 하나는 세계화입니다. 인터넷, 소셜 미디어, 그리고 새로운 세계 여행 방법은 전 세계 사람들이 서로 연결하고 공유하는 것을 그 어느 때보다 더 쉽게 만들었습니다. 그러므로, 우리는 이제 세계 사회에서 살고 있는 우리 자신을 발견합니다. 이러한 환경에서, 여러분은 문화들이 너무 비슷해지고 있다고 생각하나요, 아니면 각각의 문화가 그것을 독특하게 만드는 특성들을 계속 가질 것이라고 생각하나요?

Alana
I think that globalization is making cultures more similar to one another. People nowadays watch the same movies and listen to the same songs. We talk about the same major issues online. Every country seems to have Starbucks and McDonald's. A lot of uniqueness is being lost because countries share so many of the same things.

저는 세계화가 문화들을 서로 더 유사하게 만들고 있다고 생각합니다. 요즘 사람들은 같은 영화를 보고 같은 노래를 듣습니다. 우리는 온라인에서 같은 주요 쟁점에 대해 이야기합니다. 모든 나라에는 스타벅스와 맥도날드가 있는 것 같습니다. 국가들이 같은 것들을 너무 많이 공유하기 때문에 많은 고유성이 사라지고 있습니다.

Mark
Alana's point may be valid in some ways. However, the technological advances that contribute to globalization will actually make it easier for cultures to maintain their distinctive features. This is because young people can easily find information about these cultural practices online. If the younger generation becomes interested in a tradition, it is less likely to disappear.

Alana의 주장은 어떤 면에서 타당할지도 모릅니다. 하지만, 세계화에 기여하는 기술적 발전은 실제로 문화가 독특한 특징을 유지하는 것을 더 쉽게 만들 것입니다. 이것은 젊은 사람들이 온라인에서 이러한 문화적 관습에 대한 정보를 쉽게 찾을 수 있기 때문입니다. 만약 젊은 세대들이 전통에 관심을 갖게 된다면, 그것은 사라질 가능성이 적습니다.

아웃라인

cultures are becoming too similar

- international corporations use standardized marketing strategies
  국제적 기업은 표준화된 마케팅 전략을 사용함
  - local businesses cannot compete & maintain unique cultural identity
    지역 사업체들은 경쟁할 수 없고 독특한 문화적 정체성을 유지할 수 없음
  - ex) growth of e-commerce: people access same goods & services → spread of same consumer trends
    예) 전자 상거래의 성장으로 사람들은 같은 제품과 서비스를 이용하므로 같은 소비자 유행이 퍼짐

continue to have qualities that make each culture unique*

- have more opportunities to experience different cultures → choose those that are most appealing
  다른 문화를 경험할 수 있는 더 많은 기회를 가지고 있어 가장 매력적인 것을 선택함
  - past: limited to cultures that were presented through mainstream media → more homogeneous
    과거에는 주류 매체를 통해 제시된 문화에 국한되었고 이는 더 동질적이었음
  - ex) yoga: spread thanks to tourists, rising popularity → efforts to preserve & promote in India
    예) 요가는 여행자들 덕분에 퍼졌고, 높아지는 인기 때문에 인도에서 보존하고 홍보하려는 노력이 있음

모범 답안

[도입] **I understand why Alana thinks that** cultures are becoming more alike. [나의 의견] **However, in my opinion,** globalization has actually fostered more vibrant cultural exchange, allowing diverse cultures around the world to receive greater recognition. [이유] **This is mainly because** people today have more opportunities to experience different cultures through travel, and they can choose to engage with those that they find most appealing. [일반적 진술] In the past, people were limited to the cultures that were presented to them through mainstream media like TV, which resulted in a more homogeneous cultural landscape. However, people nowadays have access to a wider range of cultural experiences. [예시] **For example,** yoga originated in India, but it has now spread all over the world, thanks to yoga classes and retreats that are available to tourists. With its rising popularity, there are ongoing efforts to preserve and promote traditional yoga practices in India, allowing yoga to thrive.

해석 저는 왜 Alana가 문화들이 더 비슷해지고 있다고 생각하는지 이해합니다. 하지만, 제 생각에는, 세계화가 실제로 더 활발한 문화 교류를 촉진했고, 전 세계의 다양한 문화들이 더 큰 인정을 받을 수 있도록 했습니다. 이는 주로 오늘날 사람들이 여행을 통해 다른 문화를 경험할 수 있는 더 많은 기회를 가지고 있고, 그들이 가장 매력적이라고 생각하는 것들에 참여하는 것을 선택할 수 있기 때문입니다. 과거에, 사람들은 텔레비전과 같은 주류 매체를 통해 그들에게 제시된 문화에 국한되었는데, 이것은 더 동질적인 문화 경관을 초래했습니다. 하지만, 요즘 사람들은 더 광범위한 문화적 경험에 접근할 수 있습니다. 예를 들어, 요가는 인도에서 시작되었지만, 관광객들이 이용할 수 있는 요가 수업과 수련회 덕분에 지금은 전 세계로 퍼졌습니다. 그것의 인기가 높아지면서, 인도에서 전통적인 요가 수행을 보존하고 홍보하기 위한 지속적인 노력이 있어, 요가가 번성하게 하고 있습니다.

어휘 vibrant[váibrənt] 활발한 recognition[rèkəgníʃən] 인정 engage[ingéidʒ] 참여하다 mainstream[méinstriːm] 주류
homogeneous[hòuməːdʒíːniəs] 동질적인 originate[ərídʒəneit] 시작되다, 유래하다 retreat[ritríːt] 수련회
preserve[prizə́ːrv] 보존하다 thrive[θraiv] 번성하다

Day 15 문화

문제

Dr. Renault
Nowadays, it's important to use politically correct language that doesn't offend people based on their gender, race, or physical condition. When celebrities fail to use the correct terms, there are often public protests to have them removed from movies or shows. This trend is referred to as cancel culture. But is cancel culture necessary to create a society that is free of discrimination, or is it a form of censorship? Why?

요즘, 성별, 인종, 혹은 신체적 조건에 기반하여 사람들의 기분을 불쾌하게 하지 않는 정치적으로 올바른 언어를 사용하는 것이 중요합니다. 유명 인사들이 올바른 용어를 사용하지 못할 때, 영화나 프로그램에서 그들을 하차시키라는 대중의 항의가 종종 있습니다. 이러한 추세를 취소 문화라고 합니다. 하지만 취소 문화는 차별이 없는 사회를 만들기 위해 필수적인가요, 아니면 이것은 검열의 한 형태인가요? 그 이유는 무엇인가요?

Olivia
We should be careful not to offend anyone, of course, but I think cancel culture goes too far. It's almost like celebrities are being forced to censor themselves. And if these people are scared to voice their opinions because of the chance they might be criticized, how are people supposed to have productive discussions?

물론, 우리는 누구의 기분도 불쾌하게 하지 않도록 조심해야 하지만, 제 생각에 취소 문화는 너무 지나칩니다. 그것은 마치 유명 인사들이 스스로 검열하도록 강요받는 것과 같습니다. 그리고 만약 이 사람들이 비판받을 가능성 때문에 그들의 의견을 말하는 것을 두려워한다면, 사람들은 어떻게 생산적인 토론을 하게 될 수 있을까요?

Justin
Cancel culture is necessary to hold people accountable for their harmful actions and words. Sure, having to use politically correct terminology can be difficult at times. But it's the least we can do to respect our fellow humans. When people use hurtful language, others might feel excluded, and this can create a hostile environment.

취소 문화는 해로운 행동과 말에 대해 사람들의 책임을 묻기 위해 필요합니다. 물론, 정치적으로 올바른 용어를 사용하는 것이 가끔 어려울 수 있습니다. 하지만 이것은 우리가 동료인 인간들을 존중하기 위해 할 수 있는 최소한의 일입니다. 사람들이 마음을 상하게 하는 언어를 사용할 때, 다른 사람들은 소외감을 느낄 수 있고, 이것은 적대적인 환경을 조성할 수 있습니다.

아웃라인

cancel culture is necessary

empowers people who have been marginalized in the past
과거에 소외되었던 사람들에게 힘을 부여함

- allows their voices to be heard & their issues to be addressed
  그들의 목소리가 경청되고 문제가 해결되게 함
- ex) TV host criticized immigrants → online criticism led to her losing her job
  예) 텔레비전 진행자가 이민자들을 비난했는데 온라인 비판이 그녀가 직업을 잃게 만들었음

form of censorship*

can be unfair in that it assumes guilt w/o trial or investigation
재판이나 수사 없이 유죄를 추정한다는 점에서 불공평할 수 있음

- based on rumors → innocent people being wrongly accused
  소문에 기반을 두고 있어 무고한 사람들이 잘못 기소됨
- can be used as manipulative tactic to harm individuals who hold opposing views
  반대 의견을 가진 사람들을 해치는 조작적인 전술로 사용될 수 있음

모범 답안

[나의 의견] **In my opinion,** cancel culture is a form of public censorship that undermines democratic values. [이유] **The main reason is that** cancel culture can be unfair in that it assumes guilt without a trial or investigation. [일반적 진술] This phenomenon is often based on rumors and gossip, rather than facts and evidence, which can lead to innocent people being wrongly accused. In fact, in many cases, cancel culture resembles a modern-day witch hunt and fails to bring about positive change. [부연 설명] Furthermore, cancel culture can be used as a manipulative tactic to harm individuals who hold opposing views. When a rumor spreads rapidly on social media, those affected may face harsh public criticism and lose their reputation before a fair investigation can be conducted to determine the truth. [맺음말] **In this regard,** I believe that cancel culture is oppressive, so we should try to eliminate it.

해석 제 생각에는, 취소 문화는 민주주의의 가치를 훼손하는 공공 검열의 한 형태입니다. 주된 이유는 이 문화가 재판이나 수사 없이 유죄를 추정한다는 점에서 불공평할 수 있다는 것입니다. 이 현상은 종종 사실과 증거가 아닌, 소문과 험담에 기반을 두고 있는데, 이것은 무고한 사람들이 잘못 기소되는 것을 초래할 수 있습니다. 실제로, 많은 경우에, 취소 문화는 현대판 마녀사냥을 닮아 있고 긍정적인 변화를 가져오지 못합니다. 게다가, 취소 문화는 반대 의견을 가진 사람들을 해치는 조작적인 전술로 사용될 수 있습니다. 소셜 미디어에서 소문이 빠르게 퍼지면, 피해를 입은 사람들은 진실을 밝히기 위해 공정한 조사가 이루어지기까지 가혹한 대중의 비판에 직면하고 명성을 잃을 수 있습니다. 이러한 점에서, 저는 취소 문화가 억압적이며, 따라서 우리는 그것을 없애려고 노력해야 한다고 생각합니다.

어휘 undermine[ʌ̀ndərmáin] 훼손하다 guilt[gilt] 유죄 investigation[invèstəɡéiʃən] 수사, 조사 accuse[əkjúːz] 기소하다
manipulative[mənípjuleitiv] 조작적인 tactic[tǽktik] 전술 opposing[əpóuziŋ] 반대의 harsh[hɑːrʃ] 가혹한
determine[ditə́ːrmin] 밝히다 oppressive[əprésiv] 억압적인

Day 16 과학기술

문제

Dr. Billings
We live in the age of big data. To increase efficiency and gain a competitive edge, more organizations are turning to tools like data analytics—the collection of data and the use of statistics to find trends and solve problems. It's being used in industries like finance, retail, and health care. But there are many concerns about it. Is data analytics beneficial to people, or does it threaten individual privacy and contribute to a surveillance state? Why?

우리는 빅데이터의 시대에 살고 있습니다. 효율성을 높이고 경쟁 우위를 확보하고자, 더 많은 조직이 추세를 찾고 문제를 해결하기 위해 데이터를 수집하여 통계를 이용하는 데이터 분석과 같은 도구에 의존하고 있습니다. 그것은 금융, 소매, 그리고 의료와 같은 산업에서 사용되고 있습니다. 하지만 그것에 대해 많은 우려가 있습니다. 데이터 분석은 사람들에게 유익한가요, 아니면 그것은 개인의 사생활을 위협하고 감시 상태를 야기하나요? 왜 그렇죠?

Edward
I see how it can be beneficial, but I think it's right to be worried. Companies collect so much of our personal information, and I don't trust them to keep it private. They're driven by profits, so there's definitely a possibility that they could share or sell our information.

그게 어떻게 도움이 될 수 있는지는 알지만, 저는 그것이 걱정될 법 하다고 생각합니다. 회사들은 우리의 개인 정보를 너무 많이 수집하고, 저는 그들이 그것을 비공개로 유지하리라고 믿지 않습니다. 그들은 이익에 의해 움직이기 때문에, 그들이 우리의 정보를 공유 혹은 판매할 가능성이 분명히 있습니다.

Sameer
I think the pros of data analytics outweigh the cons. The world is changing, and this technology can improve our lives in so many ways. For example, data analytics can help businesses make better decisions by identifying patterns and trends in consumer behavior. This can lead to more personalized and efficient services for customers.

저는 데이터 분석의 장점이 단점을 능가한다고 생각합니다. 세상은 변하고 있고, 이 기술은 정말 많은 면에서 우리의 삶을 향상시킬 수 있습니다. 예를 들어, 데이터 분석은 기업이 소비자 행동 양식과 동향을 파악하여 더 나은 의사 결정을 내리도록 도울 수 있습니다. 이는 고객을 위한 보다 개인화되고 효율적인 서비스로 이어질 수 있습니다.

아웃라인

beneficial to people

can perform repetitive tasks easily → can reduce work hours
반복적인 업무를 쉽게 수행하여 근무 시간을 줄일 수 있음

- benefits both the business and its employees
  기업과 근로자 모두에게 이득이 됨
- ex) logistics: optimize delivery routes & reduce transit times → work-life balance of employees
  예) 물류 업계에서 배달 경로를 최적화하고 이동 시간을 줄이면 근로자의 일과 삶의 균형으로 이어짐

threatens individual privacy*

can result in indiscriminate collection of sensitive information
민감한 정보를 무분별하게 수집하는 결과를 초래할 수 있음

- data has been used to treat individuals unfairly when they obtain employment or housing
  데이터가 사람들이 일자리나 주택을 얻을 때 그들을 부당하게 대하는 데 사용되어 왔음
- ex) employer: investigates employees' Internet activity → discriminate
  예) 고용주가 직원들의 인터넷 활동을 조사하여 차별함

모범 답안

[도입] **I agree with Edward's perspective that** companies might fail to keep our data confidential. [나의 의견 + 이유] **Additionally, I think** data analytics poses a significant threat to individual privacy **because** it can result in the indiscriminate collection of sensitive information, such as one's political views. [일반적 진술] In some cases, this data is obtained through illegal monitoring of social media activities or Internet search records and has been used to treat individuals unfairly when they are seeking to obtain employment or housing. [예시] **For example,** if an employer were to use data analytics to investigate employees' Internet activity and discovered that some individuals were visiting websites about labor rights, this information could be used to discriminate against those employees. What's even more concerning is that employees might not have any knowledge of being under surveillance. This could result in a toxic work environment and a violation of individual rights.

해석 저는 기업이 우리의 정보를 기밀로 유지하지 못할 수도 있다는 Edward의 견해에 동의합니다. 추가적으로, 저는 데이터 분석이 한 사람의 정치적 견해와 같은 민감한 정보를 무분별하게 수집하는 결과를 초래할 수 있기 때문에 개인의 사생활에 상당한 위협을 가한다고 생각합니다. 몇몇 경우에, 이 데이터는 소셜 미디어 활동이나 인터넷 검색 기록의 불법적인 추적을 통해 얻어지고 사람들이 일자리나 주택을 얻으려고 시도할 때 그들을 부당하게 대하는 데 사용되어 왔습니다. 예를 들어, 고용주가 데이터 분석을 사용하여 직원들의 인터넷 활동을 조사하고 일부 사람들이 노동권과 관련된 웹사이트를 방문하고 있다는 것을 발견하면, 이 정보는 그러한 직원들을 차별하는 데 사용될 수 있습니다. 더욱 우려되는 점은 직원들은 감시하에 있다는 사실도 모르고 있을 수 있다는 것입니다. 이것은 해로운 근무 환경과 개인의 권리를 침해하는 결과를 초래할 수 있습니다.

어휘 confidential[kà:nfədénʃəl] 기밀의 analytics[ænəlítiks] 분석 indiscriminate[ìndiskrímənət] 무분별한
sensitive[sénsətiv] 민감한 illegal[ilí:gəl] 불법적인 investigate[invéstəgèit] 조사하다 surveillance[sə:rvéiləns] 감시
toxic[tá:ksik] 해로운

Day 17 과학기술

문제

Dr. Williams
When asked about the future of transportation, people have different ideas about what we'll eventually see on our roads. Some believe electric and hydrogen-powered cars will soon fill the streets. But others imagine a world where the majority of drivers continue to use vehicles that run on fossil fuels. What do you think the future of transportation is? Will we continue to rely on fossil fuels, or will another type of vehicle take over? Please explain why you think so.

교통수단의 미래에 대해 질문을 받을 때, 사람들은 우리가 결국 도로에서 보게 될 것에 대해 다른 생각을 가지고 있습니다. 어떤 사람들은 전기 자동차와 수소 자동차가 곧 거리를 가득 채울 것이라고 믿습니다. 하지만 다른 사람들은 대다수의 운전자들이 계속해서 화석 연료로 달리는 차량을 사용하는 세상을 상상합니다. 여러분이 생각하는 교통수단의 미래는 무엇인가요? 우리는 계속해서 화석 연료에 의존할까요, 아니면 다른 종류의 차량이 우세해질까요? 여러분이 왜 그렇게 생각하는지 설명해 주세요.

David
We'll be driving fossil-fuel vehicles for many years to come. Despite the large number of electric models available today, 92 percent of cars on the road rely on fossil fuels. Fossil fuels are relatively cheap, making them the most economical choice for many people. So people are hesitant to purchase another type of vehicle because of concerns about increased costs.

우리는 앞으로 수년간 화석 연료 차량을 운전할 것입니다. 오늘날 이용 가능한 많은 개수의 전기 모델에도 불구하고, 도로 위의 자동차의 92퍼센트는 화석 연료에 의존합니다. 화석 연료는 상대적으로 저렴하여, 많은 사람들에게 가장 경제적인 선택이 됩니다. 그래서 사람들은 비용 증가에 대한 우려 때문에 다른 종류의 차량을 구입하는 것을 주저합니다.

Cara
I think that fossil-fuel vehicles will disappear, whether people want them to or not. Many countries have pledged to phase out the sale of these cars by 2035 or 2040. People will have no choice but to purchase alternative vehicles. Plus, we're running out of oil, so we need to find other options.

저는 사람들이 원하든 원하지 않든, 화석 연료 차량이 사라질 것이라고 생각합니다. 많은 나라들이 2035년이나 2040년까지 이 차들의 판매를 단계적으로 중단하겠다고 약속했습니다. 사람들은 대체 차량을 구매할 수밖에 없을 것입니다. 게다가, 우리는 석유가 고갈되고 있기 때문에, 대안을 찾아야 합니다.

아웃라인

will continue to rely on fossil fuels

industries & businesses invested heavily in fossil-fuel infrastructure → difficult to switch
산업과 기업들이 화석 연료 기반 시설에 크게 투자했기 때문에 바꾸기 힘듦

- lack of sufficient infra. for alternative energy sources
  대체 에너지원에 대한 충분한 기반 시설이 부족함
- ex) difficult to find electric charging stations or hydrogen fueling stations
  예) 전기차 충전소나 수소 연료 충전소를 찾기 힘듦

another type of vehicle will take over*

technology is advancing & price of vehicles continues to drop
기술이 발전하고 있고 차량의 가격이 계속해서 하락하고 있음

- electric vehicles: introduce new models & improve tech. to be more efficient and affordable
  전기 자동차: 새로운 모델을 도입하고 더 효율적이고 저렴하도록 기술을 개선함
- higher up-front cost but lower fuel & maintenance cost → cost savings over time
  높은 초기 비용을 가지지만 더 낮은 연료 및 유지비가 시간이 지남에 따라 비용 절감 효과를 가져옴

모범 답안

[도입] **I agree with Cara's perspective that** fossil-fuel vehicles are destined to become obsolete. [나의 의견 + 이유] **Additionally, I think** electric cars will inevitably take over **because** the technology is advancing so quickly while the price of these vehicles continues to drop. [일반적 진술] In recent years, we have seen significant progress in the development of electric vehicles, with major automakers such as Tesla introducing new models and improving the technology to make them more efficient and affordable. [부연 설명] Furthermore, while electric cars may have a higher up-front cost, they are less expensive in the long run due to lower fuel and maintenance costs. Specifically, electric cars do not require oil changes or tune-ups like gasoline cars do, which can result in significant cost savings over time. It is also a well-known fact that electricity is cheaper than gasoline, given that the price of gasoline can fluctuate depending on various factors such as oil prices and geopolitical events. [맺음말] **Overall,** improved technology and lower prices will persuade more people to purchase them.

해석 저는 화석 연료 차량이 더 이상 쓸모가 없게 될 운명에 처해 있다는 Cara의 견해에 동의합니다. 추가적으로, 저는 전기 자동차가 필연적으로 우세해질 것이라고 생각하는데 이는 이 차량들의 가격이 계속 하락하는 가운데 기술이 굉장히 빠르게 발전하고 있기 때문입니다. 최근 몇 년간, 테슬라와 같은 주요 자동차 회사들이 새로운 모델을 도입하고 그것들을 더 효율적이고 저렴하게 만들기 위해 기술을 개선하는 등, 우리는 전기 자동차의 개발에서 상당한 진전을 보았습니다. 게다가, 전기 자동차는 더 높은 초기 비용을 가질 수 있지만, 더 낮은 연료 및 유지비 때문에 장기적으로 덜 비쌉니다. 구체적으로, 전기 자동차는 휘발유 자동차처럼 엔진 오일 교환이나 조정이 필요하지 않은데, 이것은 시간이 지남에 따라 상당한 비용 절감 효과를 가져올 수 있습니다. 유가와 지정학적 사건과 같은 여러 요인에 따라 휘발유 가격이 요동칠 수 있다는 점에서, 전기가 휘발유보다 싸다는 것도 주지의 사실입니다. 전반적으로, 발전된 기술과 낮은 가격은 더 많은 사람들이 그것들을 구매하게 할 것입니다.

어휘 obsolete[à:bsəlí:t] 더 이상 쓸모가 없는　inevitably[inévitəbli] 필연적으로, 불가피하게　take over 우세해지다
　　 up-front cost 초기 비용, 선급금　maintenance[méintənəns] 유지, 유지보수　tune-up (자동차 모터 등의) 조정
　　 fluctuate[flʌ́ktʃuèit] 요동치다　geopolitical[dʒìòupəlitíkəl] 지정학적인

Day 18 경영/경제

문제

Doctor Chan
In many developing countries, millions of workers labor in textile factories known as sweatshops. Sweatshop labor is a cost-effective and profitable solution for businesses, but the workers are expected to work long hours in poor conditions for very low wages. I want you to think about the following question: Is it ever acceptable for businesses to use sweatshop labor, or should they be held to higher ethical standards?

많은 개발 도상국에서, 수백만 명의 노동자들이 저임금 노동 현장으로 알려진 섬유 공장에서 일합니다. 저임금 노동은 기업들에 비용 효율적이고 수익성이 높은 해결책이지만, 노동자들은 매우 낮은 임금으로 열악한 환경에서 장시간 일하도록 요구됩니다. 저는 여러분이 다음과 같은 질문에 대해 생각해 보기를 바랍니다. 기업들이 저임금 노동을 사용하는 것이 허용 가능한 것일까요, 아니면 기업들에 더 높은 윤리적 기준이 적용되어야 할까요?

Ellen
I think businesses should definitely be held to higher ethical standards. I don't buy clothing from brands that are known to use sweatshop labor. It's a terrible practice, and nothing will change for the better if we continue to support it. I would much rather support companies that treat workers fairly and offer them decent pay.

저는 기업들에 확실히 더 높은 윤리적 기준이 적용되어야 한다고 생각합니다. 저는 저임금 노동을 사용하는 것으로 알려진 브랜드의 옷은 사지 않습니다. 그것은 끔찍한 관행이고, 우리가 그것을 계속해서 지지한다면 어떤 것도 더 좋게 변하지 않을 것입니다. 저는 노동자들을 공정하게 대우하고 그들에게 적절한 임금을 제공하는 회사들을 훨씬 더 지지하고 싶습니다.

Michael
I know sweatshops are bad, but I don't see how they can be avoided. After all, they provide economic opportunities to people who may not have many other employment options, particularly in developing countries. The working conditions in sweatshops may actually be better than in other jobs like farm work.

저는 저임금 노동 현장이 나쁘다는 것을 알지만, 어떻게 그것이 피해질 수 있는지 모르겠습니다. 결국, 그것은 특히 개발도상국에서, 다른 고용 선택지가 많지 않을 수 있는 사람들에게 경제적 기회를 제공합니다. 저임금 노동 현장의 노동 환경은 실제로 농사일과 같은 다른 직업보다 더 나을 수 있습니다.

아웃라인

acceptable for businesses to use

necessary step in a country's development
국가의 발전에 필수적인 조치임

- country develops → benefits will eventually trickle down to the general population
  국가가 발전하면 이익은 결국 일반 대중에게 흘러갈 것임
- ex) South Korea: from war-torn country to economic powerhouse, wealth spread to the general public
  예) 한국은 전쟁으로 피폐해진 나라에서 경제 강국으로 진전하면서, 부가 일반 대중에게 퍼졌음

should be held to higher ethical standards*

only contribute to the cycle of poverty & keep workers trapped in lower-paying jobs
빈곤의 순환에 기여할 뿐이고 노동자들을 저임금 일자리에 계속 갇혀 있게 함

- violates basic human rights → makes it difficult for workers to improve economic situation
  기본 인권을 침해하여 노동자들이 경제 상황을 개선하는 것을 어렵게 만듦
- ex) children in third-world countries: forced into labor → deprives them of educational opportunities
  예) 제3세계 어린이들은 노동을 강요당하는데 이는 교육 기회를 박탈함

모범 답안

[도입] **I understand why Michael thinks that** sweatshop labor is a necessary evil in some countries, given the lack of other employment options available. [나의 의견] **However, in my opinion,** this practice should never be tolerated, and we should work toward eliminating it. [이유] **This is mainly because** sweatshops only contribute to the cycle of poverty by keeping workers trapped in low-paying jobs with little opportunity for advancement. [일반적 진술] Sweatshop labor violates basic human rights, including the right to fair wages and safe working conditions. This makes it difficult for workers to improve their economic situation. [예시] **For example,** many children in third-world countries are forced into labor by their parents to increase household income. This deprives them of educational opportunities that could have helped them pursue better job opportunities. [맺음말] **Therefore,** companies should create employment policies based on moral principles rather than use labor practices that widen the gap between the rich and the poor.

해석 저는 왜 Michael이 다른 가능한 고용 선택지의 부족을 고려할 때, 일부 국가에서 저임금 노동이 필요악이라고 생각하는지 이해합니다. 하지만, 제 생각에는, 이러한 관행은 결코 용인되어서는 안 되며, 우리는 그것을 없애기 위해 노력해야 합니다. 이는 주로 저임금 노동이 노동자들을 발전의 기회가 거의 없는 저임금 일자리에 계속 갇혀 있게 함으로써 빈곤의 순환에 기여할 뿐이기 때문입니다. 저임금 노동은 공정한 임금과 안전한 노동 환경에 대한 권리를 포함하여, 기본 인권을 침해합니다. 이것은 노동자들이 그들의 경제 상황을 개선하는 것을 어렵게 만듭니다. 예를 들어, 제3세계의 많은 어린이들은 가계 소득을 증가시키기 위해 부모에 의해 노동을 강요당합니다. 이것은 그들이 더 나은 직업 기회를 추구하는 데 도움을 주었을 수도 있을 교육 기회를 박탈합니다. 따라서, 기업들은 빈부격차를 증대시키는 노동 관행을 사용하기보다는 도덕적 원칙에 기반한 고용 정책을 만들어야 합니다.

어휘 sweatshop[swétʃɑːp] 저임금 노동 (현장)   tolerate[tάːlərèit] 용인하다   eliminate[ilímənèit] 없애다
household[háushòuld] 가계의, 가정의   deprive[dipráiv] 박탈하다

Day 19 경영/경제

문제

Dr. Sanchez
Over the next few weeks, we will be discussing human resource management strategies. First, job rotation has become a popular practice in many companies in recent years. It is a management strategy in which employees are moved from one job to another within the same company. Before our next class, I would like you to discuss this question: Does job rotation have a positive impact on efficiency, or does it lead to decreased productivity? Why?

다음 몇 주간, 우리는 인적 자원 관리 전략에 대해 논의할 겁니다. 먼저, 직무 순환은 최근 몇 년 동안 많은 회사에서 인기 있는 관행이 되었습니다. 이것은 같은 회사 내에서 직원들이 한 직무에서 다른 직무로 이동되는 관리 전략입니다. 다음 수업 전에, 저는 여러분이 이 질문에 대해 논의했으면 합니다. 직무 순환이 효율성에 긍정적인 영향을 미치나요, 아니면 그것은 생산성 저하로 이어지나요? 왜 그렇죠?

Donovan
Job rotation can be a good thing. When employees are given the opportunity to work in different roles, they can gain new skills and experiences, making them feel more valued by the organization. In addition, by having diverse skills, they are better prepared to take on new opportunities that they wouldn't have been cut out for before.

직무 순환은 좋은 것이 될 수 있습니다. 직원들에게 다양한 역할을 수행할 수 있는 기회가 주어지면, 그들은 새로운 기술과 경험을 얻을 수 있으며, 이는 그들이 조직에 의해 더 가치 있게 평가된다고 느끼게 합니다. 게다가, 다양한 기술을 가짐으로써, 그들은 자신이 전에는 적합하지 않았을 새로운 기회를 잡을 준비가 더 잘 됩니다.

Elsa
I understand Donovan's argument, but I think job rotation can negatively affect productivity. When employees are moved to different departments, they may lack the skills or knowledge to perform the job effectively, so they need some time to adjust. During this period of adjustment, they are not making a contribution to the company.

Donovan의 주장을 이해하지만, 저는 직무 순환이 생산성에 부정적으로 영향을 미칠 수 있다고 생각합니다. 직원들이 다른 부서로 이동될 때, 그들은 그 업무를 효과적으로 수행하기 위한 기술이나 지식이 부족할 수 있으므로, 적응할 시간이 조금 필요합니다. 이 적응 기간 동안, 그들은 회사에 기여하지 못할 것입니다.

아웃라인

has a positive impact on efficiency

gain better understanding of connection to other parts of organization
조직의 다른 부서와의 연결성에 대한 더 나은 이해를 얻음

- grasp overall goals & direction of organization → contribute to overall performance
  조직의 전체적인 목표와 지시 사항을 파악하여 전체 성과에 기여함
- ex) marketing specialist → sales role: develop better sales strategies
  예) 마케팅 전문가가 영업직으로 전환되면 더 나은 영업 전략을 개발함

leads to decreased productivity*

decline in professional expertise due to demand to be all-around players
만능 플레이어가 될 것을 요구하기 때문에 직업적인 전문성이 저하됨

- need to constantly learn new skills & X time to utilize previously acquired expertise
  끊임없이 새로운 기술을 습득해야 해서 이전에 습득된 전문 지식을 활용할 시간이 없음
- ex) CS representative → strategic planning role: CS proficiency becomes useless
  예) 고객 서비스 담당자가 전략 기획 직무로 전환되면 고객 서비스 능숙도는 쓸모없어짐

모범 답안

[나의 의견] **In my opinion,** job rotation is not an ideal management strategy and can result in lower productivity. [이유] **The primary reason is that** job rotation can lead to a decline in professional expertise due to the demand for employees to be all-around players. [일반적 진술] In a job rotation system, employees need to constantly learn new skills to adapt to new roles and responsibilities, leaving them with little time to utilize their previously acquired expertise. If all employees are always in a state similar to that of new hires, work efficiency may consequently drop. [예시] **For example,** a customer service representative who is used to handling complaints and resolving issues may be transferred to a strategic planning role, where there are different skill requirements and performance metrics. The customer service experience and proficiency that have already been accumulated become useless, and the employee is in a situation in which it is necessary to build knowledge in planning. [맺음말] **In this regard,** I believe letting employees focus on mastering a particular role is better than having them rotate.

해석 제 생각에는, 직무 순환은 이상적인 관리 전략이 아니며 생산성 저하를 초래할 수 있습니다. 주된 이유는 직무 순환이 직원들에게 만능 플레이어가 될 것을 요구하기 때문에 직업적인 전문성의 저하로 이어질 수 있다는 것입니다. 직무 순환 체계에서는, 직원들은 새로운 역할과 책임에 적응하기 위해 끊임없이 새로운 기술을 습득해야 하므로, 그들에게 이전에 습득된 전문 지식을 활용할 시간을 거의 주지 않습니다. 만약 항상 모든 직원이 신입 사원과 비슷한 상태에 있으면, 업무 효율성은 결국 떨어질 수 있습니다. 예를 들어, 불만 사항을 처리하고 문제를 해결하는 데 익숙한 고객 서비스 담당자가 전략 계획 직무로 전환될 수 있는데, 거기에는 다른 기술적 요구와 성과 지표가 있습니다. 이전에 축적되어 온 고객 서비스 경험과 능숙도가 쓸모없어지고, 그 직원은 기획에 대한 지식을 쌓아야 하는 상황에 놓이게 됩니다. 이러한 점에서, 저는 직원들이 특정한 역할을 숙달하는 데 집중하도록 하는 것이 그들이 순환 근무를 하도록 하는 것보다 더 낫다고 생각합니다.

어휘 professional[prəféʃənəl] 직업적인, 전문적인　expertise[èkspərtíːz] 전문성, 전문 지식　all-around 만능의, 다재다능한
acquire[əkwáiər] 습득하다　new hire 신입 사원　efficiency[ifíʃənsi] 효율성　representative[rèprizéntətiv] 담당자, 대표자
transfer[trænsfə́ːr] 전환하다, 옮기다　metric[métrik] 지표　proficiency[prəfíʃənsi] 능숙도, 숙달
accumulate[əkjúːmjulèit] 축적하다　rotate[róuteit] 순환 근무를 하다

Day 20 경영/경제

문제

Professor Powell
Flexible and fixed work schedules are two ways in which employers can structure their employees' work hours. A fixed work schedule requires employees to work the same hours each day, while a flexible work schedule allows them to adjust their working hours to fit their personal needs. Which work schedule do you believe is more helpful in improving employees' productivity: a flexible work schedule or a fixed work schedule? Why?

탄력 근무제와 고정 근무제는 고용주가 직원들의 근무 시간을 구성할 수 있는 두 가지 방법입니다. 고정 근무제는 직원들이 매일 동일한 시간대에 일하도록 요구하는 반면, 탄력 근무제는 직원들이 개인적인 필요에 맞게 근무 시간을 조정할 수 있도록 합니다. 여러분은 탄력 근무제와 고정 근무제 중 어떤 근무제가 직원들의 생산성 향상에 더 도움이 된다고 생각하나요? 왜 그렇죠?

Hannah
I would give them the option to choose their own hours. These days, a lot of people value a work-life balance. Flexible working hours give them that, and employers end up with happier workers as a result. That's why I think letting them set their own schedules would actually lead to an increase in overall productivity.

저는 그들에게 시간을 선택할 수 있는 선택권을 줄 것입니다. 요즘, 많은 사람들이 일과 삶의 균형을 중요시합니다. 탄력 근무제는 그들에게 그것을 주고, 결과적으로 고용주들은 더 행복한 노동자들과 함께하게 됩니다. 이게 제가 그들이 자신의 일정을 짜도록 하는 것이 실제로 전체적인 생산성 향상으로 이어질 것이라고 생각하는 이유입니다.

Damian
I think it would be hard for employees to collaborate and get to know one another if they were all working different hours. Also, the work process could become less efficient because it would take longer to get answers to questions and solve problems. Furthermore, it would be difficult to have emergency group meetings if some people were not present.

직원들이 모두 서로 다른 시간대에 근무한다면 협업하고 서로 알아가기 힘들 것 같습니다. 또한, 질문에 대한 답을 얻고 문제를 해결하는 데 시간이 더 오래 걸릴 것이기 때문에 업무 과정이 덜 효율적이 될 수 있습니다. 게다가, 몇몇 사람들이 부재하면 긴급 단체 회의를 열기가 어려울 것입니다.

아웃라인

a flexible work schedule*

workers appreciate privileges & are more loyal to company
직원들은 특권을 고맙게 생각하고 회사에 대한 충성도가 더 높음

- dedicated to organization → more likely to work harder
  조직에 헌신적이면 더 열심히 일할 가능성이 더 높음

- ex) aunt: drops children off at 9 a.m. → grateful & works more diligently
  예) 이모는 오전 9시에 아이들을 데려다줄 수 있다는 것에 감사하고 더 근면하게 일함

a fixed work schedule

easier for managers to supervise employees
관리자가 직원들을 감독하기 더 쉬움

- difficult to check work progress if employees work irregular hours
  직원들이 불규칙적인 시간대에 일하면 업무 진전도를 확인하기 어려움

- ex) brother: manages team with flexible schedules → did not realize one member was performing poorly
  예) 형이 탄력 근무제로 팀을 운영하는데 한 팀원의 성과가 좋지 않은 것을 깨닫지 못했음

모범 답안

[도입] **I understand why Damian thinks that** collaboration between employees with a flexible work schedule can be difficult. [나의 의견] **However, in my opinion,** it is better to let employees enjoy the flexibility of selecting their own work hours. [이유] **The primary reason is that** workers who set their own schedules tend to appreciate this privilege and are more loyal to the company. [일반적 진술] When employees are dedicated to their organization, they are more likely to work harder. [예시] **For example,** my aunt has two children in kindergarten. Every weekday, she has to drop them off at 9 A.M., but this is not a problem because she has the freedom to determine her own hours. She says she works more diligently because she is grateful for this benefit, and she can also focus more on her work because she does not have to worry about her kids. Her boss is impressed with her performance. In her case, a flexible work schedule is actually a win-win situation for her and the company.

해석 저는 왜 Damian이 탄력 근무제로는 직원 간 협업이 어려울 수 있다고 생각하는지 이해합니다. 하지만, 제 생각에는, 직원들이 자신의 근무 시간을 선택하는 유연성을 누리도록 하는 것이 더 낫습니다. 주된 이유는 자신의 일정을 짜는 근로자들이 이러한 특권을 고맙게 생각하는 경향이 있고 회사에 대한 충성도가 더 높다는 것입니다. 직원들이 그들의 조직에 헌신적일 때, 그들은 더 열심히 일할 가능성이 더 높습니다. 예를 들어, 저의 이모는 유치원에 다니는 두 명의 아이가 있습니다. 평일마다, 그녀는 오전 9시에 그들을 데려다줘야 하지만, 그녀는 자신의 시간을 결정할 자유가 있기 때문에 이것은 문제가 되지 않습니다. 그녀는 이 혜택에 감사하기 때문에 더 근면하게 일하며, 또한 아이들을 걱정할 필요가 없기 때문에 일에 더 집중할 수 있다고 말합니다. 그녀의 상사는 그녀의 성과에 감명받습니다. 그녀의 경우, 탄력 근무제는 정말 그녀와 회사에 모두 득이 되는 상황입니다.

어휘 **flexibility**[flèksəbíləti] 유연성, 융통성   **appreciate**[əprí:ʃièit] 고맙게 생각하다   **privilege**[prívəlidʒ] 특권
dedicated[dédikèitid] 헌신적인   **diligently**[dílədʒəntli] 근면하게   **grateful**[gréitfəl] 감사한   **impressed**[imprést] 감명받은

기본에서 실전까지 NEW 토플 라이팅 완벽 대비

HACKERS
Updated
TOEFL WRITING

개정 6판 3쇄 발행 2026년 1월 5일
개정 6판 1쇄 발행 2025년 11월 7일

지은이	David Cho	언어학 박사, 前 UCLA 교수, 해커스 어학연구소 공저
펴낸곳	(주)해커스 어학연구소
펴낸이	해커스 어학연구소 출판팀

주소	서울특별시 서초구 강남대로61길 23 (주)해커스 어학연구소
고객센터	02-537-5000
교재 관련 문의	publishing@hackers.com
동영상강의	HackersIngang.com

ISBN	978-89-6542-682-0 (13740)
Serial Number	06-03-01

저작권자 ⓒ 2025, David Cho, 해커스 어학연구소
이 책 및 음성파일의 모든 내용, 이미지, 디자인, 편집 형태에 대한 저작권은 저자에게 있습니다.
서면에 의한 저자와 출판사의 허락 없이 내용의 일부 혹은 전부를 인용, 발췌하거나 복제, 배포할 수 없습니다.

외국어인강 1위,
해커스인강(HackersIngang.com)
해커스인강

- 실전 감각을 극대화하는 **iBT 라이팅 실전모의고사**
- 해커스 토플 스타강사의 **본 교재 인강**

전세계 유학정보의 중심,
고우해커스(goHackers.com)
고우해커스

- 토플 보카 외우기, 토플 스피킹/라이팅 첨삭 게시판 등 무료 학습 콘텐츠
- 고득점을 위한 **토플 공부전략 강의**
- 국가별 대학 및 전공별 정보, 유학 Q&A 게시판 등 다양한 유학 정보

[외국어인강 1위] 헤럴드 선정 2018 대학생 선호브랜드 대상 '대학생이 선정한 외국어인강' 부문 1위

전세계 유학정보의 중심
고우해커스

goHackers.com

HACKERS

Updated
TOEFL

WRITING

정답·모범 답안·해석

**2026년 1월 21일
NEW TOEFL
완벽 대비**

해커스 어학연구소

HACKERS
Updated
TOEFL
WRITING

정답·모범 답안·해석

DIAGNOSTIC TEST

p.22

01 The new employees wanted to know if they would be able to access the system.
해석 질문 훈련 세션 동안 질문이 있었나요?
답변 신입 직원들은 그들이 그 시스템에 접속할 수 있을지 알고 싶어 했어요.

02 A museum launched one last month that displays lots of fascinating artifacts.
해석 질문 당신은 어떤 전시회를 방문하는 것을 추천하나요?
답변 한 박물관에서 지난달에 많은 흥미로운 유물들을 전시하는 것을 시작했어요.

03 Have you talked to your professor about the delay?
해석 질문 우리 조는 아직 그 프로젝트를 끝내지 못했어요.
답변 그 지연에 대해 당신의 교수님과 이야기해 봤나요?

04 I am looking for a position that better fits my long-term goals.
해석 질문 당신이 왜 이전 직장을 그만두었는지 물어봐도 될까요?
답변 저는 제 장기적인 목표에 더 잘 맞는 직책을 찾고 있어요.

05 She said the dishes are being prepared now.
해석 질문 종업원이 우리의 주문에 대해 뭐라고 했나요?
답변 그녀는 그 음식들이 지금 준비되고 있다고 말했어요.

06 Would you like me to email you the file?
해석 질문 당신의 지난주 보고서는 아주 상세했어요.
답변 제가 그 파일을 이메일로 보내드릴까요?

07 Someone stole mine while it was parked in front of the store.
해석 질문 왜 당신은 새 자전거를 사기로 결정했나요?
답변 가게 앞에 내 것을 세워 둔 동안에 누군가가 훔쳐 갔어요.

08 They just learned what needs to be done.
해석 질문 Harper와 Bill은 왜 아직 과제를 시작하지 않았나요?
답변 그들은 이제야 무엇을 해야 하는지 알게 되었어요.

09 My team is working on a plan to increase revenue over the next quarter.
해석 질문 왜 매출 데이터를 요청하셨는지 물어봐도 될까요?
답변 제 팀은 다음 분기에 수익을 늘리기 위한 계획을 세우고 있어요.

10 I was using some reference books that cannot be checked out.
해석 질문 당신은 왜 어제 도서관에 늦게까지 있었나요?
답변 저는 대출이 불가능한 몇몇 참고 서적들을 사용하고 있었어요.

11 | 당신은 당신의 대학 학습 플랫폼을 통해 James 교수님이 가르치는 온라인 강의를 수강하고 있습니다. 최근에, 당신은 과제를 제출하려고 했으나, 업로드 중에 오류가 발생했습니다. 현재, 당신은 제출이 성공적이었는지 확신할 수 없습니다. | 수신: James 교수님
제목: 과제 제출 관련 문제 |

James 교수님께 이메일을 작성하세요. 당신의 이메일에서:
- 당신이 겪은 문제를 설명하세요.
- 과제가 성공적으로 제출되었는지 문의하세요.
- 그의 도움에 대해 그에게 감사를 표하세요.

어휘 submit[səbmít] 제출하다 submission[səbmíʃən] 제출

아웃라인

- writing regarding an issue I encountered while trying to submit my recent assignment
  나의 최근 과제를 제출하려고 하는 중에 내가 겪었던 문제와 관련하여 이메일을 쓰고 있음
    1. an error message appeared on the screen 화면에 오류 메시지가 나타남
       even after refreshing the page & checking my account → could not confirm if the assignment had been properly received
       페이지를 새로 고치고 내 계정을 확인한 후에도, 과제가 제대로 제출되었는지 확인할 수 없었음
    2. let me know whether my submission went through
       제출이 정상적으로 처리되었는지 알려 주길 바람
       if it was not uploaded correctly → resubmit it immediately through the platform or by any alternative method you recommend
       만약 그것이 제대로 업로드되지 않았다면, 플랫폼을 통해 즉시 다시 제출하거나 당신이 권하시는 다른 방법으로든 제출하겠음
    3. thank you for your time and assistance 당신의 시간과 도움에 감사함

어휘 encounter[inkáuntər] 겪다, 맞닥뜨리다 refresh[rifréʃ] 새로 고치다 account[əkáunt] 계정 confirm[kənfə́:rm] 확인하다
go through 정상적으로 처리되다

모범 답안

Dear Professor James,

[인사말] **This is Jessica Burton from** your online course, Intro to Data Science. My student ID is 60603. [목적] **I am writing regarding an issue I encountered while** trying to submit my recent assignment. [항목 1] **I tried to** upload the file, **but** an error message appeared on the screen. Even after refreshing the page several times and checking my account, I could not confirm if the assignment had been properly received. [항목 2] **Could you please let me know** whether my submission went through? If it was not uploaded correctly, I would be happy to resubmit it immediately through the platform or by any alternative method you recommend. [항목 3] **Thank you for** your time and assistance. [맺음말] **I truly appreciate** your support and guidance throughout this course.

Sincerely,

Jessica Burton

해석 James 교수님께,
저는 교수님의 온라인 강의 '데이터 과학 입문'을 듣고 있는 Jessica Burton입니다. 제 학번은 60603입니다. 저는 저의 최근 과제를 제출하려고 하는 중에 제가 겪었던 문제와 관련하여 이메일을 쓰고 있습니다. 저는 그 파일을 업로드하려고 시도했지만, 화면에 오류 메시지가 나타났습니다. 제가 여러 차례 페이지를 새로 고치고 제 계정을 확인한 후에도, 과제가 제대로 제출되었는지 확인할 수 없습니

다. 제출이 정상적으로 처리되었는지 알려 주실 수 있나요? 만약 그것이 제대로 업로드되지 않았다면, 플랫폼을 통해 즉시 다시 제출하거나 당신(교수님)께서 권하시는 다른 어떤 방법으로든 제출하겠습니다. 당신의 시간과 도움에 감사드립니다. 이 강의 전반에 걸친 당신의 지원과 지도에 진심으로 감사드립니다.
Jessica Burton 드림

어휘 alternative[ɔːltə́ːrnətiv] 다른, 대안의

12

Stewart 박사
우리는 다양한 형태의 세계 각국의 매체에 접근할 기회가 있습니다. 온라인에 접속하는 것만으로도, 우리는 전 세계의 뉴스 프로그램과 영화를 시청할 수 있습니다. 이것은 다른 국가들에 대해 배우는 것을 그 어느 때보다 더 쉽게 만듭니다. 하지만 가장 신뢰할 수 있는 정보의 원천에 대한 많은 논쟁이 있습니다. 여러분은 어떤 것이 한 국가에 대한 더 나은 이해를 제공한다고 생각하나요? 뉴스 프로그램인가요, 아니면 영화인가요?

Derek
저는 뉴스 프로그램이 최고의 정보의 원천이라고 생각합니다. 영화는 종종 현실을 낭만적으로 묘사합니다. 비록 그것들이 실제 사건을 바탕으로 한 것으로 추정되더라도, 흥미로운 줄거리와 기억에 남는 등장인물을 만들기 위해 세부 사항들이 바뀝니다. 결과적으로, 영화는 실제로 일어난 일과 거의 관련이 없습니다.

Anika
저는 Derek의 의견에 동의하지 않습니다. 영화가 한 국가에 대해 배우는 더 좋은 방법입니다. 뉴스 프로그램은 자연재해, 정치적 스캔들, 그리고 범죄 이야기와 같은 사건들을 주로 다루는데, 이것은 한 국가에 대한 왜곡된 이미지를 만들 수 있습니다. 이는 극히 예외적인 사건들에 초점을 맞추는 것이 사람들의 삶의 평범한 측면과 국가 정체성의 다른 요소들을 간과하기 때문입니다.

어휘 access[ǽkses] 접근할 기회 reliable[riláiəbəl] 신뢰할 수 있는 romanticize[roumǽntisaiz] 낭만적으로 묘사하다
supposedly[səpóuzidli] 추정상 distorted[distɔ́ːrtid] 왜곡된 exceptional[iksépʃənəl] 극히 예외적인
ignore[ignɔ́ːr] 간과하다, 무시하다

아웃라인

- movies 영화
  - help understand social structure of country
    국가의 사회 구조를 이해하는 데 도움을 줌
    - explore various aspects of society → provide insight into collective psyche
      사회의 다양한 측면들을 탐구하여 집단의식에 대한 통찰력을 제공함
    - ex) Indian movies show hierarchy among castes ← news covers up
      예) 인도 영화는 카스트 사이의 위계를 보여주는데 뉴스는 은폐함

모범 답안

I understand why Derek thinks that movies do not always reflect reality as people's lives in movies can look like a fantasy. **However, in my opinion,** movies reveal more about a country than news programs. **This is mainly because** movies can help us understand the social structure of a country. They explore various aspects of society, such as social hierarchies and class divisions, as well as cultural norms and values, providing deeper insight into the collective psyche of a nation. **For instance,** movies from India show arranged marriages, the challenges faced by housewives, and the very pronounced hierarchy among the different castes and tribes. These social issues may seldom be covered in Indian news programs or get drowned out by bigger stories. **Therefore,** I believe that movies provide important information that isn't available on news programs.

해석 저는 왜 Derek이 영화가 항상 현실을 반영하는 것은 아니라고 생각하는지를 이해하는데 이는 영화 속 사람들의 삶이 환상처럼 보일 수 있기 때문입니다. 하지만, 제 생각에는, 영화는 뉴스 프로그램보다 한 국가에 대해 더 많은 것을 드러냅니다. 이는 주로 영화는 우리가 한 국가의 사회 구조를 이해하는 데 도움을 주기 때문입니다. 그것들은 문화적 규범과 가치뿐만 아니라 사회 위계와 계급 구분과 같은 사회의 다양한 측면들을 탐구하여, 한 국가의 집단의식에 대한 더 깊은 통찰력을 제공합니다. 예를 들어, 인도의 영화들은 중매결혼, 주부들이 직면하는 어려움, 그리고 서로 다른 카스트와 부족들 사이의 매우 뚜렷한 위계를 보여줍니다. 이러한 사회적 문제들은 인도의 뉴스 프로그램에서는 거의 다뤄지지 않거나 더 큰 뉴스들에 의해 묻혀버릴 수 있습니다. 따라서, 저는 영화가 뉴스 프로그램에서 입수할 수 없는 중요한 정보를 제공한다고 생각합니다.

어휘 **reflect**[riflékt] 반영하다 **reveal**[rivíːl] 드러내다 **structure**[strʌ́ktʃər] 구조 **explore**[iksplɔ́ːr] 탐구하다
hierarchy[háiərɑ̀ːrki] 위계, 계층 **collective**[kəléktiv] 집단의 **psyche**[sáiki] 의식, 정신 **arranged marriage** 중매결혼
pronounced[prənáunst] 뚜렷한 **tribe**[traib] 부족 **seldom**[séldəm] 거의 ~ 않다, 드물게
drown out ~을 (들리지 않게) 묻혀버리다, ~을 들리지 않게 하다

TASK 1 | Build a Sentence

기본다지기

I | 문장의 기본 구조 익히기

1. 문장의 요소

CHECK-UP p.34

01 주어 / 방금 더 중요한 일이 생겼어요.
02 목적어 / 우리 팀은 곧 그 프로젝트의 세부 사항들을 논의해야 해요.
03 보어 / 문제는 우리가 제시간에 끝낼 수 있는가예요.
04 목적어 / 저도 그녀가 무엇을 말하려고 했는지 이해할 수 없었어요.
05 수식어 / 우리는 더 이상의 지연 없이 회의를 시작할 수 있어요.
06 보어 / Lisa는 하루 종일 당신에게 화가 난 것 같았어요.
07 동사 / 그 새로운 앱은 이미 백만 번 넘게 다운로드되었어요.
08 동사 / 그는 그의 출장에서 앞으로 며칠 동안은 돌아오지 않을 것이에요.
09 수식어 / 저는 그것의 놀라운 시각 효과 때문에 그 영화가 매우 흥미롭다고 생각했어요.
10 주어 / 제 동료 중 한 명이 근무 시간을 바꾸는 것을 자원했어요.

2. 문장의 종류와 어순

CHECK-UP p.38

01 When will the car repairs be completed?
02 Why didn't you go to the gym this morning?
03 The investors considered our marketing plan to be risky.
04 They stayed in a nice hotel on their trip.
05 Do you need any clarification on the new policy?
06 Her directions were not very clear to me.
07 Do you know if he will move to another city?
08 She wanted to know when the final exams would take place.
09 Send the updated slides to the entire team by noon.
10 Can you tell me how much it would cost to fix my laptop?

3. 복합문장의 기본 구조와 쓰임

CHECK-UP
p.42

01 What did you think of the movie (that/which) we watched yesterday?
해석 당신은 우리가 어제 본 그 영화에 대해 어떻게 생각했나요?

02 Cindy is the one who came up with the idea.
해석 그 아이디어를 생각해 낸 사람은 Cindy예요.

03 The Italian restaurant that/which opened last week got great reviews.
해석 지난주에 문을 연 그 이탈리아 식당은 좋은 평가를 받았어요.

04 Do you know the day when the science fair is scheduled to take place?
해석 당신은 과학 박람회가 열릴 날이 언제인지 알고 있나요?

05 I'm not sure if/whether the data we received is accurate or not.
해석 우리가 받은 데이터가 정확한지 아닌지 확실하지 않아요.

06 I want to know if/whether you are planning another trip this year.
해석 당신이 올해 또 다른 여행을 계획하고 있는지 알고 싶어요.

07 He is such a good teacher that I will take his other classes.
해석 그는 너무 좋은 선생님이어서 저는 그의 다른 수업들도 들을 거예요.

08 I have no idea what time the library closes today.
해석 저는 오늘 도서관이 몇 시에 문을 닫는지 전혀 몰라요.

09 I used a navigation application because I was not familiar with the area.
해석 저는 그 지역에 익숙하지 않았기 때문에 내비게이션 애플리케이션을 사용했어요.

10 Do you know the place where the conference will be held?
해석 당신은 그 회의가 열릴 장소를 알고 있나요?

II | 문법적으로 올바른 문장 만들기

1. 수 일치와 시제 일치

CHECK-UP
p.46

01 wants → want / 다른 반의 몇몇 학생들이 이 수업을 듣고 싶어 해요.

02 is → was / 그녀는 지난 토요일 행사의 참석자 수에 대해 만족한다고 말했어요.

03 teach → teaches / 경제학을 가르치는 Miller 교수님은 다음 학기에 휴가를 갈 예정이에요.

04 do → does / 그 후보자는 뛰어난 자격을 갖추고 있을 뿐만 아니라 관련 경험도 가지고 있습니다.

05 think → thought / Kevin은 제가 그 영화가 재미있었냐고 생각했는지 물었어요.

06 were → was / 그 문제를 해결하기 위해, 그녀는 가능한 모든 것을 시도했지만, 어떤 것도 효과가 없었습니다.

07 belong → belongs / 밖에 주차되어 있는 그 차는 제 이웃의 것이에요.

08 has → have / 많은 책들이 도서관 소장품에 추가되었습니다.

09 boiled → boils / 선생님은 물이 섭씨 100도에서 끓는다고 설명하셨어요.

10 were → was / 보고서의 모든 정보는 제출 전에 신중하게 확인되었어요.

2. 형용사 역할을 하는 수식어의 위치

CHECK-UP   p.50

01 on various environmental issues / 그 잡지는 다양한 환경 문제에 관한 기사들을 게재했습니다.
02 studying for the final exams / 기말고사를 준비하는 학생들이 공부 모임을 만들었습니다.
03 available to help with the preparations / 준비를 도와줄 수 있는 사람이 있나요?
04 experienced / 그 회사는 최근에 경험 많은 IT 전문가를 고용했어요.
05 who are waiting in line at the coffee shop / 커피숍에서 줄을 서서 기다리고 있는 손님들이 조금 피곤해 보여요.
06 where we celebrated our anniversary / 우리가 기념일을 축하했던 그 식당은 훌륭했습니다.
07 to respond to before lunch / 저는 점심 전에 답장해야 할 고객 이메일이 있어요.
08 in the corner of the office / 사무실 구석에 있는 프린터는 수리되어야 합니다.
09 challenging / 도전적인 조별 과제는 학생들이 긴밀하게 협력하도록 요구합니다.
10 full of colorful flowers / 다채로운 꽃들로 가득한 그 공원은 방문객들을 끌어들였습니다.

3. 부사 역할을 하는 수식어의 위치

CHECK-UP   p.54

01 certainly, tomorrow / 우리는 확실히 내일 그 프로젝트를 완료할 수 있습니다.
02 carefully / 그녀는 그 서류들을 신중하게 확인했습니다.
03 to finish my homework / 저는 숙제를 끝내기 위해 점심을 걸렀어요.
04 Due to bad weather / 좋지 않은 날씨로 인해, 그 회의는 취소되었습니다.
05 confidently, to the executives / 그는 경영진에게 자신 있게 자신의 사업 제안서를 발표했습니다.
06 to the supermarket, to buy ingredients for dinner / 우리는 저녁 식사를 위한 재료를 사기 위해 슈퍼마켓에 갔습니다.
07 Being promoted to a senior position / 선임 직책으로 승진하면서, 그녀는 추가적인 책임을 부여받게 될 것입니다.
08 quite / 장학금의 기준들은 상당히 까다롭습니다.
09 frequently / 마케팅팀은 소셜 미디어 계정을 자주 업데이트합니다.
10 Without a doubt / 의심의 여지 없이, 그 프로젝트를 이끈 David는 승진할 자격이 있습니다.

실전익히기

I | 답변 문장의 내용 예측하기

HACKERS PRACTICE   p.58

01 1) 보고서 작성을 끝냈나요?   2) ①
답변 I haven't had the chance to do it yet. 아직 그것을 할 기회가 없었어요.

02 1) 제가 열쇠를 어디에 두었는지 기억이 안 나요.   2) ②
답변 When was the last time you had them? 마지막으로 그것을 가지고 있었던 게 언제였나요?

03 1) 어제 수업 후에 당신이 교수님이랑 이야기하고 있는 것을 봤어요.   2) ②
답변 She wanted to remind me when the assignment is due.
그녀는 저에게 과제 마감일이 언제인지 상기시켜 주고 싶어 하셨어요.

04 1) 감독이 최종 편집과 관련하여 무엇을 언급했나요?   2) ①
답변 He asked which scenes should be reshot. 그는 어떤 장면들이 다시 촬영되어야 하는지 물어봤어요.

05 1) 당신의 우산을 어디에서 찾았나요?   2) ②
답변 I checked every place I visited last weekend. 지난 주말에 제가 갔던 모든 곳을 확인해 봤어요.

06 1) 위원회가 예산안에 대해 이야기했나요?   2) ①
답변 Yes, they asked if further adjustments were needed. 네, 그들은 추가적인 조정이 필요한지 물어봤어요.

07 1) 당신의 이웃이 지역 모임에 대해 뭐라고 말했나요?   2) ②
답변 She wondered who was responsible for organizing it. 그녀는 누가 그 모임을 주최할 책임이 있는지 궁금해했어요.

08 1) 어제의 소프트웨어 출시에 문제가 있었다고 들었어요.   2) ①
답변 Customers had trouble downloading it from our website.
고객들이 우리 웹사이트에서 그것을 다운로드하는 데 어려움을 겪었어요.

II | 예측한 답변 문장 완성하기

HACKERS PRACTICE   p.62

01 I needed to prepare for the exam.
해석 질문 어제 저녁 식사에 왜 우리와 함께하시 않았나요?
답변 저는 시험 준비를 해야 했어요.

02 Not yet. I am planning to do it tomorrow.
해석 질문 워크숍에 신청했나요?
답변 아직 아니요. 저는 내일 그것을 할 계획이에요.

03 The shop next to the library carries many kinds of sneakers.
해석 질문 그 신발을 어디에서 샀나요?
답변 도서관 옆에 있는 상점은 많은 종류의 운동화를 취급해요.

04 Can you tell me what your topic is?
해석 질문 저는 내일 수업 발표가 있어요.
답변 당신의 주제가 무엇인지 말해줄 수 있나요?

05 She was curious whether she could exchange an item.
해석 질문 그 고객은 무엇을 원했나요?
답변 그녀는 물건을 교환할 수 있는지 궁금해했어요.

06 I wonder if our department is recruiting workers too.
해석 질문 우리 사장님이 회사의 채용 계획에 대해 우리와 이야기하셨어요.
답변 저는 우리 부서도 직원들을 채용하고 있는지 궁금해요.

07 I found the discussion very helpful for my project.
해석 질문 세미나에서 많은 것을 얻었나요?
답변 저는 토론이 제 프로젝트에 매우 도움이 된다고 생각했어요.

08 He wanted to know who was on the list of performers.
해석 질문 Mike가 학교 축제에 관해 당신에게 무엇을 물어봤나요?
답변 그는 공연자 명단에 누가 있는지 알고 싶어 했어요.

09 No, but I have already guessed the ending of the novel.
해석 질문 그 추리 소설을 다 읽었나요?
답변 아니요, 그런데 저는 이미 그 소설의 결말을 추측했어요.

10 He asked when it would be finished.
해석 질문 Noel이 당신이 작업 중인 보고서에 대해 무언가를 말했나요?
답변 그는 그것이 언제 끝날지 물어봤어요.

HACKERS TEST p.64

01 I couldn't figure out what she expected us to do either.
해석 질문 그 과제에 대한 교수님의 설명은 조금 불분명했어요.
답변 저도 그녀가 우리에게 무엇을 하기를 기대했는지 이해할 수 없었어요.

02 No, I have not been able to book them.
해석 질문 우리 여행을 위한 항공편을 예약했나요?
답변 아니요, 저는 그것들을 아직 예약하지 못했어요.

03 Can you tell me why she can't make it?
해석 질문 Kelly는 오늘 연수 세션에 오지 않아요.
답변 그녀가 왜 못 오는지 알려줄 수 있나요?

04 Do you know what time it starts?
해석 질문 신입생을 위한 오리엔테이션에 갈 건가요?
답변 그것이 몇 시에 시작하는지 알고 있나요?

05 I had trouble finding some of the ingredients.
해석 질문 제가 보낸 레시피를 시도해 봤나요?
답변 재료 몇 가지를 구하는 데 어려움이 있었어요.

06 He wondered how the new staff members were doing.
  해석 질문 매니저가 무엇을 알고 싶어 했나요?
       답변 그는 신입 직원들이 어떻게 지내고 있는지 궁금해했어요.

07 Can you tell me if tickets are still available?
  해석 질문 우리는 이번 주말에 그 밴드의 콘서트에 갈 계획이에요.
       답변 표를 아직 구할 수 있는지 알려줄 수 있나요?

08 He asked if I would like to go to the school festival on Friday.
  해석 질문 아까 당신이 Eric이랑 얘기하는 것을 본 것 같은데 맞나요?
       답변 그는 제가 금요일에 학교 축제에 가고 싶은지 물어봤어요.

09 I was late for work due to a bad headache.
  해석 질문 오늘 아침 회의에 왜 우리와 함께하지 않았나요?
       답변 저는 심한 두통 때문에 지각했어요.

10 May I ask where it hurts?
  해석 질문 저는 내일 병원 예약이 있어요.
       답변 어디가 아픈지 물어봐도 될까요?

11 Really? I didn't know they were uploaded already.
  해석 질문 워크숍 사진들이 회사 내부 사이트에 게시됐어요.
       답변 정말요? 그것들이 벌써 올라온 줄 몰랐어요.

12 I think John might remember which service we hired.
  해석 질문 누가 작년 회사 연말 파티 음식을 맡았었나요?
       답변 John이 우리가 어떤 업체를 고용했는지 기억할지도 모른다고 생각해요.

13 The botanical garden that we visited was very relaxing.
  해석 질문 여행에서 즐거운 시간을 보냈나요?
       답변 우리가 방문했던 식물원은 매우 편안했어요.

14 I would love to know what language you are taking up.
  해석 질문 저는 이번 학기에 어학 수업에 등록했어요.
       답변 당신이 배우기 시작한 언어가 무엇인지 알고 싶어요.

15 She showed me some exercises that I can do at home.
  해석 질문 치료사가 당신의 어깨 통증에 대해 뭐라고 말했나요?
       답변 그녀는 제가 집에서도 할 수 있는 몇 가지 운동을 보여줬어요.

16 I bought it secondhand from an online store.
  해석 질문 당신의 카메라는 어디서 샀나요?
       답변 저는 이것을 온라인 상점에서 중고로 샀어요.

17 It's about time you got out of that neighborhood.
  해석 질문 저는 새 아파트로 이사 가는 것을 생각 중이에요.
       답변 당신이 그 동네에서 나올 때도 됐어요.

18 She wants me to write a formal proposal for management.
  해석 질문 당신의 상사는 당신의 아이디어에 대해 어떻게 생각했나요?
       답변 그녀는 제가 경영진을 위한 공식 제안서를 작성하기를 원해요.

19 Do you know what the requirements are for changing majors?
  해석 질문 저는 전공을 다른 것으로 바꾸는 것을 고려하고 있어요.
       답변 전공을 변경하기 위한 요건들이 무엇인지 알고 있나요?

20 I got it from a new place that just opened down the street.
  해석 질문 당신이 집에 가져온 이 피자 정말 맛있네요.
       답변 길 아래쪽에 막 문을 연 새로운 곳에서 샀어요.

POWER TEST 1

p.68

01 Have you tried looking in the supply closet?
　　해석　질문 제가 쓸 수 있는 여분의 봉투가 있나요?
　　　　　답변 비품 보관함을 찾아보셨나요?

02 I have no idea who ended up being selected.
　　해석　질문 누가 경연대회에서 우리 반을 대표하도록 뽑혔나요?
　　　　　답변 저는 누가 결국 뽑혔는지 전혀 몰라요.

03 My only concern is whether we have the time to complete it.
　　해석　질문 새 프로젝트를 이끌어야 하는 것에 대해 걱정되시나요?
　　　　　답변 제 유일한 걱정은 우리가 그걸 완수할 시간이 있을지에요.

04 He was curious about what I was planning for the weekend.
　　해석　질문 Anthony가 방금 무엇에 대해 물어보고 있었는지 말해줄 수 있나요?
　　　　　답변 그는 제가 주말에 무엇을 계획하고 있는지 궁금해했어요.

05 They wanted to know when it would take effect.
　　해석　질문 직원들이 새로운 휴가 정책에 대해 무언가를 말했나요?
　　　　　답변 그들은 그것이 언제 시행되는지 알고 싶어했어요.

06 Do you remember where we bought the last one?
　　해석　질문 휴게실에 놓을 새 커피머신이 필요해요.
　　　　　답변 우리가 지난번 것(커피머신)을 어디서 샀는지 기억하나요?

07 They are scheduled to be delivered in a couple of days.
　　해석　질문 다음 책 배송은 언제 도착할 예정인가요?
　　　　　답변 그것들은 며칠 안에 배송될 예정이에요.

08 Do you know when that is supposed to happen?
　　해석　질문 우리 회사에서 우리에게 새 컴퓨터를 지급한다고 들었어요.
　　　　　답변 그게 언제 시행될 예정인지 알고 있나요?

09 Don't you know they can't make it this weekend?
　　해석　질문 Wilson 가족이 이번 주말 파티에 오나요?
　　　　　답변 그들이 이번 주말에 올 수 없다는 것을 모르나요?

10 Did she tell you what role she's playing in the show?
　　해석　질문 Ellie가 뮤지컬에서 공연하는 것을 보게 되어 신나요.
　　　　　답변 그녀가 그 공연에서 무슨 배역을 맡았는지 당신에게 말했나요?

POWER TEST 2

p.70

01 It was postponed due to the trainer's unexpected absence.
  해석 질문 인사팀이 왜 연수 세션 일정을 다시 잡았나요?
       답변 그것은 강사의 예상치 못한 부재로 인해 연기되었어요.

02 I needed something reliable for my long daily commute.
  해석 질문 당신이 왜 그 차를 샀는지 말해줄 수 있나요?
       답변 저는 매일 긴 통근길에 쓸 믿을 만한 무언가가 필요했어요.

03 Have you asked the student services office if they offer tutoring?
  해석 질문 Sean의 수학 과제를 도와줄 수 있는 사람을 알고 있나요?
       답변 학생 서비스 센터에 그들이 개인 교습을 제공하는지 물어봤나요?

04 On which day is the makeup class scheduled?
  해석 질문 내일 Clark 교수님과의 수업이 취소되었다고 들었어요.
       답변 대체 수업은 어느 날로 예정되어 있나요?

05 Which types of benefits do you prioritize?
  해석 질문 저는 새 신용카드를 만드는 것을 고려하고 있어요.
       답변 당신은 어떤 종류의 혜택을 우선시하나요?

06 Something urgent that I couldn't ignore came up.
  해석 질문 어제 왜 그렇게 갑자기 사무실을 떠났나요?
       답변 제가 무시할 수 없는 긴급한 일이 생겼어요.

07 Have you spoken to someone who already volunteers there?
  해석 질문 저는 지역 동물 보호소에서 자원봉사 하는 것을 고민 중이에요.
       답변 이미 그곳에서 자원봉사를 하고 있는 누군가와 이야기해 봤나요?

08 She told us it should be finalized in the next few days.
  해석 질문 Lee 교수님이 중간고사 일정에 대해 무언가를 언급하셨나요?
       답변 그녀는 우리에게 그것이 며칠 안에 확정될 거라고 말씀하셨어요.

09 We've encountered some unexpected issues that might cause a small delay.
  해석 질문 생산이 일정대로 진행되고 있는지 확인해 줄 수 있나요?
       답변 우리는 약간의 지연을 야기할 수 있는 몇 가지 예상치 못한 문제들에 직면했어요.

10 He wondered who would be presenting at the seminar.
  해석 질문 학과장이 당신에게 무엇을 물어봤나요?
       답변 그는 누가 세미나에서 발표할 것인지 궁금해했어요.

TASK 2 | Write an Email

기본다지기

Ⅰ | 상황별 표현 익히기

1. 요청, 문의, 문제, 해결 표현

CHECK-UP p.82

01 **I am writing to report** a lost wallet on the subway.
02 **I would be grateful if you could** review my application by the end of this week.
03 **I am writing to express some concerns about** the noise from the construction site.
04 **I am contacting you regarding** the delivery options for your furniture store.
05 **One possible solution is to** call a professional repair service.
06 **Unfortunately, I encountered** an error **while** paying my utility bill online.
07 **Could you please confirm whether** the plumber will come tomorrow morning?
08 **I kindly request your urgent attention to** the heating problem in my apartment.
09 **I would appreciate it if you could** clarify the points you mentioned earlier.
10 The recent price increase **significantly impacts** our monthly budget.
11 **I am writing to you after having had several negative experiences at** the student dormitory.
12 **Please provide me with the current status of** my car repair.
13 This mobile app **might help** you track your daily expenses.
14 **Would you mind clarifying** how I can reset my account password?
15 **I would like to inquire / ask about** the availability of conference rooms.
16 **I am writing to ask for / request** more details about travel insurance coverage.
17 The constant interruptions **make it difficult for** me **to** concentrate.
18 The system error **has caused** users **to** lose access to their saved files.
19 Many customers **are becoming frustrated with** the poor service.
20 **To prevent further issues/incidents, I suggest that** you check the wiring immediately.

2. 초대, 감사, 사과, 거절 표현

CHECK-UP

01 **I am writing to invite you to** a science fair hosted by our school.
02 **I'm so sorry about** forgetting our dinner plans, **and I would like to make it up to you**.
03 **Thank you very much for** helping me clean up after the party.
04 **I'm afraid I won't be able to** take care of your dog this weekend.
05 **I wanted to share my gratitude for** your warm hospitality.
06 **I think you'll enjoy** this book **because** the characters are relatable.
07 **Could we reschedule for** later this week?
08 **I'm excited to tell you about my plan to** launch a new student mentorship program.
09 **I sincerely apologize for** not returning your call sooner.
10 **Unfortunately, I have to decline** the invitation **at this time due to** other commitments.
11 **I'm organizing** a charity event **and would be thrilled if you could attend**.
12 **I wish I could** join you, **but unfortunately,** I have another appointment.
13 **I wanted to express my appreciation for** your quick response to my request.
14 **How about we meet at** the park **for** a picnic on Saturday?
15 **I'm so sorry, but I have some bad news about** the concert tickets.
16 **I apologize for any inconvenience caused by** the renovation work in the building.
17 **I wanted to let you know how much I appreciated** your help with my presentation.
18 **Let me know by** tomorrow **so I can** confirm the reservation.
19 **Thank you for taking the time to** answer my questions.
20 **I'm not comfortable with** leading the discussion, **though I'd be happy to** take notes.

3. 경험, 제안, 추천, 피드백 표현

CHECK-UP

01 **I would like to make some suggestions for** your essay draft.
02 **I visited** the library **around** 3 P.M. **to** return some books.
03 **I wanted to offer/share some feedback on** the training session we attended.
04 **I'm excited to hear that** the project has been approved.
05 **You might want to consider** joining a study group.
06 **The best time to** meditate **is** immediately after waking up.
07 **One of the best things about** working here **is** the friendly atmosphere.
08 **I think** Emily **would be a great choice for / a perfect fit for** the leadership position.
09 **I'd love to recommend** an app that helps with time management.
10 **The hardest part for me was** speaking in front of a large audience.
11 **One area to strengthen is** your collaboration skills during the projects.

12 **At first,** it was hard to wake up early, **but later** I got used to it.

13 **During** the lecture, **I noticed that** many students were taking photos of the slides.

14 **Make sure to check out** the food stalls when you are at the festival.

15 **I especially liked** how comfortable the seats were.

16 **I tried/attempted to** open the file, **but** it wouldn't load.

17 **I wanted to follow up on** the budget proposal we discussed last week.

18 Watching a deeply moving movie **can sometimes make you feel like** you've experienced the story firsthand.

19 **With a bit of** guidance, **I'm confident that** she will improve quickly.

20 **In the future, you can try to** add more details to your answers.

Ⅱ | 주제별 표현 익히기

1. 일상생활에 관한 표현

CHECK-UP   p.116

01 I used the app to **track my order** in real time.

02 The apartment is **within walking distance of** the subway station.

03 We found a beautiful beach **off the beaten path**.

04 He **received compensation for** the damaged goods.

05 I'll **fill in for** John at the front desk until he returns.

06 You should **call ahead** to check if the restaurant accepts large groups.

07 **On a scale of 1 to 10**, how would you rate the movie?

08 The airline waived the **cancellation fee** due to bad weather.

09 The hotel offers a **complimentary breakfast** for all guests.

10 This product has a **user-friendly design** that anyone can use.

11 The park offers **a family-friendly atmosphere** with safe walking trails.

12 The staff provided **top-notch service** during the entire event.

13 The website provides a **personalized experience** based on user preferences.

14 She stayed in bed all day because she **came down with a cold**.

15 The neighbors made a **noise complaint** about loud music.

16 The community members held a meeting to resolve **parking disputes**.

17 The client called off the meeting **on short notice**.

18 Please remind residents that **unsorted trash** will result in a fine.

19 The rules are meant to **deter** students **from** cheat**ing**.

20 Will the **restocking fee** be deducted from my refund?

2. 학교생활에 관한 표현

CHECK-UP

01 I decided to **drop a course** because it was too challenging.
02 I didn't get **a confirmation email** after registering for the workshop.
03 The professor handed out the **course syllabus** on the first day.
04 Who will **be in charge of** managing the club's budget this year?
05 A **guest speaker** will be sharing tips on preparing for job interviews.
06 I couldn't access the **registration link** from the email you sent me.
07 I couldn't submit my assignment due to a **technical issue** on the portal.
08 I stayed up late to complete the **required readings** for tomorrow's lecture.
09 Let's meet in the student lounge after class to **rehearse** our group **presentation**.
10 Where can I find the **grading policy** for this course?
11 You'll need to visit the **administration office** to get your student ID.
12 I still have two **pending courses** before I can graduate.
13 You should go to your academic advisor to **seek advice on** choosing courses.
14 Before making a final decision, we need to **gather supporting data** from reliable sources.
15 I quickly **bonded with** my roommate over our shared love of music.
16 It's important to mention **relevant experience** during the interview.
17 We had to **reschedule** the club meeting **for another day**.
18 **Lively discussions** in class helped me understand the topic better.
19 The group members **had a conflict over** how to divide the project tasks.
20 We **take turns** writ**ing** each section of the lab report.

실전익히기

I | 이메일의 기본 구조 익히기

HACKERS PRACTICE
p.138

01

당신은 당신의 대학교의 교환학생 프로그램에 참여하는 데 관심이 있습니다. 그 프로그램에 대한 더 많은 정보를 얻고 싶어서, 당신은 세부 사항을 문의하기 위해 교환 프로그램 책임자인 Ms. Peterson에게 연락할 계획입니다.

Ms. Peterson에게 이메일을 작성하세요. 당신의 이메일에서:
- 당신이 왜 교환학생 프로그램에 관심이 있는지 설명하세요.
- 그 프로그램에 대한 추가 세부 사항을 요청하세요.
- Ms. Peterson에게 그녀의 도움에 대해 감사를 표하세요.

수신: Ms. Peterson
제목: 교환학생 프로그램 문의

어휘 coordinator[kouɔ́:rdənèitər] 책임자, 조정자 assistance[əsístəns] 도움

아웃라인

- to request more details about the international exchange program
  교환학생 프로그램에 대한 추가 세부 사항을 요청하기 위함
  - 1. improve language skills, experience a new culture, broaden academic perspective
    언어 능력을 향상시키고, 새로운 문화를 경험하며, 학문적 시야를 넓힘
  - 2. share more details about the application process, eligibility requirements, partner universities 지원 과정, 자격 요건, 교류 대학에 대한 추가 세부 사항 공유
  - 3. thank you for taking the time to respond 시간을 내어 답변해 주는 것에 감사함

어휘 broaden[brɔ́:dn] 넓히다 academic perspective 학문적 시야 application[æpləkéiʃən] 지원, 신청
eligibility requirement 자격 요건

02

당신은 대학교 자원봉사 동아리의 회원입니다. 이 동아리는 이번 학기에 새로운 회원을 모집하고 있으며, 당신은 반 친구들에게 가입하도록 초대하고자 합니다.

반 친구들에게 이메일을 작성하세요. 당신의 이메일에서:
- 자원봉사 동아리의 목적을 설명하세요.
- 그 동아리의 주요 활동들을 설명하세요.
- 첫 번째 모임의 날짜, 시간, 그리고 장소를 알려주세요.

수신: 반 친구들
제목: 자원봉사 동아리 가입 초대

어휘 volunteer club 자원봉사 동아리 semester[siméstər] 학기

아웃라인

- to invite you to join the Volunteer Club this semester
  이번 학기에 자원봉사 동아리에 가입하도록 초대하기 위함
  - 1. aims to make a positive impact on the local community
    지역 사회에 긍정적인 영향을 미치는 것을 목표로 함
  - 2. organize a range of activities 다양한 활동들을 조직함
    ex) food drives for local shelters & park clean-up events
    예) 지역 쉼터를 위한 음식 기부 및 공원 청소 행사
  - 3. first meeting: Friday, 6 P.M. in Room 205 of the Student Union Building
    첫 번째 모임은 금요일 오후 6시에 학생회관 205호에서 개최됨

어휘 aim to ~하는 것을 목표로 하다 make an impact 영향을 미치다 organize[ɔ́ːrɡənàiz] 조직하다 food drive 음식 기부 행사
      shelter[ʃéltər] 쉼터

03 | 당신의 친구인 Emma가 다음 학기에 대학교 기숙사로 들어갈 것을 고민하고 있습니다. 당신은 이미 1년 동안 기숙사 생활을 했기 때문에, 그녀는 기숙사 생활에 대한 당신의 의견을 듣고 싶어 합니다. | 수신: Emma
제목: 기숙사 생활에 관한 조언 |

Emma에게 이메일을 작성하세요. 당신의 이메일에서:
· 당신이 기숙사에서 생활하는 것에 대해 좋아하는 점을 공유하세요.
· 당신이 기숙사에서 겪는 몇몇 어려움을 설명하세요.
· 기숙사 생활을 더 편안하게 만들 수 있는 팁을 제안하세요.

어휘 consider[kənsídər] 고민하다, 고려하다 dormitory[dɔ́ːrmətɔ̀ːri] 기숙사 face[feis] 겪다, 직면하다
      comfortable[kʌ́mfərtəbl] 편안한

아웃라인

- share what the experience (living in the university dormitory) is like
  (기숙사 생활) 경험이 어떤지를 말해줌
  - 1. convenient location; it only takes about five minutes to walk to class
    강의실까지 걸어서 5분 정도밖에 걸리지 않는 편리한 위치
    easy to make friends → always someone around to hang out with
    함께 어울릴 수 있는 누군가가 항상 주변에 있어서 친구를 사귀기 쉬움
  - 2. living closely with many people → feel like you don't have enough privacy & cause noise issues
    많은 사람들과 가까이서 생활하는 것은 당신이 충분한 사생활을 갖지 못한다는 느낌을 줄 수도 있고, 소음 문제도 초래함
  - 3. use noise-canceling headphones & set clear rules with roommates
    소음 차단 헤드폰을 사용하고, 룸메이트와 명확한 규칙을 정함

어휘 convenient[kənvíːnjənt] 편리한 privacy[práivəsi] 사생활 set rules 규칙을 정하다

04 당신은 당신의 친구인 Ava에게 재킷을 빌렸지만, 그것에 얼룩이 생겼습니다. 당신은 Ava에게 연락해서 이 상황을 설명해야 합니다.

수신: Ava
제목: 당신의 재킷에 대한 사과

Ava에게 이메일을 작성하세요. 당신의 이메일에서:
- 그녀의 재킷에 생긴 일에 대해 사과하세요.
- 그 재킷에 어떻게 얼룩이 생겼는지 설명하세요.
- 당신이 그 문제를 어떻게 해결할 계획인지 설명하세요.

어휘 stain[stein] 얼룩이 생기다; 얼룩 apologize[əpálədʒàiz] 사과하다

아웃라인

- have some bad news about that jacket you lent me
  나에게 빌려준 그 재킷에 대해 몇 가지 안 좋은 소식이 있음
  1. accidentally stained it → feel absolutely terrible
     실수로 그것에 얼룩이 생기게 했는데, 정말 미안함
  2. out grabbing coffee & someone bumped into me
     → caused my drink to spill right onto the sleeve
     커피를 마시러 나갔는데 누군가가 나에게 부딪히는 바람에 내 커피가 소매 위로 그대로 쏟아졌음
     tried to wash it off right away in the café bathroom → couldn't get the stain out
     카페 화장실에서 즉시 그것을 씻어내려고 했지만, 그 얼룩을 제거할 수 없었음
  3. plan to take it to the dry cleaners to see if they can remove the stain
     그들이 얼룩을 제거할 수 있는지 알아보기 위해 그것을 세탁소에 가지고 갈 예정임
- if not → will buy you another jacket 만약 그러지 못한다면, 다른 재킷을 사주겠음

어휘 accidentally[æksidéntəli] 실수로, 우연히 dry cleaner 세탁소 remove[rimúːv] 제거하다

HACKERS TEST

p.142

01 어제, 당신은 당신의 집 근처의 카페를 방문했습니다. 돌아온 후에, 당신은 당신의 지갑을 그곳에 두고 온 것을 깨달았습니다. 당신은 지갑이 발견되었는지 문의하기 위해 카페 매니저인 Ms. Fisher에게 연락하고자 합니다.

수신: Ms. Fisher
제목: 분실한 지갑에 대한 문의

Ms. Fisher에게 이메일을 작성하세요. 당신의 이메일에서:
- 당신이 그 카페에 있었던 시간을 언급하세요.
- 당신이 잃어버린 지갑에 대해 설명하세요.
- 그것을 어떻게 되찾을 수 있는지 문의하세요.

어휘 get ~ back (잃었던 것을) 되찾다 inquiry[ínkwəri] 문의

아웃라인

- to inquire about a wallet I believe I left at your café yesterday
  어제 당신의 카페에 두고 간 것으로 생각되는 지갑에 대해 문의하기 위함
  - 1. visited around 3:30 P.M. & was sitting near the window
    오후 3시 30분경에 방문했고, 창가에 앉아 있었음
  - 2. a small, blue leather bifold wallet with a silver zipper on the side
    옆면에 은색 지퍼가 있는 작은 파란색의 가죽 이중 접힘 지갑
    contains my driver's license under the name Sarah Scott & a small amount of cash
    Sarah Scott라는 이름이 적힌 내 운전면허증과 약간의 현금이 들어 있음
  - 3. let me know if a wallet matching this description has been found;
    이 설명과 일치하는 지갑이 발견되었는지 알려 주길 바람;
    be grateful for instructions on when & how I can pick it up
    언제 그리고 어떻게 그것을 찾아올 수 있는지에 대한 안내를 주면 감사하겠음

어휘　inquire [inkwáiər] 문의하다　bifold [báifòuld] 이중 접힘의, 두 겹의　contain [kəntéin] ~이 들어 있다, 포함하다
　　　driver's license 운전면허증　description [diskrípʃən] 설명　instruction [instrʌ́kʃən] 안내

02

당신의 대학교는 다음 주에 여러 회사의 대표들이 참석하는 취업 박람회를 주최합니다. 당신은 당신의 친구인 Steven에게 당신과 함께 그 행사에 참석하자고 초대하고자 합니다. Steven에게 이메일을 작성하세요. 당신의 이메일에서: · 시간과 장소의 세부 사항을 제공하세요. · 그 행사가 왜 유익할 것인지 설명하세요. · 어떤 활동이나 기회들이 이용 가능할지 언급하세요.	수신: Steven 제목: 다음 주에 있을 취업 박람회

어휘　host [houst] 주최하다　career fair 취업 박람회　representative [rèprizéntətiv] 대표　various [vɛ́əriəs] 여러
　　　opportunity [ɑ̀pərtjúːnəti] 기회　attend [əténd] 참석하다　available [əvéiləbl] 이용 가능한

아웃라인

- a career fair on campus → thought you would be interested
  캠퍼스에서 열리는 취업 박람회에 당신이 관심이 있을 것 같다고 생각했음
  - 1. takes place next Friday at the Student Union from 10 A.M. to 4 P.M.
    다음 주 금요일에 학생회관에서 오전 10시부터 오후 4시까지 개최됨
  - 2. representatives from over 50 companies will be there → a valuable opportunity to learn about different industries
    50개 이상의 기업 대표들이 그곳에 있을 거라 다양한 산업에 대해 배울 수 있는 가치 있는 기회임
  - 3. get a free résumé review by an actual job recruiter & short talks from professionals
    실제 채용 담당자로부터 무료 이력서 검토를 받을 수 있고, 전문가들의 짧은 강연도 있음

어휘　take place 개최되다　industry [índəstri] 산업　résumé [rézumèi] 이력서　review [rivjúː] 검토　job recruiter 채용 담당자
　　　professional [prəféʃənl] 전문가

03　당신은 최근에 수업 중 하나에서 조별 발표를 위한 리허설을 마쳤습니다. 발표자인 Alex가 자신의 발표에 대한 피드백을 위해 당신에게 연락했습니다.

수신: Alex
제목: 당신의 발표에 대한 피드백

Alex에게 이메일을 작성하세요. 당신의 이메일에서:
- 그에게 발표를 해준 것에 대해 감사를 전하세요.
- 당신이 그의 발표에서 좋아했던 점을 언급하세요.
- 개선이 가능한 몇 가지 부분들을 지적하세요.

어휘 rehearsal[rihə́ːrsəl] 리허설, 예행 연습　presentation[prìːzentéiʃən] 발표　presenter[prizéntər] 발표자　reach out 연락하다

아웃라인

- to provide feedback on your rehearsal presentation for our group project
  우리 조별 과제를 위한 당신의 리허설 발표에 대한 피드백을 제공하기 위함

  1. thank you for taking the time to prepare & present it
     시간을 내어 그것을 준비하고 발표해 줘서 감사함

  2. liked how you spoke with confidence & maintained good eye contact
     자신감 있게 말하고 시선 맞춤을 잘 유지한 게 마음에 들었음
     appreciated the clear examples you used to explain complex points
     복잡한 요점들을 설명하기 위해 사용한 명확한 예시들을 높이 평가함

  3. spoke a little quickly → slowing down would help the audience absorb the details
     조금 빠르게 말했기 때문에, 속도를 늦추면 청중이 세부 사항을 완전히 받아들이는 데 도움이 될 것임
     practice smoother transitions between sections → make the overall flow more natural
     섹션 간의 더 매끄러운 전환을 연습하면 전체적인 흐름을 더 자연스럽게 만들 수 있을 것임

어휘 confidence[kάnfədəns] 자신감　maintain[meintéin] 유지하다　eye contact 시선 맞춤　appreciate[əpríːʃièit] 높이 평가하다　complex[kəmpléks] 복잡한　audience[ɔ́ːdiəns] 청중　absorb[æbsɔ́ːrb] 받아들이다, 흡수하다　transition[trænzíʃən] 전환　overall[óuvərɔ̀ːl] 전체적인, 전반적인　flow[flou] 흐름

04　당신은 당신의 친구인 Anna와 저녁 식사를 하기 위해 만나기로 계획했었지만, 예상치 못한 일이 생겼고, 당신은 약속을 지킬 수 없게 되었습니다. 당신은 약속을 취소하는 것에 대해 미안함을 느끼고 있으며, 만나기 위한 다른 날을 제안하고자 합니다.

수신: Anna
제목: 저녁 약속을 취소하는 것에 대한 사과

Anna에게 이메일을 작성하세요. 당신의 이메일에서:
- 저녁 약속을 취소하는 것에 대해 사과하세요.
- 당신이 왜 갈 수 없는지 설명하세요.
- 만날 수 있는 다른 날을 제안하세요.

어휘 unexpected[ʌ̀nikspéktid] 예상치 못한　alternative[ɔːltə́ːrnətiv] 다른, 대안의　apology[əpάlədʒi] 사과

아웃라인

- have to cancel our dinner plans for tonight 오늘 우리의 저녁 약속을 취소해야 함
    1. must be really disappointing & feel terrible for letting you down
       정말 실망스러울 거라는 것을 알고, 당신을 실망시켜서 정말 죄송함
    2. something urgent came up at work 직장에서 긴급한 일이 생겼음
       asked to join a critical client call first thing tomorrow morning & need to prepare for it tonight
       내일 아침 첫 일정으로 중요한 고객 통화에 참여해 달라는 요청을 받았고, 오늘 밤에 그것을 준비해야 함
    3. be free this Thursday or Friday? → available both evenings
       이번 주 목요일이나 금요일에 시간이 있는지? 두 저녁 모두 가능함

어휘 disappointing[dìsəpɔ́intiŋ] 실망스러운 let ~ down ~을 실망시키는 urgent[ə́:rdʒənt] 긴급한 critical[krítikəl] 중요한 client[kláiənt] 고객

Ⅱ | 이메일 쓰기 - 도입

HACKERS PRACTICE
p.148

01

당신의 사촌인 Sarah가 처음으로 당신의 도시를 방문할 예정이며, 그녀가 어디로 관광을 가면 좋을지 알고 싶어 합니다. 당신은 추천하고 싶은 가장 좋아하는 관광 명소가 있습니다.

수신: Sarah
제목: 당신의 방문을 위한 추천

Sarah에게 이메일을 작성하세요. 당신의 이메일에서:
- 그 장소가 어디에 위치하고 있는지 알려 주세요.
- 그곳에서 그녀가 볼 수 있고 할 수 있는 것들을 설명하세요.
- 방문하기에 가장 좋은 시간대를 제안하세요.

어휘 sightseeing[sáitsì:iŋ] 관광 tourist attraction 관광 명소 locate[lóukeit] 위치하다, 자리 잡고 있다

> **Dear** Sarah,
> [인사말] **I'm so excited to hear** you're finally coming to visit! [목적] ① Since it's your first visit, **I'd love to recommend** my favorite place — the Skyview Observation Deck.

어휘 observation deck 전망대

02

당신은 당신의 대학교에서 온라인 강의를 수강 신청하려고 시도했지만, 수강 신청 시스템에서 문제를 겪었습니다. 당신은 당신의 등록이 성공적이었는지 확인하기 위해 강의 관리자에게 연락하고자 합니다.

수신: courseadmin@university.edu
제목: 수강 신청 문제

강의 관리자에게 이메일을 작성하세요. 당신의 이메일에서:
- 당신이 수강 신청을 시도한 강의에 대한 세부 사항을 제공하세요.
- 당신이 수강 신청 시스템에서 겪은 문제를 설명하세요.
- 당신의 수강 신청 상태에 대해 문의하세요.

어휘 register for ~을 (수강) 신청하다, ~에 등록하다 registration system 신청 시스템 administrator[ədmínistrèitər] 관리자, 행정인 confirm[kənfə́:rm] 확인하다 status[stéitəs] 상태

To whom it may concern,
[인사말] **My name is Ryan Thompson, and I'm** a junior majoring in economics (Student ID: 2023456). [목적] ① **I am writing to report** an issue I encountered while registering for an online course.

어휘   junior[dʒúːnjər] (4년제 대학·고교의) 3학년   major in ~을 전공하다   economics[èkənámiks] 경제학
encounter[inkáuntər] 겪다, 맞닥뜨리다

03

당신은 당신의 친구인 Mia의 생일을 위한 깜짝 생일 파티를 계획하고 있습니다. 당신은 Mia의 또 다른 가까운 친구인 Kevin을 초대하고, 준비를 도와달라고 부탁하고자 합니다. Kevin에게 이메일을 작성하세요. 당신의 이메일에서: · 시간과 장소에 관한 세부 사항을 제공하세요. · 당신이 파티를 위해 계획한 것을 설명하세요. · 파티를 위해 준비하는 데에 그의 도움을 요청하세요.	수신: Kevin 제목: Mia를 위한 깜짝 파티

어휘   preparation[prèpəréiʃən] 준비

Hi Kevin,
[인사말] **I'm so excited to tell you about my plan for** Mia's birthday! [목적] ① **I'm throwing a surprise party for her and really hope you can join us.**

어휘   throw a party 파티를 열다

04

당신은 회사 동료인 Henry가 추천한 장소에서 팀 워크숍을 조직했습니다. 그런데, 방이 너무 작았고, 장비도 제대로 작동하지 않았습니다. 당신은 Henry에게 이 상황을 알리고, 향후 계획에 대해 논의해야 합니다. Henry에게 이메일을 작성하세요. 당신의 이메일에서: · 장소를 추천해 준 것에 대해 감사를 표하세요. · 당신의 팀이 그 장소에서 겪은 문제를 언급하세요. · 향후 워크숍을 위한 대안 계획을 제안하세요.	수신: Henry 제목: 워크숍 장소에 대한 피드백

어휘   organize[ɔ́ːrɡənàiz] 조직하다   venue[vénjuː] 장소   coworker[kóuwə̀ːrkər] (회사) 동료   equipment[ikwípmənt] 장비
function[fʌ́ŋkʃən] 작동하다   properly[prápərli] 제대로   inform[infɔ́ːrm] 알리다   arrangement[əréindʒmənt] 계획, 준비

Dear Henry,
[인사말] **I hope this email finds you well.** [목적] ① **I wanted to follow up on** how the team workshop went.

HACKERS TEST

p.152

01

당신은 다가오는 휴가를 위한 항공편이 더 늦은 시간으로 일정이 변경되었다는 통지를 받았습니다. 이 새로운 출발 시간은 당신이 목적지에서 보낼 수 있는 시간을 줄일 것입니다. 당신은 항공사의 고객 서비스 팀에 연락하여 도움을 요청해야 합니다.

고객 서비스 팀에게 이메일을 작성하세요. 당신의 이메일에서:
- 당신의 항공편 예약 세부 사항과 일정 변경에 대해 언급하세요.
- 새로운 항공편 시간이 당신의 여행 계획에 어떤 영향을 미치는지 설명하세요.
- 가능한 재예약이나 환불 옵션에 대해 문의하세요.

수신: customercare@skyairlines.com
제목: 변경된 항공편과 관련된 문제

어휘 notification[nòutəfikéiʃən] 통지, 알림 upcoming[ʌ́pkʌ̀miŋ] 다가오는 departure[dipáːrtʃər] 출발
      customer service 고객 서비스 booking[búkiŋ] 예약 refund[ríːfʌnd] 환불

> **To whom it may concern,**
> [인사말] **My name is Alex Martin.** [목적] **I am contacting you regarding** a schedule change for my upcoming flight.

해석 관계자분께,
      제 이름은 Alex Martin입니다. 저는 다가오는 제 항공편의 일정 변경에 관하여 연락드립니다.

02

당신의 아파트 건물에서, 몇몇 이웃들이 종종 분리수거 구역에 분류하지 않은 쓰레기를 버립니다. 이는 그 공간을 지저분하고 다른 주민들에게 불쾌하게 만듭니다. 당신은 건물 관리자인 Mr. Brown에게 연락하여 이 문제를 알리고 해결 방안을 제안하고자 합니다.

Mr. Brown에게 이메일을 작성하세요. 당신의 이메일에서:
- 분리수거 구역의 문제를 설명하세요.
- 이 문제가 아파트 주민들에게 어떻게 영향을 미치는지 설명하세요.
- 이 문제를 해결하기 위한 방법을 제안하세요.

수신: Mr. Brown
제목: 분리수거 구역에 대한 우려

어휘 unsorted[ʌnsɔ́ːrtid] 분류하지 않은, 분리되지 않은 recycling[riːsáikliŋ] 분리수거, 재활용 messy[mési] 지저분한
      unpleasant[ənplézənt] 불쾌한 resident[rézədənt] 주민, 거주자 manager[mǽnidʒər] 관리자 concern[kənsə́ːrn] 우려

> **Dear Mr. Brown,**
> [인사말] **This is Sarah Peterson from** Apartment 7B. [목적] **I'm writing to report** an ongoing issue in the shared recycling area.

해석 Mr. Brown에게,
      저는 7B호에 거주하는 Sarah Peterson입니다. 저는 공용 분리수거 구역에서 계속 발생하고 있는 문제를 신고하기 위해 이메일을 쓰고 있습니다.

어휘 ongoing[ɑ́ŋgòuiŋ] 계속 발생하고 있는, 진행 중인 shared[ʃɛərd] 공용의

03

당신의 친구인 Daniel은 이번 주말에 특별한 가족 저녁 식사를 할 계획입니다. 그는 당신에게 동네에 좋은 식당이 있는지 물어보았습니다. 당신은 그에게 당신의 제안을 공유하고자 합니다.

수신: Daniel
제목: 식당 추천

Daniel에게 이메일을 작성하세요. 당신의 이메일에서:
- 특별한 가족 저녁 식사를 위한 식당을 추천하세요.
- 왜 그곳이 그 행사를 위한 좋은 선택인지 설명하세요.
- Daniel과 그의 가족이 먹어봐야 할 몇 가지 요리를 제안하세요.

어휘 neighborhood[néibərhùd] 동네, 이웃 suggestion[səgdʒéstʃən] 제안 occasion[əkéiʒən] 행사, 특별한 날 dish[diʃ] 요리

Hi Daniel,
[인사말] **I'm excited to hear that** you're planning a special family dinner this weekend. [목적] **I'd be happy to recommend** a great restaurant nearby.

해석 Daniel에게,
당신이 이번 주말에 특별한 가족 저녁 식사를 계획 중이라는 것을 듣게 되어 기쁩니다. 근처에 있는 좋은 식당을 기꺼이 추천해 드리고 싶습니다.

어휘 nearby[nìərbái] 근처에 있는

04

당신은 최근에 당신이 가장 좋아하는 가수의 콘서트에 다녀왔습니다. 당신은 정말 즐거운 시간을 보냈기 때문에, 행사 주최자인 Mr. Jake에게 그 행사를 준비해 준 것에 대해 감사를 표하고 콘서트에 대한 몇 가지 피드백도 공유하고자 합니다.

수신: Mr. Jake
제목: 최근 콘서트에 대한 피드백

Mr. Jake에게 이메일을 작성하세요. 당신의 이메일에서:
- 콘서트를 주최해 준 것에 대해 감사를 표하세요.
- 그 행사에서 당신이 무엇을 가장 좋아했는지 설명하세요.
- 향후 콘서트를 위한 한두 가지 개선 사항을 제안하세요.

어휘 organizer[ɔ́ːrgənàizər] 주최자 arrange[əréindʒ] 준비하다 improvement[imprúːvmənt] 개선 사항

Dear Mr. Jake,
[인사말] **My name is Sophia Lee, and I** attended the concert you organized in Seoul last weekend. [목적] I am a huge fan of the musician, and **I wanted to express my gratitude** and **share some feedback on** the event.

해석 Mr. Jake에게,
제 이름은 Sophia Lee이고, 저는 당신이 지난 주말에 서울에서 주최하신 콘서트에 다녀왔습니다. 저는 그 가수의 열렬한 팬이며, 감사를 표하고 그 행사에 대해 몇 가지 피드백을 공유하고 싶었습니다.

어휘 attend[əténd] 다녀오다, 참석하다 gratitude[grǽtətjùːd] 감사

Ⅲ | 이메일 쓰기 - 본문과 마무리

HACKERS PRACTICE
p.162

01

| 당신은 이번 학기에 수강 중인 수업의 첫 번째 강의를 놓쳤습니다. 당신은 당신의 교수님인 Smith 박사님에게 강의 자료와 어떻게 따라잡을 수 있는지에 대해 문의하기 위해 연락하고자 합니다.

Smith 박사님에게 이메일을 작성하세요. 당신의 이메일에서:
・당신이 강의를 왜 놓쳤는지 설명하세요.
・강의 노트나 슬라이드를 어떻게 받을 수 있는지 문의하세요.
・수업을 따라잡을 수 있는 방법에 대한 조언을 요청하세요. | 수신: Smith 박사님
제목: 강의 자료 요청 |

어휘 catch up (정도나 수준이 앞선 것을) 따라잡다　advice[ædváis] 조언　material[mətíəriəl] 자료

[도입] **Dear** Dr. Smith,

My name is Philip Hicks, and I am a student in your Introduction to Psychology class this semester. **I am writing to ask for** information regarding the first lecture on September 5th. [항목 1] ① Unfortunately, **I was unable to** attend that day **due to** a sudden illness, and **I sincerely apologize for** my absence. [항목 2] ② **Could you please let me know** how I might obtain the lecture notes or slides from that session? [항목 3] ③ Additionally, **I would be grateful for** any advice you may have on how to catch up with the class. Guidance on important topics, readings, or assignments from the first lecture would be especially helpful. [맺음말] **Thank you very much for** your kind attention to this matter. **I look forward to** joining the next class.

Sincerely,
Philip Hicks

어휘 psychology[saikɑ́:lədʒi] 심리학　absence[ǽbsəns] 결석　obtain[əbtéin] 구하다, 얻다　guidance[gáidns] 안내
reading[rí:diŋ] 읽기 자료　assignment[əsáinmənt] 과제　attention[əténʃən] 관심

02

| 당신은 집 근처의 슈퍼마켓에서 자주 쇼핑을 합니다. 최근에, 당신은 계산대 줄이 매우 길고 물건을 계산하는 데 많은 시간이 걸린다는 것을 알아차렸습니다. 당신은 매장 관리자에게 이 상황에 대해 알리고 대기 시간을 줄일 수 있는 가능한 방법들을 제안하고자 합니다.

매장 관리자에게 이메일을 작성하세요. 당신의 이메일에서:
・계산대 줄에 관한 문제를 설명하세요.
・긴 대기가 쇼핑객들에게 어떤 영향을 미치는지 설명하세요.
・계산 과정을 개선할 수 있는 가능한 방법들을 제안하세요. | 수신: manager@greenmart.com
제목: 긴 계산대 대기 줄에 대한 우려 |

어휘 checkout[tʃékàut] 계산대

[도입] **To whom it may concern,**

My name is Donna Young. I am writing to you after having had several negative experiences at Green Mart. [항목 1] ① <u>Over the past few weeks, **I've noticed that** checkout lines have been consistently long.</u> [항목 2] ② <u>It takes a great deal of time to pay for items, and many customers **are becoming frustrated by** the delays.</u> I've even seen people abandon their carts and leave the store without making a purchase. [항목 3] ③ <u>**To address this issue, I suggest** creating an express lane for customers with only a few items.</u> If possible, installing additional self-checkout kiosks **would** also **help** reduce congestion. [맺음말] **Thank you for** your time and consideration of this feedback.

Sincerely,
Donna Young

어휘 consistently[kənsístəntli] 지속적으로 frustrated[frʌ́streitid] 불만스러워하는 express[iksprés] 빠른, 신속한
install[instɔ́ːl] 설치하다 congestion[kəndʒéstʃən] 혼잡 consideration[kənsìdəréiʃən] 고려

03

당신은 아파트 위층에서 나는 과도한 소음을 겪고 있습니다. 당신이 이미 당신의 이웃에게 소음을 낮춰달라고 요청했음에도 불구하고, 문제는 계속되고 있습니다. 당신은 건물 관리자인 Mr. Ryan에게 이 문제를 알리고 도움을 요청하기 위해 연락해야 합니다. Mr. Ryan에게 이메일을 작성하세요. 당신의 이메일에서: · 당신이 겪고 있는 문제를 설명하세요. · 문제를 해결하기 위한 당신의 과거 시도들을 설명하세요. · 그에게 이 문제에 대한 그의 도움을 요청하세요.	수신: Mr. Ryan 제목: 위층 아파트에서 오는 소음 문제

어휘 excessive[iksésiv] 과도한, 심한 upstairs[ʌ̀pstéərz] 위층의 attempt[ətémpt] 시도 resolve[rizɔ́lv] 해결하다

[도입] **Dear Mr. Ryan,**

My name is Charlotte Evans, and I am a resident of Apartment 304. **I am writing to report** a persistent noise issue coming from the apartment directly above mine. [항목 1] ① <u>**I have been experiencing** excessive noise coming from the upstairs unit, Apartment 404.</u> It has continued for over a week and often happens at night, with loud music and heavy footfalls. [항목 2] ② <u>**I have spoken directly to** this neighbor several times about lowering the volume.</u> While they seemed to understand, the problem has continued without improvement. [항목 3] **I kindly request your urgent attention to** this matter. ③ <u>**It would be appreciated if you could** contact the resident in Apartment 404 and remind them of the building's noise regulations.</u> [맺음말] **Thank you for** your prompt attention and assistance.

Sincerely,
Charlotte Evans

어휘 resident[rézədnt] 거주자 persistent[pərsístənt] 지속적인 footfall[fútfɔːl] 발소리 remind[rimáind] 상기시키다
regulation[règjuléiʃən] 규정

04 | 당신의 친구인 Olivia는 학생 동아리에 가입할 생각을 하고 있지만, 어떤 것(동아리)을 선택해야 할지 확신이 없습니다. 당신은 여러 동아리에 참여한 경험이 있기 때문에, 그녀는 당신의 조언을 구했습니다. | 수신: Olivia
제목: 학생 동아리 추천

Olivia에게 이메일을 작성하세요. 당신의 이메일에서:
- 그녀에게 좋을 것 같은 동아리를 추천하세요.
- 그 동아리가 왜 좋은 선택이 될지 설명하세요.
- 그녀가 어떻게 동아리에 가입하고 참여할 수 있는지 제안하세요.

어휘 participate in ~에 참여하다, ~에 참석하다

[도입] **Dear** Olivia,

I'm excited to hear that you're thinking about joining a club! **I'd be happy to recommend** one that suits your interests. [항목 1] ① <u>I think the Film Society **would be a great choice for** you.</u> [항목 2] ② **Since** you love watching and discussing movies, this club **is ideal**. They host weekly screenings of everything from classic foreign films to new indie releases. You'd also enjoy the lively discussions after screenings, as well as special events like movie marathons and trivia nights. [항목 3] ③ <u>**The best way to start is by** checking out their social media page or website to see their weekly schedule.</u> You can just drop in for one of their regular screenings to get a feel for the club without any pressure. [맺음말] **Let me know** what you think!

Best,
Hannah

어휘 suit [suːt] ~에 맞다, ~와 어울리다   discuss [diskʌ́s] 토론하다, ~에 대해 이야기 나누다   ideal [aidíːəl] 이상적인
screening [skríːniŋ] 상영(회)   movie marathon 영화 마라톤 (영화 몰아보기)   trivia night 퀴즈 대회   drop in ~에 들르다
pressure [préʃər] 부담감, 압박

HACKERS TEST

p.170

01 | 다음 달에 당신의 도시에서 음악 축제가 열릴 예정입니다. 이 행사는 지역 밴드들과 인기 있는 아티스트들을 모두 선보일 것입니다. 당신은 다른 도시에 살고 있는 당신의 친구인 Gabriel에게 음악 축제에 함께 가자고 초대하고자 합니다. | 수신: Gabriel
제목: 음악 축제 초대

Gabriel에게 이메일을 작성하세요. 당신의 이메일에서:
- 축제의 날짜와 장소를 제공하세요.
- 그가 왜 이 축제를 즐길 것이라고 생각하는지 설명하세요.
- 당신이 그의 방문을 위해 계획한 다른 활동들을 언급하세요.

어휘 hold [hould] 열다, 개최하다   feature [fíːtʃər] 선보이다, ~을 특징으로 하다

[도입] **Dear** Gabriel,

I hope you're doing well. I'm writing to invite you to join me at an exciting event! [항목 1] A huge music festival **will be held on** October 18 and 19 at Olympic Park in Seoul. [항목 2] Since you're such a big fan of live music festivals, **I'm sure** it **totally suits your taste**. The lineup includes talented local bands and popular artists we both like. [항목 3] Of course, your visit **wouldn't just be about** the festival. We could explore the city and try great food at my favorite restaurant. It **would be a wonderful chance for us to** hang out and make some great memories together. [맺음말] I'd really love to have you here! **Let me know** if you're interested.

Best regards,
Mary

해석 Gabriel에게,
잘 지내고 있길 바라요. 저는 당신을 신나는 행사에 초대하기 위해 이메일을 쓰고 있어요! 어느 대규모 음악 축제가 10월 18일과 19일에 서울 올림픽공원에서 개최될 예정입니다. 당신이 라이브 음악 축제의 큰 팬이니, 이것이 당신의 취향에 딱 맞을 거라고 확신해요. 라인업에는 실력 있는 지역 밴드들과 우리 둘 다 좋아하는 인기 아티스트들이 포함되어 있습니다. 물론, 당신의 방문이 축제만으로 끝나지 않을 거예요. 우리는 도시를 둘러보고, 제가 가장 좋아하는 식당에서 맛있는 음식도 먹어볼 수 있습니다. 이것은 우리가 같이 시간 보내면서 좋은 추억들도 만들 수 있는 좋은 기회가 될 거예요. 당신이 여기 와주면 정말 좋을 것 같아요! 관심 있으면 알려 주세요.
Mary 드림

어휘 **taste**[teist] 취향 **lineup**[láinə̀p] 라인업, 예정표 **explore**[ikspló:r] 둘러보다 **hang out** 시간을 보내다

02

당신은 내일 수업 발표를 하기로 예정되어 있습니다. 그러나, 당신은 심한 인후통이 생겼고, 제대로 말을 할 수 없게 되었습니다. 당신은 발표를 연기하기 위한 허락을 구하기 위해 당신의 교수님인 Fleming 박사님께 문의하고자 합니다. Fleming 박사님께 이메일을 작성하세요. 당신의 이메일에서: · 당신의 건강 상태와 왜 발표를 할 수 없는지 설명하세요. · 당신의 발표를 연기하는 것이 가능한지 문의하세요. · 당신이 발표할 수 있는 다른 날짜를 제안하세요.	수신: Fleming 박사님 제목: 발표 일정 변경 요청

어휘 **develop**[divéləp] ~이 생기다, (질병에) 걸리다 **severe**[sivíər] 심한 **sore throat** 인후통 **permission**[pərmíʃən] 허락
postpone[poustpóun] 연기하다, 미루다 **present**[prizént] 발표하다

[도입] **Dear** Dr. Fleming,

My name is Ethan Collins, and I am a student in your Business Communication class. **I am writing to request** a postponement of my presentation scheduled for tomorrow. [항목 1] **I am unable to** deliver my presentation effectively **due to** a severe throat infection I woke up with this morning. At the moment, I can barely speak above a whisper. [항목 2] **I would greatly appreciate it if you could** allow me to postpone my presentation until I recover. [항목3] I expect to be better within a few days, so if possible, I would like to suggest rescheduling for later this week or early next week. [맺음말] **Thank you very much for** your understanding and consideration.

Sincerely,
Ethan Collins

해석   Fleming 박사님께,
제 이름은 Ethan Collins이며, 저는 박사님의 비즈니스 커뮤니케이션 수업을 듣고 있는 학생입니다. 저는 내일로 예정된 제 발표의 연기를 요청드리기 위해 이메일을 쓰고 있습니다. 저는 오늘 아침에 걸린 심한 인후염으로 인해 제 발표를 효과적으로 진행할 수 없습니다. 현재, 저는 속삭이는 것보다 조금 큰 소리로만 간신히 말할 수 있습니다. 제가 회복될 때까지 제 발표를 연기하도록 허락해 주신다면 매우 감사하겠습니다. 저는 며칠 내에 나아질 것으로 예상하므로, 가능하다면 이번 주 후반이나 다음 주 초로 일정을 다시 잡는 것을 제안드리고 싶습니다. 당신의 이해와 고려에 정말 감사드립니다.
Ethan Collins 드림

어휘   postponement[poustpóunmənt] 연기   throat infection 인후염   barely[bɛ́ərli] 간신히, 가까스로   recover[rikʌ́vər] 회복하다

03

당신은 최근에 어느 아늑한 오두막에서 주말 휴가를 보냈습니다. 숙박 후, 숙소의 호스트인 Mr. Samuels가 숙박 시설에 대한 당신의 피드백을 요청하기 위해 연락해 왔습니다.

수신: Mr. Samuels
제목: 최근 숙박에 대한 피드백

Mr. Samuels에게 이메일을 작성하세요. 당신의 이메일에서:
· 따뜻한 환영에 대해 감사를 표하세요.
· 당신의 숙박에서 가장 좋았던 점을 공유하세요.
· 숙박 시설을 더 좋게 만들 수 있는 몇 가지 아이디어를 제안하세요.

어휘   getaway[gétəwèi] (단기) 휴가   cozy[kóuzi] 아늑한   cabin[kǽbin] 오두막   accommodation[əkɑ̀mədéiʃən] 숙박 시설

[도입] **Dear** Mr. Samuels,

Thank you for reaching out to me. I'd be happy to provide feedback on my stay at your cabin. [항목 1] **I truly appreciated** your hospitality and the warm welcome. [항목 2] **What I liked most was** the balcony view, and I loved having my morning coffee there. Additionally, the bed was very comfortable, which helped me sleep better than I have in a long time. [항목 3] For future guests, **you might want to consider** providing a small local guide with recommendations for nearby restaurants and attractions. Also, more towels in the bathroom **might help** make the stay more convenient. [맺음말] I had a memorable experience and hope these suggestions can help improve the stay. **I look forward to** visiting again soon!

Best regards,
Anthony

해석   Mr. Samuels에게,
저에게 연락해 주셔서 감사합니다. 당신의 오두막에서의 제 숙박에 대한 피드백을 기꺼이 제공하겠습니다. 당신의 환대와 따뜻한 환영에 진심으로 감사드립니다. 제가 가장 좋아했던 것은 발코니에서 보이는 전망이었는데, 저는 그곳에서 아침 커피를 마시는 것을 정말 좋아했습니다. 게다가, 침대가 매우 편안했는데, 이는 제가 오랜만에 숙면을 취할 수 있게 해 주었습니다. 앞으로 올 손님들을 위해, 주변 식당과 관광 명소에 대한 추천이 담긴 작은 지역 안내서를 제공하는 것을 고려해 보세요. 또한, 욕실에 더 많은 수건이 있으면 숙박을 더 편리하게 만드는 데 도움이 될 수 있습니다. 저는 기억에 남는 경험을 했으며, 이러한 제안들이 숙박을 개선하는 데 도움이 되길 바랍니다. 곧 다시 방문하기를 기대합니다!
Anthony 드림

어휘   appreciate[əpríʃièit] 감사하다   hospitality[hɑ̀spətǽləti] 환대   attraction[ətrǽkʃən] 관광 명소   improve[imprúːv] 개선하다

04

당신의 부서는 최근에 새 사무실 건물로 이전했습니다. 이전 이후, 당신은 에어컨 시스템에 문제를 겪고 있습니다. 당신은 건물 관리자인 Mr. Andrews에게 연락하여 이 문제를 신고하고 수리를 요청해야 합니다.

수신: Mr. Andrews
제목: 에어컨 시스템의 문제

Mr. Andrews에게 이메일을 작성하세요. 당신의 이메일에서:
- 에어컨 시스템의 문제를 설명하세요.
- 이 문제가 당신의 부서에 어떤 영향을 미치고 있는지 설명하세요.
- 시스템이 가능한 한 빨리 수리되도록 요청하세요.

어휘 department[dipá:rtmənt] 부서 relocation[rì:loukéiʃən] 이전 air conditioning 에어컨 repair[ripéər] 수리; 수리하다

[도입] **Dear** Mr. Andrews,

I hope this email finds you well. I am writing to report a problem with the air conditioning system in our department, Marketing, on the 5th floor. [항목 1] Since our recent relocation, the system has often provided very little cooling, and at times it has stopped working altogether. [항목 2] The resulting high temperatures **make it difficult for** staff **to** concentrate and have reduced overall productivity. Additionally, a few staff members **have been experiencing** headaches and fatigue due to the heat. [항목 3] **We would greatly appreciate it if you could** arrange for a technician to inspect and repair the system as soon as possible. Ensuring a comfortable working environment is very important to us. [맺음말] **Thank you very much for** your attention to this matter.

Sincerely,
Michael Johnson

해석 Mr. Andrews에게,
이 이메일이 당신에게 잘 전달되길 바랍니다. 저는 5층에 위치한 저희 부서인 마케팅 부서의 에어컨 문제를 신고하기 위해 이메일을 쓰고 있습니다. 최근 이전 이후로, 시스템이 자주 냉방을 거의 제공하지 못하고 있으며, 때로는 완전히 작동을 멈추기도 합니다. 이로 인한 높은 온도는 직원들이 집중하기 어렵게 만들고 전반적인 생산성도 떨어뜨리고 있습니다. 또한, 몇몇 직원들은 더위로 인해 두통과 피로를 겪고 있습니다. 가능한 한 빨리 기술자가 시스템을 점검하고 수리하도록 조치해 주신다면 감사하겠습니다. 쾌적한 근무 환경을 보장하는 것은 저희에게 매우 중요합니다. 이 문제에 대한 당신의 관심에 정말 감사드립니다.
Michael Johnson드림

어휘 cooling[kú:liŋ] 냉방, 냉각 concentrate[kánsəntrèit] 집중하다 productivity[pràdəktívəti] 생산성 fatigue[fətí:g] 피로 inspect[inspékt] 점검하다 ensure[inʃúər] 보장하다

POWER TEST 1

p.178

당신의 자전거가 아파트 건물의 보관 구역에서 도난당했습니다. 이웃들과 대화한 후, 당신은 최근에 여러 건의 유사한 도난 사건이 발생했다는 것을 알게 되었습니다. 당신은 단지 내 보안에 대해 우려하고 있으며 이것을 주민 협회와 함께 다루고자 합니다.

주민 협회에 이메일을 작성하세요. 당신의 이메일에서:
- 당신의 자전거를 설명하고 그것이 언제 도난당했는지 보고하세요.
- 최근 도난 사건의 증가가 왜 심각한 문제인지 설명하세요.
- 아파트 단지 내 보안을 개선할 방안을 제안하세요.

최대한 많은 내용을 완전한 문장으로 작성하세요.

수신: 주민 협회
제목: 최근 자전거 도난에 대한 우려

어휘 storage area 보관 구역 theft[θeft] 도난 사건, 절도 security[sikjúərəti] 보안 complex[kəmpléks] (건물) 단지
residents' association 주민 협회

아웃라인

- to report the theft of my bicycle from the building's storage area
  아파트 건물의 보관 구역에서 내 자전거가 도난당한 사실을 알리기 위함

- 1. a blue mountain bike with black handlebars 검은색 핸들 바가 있는 파란색 산악자전거

- occurred last night → I stored it in the evening & found it missing early this morning
  그것을 저녁에 보관해 두었는데 오늘 아침 일찍 그것이 없어진 것을 발견했으므로, 도난은 어젯밤 늦게 발생함

- 2. noticed that several other bicycles have been stolen recently
  최근에 여러 대의 다른 자전거들도 도난당했다는 것을 알게 됨

- this rise in thefts → undermines the security of our community & makes residents feel unsafe
  이러한 도난 사건의 증가는 우리 공동체의 보안을 약화시키고 주민들이 불안감을 느끼게 함

- 3. suggest that security staff patrol the storage areas more frequently, especially at night
  특히 야간에 보안 요원이 보관 구역을 더 자주 순찰할 것을 제안함

- installing cameras near the entrances would also help deter thieves
  입구 근처에 감시 카메라를 설치하는 것도 도둑을 막는 데 도움이 될 것임

어휘 store[stɔːr] 보관하다 undermine[ʌ̀ndərmáin] 약화시키다 patrol[pətróul] 순찰하다 entrance[éntrəns] 입구 deter[ditə́ːr] 막다

모범 답안

To whom it may concern,

[인사말] **This is Jamie Hon from** Apartment 301. [목적] **I am writing to report** the theft of my bicycle from the building's storage area. [항목 1] It is a blue mountain bike with black handlebars. The theft must have occurred late last night, as I stored it in the evening and found it missing early this morning. [항목 2] After speaking with neighbors, **I've noticed that** several other bicycles have been stolen recently. This rise in thefts **is troubling because** it undermines the security of our community and makes residents feel unsafe. [항목 3] **To prevent further incidents, I suggest that** security staff patrol the storage areas more frequently, especially at night. If possible, installing cameras near the entrances **would** also **help** deter thieves. [맺음말] **Thank you for** your attention to this matter.

Respectfully,
Jamie Hon

해석 관계자분께,
  저는 301호의 Jamie Hon입니다. 저는 아파트 건물의 보관 구역에서 제 자전거가 도난당한 사실을 알리기 위해 이메일을 쓰고 있습니다. 그것(제 자전거)은 검은색 핸들 바가 있는 파란색 산악자전거입니다. 저는 그것(자전거)을 저녁에 보관해 두었는데 오늘 아침 일찍 그것이 없어진 것을 발견했으므로, 도난은 어젯밤 늦게 발생한 것이 분명합니다. 이웃들과 이야기한 후, 최근에 여러 대의 다른 자전거들도 도난당했다는 것을 알게 되었습니다. 이러한 도난 사건의 증가는 우리 공동체의 보안을 약화시키고 주민들이 불안감을 느끼게 하기 때문에 우려됩니다. 추가 문제를 방지하기 위해, 특히 야간에 보안 요원이 보관 구역을 더 자주 순찰할 것을 제안합니다. 가능하다면, 입구 근처에 감시 카메라를 설치하는 것도 도둑을 막는 데 도움이 될 것입니다. 이 문제에 대한 당신의 관심에 감사드립니다.
  Jamie Hon 드림

어휘 troubling [trʌ́bliŋ] 우려되는   incident [ínsidənt] 문제, 사건

POWER TEST 2

p.180

당신은 2주 전에 웹사이트에서 온라인으로 한 물건을 주문했습니다. 그 물건은 영업일 기준 3일에서 5일 내에 도착해야 했지만, 아직 도착하지 않았습니다. 당신은 이 문제에 대해 고객 서비스 팀에 연락해야 합니다.

고객 서비스 팀에게 이메일을 작성하세요. 당신의 이메일에서:
- 당신의 주문에 대한 세부 사항을 제공하세요.
- 당신이 겪고 있는 배송 문제를 설명하세요.
- 배송 상태와 그것이 언제 도착할지 문의하세요.

최대한 많은 내용을 완전한 문장으로 작성하세요.

수신: customerservice@smartbuy.com
제목: 배송 지연에 관한 문의
(주문 번호 #HG45239)

어휘 be supposed to ~해야 한다, ~하기로 되어 있다 business day 영업일 status [stéitəs] 상태

아웃라인

- to ask for information regarding an item I ordered from your website
  귀사의 웹사이트에서 주문한 물건에 관한 정보를 요청하기 위함
  - 1. two weeks ago, I placed an order for a Nexora Microwave Oven, 28L, in silver (order number: HG45239)
    2주 전에, 28L의 은색 Nexora 전자레인지를 주문함 (주문 번호: HG45239)
  - 2. supposed to arrive in three to five business days → nearly 10 business days since my order was processed
    영업일 기준 3일에서 5일 내에 도착해야 했었지만, 내 주문이 처리된 이후 거의 영업일 기준 10일이 지남
    have not received a single update from SmartBuy explaining the delay
    SmartBuy로부터 지연에 대해 설명하는 단 한 번의 업데이트도 받지 못했음
  - 3. provide me with the current delivery status of my item & when I can expect to receive it
    배송 진행 상황을 알려 주고, 내가 그것을 언제 받을 수 있는지도 알려 주길 바람

어휘 process [práses] 처리하다 update [ʌ̀pdéit] 업데이트, 최신 정보

모범 답안

To whom it may concern,

[목적] **I am writing to ask for** information regarding an item I ordered from your website. [항목 1] Two weeks ago, I placed an order for a Nexora Microwave Oven, 28L, in silver. My order number is HG45239. [항목 2] According to your website, the item was supposed to arrive in three to five business days. However, it has been nearly 10 business days since my order was processed. During this time, I have not received a single update from SmartBuy explaining the delay. [항목 3] **Please provide me with the current** delivery **status of** my item and let me know when I can expect to receive it. [맺음말] **Thank you for** your attention to this matter, and **I look forward to** your response.

Sincerely,
Tom Chase

해석   관계자분께,
저는 귀사의 웹사이트에서 주문한 물건에 관한 정보를 요청드리기 위해 이메일을 쓰고 있습니다. 2주 전에, 저는 28L의 은색 Nexora 전자레인지를 주문했습니다. 제 주문 번호는 HG45239입니다. 귀사의 웹사이트에 따르면, 해당 상품은 영업일 기준 3일에서 5일 내에 도착해야 했습니다. 그러나 제 주문이 처리된 이후 거의 영업일 기준 10일이 지났습니다. 이 기간 동안, 저는 SmartBuy로부터 지연에 대해 설명하는 단 한 번의 업데이트도 받지 못했습니다. 제 상품의 배송 진행 상황을 알려 주시고, 제가 그것을 언제 받을 수 있는지도 알려 주시기 바랍니다. 이 문제에 대한 귀사의 관심에 감사드리며, 귀사의 답변을 기다리겠습니다.
Tom Chase 드림

TASK 3 | Write for an Academic Discussion

기본다지기

I | 상황별 표현 익히기

1. 선호, 찬반, 비교, 양보 표현

CHECK-UP   p.192

01 **I agree with Colin's perspective that** face-to-face communication is better than other form of communication.

02 **My view on this issue is that** it is preferable for people to eat a healthy and nutritious breakfast every day.

03 **I prefer to** stream movies at home **rather than** go to the cinema because doing so is a much more affordable option.

04 **In my opinion,** people should save as much money as possible for large purchases, such as a house or a car.

05 Promoting sustainable agriculture **is more imperative than ever before**.

06 **I firmly believe that** human rights should be at the core of all political decision-making.

07 **In spite of** the potential risks of artificial intelligence, it should be used to improve efficiency in various industries.

08 **On the contrary / On the other hand,** children who attend school with others have a chance to develop their social skills.

09 **In contrast,** virus programmers are gaining in strength and numbers.

10 **Nevertheless / Even so,** companies do whatever they can to make a profit.

11 **Compared to** traditional music, contemporary music is more heavily influenced by global trends.

12 **It is evident that** different students have different learning styles.

13 **However, unlike** presidential systems, parliamentary systems tend to be flexible.

14 **I question whether** daily homework assignments are an effective way for children to learn.

15 **I object to / I am against** pursuing economic growth without considering its negative consequences.

16 The invention of the Internet **is similar to** that of the airplane because both made the world a smaller place.

17 **I understand why Liam thinks that** the standard workweek should be reduced to 30 hours.

18 Studying at an online university **has its advantages and disadvantages**.

19 **Similarly,** students should be able to provide feedback on the quality of education they have experienced while at a university.

20 **I do not think it is** reasonable **to** expect countries to completely open their borders to refugees.

2. 인과, 주장, 조건, 가정 표현

CHECK-UP   p.202

01 **Due to** income inequality, many people face obstacles in accessing health-care services.
02 **As a result / Consequently / As a consequence,** some parents are limiting the amount of time their children spend on the Internet every day.
03 **It is no coincidence that** students with the best study habits tend to earn the highest grades.
04 **If I were asked to** choose between the two options, **I would** prioritize investing in social infrastructure.
05 **For all these reasons, I think that** people should seriously consider the high cost of a university education.
06 **As a result of** urban sprawl, people tend to drive farther when commuting.
07 **If it were not for / Without** television, people **would** have much less in common.
08 **Let's assume that** students spend an average of three hours a day on the Internet.
09 **This gives rise to** increased crime rates and higher credit card debt.
10 **It seems clear that** professionals are respected **for several reasons**.
11 **In all likelihood,** people **will** rely more on artificial intelligence in their daily lives.
12 **That is why** I think that focusing on building a strong brand identity is crucial.
13 **If it were up to me, I would** make policies to help small businesses thrive.
14 **This is mainly because** the sharing economy is creating new job opportunities.
15 Proper communication **is crucial in** foster**ing** effective collaboration.
16 **A good way to** get used to a new company **is to** observe closely what other employees do.
17 **Once** employees sign the contract, they must follow the firm's policies.
18 Voter turnout **would** increase, **provided that** citizens did not have to work on Election Day.
19 **It is clear that** diligence is essential if one is to be successful in life.
20 **In this sense,** protecting the environment can be considered insurance against future natural disasters.
21 **For this reason,** I think that at least one parent should stay at home instead of going to work.
22 **Given** the benefits of space exploration, we should continue to invest in space technology.

3. 예시, 인용, 부연, 요약 표현

CHECK-UP   p.212

01 **As I have mentioned,** nations must work together to deal with the issue of water scarcity.
02 **In short,** I feel that children need affection in order to develop healthy personalities.
03 Crime is still a major problem that needs to be addressed, **as can be seen in** recent burglaries.
04 **As this case reveals,** celebrity endorsements can boost sales of a company's products.
05 **To begin with,** funding for space exploration is justified by the scientific knowledge we acquire.
06 **In this way,** students can learn from people they respect and admire.
07 **To sum up,** marketing messages should always be personalized for consumers.

08 **In particular,** many people don't think about the impact of their carbon footprint.
09 **On top of that / Moreover / Additionally / In addition,** not all students who enter a university actually graduate.
10 **As we have seen,** mobile phones tend to make people less considerate toward each other.
11 **As the old saying goes,** "Necessity is the mother of invention."
12 **To give you an idea,** here is an example of an unlikely success story.
13 **In other words,** sometimes a company has to take risks in order to reap bigger rewards.
14 **Overall,** the cost of living has skyrocketed around the world due to inflation and economic instability.
15 **In this regard,** I believe that careful planning is an essential component of future success.
16 **Take the example of** Nelson Mandela, who dedicated his life to fighting for equality.
17 **Generally speaking,** admissions to professional schools, like medicine or law, are extremely competitive.
18 **Therefore,** all politicians must try to keep their promises to maintain the public's trust.
19 **In conclusion,** nations should be held accountable for their past crimes against other countries.
20 **According to** studies at Oak Ridge National Laboratory, nuclear science can provide energy solutions that are clean and secure.

Ⅱ | 주제별 표현 익히기

1. 교육, 정치, 사회에 관한 표현

CHECK-UP   p.226

01 International disputes can **create tension** between countries and lead to conflict.
02 The period of **compulsory education** is widely believed to be **the most important stage of one's life**.
03 Politicians seek to **take the middle ground** on sensitive issues so as not to offend voters.
04 The government should provide opportunities for **senior citizens** to continue learning.
05 Some universities are considering the idea of making **speech classes** mandatory.
06 A willingness to **make compromises** can promote cooperation between groups with differing views.
07 The project was successful because politicians were able to **allocate resources** efficiently.
08 In the US, it is a **social custom** to shake hands with everyone to whom you are introduced.
09 Immigrants should familiarize themselves with the **social norms** of the country they live in.
10 One barrier to **international cooperation** is the tendency of nations to act in their own self-interest.
11 Flags and national anthems are symbols of **national identity**.
12 It is impossible to prove a theory correct without conducting **in-depth research**.
13 Some people still hold the **misguided belief** that adhering to traditions will guarantee stability.
14 When two people meet, they ask each other questions in order to find some **common ground**.
15 A good **role model** in education can help students learn how to set and achieve goals.
16 Politicians often **provoke controversy** by inviting notorious figures to public events.
17 **Cultural exchanges between nations** can increase awareness of foreign customs and foster an

open-minded attitude.

18 To **work in teams** effectively, people must be receptive to the ideas of others.
19 Some politicians interact with **the general public** through social media.
20 Making mistakes is an important part of the **learning process**.

2. 건강, 환경, 광고에 관한 표현

CHECK-UP   p.240

01 Toxic waste is **an** unfortunate **by-product** of nuclear power plants.
02 Natural disasters and climate change can exacerbate **food shortages**.
03 Senior citizens become more vulnerable to **chronic disease** as they age.
04 **Global warming** is part of **a vicious cycle** that contributes to forest fires, which cause even more **global warming**.
05 **Deforestation** causes **irreparable damage** to the habitats of countless plant and animal species.
06 Constructing underground parking lots would **ease traffic congestion** in urban areas.
07 Businesses should **take** the interests of customers **into account** when coming up with new services.
08 **The impact of** customer satisfaction on brand reputation should be considered.
09 Due to the high costs of health-care, governments must work harder to **meet** the **demand** for more affordable medical services.
10 Regular exercise is the basic formula everyone should follow to **stay in shape**.
11 Public confidence in the police diminishes as the **crime rate** increases.
12 Some scientists believe that the human **lifespan** might someday reach 200 years.
13 The development of **cutting-edge medicines** is driven by the unresolved medical needs of patients.
14 Parents should ensure their children get vaccinated to prevent them from **coming down with** the flu.
15 Health advice on the Internet should be taken **with discretion** to avoid the worsening of symptoms.
16 Studies have shown that **secondhand smoke** is more toxic than **cigarette smoke** that is inhaled directly.
17 The marketing team **is dedicated to** advertising new products on social media.
18 A company can **gain popularity** with customers by being transparent about its products and services.
19 Pizza and **frozen foods** are popular among young people.
20 **Punctuality** in waste management services is required to maintain a clean and safe environment.
21 **A well-balanced diet** should include fresh fruits and vegetables.
22 Reviews are **a source of information** that many people rely on before making a purchase.

3. 문화, 과학기술, 경영/경제에 관한 표현

CHECK-UP   p.254

01 To reduce expenses, it is becoming more common for professionals to **split the cost** of renting coworking spaces.

02 It is advisable for businesses to continuously educate their employees on **technological advancements**.
03 Creating a detailed budget is **a time-consuming process** that involves a lot of research and revision.
04 A high **unemployment rate** is a symptom of a malfunctioning economy.
05 Some scholarships are only awarded to students who can demonstrate **financial hardship**.
06 **Cultural assimilation** may eventually lead to the loss of unique languages and cultural traditions.
07 It wasn't long after the introduction of computers that typewriters **became obsolete**.
08 Eating too many meals in expensive restaurants can put a salaried worker **beyond budget**.
09 Due to the pandemic, **working from home** has become common.
10 The advancement of technology is a **double-edged sword** that entails both benefits and drawbacks.
11 The dramatic **ups and downs** of the stock market can result in many investors losing their money.
12 Sudden changes in the exchange rate often **affect local economies**.
13 Technology that protects data from cyber threats is **worth the investment**.
14 **Investing money in** a business is riskier than collecting a regular salary from an established company.
15 Companies that foster a positive culture **reap the benefits** of higher employee morale.
16 You can **run up debt** if you don't handle your financial matters carefully.
17 The team manager should **make adjustments** to the operation plan if the team performs poorly.
18 Some people have to work two jobs to earn enough money to **make ends meet**.
19 A struggling employment market is usually the product of a **slow economy**.
20 **Binge-watching** drama series has become a favorite pastime for many young people.

실전익히기

I | 답안의 기본 구조 익히기

HACKERS PRACTICE
p.262

01

Hong 교수
교육 체계는 학생들이 학업 성취도에 따라 평가되고 성적을 받아야 한다는 것을 전제로 하여 구축됩니다. 성적의 중요성이 과소평가되어서는 안 되는데 이는 그것이 종종 학생의 교육적, 직업적인 장래의 기회를 결정하기 때문입니다. 하지만, 이 체계의 유용성에 대해 많은 논쟁이 있어 왔습니다. 다음 사항에 대해 논의해 보죠. 학생들의 성적을 매기는 것이 학습을 촉진하나요, 아니면 그것은 과도한 경쟁과 절망감을 초래하나요?

Ralph
학생들에게 성적을 제공하는 것은 학습을 장려하기 위해 필수적입니다. 성적은 학생의 성취를 장려하는 역할을 합니다. 솔직히 말하자면, 많은 학생은 특정 과목이나 수업에 관심이 없기 때문에, 그들은 자신의 성과에 대한 성적이 매겨지지 않으면 공부할 것 같지 않습니다.

Miranda
성적을 매기는 것은 학생들에게 유해한 과도하게 경쟁적인 환경을 조성할 수 있습니다. 그들은 반 친구들보다 더 잘해야 한다는 압박감을 느끼고 만약 그렇게 하지 못하면 낮은 자존감을 경험할 수도 있습니다. 청소년기에 자존감에 손상을 입으면, 그것은 성인으로서의 삶에 중대한 영향을 끼칠 수 있습니다.

어휘 premise[prémis] 전제 underestimate[ʌ̀ndəréstəmeit] 과소평가하다 utility[ju:tíləti] 유용성 excessive[iksésiv] 과도한
hopelessness[hóuplisnis] 절망감 incentive[inséntiv] 장려(책), 동기 foster[fɔ́:stər] 조성하다
adolescence[ædəlésns] 청소년기, 사춘기

아웃라인

- leads to excessive competition & feeling of hopelessness 과도한 경쟁과 절망감을 초래함
- discourages creativity & motivation → makes students focus only on achieving high grades
- 창의력과 의욕을 꺾고 학생들이 높은 성적을 받는 것에만 집중하게 함

어휘 discourage[diskə́:ridʒ] 꺾다, 저해하다

02

Spencer 박사
많은 주요 도시에서, 교통 체증은 인구 증가, 확대된 도시화, 그리고 자동차 소유의 증가로 인해 수년간 더 악화되어 왔습니다. 이 문제를 해결하기 위한 시도로, 일부 도시들은 출퇴근 시간에 특정 지역에서 운전하는 것에 대해 혼잡 통행료를 부과합니다. 다음 사항에 대해 논의해 보죠. 여러분은 교통량을 줄이기 위한 방법으로 혼잡 통행료가 부과되어야 한다는 것에 동의하시나요? 왜 그런가요, 혹은 왜 그렇지 않은가요?

Jane
혼잡 통행료는 대체 교통수단이 제한적인 지역에서 실질적인 해결책이 될 수 없기 때문에 저는 그 아이디어에 반대합니다. 예를 들어, 제 친구는 그 정책이 시행 중인 도시에서 일하는데, 적절한 대중교통의 부족으로 인해 요금을 지불하는 것밖에 다른 방법이 없습니다.

Andrew
출퇴근 시간에 교통량을 줄이는 것이 시급하고, 혼잡 통행료를 부과하는 것은 가능성 있는 전략입니다. 아침저녁의 출퇴근 시간 동안에 도로가 너무 막히고, 이는 출퇴근 시간을 대폭 늘리며, 따라서 전반적인 삶의 질을 저하시킵니다. 게다가, 운전자들은 요금을 내지 않아도 되기 위해 카풀을 하거나 대체 교통수단을 찾을 가능성이 더 높습니다.

어휘 congestion[kəndʒéstʃən] 혼잡 ownership[óunərʃip] 소유 practical[præktikəl] 실질적인 alternative[ɔːltə́ːrnətiv] 대체의
adequate[ǽdikwət] 적절한

아웃라인

- disagree 반대함
    low-income individuals X afford to live close to workplace
    저소득층 사람들은 직장 가까이 살 여유가 없음
    - commute from outside city → X alternative
    도시 바깥에서 통근하므로 대안이 없음
    - ex) cousin lives in suburbs but works downtown → pays fee each day
    예) 내 사촌은 근교에 살지만 시내에서 일하는데 매일 요금을 냄

어휘 suburb[sʌ́bəːrb] 근교

03

Singh 박사
다음 몇 주 동안, 우리는 소셜 미디어가 사회에 미치는 긍정적, 부정적 영향을 살펴볼 겁니다. 우리는 그것을 다른 사람들과 소통하고 다양한 주제에 대한 정보를 얻기 위해 사용합니다. 하지만 우리는 또한 그것이 어떻게 잘못된 정보를 퍼뜨리는 데 사용될 수 있는지를 목격해 왔습니다. 다음 강의 전에, 다음 질문을 토론해 보기를 바랍니다. 정부가 소셜 미디어 플랫폼을 규제하는 역할을 해야 할까요, 아니면 이용자들이 완전한 언론의 자유를 가져야 할까요?

Tim
소셜 미디어 이용자들은 모든 상황에서 언론의 자유를 가져야 합니다. 소셜 미디어는 아이디어를 공유하고, 다른 사람들의 의견이 우리의 것과 다를지라도, 그들이 어떻게 생각하는지를 알 수 있는 훌륭한 도구입니다. 규제를 가하지 말고, 정부는 시민들의 여과되지 않은 의견을 이해하는 플랫폼으로 소셜 미디어를 활용해야 합니다.

Layla
저는 Tim의 의견에 동의하지 않습니다. 우선, 요즘 소셜 미디어에서 진실과 거짓을 구별하는 것은 어려울 수 있습니다. 둘째로, 요즘 괴롭힘과 사이버 폭력이 너무 많지만 이러한 행동에 대한 결과는 없습니다. 저는 잘못된 정보와 사이버 폭력으로부터 사람들을 보호하기 위해 어느 정도의 정부 규제가 필요하다고 생각합니다.

어휘 spread[spred] 퍼뜨리다 misinformation[mìsinfərméiʃən] 잘못된 정보, 오보 regulate[régjulèit] 규제하다
circumstance[sə́ːrkəmstæ̀ns] 상황 harassment[hərǽsmənt] 괴롭힘

TIP 두 학생이 이미 말한 것과 다른 이유를 생각해 내는 것이 까다로울 수 있다. 이러한 경우, Layla가 사용자 개인에 미치는 소셜 미디어의 영향에 초점을 맞추었다면, 나의 의견은 소셜 미디어 플랫폼 그 자체에 초점을 맞추는 식으로 관점을 달리하여 아이디어를 생각해 보면 좋다.

아웃라인

- government should regulate social media platforms 정부가 소셜 미디어 플랫폼을 규제해야 함
    ensure platforms operate in fair & transparent manner
    플랫폼들이 공정하고 투명한 방식으로 운영하는 것을 보장함
    - social media shapes public opinion: some voices are heard & some are silenced
    소셜 미디어는 여론을 형성하는데, 어떤 의견은 청취되고, 어떤 것은 묵살됨
    - ex) govern. should require platforms to disclose how algorithms work → not biased
    예) 정부가 플랫폼들에 알고리즘이 어떻게 작용하는지 공개하도록 요구하면 편향되지 않음

어휘 transparent[trænspǽrənt] 투명한 disclose[disklóuz] 공개하다 biased[báiəst] 편향된

04

Evans 박사
우리가 수업에서 논의했듯이, 일부 국가들은 설탕이 많이 든 과자와 음료에 특별세를 도입했습니다. 그 목표는 설탕 소비를 줄이는 것인데, 이것은 비만과 같은 건강 문제와 관련이 있습니다. 하지만 이런 유형의 세금이 공정한지 아니면 심지어 효과적인지에 대해서는 많은 논쟁이 있습니다. 여러분의 생각은 어떻습니까? 정부는 설탕 소비를 줄이기 위해 이 전략을 도입해야 합니까, 아니면 이런 유형의 세금은 지양되어야 합니까?

Beth
개인적으로, 저는 설탕세가 사람들이 더 적은 설탕을 소비하도록 장려하고, 이것이 더 나은 건강의 결과로 이어지기 때문에 좋은 아이디어라고 생각합니다. 그것은 멕시코와 같은 다른 나라에서 효과가 있는 것으로 입증되었는데, 그곳에서 세금이 도입된 후 가당 음료 소비가 소폭 감소했습니다.

Greg
저는 만연한 비만을 해결하기 위해 어떤 조치가 필요하다는 것에는 동의하지만, 설탕세가 최선의 해결책이라고는 생각하지 않습니다. 자영업이나 구멍가게들은 세금을 부담할 수 없을 것이고 그 비용을 소비자들에게 전가해야 할 것입니다.

어휘 implement [ímpləmènt] 도입하다   consumption [kənsʌ́mpʃən] 소비   obesity [oubíːsəti] 비만
epidemic [èpədémik] 만연, 유행(병)   mom-and-pop shop 구멍가게

아웃라인

- government should implement sugar tax 정부는 설탕세를 도입해야 함
- encourage companies to reformulate products to contain less sugar
  회사들이 설탕을 덜 함유한 제품을 새로 만들도록 장려함
  - companies will develop healthier options to avoid higher tax
    회사들은 높은 세금을 피하기 위해 더 건강한 선택지를 개발할 것임
  - revenue generated from sugar tax → used to fund health initiatives
    설탕세로부터 벌어들인 세입이 건강 계획에 자금을 대는 데 사용됨

어휘 reformulate [riːfɔ́ːrmjuleìt] 새로 만들다   initiative [iníʃətiv] 계획

HACKERS TEST   p.266

01

Yoon 교수
우리가 수업 시간에 논의했듯이, 인터넷은 우리 삶의 필수적인 부분이 되어 왔으며, 전 세계에 활성 사용자는 50억 명 이상입니다. 그리고 온라인 커뮤니케이션의 증가와 함께, 익명성의 문제는 중요하면서도 논란의 여지가 있는 주제가 되었습니다. 그래서 다음에 대해 이야기해 봅시다. 여러분은 익명성이 사회 발전을 위해 필요하다고 생각하나요, 아니면 그것이 단지 온라인 괴롭힘과 혐오 발언의 확산을 허용할 뿐이라고 생각하나요?

Arjun
익명성은 모든 사람들의 목소리가 청취될 수 있게 해 주기 때문에 더 나은 사회를 만드는 데 있어 중요합니다. 제 말은, 인간으로서, 우리가 아무리 그렇게 되지 않으려고 노력해도 우리는 본질적으로 편향됩니다. 사람들의 정체가 숨겨져 있을 때, 모든 관점은 동등한 무게를 가지며 어떤 종류의 편견이나 차별 없이 평가될 수 있습니다.

Louis
익명성의 주요 문제는 그것이 사람들을 화면 뒤에 숨게 한다는 것입니다. 그들은 직접 만나서는 절대 하지 않을 말을 인터넷상에서 할 수도 있는데, 이것이 사이버 폭력이 증가해 온 이유입니다. 익명성은 이러한 유해 행동에 관여하는 사람들을 위한 방패입니다. 그래서 익명성은 괴롭히는 사람들을 식별하여 중단시키는 것을 어렵게 만듭니다.

어휘 integral [íntigrəl] 필수적인   controversial [kàntrəvə́ːrʃəl] 논란의 여지가 있는   inherently [inhérəntli] 본질적으로
prejudice [prédʒudis] 편견

아웃라인

- anonymity allows for online harassment & hate speech
  익명성은 온라인 괴롭힘과 혐오 발언을 가능하게 함
- creates multiple fake accounts → easy to harass others
  여러 개의 가짜 계정을 만들면 다른 사람들을 괴롭히기 쉬움
  - no way for victims to know how many people are harassing them
    피해자는 얼마나 많은 사람들이 자신을 괴롭히고 있는지 알 방법이 없음
  - ex) individuals created multiple accounts to bully other players in game communities
    예) 사람들이 게임 커뮤니티에서 다른 플레이어들을 괴롭히기 위해 여러 개의 계정을 만들었음

어휘 victim[víktim] 피해자

02

James 박사
인간으로서, 오늘날 우리는 기후 변화와 환경 악화라는 이중의 도전에 직면하고 있습니다. 일부 사람들은 향후 몇 년 동안 환경 상태가 개선될 것이라는 것에 대해 의심하고 있지만, 다른 사람들은 현재 우리가 피해를 줄이기 위한 행동을 취할 수 있다는 희망을 가집니다. 여러분은 어떻게 생각하나요? 이 상황은 정말로 절망적인가요, 아니면 여러분은 미래 세대를 위해서 환경을 보호하기 위하여 우리가 긍정적인 변화를 만들 수 있다고 믿나요?

Suzy
저는 이 상황이 절망적이라고 믿습니다. 기후 변화는 이미 지구에 파괴적인 영향을 미치고 있으며, 더 악화되기만 할 것입니다. 피해를 줄이기 위한 노력에도 불구하고, 우리는 이미 우리의 환경에 돌이킬 수 없는 해를 끼쳤습니다. 우리는 피해를 되돌릴 수 없다는 것을 인정하고 다가오는 변화에 적응하는 데 집중해야 합니다.

Taehwan
기후 변화와 환경 악화의 문제가 다루기 벅차지만, 저는 우리가 그것들에 대응할 수 있다는 희망을 가지고 있습니다. 태양 및 바람과 같은 재생 가능한 에너지원의 사용을 늘림으로써 온실가스 배출을 줄이는 데 있어 이미 약간의 진전이 이루어져 왔습니다. 우리가 지속 가능한 선택을 계속한다면, 우리는 다음 세대를 위해 더 나은 미래를 만들 수 있습니다.

어휘 degradation[dègrədéiʃən] 악화 mitigate[mítigeit] 줄이다, 완화시키다 devastating[dévəsteitiŋ] 파괴적인
irreparable[iréparəbəl] 돌이킬 수 없는 undo[ʌndú:] 되돌리다 adapt[ədǽpt] 적응하다 daunting[dɔ́:ntiŋ] 다루기 벅찬
emission[imíʃən] 배출, 배기가스

TIP 아이디어를 쉽게 떠올리기 위해, 구체적인 상황을 상상해 보는 것이 좋다. Suzy는 일반적인 이야기를 하고 있는 것에 반해, 나의 의견은 기업이 환경친화적인 기술에 투자하는 것을 꺼린다는 구체적인 내용으로 이어가면 보다 좋은 답안을 작성할 수 있다.

아웃라인

- environmental situation is hopeless 환경 상황은 절망적임
- companies are reluctant to invest in environmentally friendly technologies
  기업들은 환경친화적인 기술에 투자하는 것을 꺼림
  - these technologies are expensive & time-consuming to develop
    이러한 기술은 개발하는 데 비용이 많이 들고 많은 시간이 걸림
  - ex) solar power: requires lots of time & money to make practical
    예) 태양 에너지는 실용화하는 데 많은 시간과 돈을 필요로 함

어휘 reluctant[rilʌ́ktənt] 꺼리는

03

Cohen 교수
우리는 영화와 텔레비전 프로그램에서의 제품 간접 광고 사용에 대해 논의해 오고 있습니다. 수업에서 배웠듯이, 제품 간접 광고는 홍보 목적으로 영화나 텔레비전 프로그램에 브랜드의 제품을 출연시키는 행위입니다. 다음 수업 전에, 다음 질문에 대해 토론해 봤으면 합니다. 기업들이 그들의 제품을 이런 식으로 광고하는 것이 허용되어야 할까요, 아니면 제품 간접 광고는 너무 거슬리는 것인가요?

Tom
저는 제품 간접 광고가 광고주들이 소비자들에게 다가갈 수 있는 효과적인 방법이라고 생각합니다. 보통, 제품 간접 광고는 줄거리에 융화되어, 자연스럽고 눈에 띄지 않는 것 같습니다. 게다가, 광고는 제작비를 상쇄하는데, 이는 결국 시청자들에게 이익이 됩니다. 그래서 저는 제품 간접 광고가 허용될 뿐만 아니라 장려되어야 한다고 생각합니다.

Sarah
저는 이것에 대해 정중하게 Tom에게 동의하지 않습니다. 저는 제품 간접 광고가 매우 방해가 된다고 생각하며, 그것은 종종 저를 관람 경험에서 벗어나게 합니다. 예를 들어, 드라마에서 감정적인 장면이 나올 때, 한 등장인물이 특정 브랜드의 주스를 요청했습니다. 그것은 너무 명백한 마케팅 전략이었으므로 저는 더 이상 그 프로그램에 몰두하지 못했습니다.

어휘   promotional [prəmóuʃənəl] 홍보의   intrusive [intrú:siv] 거슬리는, 침범하는   integrate [íntəgrèit] 융화시키다, 편입시키다
unobtrusive [ʌ̀nəbtrú:siv] 눈에 띄지 않는, 불필요하게 관심을 끌지 않는   offset [ɔ́:fsèt] 상쇄하다   ploy [plɔi] 전략

아웃라인

- product placement should be allowed   제품 간접 광고가 허용되어야 함
  - <u>additional revenue for media producers</u>
    미디어 제작자들에게 추가적인 수입이 됨
    - <u>producers & staff receive lower pay than actors despite challenging labor conditions</u>
      제작자와 스태프는 힘든 노동 환경에도 불구하고 배우에 비해 낮은 보수를 받음
    - <u>additional income = incentive for their creative drive, leading to the production of better works</u>
      추가적인 수입은 창작 욕구에 대한 동기 부여가 되어 더 나은 작품의 제작으로 이어짐

어휘   drive [draiv] 욕구

04

Renault 박사
요즘, 성별, 인종, 혹은 신체적 조건에 기반하여 사람들의 기분을 불쾌하게 하지 않는 정치적으로 올바른 언어를 사용하는 것이 중요합니다. 유명 인사들이 올바른 용어를 사용하지 못할 때, 영화나 프로그램에서 그들을 하차시키라는 대중의 항의가 종종 있습니다. 이러한 추세를 취소 문화라고 합니다. 하지만 취소 문화는 차별이 없는 사회를 만들기 위해 필수적인가요, 아니면 이것은 검열의 한 형태인가요? 그 이유는 무엇인가요?

Olivia
물론, 우리는 누구의 기분도 불쾌하게 하지 않도록 조심해야 하지만, 제 생각에 취소 문화는 너무 지나칩니다. 그것은 마치 유명 인사들이 스스로 검열하도록 강요받는 것과 같습니다. 그리고 만약 이 사람들이 비판받을 가능성 때문에 그들의 의견을 말하는 것을 두려워한다면, 사람들은 어떻게 생산적인 토론을 하게 될 수 있을까요?

Justin
취소 문화는 해로운 행동과 말에 대해 사람들의 책임을 묻기 위해 필요합니다. 물론, 정치적으로 올바른 용어를 사용하는 것이 가끔 어려울 수 있습니다. 하지만 이것은 우리가 동료인 인간들을 존중하기 위해 할 수 있는 최소한의 일입니다. 사람들이 마음을 상하게 하는 언어를 사용할 때, 다른 사람들은 소외감을 느낄 수 있고, 이것은 적대적인 환경을 조성할 수 있습니다.

어휘   offend [əfénd] 기분을 불쾌하게 하다   protest [prətést] 항의   remove [rimú:v] 하차시키다, 제거하다
discrimination [diskrìmənéiʃən] 차별   censorship [sénsərʃip] 검열   productive [prədʌ́ktiv] 생산적인
excluded [iksklú:d] 소외된, 배제된

아웃라인

- cancel culture is necessary 취소 문화는 필수적임
  - empowers people who have been marginalized in the past
- 과거에 소외되었던 사람들에게 힘을 부여함
  - allows their voices to be heard & their issues to be addressed
  - 그들의 목소리가 경청되고 문제가 해결되게 함
  - ex) TV host criticized immigrants → online criticism led to her losing her job
  - 예) 텔레비전 진행자가 이민자들을 비난했는데 온라인 비판이 그녀가 직업을 잃게 만들었음

어휘   marginalized[máːrdʒinəlaizd] 소외된

II | 답안 쓰기 - 나의 의견

HACKERS PRACTICE   p.272

01

Medina 박사
대학생들이 대학에 다니는 동안에 그들의 진로를 어떻게 준비할 수 있는지에 대한 주제를 탐구해 보겠습니다. 인턴십 프로그램에 참여하는 것이 점점 더 인기를 얻고 있으며, 많은 학생들이 졸업하기 전에 적어도 하나 이상을 완수합니다. 하지만, 그것의 효과에 대해 많은 논쟁이 있습니다. 어떤 전문가들은 학교에 있는 동안 인턴십을 하는 것이 중요하다고 주장하는 반면, 다른 이들은 그것이 불필요하고 심지어 해롭다고 믿습니다. 여러분의 생각은 어떤가요? 인턴십은 학생들에게 더 많은 이점을 제공합니까, 아니면 더 많은 단점을 제공합니까?

Celeste
대학생들은 학업 기간 동안 인턴십에 참여해야 합니다. 인턴십의 주목할 만한 장점 중 하나는 그들이 선택한 분야에서 실제적인 경험을 얻을 수 있는 기회입니다. 인턴십을 통해, 학생들은 강의실에서 얻은 지식을 실제 상황에 적용할 수 있고, 그럼으로써 업계 관행에 대한 이해를 높일 수 있습니다.

Adeline
개인적으로, 저는 대학생들이 그들의 학업 기간 동안 인턴십을 하도록 압박받아서는 안 된다고 생각합니다. 인턴십에 참여하는 것은 학생들에게 추가적인 부담을 줄 수 있고, 그들에게 학업적인 책임과 업무적인 책무 사이의 균형을 맞추도록 요구합니다. 이 균형을 잡는 일은 매우 힘들 수 있고 그들의 학업 성취에 해를 끼칠 수도 있습니다.

어휘   delve[delv] 탐구하다   detrimental[dètrəméntəl] 해로운   drawback[drɔ́ːbæk] 단점   notable[nóutəbəl] 주목할 만한
       acquire[əkwáiər] 얻다   hands-on 실제적인   commitment[kəmítmənt] 책무, 약속

[나의 의견] ① **In my opinion,** taking part in internships provides students with more advantages than disadvantages in terms of their careers.

어휘   take part in ~에 참여하다

02

Ping 박사
이번 단원부터, 우리는 저출산 문제에 대해 살펴볼 텐데, 이것은 여러 나라에서 중대한 우려 사항입니다. 선진국들은 특히 하락하는 출산율 문제에 직면해 있는데, 이는 인류의 미래에 대한 우려를 제기합니다. 이제, 우리의 초점을 여러분의 나라의 저출산 문제로 옮겨 봅시다. 이 문제를 해결할 수 있는 가능한 해결책을 제안해 주시고 그것을 가장 적합한 접근 방식이라고 생각하는 이유를 설명해 주세요.

Erica
제 견해로는, 우리나라의 저출산 문제를 해결하기 위한 최선의 해결책은 포괄적인 가족 친화 정책을 시행하는 것입니다. 이 접근 방식은 부모가 되는 데 방해가 되는 것을 제거하는 것과 가족을 지원하는 환경을 조성하는 것을 포함합니다. 예를 들어, 저렴하고 이용하기 쉬운 보육 서비스를 제공하는 것은 맞벌이 부모의 부담을 덜어 줄 것입니다.

Timothy
저는 일과 삶의 균형을 개선하는 데 초점을 맞추는 것이 가장 적합한 접근 방식이라고 생각합니다. 많은 사람들이 힘든 업무 일정 때문에 가정을 꾸리는 것을 미룹니다. 따라서, 우리는 일일 근무 시간을 줄이고 주 4일 근무제를 시행해야 합니다. 이러한 정책들은 사람들에게 그들의 사생활을 위한 훨씬 더 많은 시간을 제공할 것입니다.

어휘 humanity [hju:mǽnəti] 인류   comprehensive [kɑ̀:mprihénsiv] 포괄적인, 종합적인   barrier [bǽriər] 방해가 되는 것, 장벽
parenthood [pǽərənthud] 부모임, 부모의 입장   supportive [səpɔ́:rtiv] 지원하는

[나의 의견] ① **In my opinion,** the most effective measure for tackling the low birth rate problem in my country would be to implement affordable housing initiatives for young families.

어휘 tackle [tǽkəl] 해결하다, 다루다

03

Klein 박사
기술의 발전은 우리에게 많은 이점을 제공해 왔지만, 이것은 환경을 희생하면서 왔습니다. 예를 들어, 광물과 희토류 원소와 같은 천연자원의 증가된 추출은 광범위한 생태계 파괴를 초래해 왔습니다. 하지만 이것은 오늘날 우리가 다루고 있는 많은 환경 문제들 중 하나일 뿐입니다. 자원 추출로 인한 피해 외에, 기술 발전으로 인해 발생한 가장 중대한 환경 문제는 무엇인가요?

Xander
기술의 발전으로 인한 한 가지 주요한 환경 문제는 증가하는 전자 폐기물의 양입니다. 기술이 점점 빨라지는 속도로 발전하면서, 사람들은 자주 전화기나 컴퓨터와 같은 전자 장치를 새로운 모델로 업그레이드합니다. 이로 인해 다량의 전자 폐기물이 처분되어, 유해 화학 물질이 환경으로 방출되고 있습니다.

Danielle
기술 발전과 함께 온 또 다른 문제는 석유 및 가스와 같은 화석 연료의 증가된 소비입니다. 기술 장치를 제조하는 데 필요한 원료의 운송과 고객으로의 전자 제품 유통 및 배송은 상당한 양의 화석 연료를 필요로 합니다. 이것은 온실가스 배출 증가와, 궁극적으로, 기후 변화의 한 원인이 됩니다.

어휘 at the expense of ~을 희생하여   extraction [ikstrǽkʃən] 추출, 채취   mineral [mínərəl] 광물   rare earth elements 희토류 원소
ecological [ìkəlɑ́dʒikəl] 생태계의   destruction [distrʌ́kʃən] 파괴   electronic [ìlektrɑ́:nik] 전자의   disposal [dispóuzəl] 처분
hazardous [hǽzərdəs] 유해한   manufacture [mæ̀njufǽktʃər] 제조하다   emission [imíʃən] 배출, 배기가스

[도입] ① **I see why Xander and Danielle think that** electronic waste and fossil fuel consumption are serious problems caused by technological advances. [나의 의견] **However, in my opinion,** the most significant issue caused by technological development is the destruction of natural habitats.

어휘 habitat [hǽbitæt] 서식지

04

Reynolds 교수	Maria
패스트푸드 광고는 텔레비전, 광고판, 그리고 소셜 미디어 등 어디에나 있습니다. 사람들이 이러한 식품들에 자주 노출되기 때문에, 그들은 그것들을 자주 사는 경향이 있습니다. 패스트푸드 광고의 커져가는 영향력은 사람들의 건강에 미치는 그것의 영향에 대한 많은 논쟁을 초래했습니다. 다음 수업 전에, 여러분이 이 질문에 대답해 주었으면 합니다. 우리는 비만을 패스트푸드 광고의 탓으로 돌려야 할까요, 아니면 그것은 오로지 개인의 선택에 따른 결과인가요?	저는 패스트푸드 광고가 비난받아야 한다고 생각합니다. 패스트푸드는 종종 칼로리가 높고 건강에 좋지 않은 성분을 함유하고 있는데, 이는 비만을 초래할 수 있습니다. 이러한 광고들은 이제 어디에나 있고, 그것들의 끊임없는 존재는 사람들이 그들의 갈망에 굴복하도록 압박합니다. 그래서, 이러한 광고들은 간접적으로 우리의 음식 선택에 영향을 미치고 궁극적으로 비만의 원인이 됩니다.
	Louis
	저는 패스트푸드 광고가 사람들로 하여금 건강에 좋지 않은 음식을 갈망하게 만들 수 있다는 것에 동의하지만, 비만은 근본적으로 개인적인 문제라고 생각합니다. 사람들은 건강에 좋지 않은 음식을 먹지 말지 선택할 수 있습니다. 이러한 결정을 내리고 자신의 건강을 책임지는 것은 개인의 몫입니다. 우리는 우리 자신의 선택을 광고 탓으로 돌릴 수 없습니다.

어휘 billboard[bílbɔːrd] 광고판 blame[bleim] ~의 탓으로 돌리다, 비난하다 obesity[oubíːsəti] 비만 give in to ~에 굴복하다
craving[kréiviŋ] 갈망 fundamentally[fʌ̀ndəméntəli] 근본적으로

> [도입] **I understand why Louis thinks that** people should be responsible for what they choose to eat. [나의 의견] ① **However, in my opinion,** fast-food advertisements still play a considerable role in the rise of obesity.

HACKERS TEST   p.276

01

Tran 박사	Jasper
전문가들은 '농촌 대탈출'이라고도 알려진 농촌 인구 감소 현상에 대해 타당한 이유로 우려하고 있습니다. 점점 더 많은 젊은이들이 더 나은 기회를 찾아 도심지로 이주함에 따라, 많은 농촌 지역이 현재 인구 감소와 저출산율과 같은 난제에 직면해있습니다. 이런 상황들을 고려할 때, 저는 여러분에게 묻고 싶습니다. 지금으로부터 50년 후에, 농촌은 계속해서 쇠퇴할까요? 그렇게 생각하는, 혹은 그렇게 생각하지 않는 이유는 무엇인가요?	50년 후에 농촌에는 사람들이 점점 더 적어질 가능성이 매우 높습니다. 도심지가 교육, 의료, 그리고 오락에 대한 더 나은 전망을 제공함에 따라, 젊은이들이 시골 지역을 떠나고 있는 것은 놀라운 일이 아닙니다. 그렇지 않겠지만, 무언가가 급격하게 바뀌지 않는 한, 이 추세가 역전되리라고 보지 않습니다.
	Felix
	제가 보기에, 시골 마을들은 미래에 번창할 것입니다. 일부 농촌 지역이 인구 감소를 겪고 있는 것은 사실이지만, 대부분의 사람들은 이러한 작은 마을들의 고유한 가치와 회복력을 인식하고 있습니다. 그것들은 특유의 매력을 가지고 있고 많은 사람들이 여전히 소중히 여기는 공동체 의식을 제공합니다.

어휘 rural[rúərəl] 농촌의, 시골의 depopulation[diːpɑ̀ːpjuléiʃən] 인구 감소 exodus[éksədəs] 대탈출, 퇴거
for good reason 타당한 이유로 migrate[máigreit] 이주하다 circumstance[sə́ːrkəmstæ̀ns] 상황
drastically[drǽstikəli] 급격하게 reverse[rivə́ːrs] 역전되다 inherent[inhérənt] 고유한 resilience[rizíljəns] 회복력
cherish[tʃériʃ] 소중히 여기다

> [나의 의견] **In my opinion,** rural areas have a higher chance of thriving rather than declining in the next fifty years.

해석   제 생각에는, 시골 지역은 50년 후에 쇠퇴하기보다는 번성할 가능성이 더 높습니다.

어휘   thrive[θraiv] 번성하다

02

Baker 박사
오늘, 저는 효과적인 교수법을 살펴보고 싶습니다. 교사들에 의해 사용되는 접근법은 학생들의 학업 성취에 상당히 영향을 미칠 수 있습니다. 하지만 어떤 교수법이 최선일까요? 참여를 장려하기 위해 문답을 사용하는 것입니까? 학생들이 자신이 직면한 문제를 해결할 수 있게 하는 문제 해결 접근법입니까? 아니면 학생들이 직접 결과를 관찰하고 검증하는 실험 방식입니까? 어떤 접근 방식이 가장 효과적이며, 그 이유는 무엇입니까?

Eva
저는 참여를 장려하기 위해 문답을 사용하는 것이 가장 좋은 교수법이라고 주장하고 싶습니다. 이 접근 방식은 학생들의 적극적인 참여와 비판적인 사고를 촉진합니다. 질문을 통해 그들이 깊이 생각하고 자신의 생각을 표현하도록 격려하는 것은 학습을 자극하고 문제 해결 능력을 개발하도록 돕습니다.

Toby
실험적 접근법은 잠재적으로 최고의 학문적 결과를 산출할 것입니다. 과학적 과정에 적극적으로 참여함으로써, 학생들은 데이터를 분석하는 데 있어 직접적인 경험을 얻게 됩니다. 인과관계를 직접 관찰하고 결과를 검증함으로써 학생들은 주제에 대한 더 심화된 개념적 이해를 발달시키기 위해 이 과정을 사용할 수 있습니다.

어휘   resolve[rizɔ́lv] 해결하다   experimental[ikspèrəméntəl] 실험의, 실험적인   observe[əbzə́ːrv] 관찰하다
        verify[vérəfài] 검증하다, 확인하다   engagement[ingéidʒmənt] 참여   articulate[ɑːrtíkjulət] 표현하다
        conceptual[kənséptʃuəl] 개념적인

[나의 의견] **In my opinion,** the ideal educational technique for ensuring academic success is the use of a problem-solving approach.

해석   제 생각에는, 학업적 성공을 보장할 이상적인 교육 기법은 문제 해결 접근법의 사용입니다.

어휘   ideal[aidíːəl] 이상적인

03

Miller 박사
이번 주에, 우리는 정보 격차 문제와 그것이 사회에 미치는 영향에 대해 탐구했습니다. 이제, 이 격차를 메우기 위해 정부가 사용할 수 있는 두 가지 가능한 방법을 고려해 봅시다. 첫 번째 제안은 서비스가 충분치 못한 지역에서의 초고속 인터넷에 대한 접근성을 확장하기 위해 사회 기반 시설 개발에 투자하는 것입니다. 두 번째 제안은 디지털 활용 능력 프로그램을 시행하고 소외된 지역 사회에서 디지털 기술을 향상시킬 훈련 기회를 제공하는 것입니다. 어떤 접근법이 더 효과적이라고 생각하나요? 여러분의 논리를 설명해 주세요.

Irene
두 제안 모두 장점이 있지만, 제가 선택해야 한다면, 저는 두 번째 제안이 정보 격차를 줄이는 데 더 많은 가능성을 가지고 있다고 생각합니다. 사회 기반 시설 개발은 의심할 여지 없이 중요하지만, 그것만이 디지털 통합을 보장하지는 않습니다. 디지털 활용 능력 프로그램에 투자함으로써, 우리는 모든 사람이 디지털 기술을 효과적으로 활용할 능력을 보유하도록 보장할 수 있습니다.

Winston
제 견해로는, 정보 격차를 좁히는 것은 사회 기반 시설 개발에 투자하는 것을 필요로 합니다. 신뢰할 수 있는 초고속 인터넷에 대한 접근성은 디지털 통합의 토대입니다. 그것은 격차의 근본 원인을 해결합니다. 신뢰할 수 있는 인터넷 접근성 없이, 디지털 활용 능력 프로그램만으로 격차를 메우는 것이 완전히 효과적이지 않을 수 있습니다.

어휘   divide[diváid] 격차   bridge[bridʒ] 메우다, 극복하다   infrastructure[ìnfrəstrʌ́ktʃər] 사회 기반 시설
        underserved[ʌ̀ndərsə́rvd] 서비스가 충분치 못한   literacy[lítərəsi] (컴퓨터 등의) 활용 능력, 읽고 쓰는 능력
        marginalized[mɑ́ːrdʒinəlàizd] 소외된   reasoning[ríːzəniŋ] 논리, 추론   undoubtedly[ʌ̀ndáutidli] 의심할 여지 없이
        guarantee[gæ̀rəntíː] 보장하다   inclusion[inklúːʒən] 통합   leverage[lévəridʒ] 활용하다   narrow[nǽrou] 좁히다

[도입] **I understand why Irene thinks that** educational programs might be helpful in equipping individuals with the necessary digital literacy skills. [나의 의견] **However, in my opinion,** infrastructure would play a more crucial role in addressing the digital divide.

해석   저는 왜 Irene이 교육 프로그램은 사람들에게 필수적인 디지털 활용 능력을 갖추게 하는 데 도움이 될 수 있다고 생각하는지 이해합니다. 하지만, 제 생각에는, 사회 기반 시설이 디지털 격차를 해결하는 데 더 중요한 역할을 할 것입니다.

어휘   equip[ikwíp] 갖추게 하다

04

Carter 교수
교과서에서, 우리는 전 세계의 국가들이 수많은 경제 문제에 직면해 있다는 것을 읽었습니다. 이번 주 남은 기간 동안, 우리의 초점은 가장 시급한 문제를 파악한 후 그것들을 해결할 수 있는 다양한 방법을 탐구하는 것일 겁니다. 여러분이 개인, 기업, 국가 차원에서 특정한 경제 문제를 생각하는 것으로 시작했으면 합니다. 문제를 파악한 후에는, 효과적인 해결책을 제시하고 그것에 대해 자세히 설명하세요.

Mahesh
저는 한 가지 중대한 경제 문제가 높은 수준의 국가 부채라고 생각합니다. 높은 국가 부채는 경제 성장을 저해하여, 비상사태에 대응하거나 사회 기반 시설 및 교육과 같은 중요한 분야에 투자하는 정부의 능력을 제한할 수 있습니다. 이 문제를 해결하기 위해서는, 책임 있는 지출 정책을 시행하는 것이 필요합니다. 이것은 필수 지출을 우선시하고 낭비적인 지출을 줄이는 것을 포함합니다.

Anh
전 세계적으로 발생하고 있는 경제 문제는 높은 청년 실업률입니다. 대학 졸업생들은 제한된 수의 자리를 놓고 경쟁하는 데 수개월, 심지어 수년을 보냅니다. 이 문제를 해결하기 위해, 정부는 기업들이 젊은이들의 고용을 늘리도록 장려해야 합니다. 이것은 최근에 졸업한 학생들을 많이 고용하는 회사들에 임금 보조금과 세금 혜택을 제공함으로써 이루어질 수 있습니다.

어휘   identify[aidéntəfài] 파악하다   corporate[kɔ́ːrpərət] 기업의   debt[det] 부채, 빚   hinder[híndər] 저해하다
        expenditure[ikspénditʃər] 지출   unemployment[ʌ̀nimplɔ́imənt] 실업률, 실업   graduate[grǽdʒuət] 졸업생
        subsidy[sʌ́bsədi] 보조금

[도입] **I see why Mahesh and Anh think that** high national debt and high youth unemployment are significant issues. [나의 의견] **However, in my opinion,** the slowdown in private consumption is a critical economic problem, and policies to promote consumer spending, such as consumption tax deductions, are imperative.

해석   저는 왜 Mahesh와 Anh이 높은 국가 부채와 높은 청년 실업률이 중대한 문제라고 생각하는지 이해합니다. 하지만, 제 생각에는, 민간 소비의 둔화가 심각한 경제 문제이며, 소비세 공제와 같은 소비 지출을 촉진하기 위한 정책이 긴요합니다.

어휘   slowdown[slóudaun] 둔화, 감소   deduction[didʌ́kʃən] 공제   imperative[impérətiv] 긴요한

Ⅲ | 답안 쓰기 - 이유와 근거

HACKERS PRACTICE

01

Nguyen 박사
과학적 발견은 인류 진보의 토대이며 세계에 대한 우리의 이해를 증진시키는 데 중요한 역할을 해 왔습니다. 다음 몇 주 동안, 우리는 지난 세기의 주요한 과학적으로 획기적인 사건들 중 몇 가지를 살펴볼 것입니다. 하지만, 진도를 나가기 전에, 이 질문에 대해 논의하고 싶습니다. 과학자들은 그들의 발견을 대중에게 공개할 의무가 있어야 할까요, 아니면 어떤 경우에는 그것들을 숨겨도 괜찮을까요?

Giselle
어떤 과학적 발견들은 사회에 해로울 수 있고, 그러한 경우에는, 어떠한 잠재적인 부정적 결과라도 피하기 위해 그것들이 비밀로 유지되어야 합니다. 예를 들어, 새로운 대량 파괴 무기가 개발된다면, 과학자들과 연구원들은 그 배후에 있는 기술을 공개적으로 밝히는 것에 주의해야 합니다.

Dante
저는 그렇게 하는 것이 우리의 집단 지식을 증진시키고 사회에 이익이 될 수 있는 더 큰 혁신으로 이어질 것이기 때문에 과학적 발견이 대중과 공유되어야 한다고 생각합니다. 우리는 또한 진보를 가속화하고 모든 사람이 이러한 혜택에 접근하도록 보장할 수 있습니다. 과학자들은 납득할 만한 이유가 없는 한 어떤 발견도 비밀로 유지해서는 안 됩니다.

어휘 cornerstone[kɔ́:rnərstòun] 토대, 초석 milestone[máilstòun] 획기적인 사건, 이정표 obligated[ά:bləgèitd] 의무가 있는
confidential[kὰ:nfədénʃəl] 비밀의, 기밀의 destruction[distrʌ́kʃən] 파괴 collective[kəléktiv] 집단의
accelerate[æksélərèit] 가속화하다 compelling[kəmpéliŋ] 납득할 만한, 설득력 있는

[이유] ① **This is mainly because** discoverers have the right to protect their intellectual property. [구체적 근거 1: 일반적 진술] Some companies and private organizations invest significant resources and time in scientific discoveries. If scientific discoveries enter the public domain, these groups may lose motivation to do more research, hindering further scientific development. [구체적 근거 2: 예시] **For example,** if a company develops a new manufacturing process that enables it to produce goods more cheaply and efficiently than its competitors, it may want to keep the details of the process secret to maintain its competitive edge. That way, it can reap the benefits of its investment in research and development. [맺음말] ② **Overall,** I believe that respecting intellectual property rights for scientific discoveries is reasonable.

어휘 intellectual[ìntəléktʃuəl] 지적인 property[prά:pərti] 재산 motivation[mòutəvéiʃən] 동기, 동기부여
manufacturing[mæ̀njufǽktʃəriŋ] 제조(업) efficiently[ifíʃəntli] 효율적으로 edge[edʒ] 우위 reap[ri:p] 거두다, 수확하다

02

Ortez 교수
우리의 삶에 미치는 미디어의 영향을 살펴볼 때, 우리는 유튜브와 같은 플랫폼의 지대한 영향을 인정해야 합니다. 최근 몇 년 동안, 유튜브는 오락에서부터 교육 콘텐츠에 이르기까지 광범위한 영상들을 제공하면서, 우리 삶의 필수적인 부분이 되어 왔습니다. 하지만 우리가 그것의 영향에 대한 세부 사항들을 탐구하기 전에, 여러분의 생각을 들어 봅시다. 유튜브는 사람들에게 어떤 식으로 영향을 미치나요? 그리고 왜 그렇게 생각하나요?

Amir
제 견해로는, 유튜브가 가져온 가장 눈에 띄는 변화는 공동체 의식과 연결성을 촉진하는 것입니다. 댓글, 라이브 채팅, 그리고 기타 대화형 기능들을 통해, 시청자는 콘텐츠 제작자와 다른 시청자들과 교류하여, 토론, 협업, 그리고 공유된 경험을 위한 가상 공간을 만들 수 있습니다.

Carmen
유튜브는 너무 시간 소모가 크기 때문에 사람들에게 부정적인 영향을 미칠 수 있습니다. 너무 많은 콘텐츠가 이용 가능해지면서, 끝없이 스크롤하고 영상을 보면서 몇 시간을 보내는 것이 쉬워졌습니다. 이것은 생산성, 정신 건강, 그리고 관계에 부정적인 결과를 가져올 수 있습니다.

어휘 acknowledge[əknáːlidʒ] 인정하다 profound[prəfáund] 지대한 integral[íntigrəl] 필수적인 striking[stráikiŋ] 눈에 띄는
foster[fɔ́ːstər] 촉진하다 time-consuming 시간 소모가 큰 endlessly[éndlisli] 끝없이

[이유] ① **The main reason is that** YouTube offers a variety of educational content for free, from tutorials on cooking and home repairs to lectures on complex scientific topics. [구체적 근거 1: 일반적 진술] Unlike traditional forms of education, YouTube allows individuals to learn what they want at their own pace and on their own time, making education more accessible and flexible. ② **Moreover,** as it doesn't cost anything, it provides an equal opportunity for education to anyone. [구체적 근거 2: 예시] ③ **For instance,** I learned how to play the guitar last year by only watching instructional videos on YouTube. The instructor was able to break down each technique into manageable steps, which helped me fully understand and master each one before moving on to the next. And since the videos were available 24/7, I could fit my guitar lessons into my busy schedule without having to commit to a set time each week. It proved to be an effective way for me to learn something new.

어휘 tutorial[tjuːtɔ́ːriəl] 튜토리얼, 지침서 accessible[æksésəbəl] 접근하기 쉬운 flexible[fléksəbəl] 융통성 있는, 유연한
instructional[instrʌ́kʃənəl] 교육용의 manageable[mǽnidʒəbəl] 감당하기 쉬운, 관리 가능한 commit to ~을 할당하다

03

Tanaka 박사
업무 효율성을 향상시키는 것은 회사의 성공에 매우 중요합니다. 이렇게 하면 생산성 향상, 비용 절감, 경쟁력 향상, 그리고 직원 만족도 향상으로 이어질 수 있습니다. 따라서, 많은 기업들이 다양한 전략을 통해 업무 효율성을 향상시키기 위해 노력하고 있습니다. 이제, 다음 질문에 대한 여러분의 의견을 알고 싶습니다. 업무 효율성 향상과 관련하여 컴퓨터 장비를 업그레이드하는 것과, 편안한 사무실 환경을 조성하는 것 중 무엇이 더 중요합니까?

Alice
저는 업무 효율성을 향상시키기 위해서는 컴퓨터와 같은 장비를 업그레이드하는 것이 더 중요하다고 생각합니다. 기술의 모든 급속한 진보에 따라, 변화의 속도에 뒤지지 않으려면 회사의 지원이 필수적입니다. 소프트웨어와 하드웨어를 업데이트하는 것은 업무 처리 속도를 높여 생산성을 크게 증대할 수 있습니다.

Malik
기술도 중요하지만, 업무 효율성을 향상시키려면 편안한 작업장이 훨씬 더 중요하다고 생각합니다. 이는 넓은 근무 공간, 좋은 조명, 건강한 간식 및 휴식 공간과 같은 편의 시설에 대한 접근을 포함합니다. 긍정적이고 지원하는 작업 환경은 직원 만족도를 높이는데, 이는 결국 생산성 수준을 높일 수 있습니다.

어휘 competitiveness[kəmpétətivnis] 경쟁력 satisfaction[sæ̀tisfǽkʃən] 만족도 keep up with ~에 뒤지지 않다
amenity[əménəti] 편의 시설 relaxation[rìːlækséiʃən] 휴식 supportive[səpɔ́ːrtiv] 지원하는

[이유] ① **The primary reason is that** the latest equipment allows workers to reduce the risk of technical issues that can cause delays. [구체적 근거 1: 일반적 진술] ② When equipment such as computers becomes outdated, it is more prone to technical errors, and productivity decreases because work has to be halted to fix the errors. ③ **Additionally,** compatibility issues arise with the latest devices. [구체적 근거 2: 예시] **For example,** when my older brother worked for a company that provided laptops for its employees, he noticed that those with older laptops often experienced technical problems that slowed down their work. **On the other hand,** those with newer laptops enjoyed faster processing speeds and were less likely to experience technical difficulties, allowing them to complete tasks more efficiently. By providing regular upgrades to their workers' equipment, companies can ensure that their employees are working at optimal levels.

어휘 outdated[àutdéitid] 구식의, 오래된 prone to ~하기 쉬운 halt[hɔːlt] 중단하다 compatibility[kəmpæ̀təbíləti] 호환성
      arise[əráiz] 발생하다

04

Hernandez 교수
최근 몇 년 동안, 관광 개발과 환경 및 문화 보존의 균형을 맞추는 것이 지방 정부의 중요한 문제가 되었습니다. 한편으로, 관광은 한 지역에 절실히 필요한 경제 성장을 일으킬 수 있습니다. 반면에, 그것은 환경과 문화유산 보존에 부정적인 영향을 미칠 수 있습니다. 그래서, 이런 문제가 대두됩니다. 지방 정부는 관광과 경제 성장을 촉진하는 것보다 환경을 보호하고 문화유산을 보존하는 것을 우선시해야 할까요?

Yejoon
제 견해로는, 지방 정부가 경제 성장을 촉진하기 위해 관광에 더 집중해야 합니다. 환경과 문화의 보존이 중요하지만, 지역 사회의 경제적 기회를 희생시켜서는 안 됩니다. 번창하는 관광 산업은 일자리를 만들고 지역 사회의 주민들을 위한 소득을 창출하여, 더 높은 삶의 수준을 가져올 수 있습니다.

Sita
저는 정부가 환경과 문화를 보존하기 위해 더 많은 노력을 해야 한다고 생각합니다. 그렇게 하는 것은 지역 사회의 독특한 정체성을 유지하고 주민들 사이에 자부심을 키우는 데 필수적입니다. 관광업이 단기적인 경제적 이익을 가져올 수는 있지만, 지역 사회를 보존하는 것은 미래 세대를 위한 장기적인 투자로서의 역할을 합니다.

어휘 preservation[prèzərvéiʃən] 보존 heritage[héritidʒ] 유산 at the expense of ~을 희생하여 thriving[θráiviŋ] 번창하는

[이유] ① **The main reason is that** encouraging tourism, especially ecotourism, can actually lead to better environmental protection. [구체적 근거 1: 일반적 진술] Ecotourism, which emphasizes sustainable and responsible travel, can create incentives for local communities to preserve their natural resources and cultural heritage. This can benefit both the environment and local economies. [구체적 근거 2: 부연 설명] ② **Moreover,** the revenue generated by tourism can be used to fund conservation and preservation efforts for cultural heritage sites. ③ **For example,** the income from tourism can help support the maintenance and restoration of historic landmarks, museums, and cultural festivals, which can stimulate local identity and attract more visitors.

어휘 incentive[inséntiv] 동기, 장려책 maintenance[méintənəns] 유지 restoration[rèstəréiʃən] 복원
      landmark[lǽndmɑːrk] 주요 지형지물 stimulate[stímjulèit] 활성화하다, 자극하다

HACKERS TEST

p.294

01

Tran 교수
프로 운동선수들과 연예인들은 세계에서 가장 보수를 많이 받는 사람들 중 일부입니다. 그들이 더 유명할수록, 그들은 더 많은 천문학적인 돈을 버는데, 대개 그들의 팬과 관객에게 즐거움을 줌으로써 말이죠. 이것은 우리의 수업 토론에 흥미로운 질문을 제기합니다. 유명한 운동선수들과 연예인들은 그들이 산업에 가져다주는 가치를 고려할 때 그들이 버는 많은 돈을 받을 자격이 있나요, 아니면 그것은 그들이 하는 일에 대한 지나친 보상인가요?

Gabrielle
제 생각에 그것은 지나칩니다. 프로 운동선수들과 연예인들이 그들의 산업에 가치를 가져다 주지만, 저는 그들의 보수가 과도하다고 생각합니다. 훨씬 더 중요한데 그만큼의 보상을 받지 못하는 다른 직업들이 너무 많습니다. 예를 들어, 교사들은 다음 세대를 형성하는 데 중요한 역할을 하지만, 그들은 종종 낮은 임금을 받고 과소 평가됩니다.

Jacob
저는 그들의 상당한 보수가 그들의 가치에 대한 공정한 반영이라고 믿습니다. 유명 인사들은 그들의 독특한 재능과 기술로 많은 사람들에게 크게 우상화되기 때문에, 그들은 종종 티켓 판매, 상품, 그리고 광고를 통해 그들의 산업에 상당한 수익을 창출합니다. 제 견해로는, 그들은 각자의 산업에 가져다주는 가치에 상응하는 보상을 받을 자격이 있습니다.

어휘 astronomical[æ̀strənáːmikəl] 천문학적인 delight[diláit] 즐거움을 주다 deserve[dizə́ːrv] ~을 받을 자격이 있다
compensation[kὰːmpənséiʃən] 보상, 보수 excessive[iksésiv] 과도한 profession[prəféʃən] 직업
undervalue[ʌ̀ndərvǽlju] 과소평가하다 reflection[riflékʃən] 반영 idolize[áidəlàiz] 우상화하다
accordingly[əkɔ́ːrdiŋli] 상응하게

[이유] **This is mainly because** famous athletes and entertainers are constantly under the scrutiny of the public, and it seems like they have millions of bosses. [구체적 근거 1: 일반적 진술] Considering the number of bosses they have to satisfy, it is only natural that they receive high compensation. [구체적 근거 2: 부연 설명] Furthermore, being constantly in the public eye means that famous athletes and entertainers are under immense pressure to maintain their reputation and brand. Their personal lives are often invaded by the media, with paparazzi always following them around and reporting on their every move. This can take a significant toll on their mental and physical health, as well as their personal relationships. [맺음말] **Therefore, given** the continuous attention and scrutiny they face, it can be argued that their high salaries are necessary compensation for the lack of privacy they endure.

해석 이는 주로 유명한 운동선수들과 연예인들이 계속해서 대중의 감시를 받고 있고, 그들에게는 마치 수백만 명의 상사가 있는 것과 같기 때문입니다. 그들이 만족시켜야 할 상사의 수를 고려하면, 그들이 고액의 보수를 받는 것은 그저 당연합니다. 게다가, 계속해서 대중의 주목을 받는 것은 유명한 운동선수들과 연예인들이 그들의 명성과 브랜드를 유지해야 하는 엄청난 압박을 받는다는 것을 의미합니다. 파파라치들이 항상 그들을 따라다니며 그들의 일거수일투족을 보도하면서, 그들의 사생활은 종종 언론에 의해 침해당합니다. 이것은 그들의 개인적인 관계뿐만 아니라 그들의 정신적, 신체적 건강에도 상당한 타격을 줄 수 있습니다. 따라서, 그들이 직면한 지속적인 관심과 감시를 고려할 때, 그들의 높은 납여는 그들이 견디는 사생활 상실에 대한 필요한 보상이라고 주장될 수 있습니다.

어휘 constantly[kánstəntli] 계속해서 scrutiny[skrúːtəni] 감시 satisfy[sǽtisfài] 만족시키다 immense[iméns] 엄청난
reputation[rèpjutéiʃən] 명성 invade[invéid] 침해하다 take a toll 타격을 주다 endure[indjúər] 견디다

02

Garcia 박사
코로나19 유행병은 우리 삶의 거의 모든 측면에 영향을 미쳤습니다. 경제와 의료 체계의 운영에 중대한 영향을 미치는 것에서부터 일상과 개인적인 관계에 영향을 미치는 것에 이르기까지, 그 유행병은 많은 광범위한 변화를 야기했습니다. 전 세계의 사람들은 여전히 이러한 새로운 국면의 결과들에 대처하고 있기도 합니다. 우리의 토론에서, 저는 여러분에게 묻고 싶습니다. 이 유행병의 가장 중대한 사회적 영향이 무엇이었나요?

Jihoon
저는 그 유행병이 의료 종사자들과 의료 체계 전체의 중요성을 강조했다고 생각합니다. 우리는 이 노동자들이 환자들을 돌보기 위해 목숨을 거는 것을 목격했고, 이제 우리는 그들의 역할이 얼마나 중요한지 깨닫고 있습니다. 이것은 그들의 노력에 대한 감사를 증가시켰고, 바라건대, 그것이 결과적으로 우리 의료 체계의 장기적인 개선으로 이어지면 좋겠습니다.

Gwen
저는 그 유행병이 우리가 일하는 방식에 중대한 변화를 일으켰다고 생각합니다. 우리는 연락을 유지하기 위해 화상 회의 및 즉각적인 메시지와 같은 디지털 통신 기술에 적응해야 했습니다. 많은 회의가 원격으로 열리며, 서류는 가상인 경우가 많습니다. 이러한 전환은 미래에 우리의 노동 문화를 더 유연하고 적응력 있게 만들 수 있는 잠재력을 가지고 있습니다.

어휘 pandemic[pændémik] 유행병, 전염병　operation[ὰ:pəréiʃən] 운영　widespread[wáidspred] 광범위한
development[divéləpmənt] 새로운 국면　witness[wítnis] 목격하다　appreciation[əprì:ʃiéiʃən] 감사　adapt[ədǽpt] 적응하다
remotely[rimóutli] 원격으로　correspondence[kɔ̀:rəspá:ndəns] 서류, 서신　virtual[və́:rtʃuəl] 가상의

[이유] **This is mainly because** the worst effects of the pandemic have been felt by poor and marginalized communities, such as low-income families, minorities, and those in developing countries. [구체적 근거 1: 일반적 진술] The disparity in job security and income has widened the gap between the rich and the poor, affecting the latter's access to education, health-care, and other basic necessities. In fact, in developing countries, the pandemic has pushed millions into poverty, reversing progress made over the past few decades. [구체적 근거 2: 예시] **For example,** during the pandemic, daily wage earners who were employed in sectors such as hospitality and retail were more likely to lose their jobs or have their hours reduced due to lockdowns and restrictions. **On the other hand,** people in higher-income jobs were more likely to have the option to work from home and maintain their employment. [맺음말] **Overall,** I believe that the pandemic has made existing inequalities worse.

해석 이는 주로 전염병의 가장 나쁜 영향을 저소득 가정, 소수자, 그리고 개발도상국에 있는 사람들과 같은 가난하고 소외된 지역 사회가 겪었기 때문입니다. 고용 안정성과 소득의 격차는 빈부 격차를 확대시켜, 교육, 의료 및 기타 기본적인 필수품에 대한 후자의 접근에 영향을 미쳤습니다. 사실, 개발도상국에서, 그 유행병은 수백만 명을 빈곤으로 몰아넣어, 지난 수십 년 동안 이루어진 발전을 뒤엎었습니다. 예를 들어, 그 유행병 기간에, 접객업과 소매업과 같은 분야에 고용된 일용직 노동자들은 봉쇄 조치와 제재로 인해 일자리를 잃거나 노동 시간이 단축될 가능성이 더 높았습니다. 반면, 고소득 직종에 있는 사람들은 재택근무를 하고 고용을 유지할 수 있는 선택권을 가질 가능성이 더 높았습니다. 전반적으로, 저는 그 유행병이 기존의 불평등을 더 악화시켰다고 생각합니다.

어휘 marginalized[má:rdʒinəlàizd] 소외된　minority[mainɔ́:rəti] 소수자　disparity[dispǽrəti] 격차　security[sikjúərəti] 안정성
widen[wáidən] 확대시키다　latter[lǽtər] 후자　necessity[nəsésəti] 필수품　reverse[rivə́:rs] 뒤엎다
hospitality[hὰ:spətǽləti] 접객업, 접대　retail[rí:teil] 소매업　lockdown[lá:kdàun] 봉쇄 조치　restriction[ristríkʃən] 제재, 제한
existing[igzístiŋ] 기존의

03

Santos 박사
최근 수십 년 동안, 컴퓨터의 발명은 교육을 포함한 다양한 분야에 혁신을 일으켰습니다. 오늘날, 많은 학교와 대학들이 교실에서 컴퓨터를 사용하고 있는데, 이것은 교사들이 가르치고 학생들이 배우는 방식을 변화시켰습니다. 심지어 지금 이 순간에도, 학습 과정은 컴퓨터 기술의 발전과 함께 계속해서 변화하고 있습니다. 그래서, 저는 여러분이 이 질문을 다루었으면 합니다. 컴퓨터가 교육에 미치는 가장 중대한 영향은 무엇이라고 생각합니까? 그리고 왜 그렇게 생각하죠?

Hannah
컴퓨터가 교육에 미치는 가장 큰 영향은 향상된 정보 접근성입니다. 인터넷을 통해, 학생들과 교사들은 전 세계의 방대한 양의 정보에 접근할 수 있어, 그들이 전통적인 교과서의 사용을 넘어서게 해 줍니다.

Isaac
저는 교육에 미치는 컴퓨터의 부정적인 영향이 어떤 긍정적인 이점도 능가한다고 생각합니다. 구체적으로 말하면, 학생들은 기술에 너무 의존하게 되었고, 이것은 비판적인 사고력의 감소로 이어졌습니다. 그들만의 아이디어를 생각해 내는 대신에, 학생들은 쉽게 답을 찾으며 결과적으로는 배우지 못합니다.

어휘 revolutionize[rèvəlú:ʃənàiz] 혁신을 일으키다 transform[trænsfɔ́:rm] 변화시키다 accessibility[æksèsəbíləti] 접근성
enormous[inɔ́:rməs] 방대한 outweigh[àutwéi] 능가하다 reliant[riláiənt] 의존하는 come up with ~을 생각해 내다

[이유] **This is mainly because** interactive and immersive learning through computers enables active student participation. [구체적 근거 1: 일반적 진술] With educational software, simulations, and games, students can learn through trial and error, experiment with different approaches, and receive immediate feedback on their progress. [구체적 근거 2: 예시] **For instance,** in a geography class, students can now go on virtual field trips to different parts of the world, explore famous landmarks, and learn about cultures in a much more immersive way than before. These types of immersive learning experiences have been shown to result in increased student engagement and motivation, as well as improved learning outcomes.

해석 이는 주로 컴퓨터를 통한 대화형 및 몰입형 학습이 적극적인 학생 참여를 가능하게 하기 때문입니다. 교육용 소프트웨어, 모의실험, 그리고 게임을 이용하여, 학생들은 시행착오를 통해 배우고, 다양한 접근법으로 실험하며, 진행 상황에 대한 즉각적인 피드백을 받을 수 있습니다. 예를 들어, 지리 수업에서, 학생들은 이제 세계의 다른 지역으로 가상의 현장 학습을 갈 수 있고, 유명한 주요 지형지물을 탐험할 수 있으며, 이전보다 훨씬 몰입적인 방식으로 문화에 대해 배울 수 있습니다. 이러한 유형의 몰입형 학습 경험은 향상된 학습 결과뿐만 아니라 학생의 참여와 동기를 증가시키는 것으로 드러났습니다.

어휘 interactive[ìntərǽktiv] 대화형의, 상호적인 immersive[imə́:rsiv] 몰입형의, 몰입적인 simulation[sìmjuléiʃən] 모의실험
trial and error 시행착오 experiment[ikspérəmənt] 실험하다 approach[əpróutʃ] 접근법 geography[dʒiá:grəfi] 지리(학)
explore[ikspló:r] 탐험하다

04

Karros 교수
우리가 알다시피, 정부는 한정된 자원을 가지고 있고 그것들을 효율적으로 배분해야 합니다. 따라서, 정부는 자원을 어디에 투자할지 결정할 때 어려운 선택을 해야 합니다. 이것의 한 예는 우주 과학을 장려하는 것의 장기적인 이익과 사회 문제를 해결함으로써 얻을 수 있는 즉각적인 이익을 따져 볼 필요성입니다. 만약 여러분이 정책 입안자라면, 우주 과학에 지금 돈을 대는 것과 사회가 다루고 있는 다른 문제에 자금을 내는 것 중에 어떤 것이 더 중요하다고 주장할 것인가요? 왜죠?

Jared
우주 과학이 장기적으로 인류에게 이익이 될 수 있는 잠재력을 가지고 있지만, 즉각적인 관심을 받을 만한 또 다른 문제가 있습니다. 많은 나라에서, 증가하고 있는 큰 부의 격차가 있으며, 사회적 불안정, 범죄, 그리고 불안을 초래하고 있습니다. 따라서, 정부는 교육과 사회 복지와 관련된 것과 같이 모든 사람에게 동등한 기회를 제공하는 프로그램에 투자해야 합니다.

Chloe
저는 우주 과학에 투자하는 것이 우리에게 우주가 어떻게 기능하는지에 대한 더 나은 이해를 주는 것을 포함하여 많은 이점을 가진다고 생각합니다. 지구가 쇠퇴함에 따라, 그것의 기원과 우주를 지배하는 법칙에 대해 더 많이 아는 것은 필수적입니다. 그것은 우리가 기후 변화와 에너지 부족과 같은 세계적인 문제들을 해결하는 데 도움을 줄 수 있습니다.

어휘   allocate[ǽləkèit] 배분하다   weigh[wei] 따져 보다, 저울질하다   humanity[hjuːmǽnəti] 인류   unrest[ʌnrést] 불안
shortage[ʃɔ́ːrtidʒ] 부족

[이유] **The main reason is that** it can lead to new developments that can have practical applications on Earth. [구체적 근거 1: 일반적 진술] NASA's investment in the space program has resulted in numerous technological advances that we use today. [구체적 근거 2: 예시] **For example,** GPS technology, scratch-resistant lenses, and water filters are the results of space investment. The development of new technologies can create new industries and new job opportunities. **That is,** it can also help solve problems that society is now dealing with, such as unemployment and poverty. **Moreover,** investing in space science can inspire a new generation of scientists and engineers. [맺음말] **In this regard,** I maintain that the benefits of investing in space science are far-reaching and can have a positive impact on society as a whole.

해석   주된 이유는 그것이 지구에 실제적인 응용을 할 수 있는 새로운 개발로 이어질 수 있다는 것입니다. 우주 프로그램에 대한 미국 항공 우주국(NASA)의 투자는 오늘날 우리가 사용하는 수많은 기술적 발전을 야기했습니다. 예를 들어, GPS 기술, 긁힘 방지 렌즈, 여과기가 우주 투자의 결과물입니다. 새로운 기술의 개발은 새로운 산업과 새로운 일자리를 창출할 수 있습니다. 즉, 그것은 실업과 빈곤과 같은 사회가 현재 다루고 있는 문제들을 해결하는 데 또한 도움을 줄 수 있습니다. 게다가, 우주 과학에 투자하는 것은 새로운 세대의 과학자들과 기술자들에게 영감을 줄 수 있습니다. 이러한 점에서, 저는 우주 과학에 투자하는 것의 이점이 광범위하고 사회 전반에 긍정적인 영향을 미칠 수 있다고 주장합니다.

어휘   application[æ̀pləkéiʃən] 응용   unemployment[ʌ̀nimplɔ́imənt] 실업   far-reaching 광범위한

POWER TEST 1

p.302

Layton 교수
직업적인 환경에서, 팀의 구성원들은 함께 잘 일할 수 있어야 합니다. 만약 그들이 이렇게 할 수 없다면, 프로젝트가 성공할 가능성은 없습니다. 분명히, 새로운 아이디어를 생각해 내는 능력이 중요합니다. 하지만 팀의 효율성에 기여하는 다른 많은 자질들이 있습니다. 오늘, 저는 이것들에 대해 논의하고 싶습니다. 업무 환경에서 성공적인 팀워크를 위해 여러분이 가장 중요하다고 생각하는 자질은 무엇입니까?

Kelly
제 견해로는, 적응력이 업무 환경에서 팀원들의 가장 중요한 자질입니다. 기업은 종종 예상치 못한 어려움에 직면하며, 변화하는 환경에 적응할 수 있는 팀원은 귀중한 자산입니다. 그들은 팀이 신속하게 전환하고, 새로운 해결책을 찾고, 회사가 목표를 달성하기 위한 정상 궤도에 있도록 도울 수 있습니다.

Dylan
저는 외향적인 성격이 업계에서 사람들에게 없어서는 안 될 특성이라고 생각합니다. 그것 없이는, 성공적인 팀워크는 불가능합니다. 팀원들이 사이좋게 지낼 때, 그들은 의사소통하고, 아이디어를 공유하고, 효과적으로 협업할 가능성이 더 높습니다. 이는 긍정적인 업무 환경을 조성하는데, 이것은 증가된 생산성과 전반적으로 더 좋은 결과를 가져옵니다.

어휘 effectiveness[iféktivnis] 효율성 attribute[ətríbjuːt] 자질, 속성 adaptability[ədæptəbíləti] 적응력
unexpected[ʌnikspéktid] 예상치 못한 adapt[ədǽpt] 적응하다 circumstance[sə́ːrkəmstæ̀ns] 환경
pivot[pívət] 전환하다, 회전하다 stay on track 정상 궤도에 있다 indispensable[ìndispénsəbəl] 없어서는 안 될
get along 사이좋게 지내다 collaborate[kəlǽbərèit] 협업하다

TIP 이 문제는 '업무 환경에서 성공적인 팀워크를 위해 팀의 구성원에게 요구되는 가장 중요한 자질'을 고르는 문제로서, 팀 업무를 위해 가장 중요하다고 생각하는 것을 골라 답안을 작성한다. 만약, 팀 업무에 초점을 맞추지 않고 단순히 본인이 선호하는 사람의 자질을 고른다면 주제에서 벗어난 답안을 작성할 수 있다.

아웃라인

- to complete an assigned task punctually 주어진 업무를 기한을 엄수하여 완수하는 것
- tasks are divided up so that each member has role
  각 구성원이 역할을 하도록 업무들이 분담됨
  - success of project is dependent on everyone doing their part on time
    프로젝트의 성공은 모든 사람이 제시간에 제 역할을 하는 것에 달려 있음
  - ex) member who is sociable/adaptable but not punctual → X get along well in the end
    예) 사교적이거나 적응력이 뛰어나지만 기한을 지키지 않는 팀원은 결국 잘 어울리지 못함

모범 답안

In my opinion, it is most important to be able to complete an assigned task punctually for team members in a company. **This is mainly because** when people work together on a team, the various tasks are divided up so that each member has his or her own role. **As a result,** the success of a project is dependent on everyone doing their part on time. **For example,** if there is a team member who is sociable or adaptable but not punctual, they may not be able to get along well with other members in the end. This is due to the fact that when one fails to complete an assignment on schedule, the entire project will be put in jeopardy regardless of how well the other team members do their tasks. So, even with a sociable and adaptable personality, one may not maintain harmonious relationships with others. **Overall,** I feel that being punctual is a more vital attribute for a team member than being outgoing or adaptable.

해석 제 생각에는, 회사의 팀 구성원들에게는 주어진 업무를 기한을 엄수하여 완수할 수 있는 것이 가장 중요합니다. 이는 주로 사람들이 한 팀에서 함께 일할 때, 각 구성원이 각자의 역할을 하도록 여러 가지 업무들이 분담되기 때문입니다. 결과적으로, 프로젝트의 성공은 모든 사람이 제 시간에 제 역할을 하는 것에 달려 있습니다. 예를 들어, 사교적이거나 적응력이 뛰어나지만 기한을 지키지 않는 팀원이 있다면, 결국 다른 팀원들과 잘 어울리지 못할 수도 있습니다. 이는 한 명이 예정대로 할당된 일을 끝내지 못하면, 다른 팀원들이 얼마나 일을 잘했는지와는 관계없이 프로젝트 전체가 위험에 빠질 것이기 때문입니다. 그래서, 사교적이고 적응력 있는 성격을 가지고도, 다른 사람들과 조화로운 관계를 유지하지 못할 수 있습니다. 전반적으로, 저는 외향적이거나 적응력이 있는 것보다 기한을 지키는 것이 더욱 중요한 팀 구성원의 자질이라고 생각합니다.

어휘 punctually [pʌ́ŋktʃuəli] 기한을 엄수하여, 시간을 지켜 be dependent on ~에 달려 있다 on time 제시간에
put in jeopardy 위험에 빠뜨리다

POWER TEST 2

p.304

Schulz 박사
오늘날의 세계에서, 우리는 휴대 전화에 많이 의존하고 있습니다. 그것의 많은 유용한 기능과 현재 이용할 수 있는 다양한 모바일 애플리케이션 덕분에, 우리는 과거보다 더 빠르고 쉽게 작업을 수행할 수 있습니다. 하지만, 우리의 휴대폰 의존도에 대한 약간의 우려가 있습니다. 다음 수업 전에, 다음 질문에 답해 주세요. 여러분은 휴대 전화가 우리에게 더 많은 자유를 주었다고 믿나요, 아니면 어떤 면에서는 우리의 자유를 제한했다고 생각하나요?

Jennifer
저는 휴대 전화가 우리에게 더 많은 자유를 주었다고 생각합니다. 우리는 이제 온라인에서 정보를 검색하고 언제 어디서나 친구나 가족에게 전화할 수 있습니다. 이러한 장치를 사용할 수 있게 되기 전에는, 사람들이 컴퓨터와 일반 전화에 의존했습니다. 이것은 그들이 집이나 직장에서만 다른 사람들과 소통할 수 있었다는 것을 의미합니다.

Luke
휴대 전화는 어떤 면에서 사람들의 자유를 제한했습니다. 사람들은 종종 공공장소에서 휴대 전화의 소음으로 인해 방해받습니다. 한 조사에 따르면, 설문에 참여한 사람들의 80퍼센트 이상이 난무하는 휴대 전화 활동 때문에 공공장소에서 자주 불편을 겪는다고 답했습니다.

어휘 dependence[dipéndəns] 의존(도) landline[lǽndlàin] 일반 전화 disturb[distə́ːrb] 방해하다 poll[poul] 설문하다
rampant[rǽmpənt] 난무한, 만연한

> **TIP** 휴대 전화는 우리가 매일 사용하는 일상적인 물건이므로, 최대한 실생활의 예시를 활용하여 답안을 작성하면 더 풍부한 내용이 될 수 있다.

아웃라인

- **limited freedom** 자유를 제한했음
    escape from work & social responsibilities is impossible
- 직장과 사회적 책임으로부터 벗어나는 것이 불가함
    – constant messenger notifications → feel like working 24/7
    끊이지 않는 메신저 알림으로 인해 언제나 일하고 있는 것처럼 느낌
    – ex) brother = salesperson: X separate himself from phone b/c he never knows when
- boss/clients call
    예) 남동생이 영업 사원인데 상사나 고객이 언제 전화할지 전혀 알 수 없기 때문에 자신을 휴대 전화로부터
- 분리할 수 없음

모범 답안

I understand why Jennifer thinks that mobile phones have given us the freedom to access many resources around the world. **However, in my opinion,** cell phones have actually imprisoned people rather than liberated them. **This is mainly because** escape from work and social responsibilities is impossible due to cell phones. Whether we are at home, in public, or on the go, we are always connected to each other through mobile phones. **Due to** constant messenger notifications, we sometimes feel like we are working 24/7. **For example,** my brother, who works as a salesperson, cannot separate himself from his phone because he never knows when his boss or clients may call. If he misses those calls, it might negatively affect his career. **As a result,** he has no freedom from being connected, and it feels like he is always under the surveillance of his mobile phone.

해석 저는 왜 Jennifer가 휴대 전화는 우리에게 전 세계의 많은 자료에 접근할 수 있는 자유를 주었다고 생각하는지 이해합니다. 하지만, 제 생각에는, 휴대 전화는 실제로 사람들을 해방시키기보다는 구속했습니다. 이는 주로 휴대 전화 때문에 직장과 사회적 책임으로부터 벗어나는 것이 불가능하기 때문입니다. 우리가 집에 있든, 공공장소에 있든, 이동 중이든, 우리는 항상 휴대 전화를 통해 서로 연결됩니다. 끊이지 않는 메신저 알림으로 인해, 우리는 때때로 언제나 일하고 있는 것처럼 느낍니다. 예를 들어, 제 남동생은 영업 사원으로 일하고 있는데, 상사나 고객이 언제 전화할지 전혀 알 수 없기 때문에 자신을 휴대 전화로부터 분리할 수가 없습니다. 만약 그가 그 전화들을 받지 않는다면, 그것은 그의 경력에 부정적으로 영향을 미칠 수 있습니다. 그 결과, 그는 연결되는 것으로부터 자유롭지 못하고, 늘 휴대 전화의 감시를 받고 있는 것 같습니다.

어휘 imprison[imprízən] 구속하다, 투옥하다　liberate[líbərèit] 해방시키다　escape[iskéip] 벗어나기, 탈출
notification[nòutəfikéiʃən] 알림　24/7 언제나, 24시간 내내　surveillance[sərvéiləns] 감시

ACTUAL TEST 1

01 Have you heard if they're making an announcement?
    해석 질문 회사가 새로운 지점을 열 계획인가요?
          답변 그들이 발표를 할 것인지 들었나요?

02 I have not decided whether I'm going to join yet.
    해석 질문 이번 학기에 언어 교환 동아리에 가입할 건가요?
          답변 저는 아직 가입할 것인지 결정하지 못했어요.

03 Will there be any preparation materials we should review beforehand?
    해석 질문 금요일에 리더십 워크숍이 있을 것이라고 들었어요.
          답변 우리가 미리 검토해야 하는 어떤 준비 자료들이 있을까요?

04 She was interested in what I gained from my previous job.
    해석 질문 면접관이 당신에게 어떤 질문들을 했나요?
          답변 그녀는 제가 제 이전 직장에서 무엇을 얻었는지에 관심이 있었어요.

05 I have not had a chance to watch them.
    해석 질문 당신이 제가 추천한 다큐멘터리를 봤는지 궁금해요.
          답변 저는 아직 그것을 볼 기회가 없었어요.

06 Is that the one where you exercise outdoors with a trainer?
    해석 질문 저는 그 새로운 피트니스 프로그램에 등록하는 것을 생각 중이에요.
          답변 그것이 트레이너와 함께 야외에서 운동하는 그것(프로그램)인가요?

07 On which platform did you find it?
    해석 질문 저는 스트레스 관리 기법에 대한 온라인 강의를 (듣기) 시작했어요.
          답변 어느 플랫폼에서 그것을 찾았나요?

08 Okay. Just let me know what time works best for you.
    해석 질문 오늘 회의 일정을 다시 잡아야 할지도 몰라요.
          답변 알겠어요. 당신에게 가장 좋은 시간이 언제인지만 저에게 알려 주세요.

09 He asked whether I could teach the new training program.
    해석 질문 아까 Brian이 당신이랑 이야기하는 거 제가 본 거 맞죠?
          답변 그는 제가 그 새로운 교육 프로그램을 가르칠 수 있는지 물어봤어요.

10 No, it is supposed to be installed on Monday.
    해석 질문 당신이 요청한 프로그램이 이미 설치됐나요?
          답변 아니요, 그것은 월요일에 설치될 예정이에요.

11

당신은 최근에 당신의 공부에 도움이 되는 새로운 모바일 앱을 사용하기 시작했습니다. 당신은 그것이 편리하다고 느꼈고, 앱 지원팀에게 당신의 피드백을 공유하고자 합니다. 앱 지원팀에게 이메일을 작성하세요. 당신의 이메일에서: • 그 서비스를 제공해 준 것에 대해 그들에게 감사를 표하세요. • 그 앱에 대해 당신이 좋아하는 것이 무엇인지 설명하세요. • 향후 업데이트에서 당신이 보고 싶어 하는 것을 제안하세요. 최대한 많은 내용을 완전한 문장으로 작성하세요.	수신: appteam@studybuddy.com 제목: 새로운 모바일 앱에 대한 피드백

어휘 convenient [kənvíːnjənt] 편리한

아웃라인

- recently started using your new mobile app → wanted to express my appreciation for it
  최근에 귀사의 새로운 모바일 앱을 사용하기 시작했음, 이것에 대해 감사를 표하고 싶었음
  1. thank you for creating such a valuable service
     이렇게 유용한 서비스를 만들어 준 것에 감사함
     found it to be incredibly helpful
     이것이 굉장히 도움이 된다고 생각했음
-
  2. like its simple design & easy-to-use features
     이것의 단순한 디자인과 사용하기 쉬운 기능들을 좋아함
     ex) daily reminders help me stay on track with my assignments & progress tracker makes it easy to see how much I've accomplished
     예) 일일 알림은 내가 내 과제들을 제때 수행하는 데 도움이 되고, 진행 상황 추적 기능은 내가 얼마나 많은 일을 완료했는지 쉽게 확인할 수 있게 해줌
-
  3. a feature that allows users to share study plans with friends or join group sessions
     사용자들이 친구들과 학습 계획을 공유하거나 그룹 세션에 참여할 수 있게 해주는 기능
     more customization options for notifications & themes
     알림과 테마에 대한 더 많은 맞춤 설정 옵션

어휘 progress [prágres] 진행 상황, 진척 accomplish [əkámpliʃ] 완료하다

모범 답안

To whom it may concern,

[인사말] **My name is Michelle Grant, and I'm** a college student. [목적] **I recently started using your new mobile app, and I wanted to express my appreciation for** it. [항목 1] **Thank you for** creating such a valuable service. So far, I've found it to be incredibly helpful. [항목 2] **What I like most is** its simple design and easy-to-use features. The daily reminders help me stay on track with my assignments, and the progress tracker makes it easy to see how much I've accomplished. [항목 3] For future updates, **it might be beneficial to** add a feature that allows users to share study plans with friends or join group sessions. It would also be helpful to have more customization options for notifications and themes. [맺음말] **Thank you again for** creating. **I look forward to** seeing how it develops in the future.

Best regards,
Michelle Grant

해석 관계자분께,

제 이름은 Michelle Grant이고, 저는 대학생입니다. 저는 최근에 귀사의 새로운 모바일 앱을 사용하기 시작했고, 이것에 대해 감사를 표하고 싶었습니다. 이렇게 유용한 서비스를 만들어 주신 것에 감사드립니다. 지금까지, 저는 이것이 굉장히 도움이 된다고 생각했습니다. 제가 가장 좋아하는 것은 이것의 단순한 디자인과 사용하기 쉬운 기능들입니다. 일일 알림은 제가 제 과제들을 제때 수행하는 데 도움이 되고, 진행 상황 추적 기능은 제가 얼마나 많은 일을 완료했는지 쉽게 확인할 수 있게 해줍니다. 앞으로의 업데이트에서는, 사용자들이 친구들과 학습 계획을 공유하거나 그룹 세션에 참여할 수 있게 해주는 기능을 추가하는 것이 유익할 수도 있습니다. 알림과 테마에 대한 더 많은 맞춤 설정 옵션이 있는 것도 유용할 것 같습니다. 이 훌륭한 앱을 만들어 주신 것에 다시 한번 감사 드립니다. 앞으로 이것이 어떻게 발전해 나갈지를 보는 것이 기대가 됩니다.

Michelle Grant 드림

12

Novak 박사
영화배우나 가수와 같은 유명 인사들은 그들의 두텁고 헌신적인 팬층에 큰 영향을 줄 수 있습니다. 때때로, 그들은 텔레비전에서 또는 소셜 미디어 계정을 통해 대중에게 그들의 정치적 견해를 표현합니다. 일부 사람들은 유명 인사들의 의견에 노출되는 것이 일반적으로 괜찮다고 생각하지만, 다른 사람들은 유명 인사들이 정치에 대해 공개적으로 말하는 것을 피해야 한다고 생각합니다. 이 문제에 대한 여러분의 생각은 어떤가요?

Aidan
유명 인사들이 꼭 그들이 말하는 주제에 대해 전문가는 아니며, 그들의 의견은 개인적인 편견이나 제한된 정보에 근거할 수 있다는 것을 기억하는 것이 중요합니다. 어떤 유명 인사들은 심지어 사실에 근거하지 않은 급진적인 생각을 장려할 수도 있습니다. 하지만, 수백만 명의 팬들이 그들에게 쉽게 영향을 받을 수 있어서, 저는 그것을 우려스럽게 봅니다.

Sally
유명 인사들을 포함한 모든 사람이 자신의 정치적 의견을 표현할 수 있어야 한다고 생각합니다. 결국, 그들 또한 사회의 구성원입니다. 게다가, 대부분의 사람들은 합리적인 판단을 내릴 능력을 가지고 있습니다. 이것이 제가 유명인들의 편향된 시선에 대중이 휘둘릴 수 있다는 Aidan과 같은 의견을 가지고 있지 않은 이유입니다.

어휘 celebrity[səlébrəti] 유명 인사 dedicated[dédikèitid] 헌신적인 speak up 공개적으로 말하다 not necessarily 꼭 ~은 아닌
expert[ékspə:rt] 전문가 bias[báiəs] 편견; 편견을 갖게 하다 radical[rǽdikəl] 급진적인 reasonable[rí:zənəbl] 합리적인
judgment[dʒʌ́dʒmənt] 판단 sway[swei] 휘두르다

아웃라인

- good to be exposed to celebrities' opinions 유명 인사들의 의견에 노출되는 것이 괜찮음

    celebrities inspire people to voice views & take action
- 유명 인사들은 사람들로 하여금 견해를 표명하고 행동을 취하도록 고무함
    - if someone they admire is brave, they can be encouraged to express ideas
- 만약 그들이 존경하는 누군가가 용감하면, 그들은 생각을 표현하도록 격려받을 수 있음
    - ex) shooting in the US: celebrities spoke out in favor of gun control
- → broader national conversation
예) 미국의 총격 사건에서, 유명 인사들이 총기 규제에 찬성하는 목소리를 냈고 더 폭넓은 국가적인 대화에 기여함

모범 답안

In my opinion, it can be beneficial for celebrities to share their opinions with the public. **This is mainly because** celebrities are capable of inspiring people to voice their own views and take action. People often avoid publicly stating their perspectives on sensitive political and social topics. However, if they see that someone they admire is brave enough to speak his or her mind in public, they can be encouraged to express their own ideas confidently. **For example,** after a tragic shooting in the US, many celebrities spoke out in favor of gun control. While some people criticized them for their lack of expertise on the issue, others were motivated by their courage to stand up and be counted. The celebrities' activism helped to keep the issue in the public eye and contributed to a broader national conversation about gun control. **Overall,** I maintain that it is helpful for everyone if celebrities convey their opinions openly.

해석 제 생각에는, 유명 인사들이 대중과 의견을 나누는 것이 유익할 수 있습니다. 이는 주로 유명 인사들이 사람들로 하여금 자신의 견해를 표명하고 행동을 취하도록 고무할 수 있기 때문입니다. 사람들은 종종 민감한 정치적, 사회적 주제에 대한 그들의 견해를 공개적으로 말하는 것을 피합니다. 하지만, 만약 그들이 존경하는 누군가가 대중 앞에서 자신의 생각을 말할 만큼 용감한 것을 본다면, 그들은 자신의 생각을 자신 있게 표현하도록 격려받을 수 있습니다. 예를 들어, 미국에서의 비극적인 총격 사건 이후, 많은 유명 인사들이 총기 규제에 찬성하는 목소리를 냈습니다. 어떤 사람들은 그들이 이 문제에 대해 전문성이 부족하다고 비판한 반면, 다른 사람들은 그들의 용기에 의해 공개적으로 지지를 밝히도록 동기 부여 되었습니다. 유명 인사들의 행동주의는 그 문제가 대중의 관심 아래 있게 하는 데 도움이 되었고 총기 규제에 대한 더 폭넓은 국가적인 대화에 기여했습니다. 전반적으로, 저는 유명 인사들이 그들의 의견을 공개적으로 전하면 모든 사람에게 도움이 된다고 주장합니다.

어휘 sensitive[sénsətiv] 민감한, 예민한 admire[ædmáiər] 존경하다 confidently[kɑ́:nfədəntli] 자신 있게
tragic[trǽdʒik] 비극적인 in favor of ~에 찬성하는 expertise[èkspərtí:z] 전문성
stand up and be counted 공개적으로 지지를 밝히다 activism[ǽktəvìzəm] 행동주의

ACTUAL TEST 2   p.314

01 I hope the weather is good for camping.
   해석 질문 몇몇 친구들과 저는 다음 주에 캠핑을 갈 거예요.
   답변 캠핑하기에 날씨가 좋기를 바라요.

02 I have not checked who plans to be on leave.
   해석 질문 다음 주에 휴가를 내는 사람이 있는지 알고 있나요?
   답변 저는 누가 휴가를 갈 계획인지 확인하지 않았어요.

03 She asked if she could get a ride to the event.
   해석 질문 Kathleen이 토요일 행사에 대해 뭐라고 말했나요?
   답변 그녀는 그녀가 그 행사에 차를 얻어 타고 갈 수 있는지 물어봤어요.

04 It sounds clearer than all the other models on display.
   해석 질문 당신은 그 스피커 모델을 사고 싶다고 확신하시나요?
   답변 그것은 진열된 다른 모든 모델보다 소리가 더 선명하게 들려요.

05 He was confused about why I decided to quit my job.
   해석 질문 당신이 그 소식을 전했을 때 당신의 상사가 뭐라고 말했나요?
   답변 그는 제가 왜 직장을 그만두기로 결정했는지에 대해 혼란스러워했어요.

06 The team manager is in charge of distributing the uniforms.
   해석 질문 저는 제 유니폼을 어디서 받을 수 있는지 궁금해하고 있었어요.
   답변 팀 매니저가 유니폼 배포를 담당하고 있어요.

07 Let's see what the manufacturing team has to say.
   해석 질문 당신은 제품 품질을 개선하기 위해 우리가 무엇을 해야 한다고 생각하나요?
   답변 제조팀이 뭐라고 말하는지 들어봅시다.

08 You should contact the student affairs office to see what you missed.
   해석 질문 신입생 오리엔테이션 세션을 놓치지 말았어야 했어요.
   답변 당신이 무엇을 놓쳤는지 알아보기 위해 학생지원처에 연락해야 해요.

09 I have no idea how much it will cost.
   해석 질문 당신은 Fleming 박사와의 상담 비용을 알고 있나요?
   답변 저는 그것이 비용이 얼마나 들지 전혀 모르겠어요.

10 Sure. Which steps do you want me to explain?
   해석 질문 저에게 수강 신청 절차를 알려줄 수 있나요?
   답변 물론이죠. 제가 어떤 단계들을 설명해 주기를 원하나요?

11

당신의 직장 동료인 Sarah는 사무실에 더 가까이 이사를 갈 계획 중입니다. 그녀는 당신의 동네를 고려하고 있으며, 당신이 그곳에서 3년 이상 살아왔기 때문에, 그녀는 당신의 조언을 구합니다. Sarah에게 이메일을 작성하세요. 당신의 이메일에서: · 당신이 당신의 동네에 대해 좋아하는 점을 설명하세요. · 그곳에서 사는 것의 몇 가지 단점을 언급하세요. · 이사하기 전에 동네를 살펴보는 팁을 제안하세요. 최대한 많은 내용을 완전한 문장으로 작성하세요.	수신: Sarah 제목: 내 동네에 관하여

어휘 coworker [kóuwəːrkər] 직장 동료   downside [dáunsaid] 단점

아웃라인

- share information about my neighborhood 내 동네에 대한 정보를 제공함
    1. convenient location → my commute takes less than fifteen minutes
       출퇴근 시간이 15분도 채 걸리지 않는 편리한 위치
       plenty of grocery stores & cafés & restaurants within walking distance
       걸어서 갈 수 있는 거리 내에 식료품점, 카페, 그리고 식당이 많음
    2. parking can be quite difficult & the rent tends to be higher than in other neighborhoods
       주차가 꽤 어려울 수 있고, 임대료가 다른 동네들보다 더 비싼 경향이 있음
    3. visit the area at different times of day to get a better sense of the atmosphere
       분위기를 더 잘 파악하기 위해 하루의 서로 다른 시간대에 이 지역을 방문하라
       be sure to check out a few real estate sites to compare prices & options
       가격과 옵션을 비교하기 위해 몇몇 부동산 사이트들을 꼭 확인해 보아라

어휘 commute [kəmjúːt] 출퇴근, 통근   rent [rent] 임대료   real estate 부동산

모범 답안

Dear Sarah,

[인사말] **Thank you for reaching out to me.** [목적] **I'd be happy to share** information about my neighborhood. [항목 1] **One of the best things about** this area **is** its convenient location. My commute takes less than fifteen minutes, and there are plenty of grocery stores, cafés, and restaurants within walking distance. [항목 2] However, there are a few downsides as well. Parking can be quite difficult, and since the area is close to the business district, the rent tends to be higher than in other neighborhoods. [항목 3] Before deciding, **you might want to** visit the area at different times of day to get a better sense of the atmosphere. Also, **be sure to check out** a few real estate sites to compare prices and options. [맺음말] **Let me know** if you have any other questions.

Sincerely,
Benjamin

해석 Sarah에게,
저에게 연락해 주셔서 감사합니다. 제 동네에 대한 정보를 기꺼이 말씀 드리겠습니다. 이 지역의 가장 좋은 점 중 하나는 편리한 위치입니다. 제 출퇴근 시간은 15분도 채 걸리지 않고, 걸어서 갈 수 있는 거리 내에 식료품점, 카페, 그리고 식당이 많습니다. 그러나, 몇 가지 단점들도 있습니다. 주차가 꽤 어려울 수 있고, 이 지역이 상업 지구에 가까워서 임대료가 다른 동네들보다 더 비싼 경향이 있습니다. 결정하시기 전에, 분위기를 더 잘 파악하기 위해 하루의 서로 다른 시간대에 이 지역을 방문하는 것을 고려해 보세요. 또한 가격과 옵션을 비교하기 위해 몇몇 부동산 사이트들을 꼭 확인해 보세요. 다른 궁금한 점이 있으면 저에게 알려주세요.
Benjamin 드림

12

Nelson 박사
개인의 자유라는 개념은 민주주의 사회의 핵심이지만, 그것은 또한 복잡한 주제이기도 합니다. 때때로, 개인의 자유와 사회의 더 큰 이익 사이에 충돌이 있을 수 있습니다. 우리의 다음 수업 전에, 여러분이 다음 주제에 대해 대화를 나눌 것을 요청합니다. 특정 상황에서 개인의 자유를 침해하는 것이 용인될 수 있습니까, 아니면 개인의 자유를 빼앗는 것은 어떤 경우라도 받아들일 수 없습니까?

Benny
저는 개인의 자유가 침해될 수 있는 몇몇 상황이 있다고 생각합니다. 예를 들어, 의사, 조종사, 그리고 소방관들은 인명을 책임집니다. 만약 그들이 술이나 약물의 영향을 받는다면, 그들은 그들의 임무를 안전하게 수행할 수 없을 것이며 다른 사람들을 심각하게 위험에 빠뜨릴 수 있습니다. 그래서, 공공 안전을 보호하기 위해 그들의 개인적인 자유를 제한하는 것이 필요할지도 모릅니다.

Joseph
자유를 제한하는 것은 결코 정당화될 수 없습니다. 개인의 자유를 제한하려는 어떠한 시도도 우리의 기본적인 인권을 침해하는 것입니다. 일단 우리의 권리가 침식되기 시작하면, 정부는 그 권리들을 점점 더 많이 빼앗을 수 있습니다. 시민들은 자신들의 자유를 중요하게 여긴다면, 의사 표현을 하고 권위에 자유롭게 도전할 수 있다고 느껴야 합니다.

어휘   clash[klæʃ] 충돌   acceptable[ækséptəbl] 용인되는   infringe[infríndʒ] 침해하다   take away 빼앗다
abhorrent[æbhɔ́:rənt] (도덕적으로) 받아들일 수 없는, 혐오감을 자아내는   circumstance[sə́:rkəmstæns] 상황
violate[váiəléit] 침해하다, 위반하다   endanger[indéindʒər] 위험에 빠뜨리다   justify[dʒʌ́stəfài] 정당화하다
attempt[ətémpt] 시도   authority[əθɔ́:rəti] 권위

아웃라인

- **acceptable in certain situations** 특정 상황에서는 용인됨

  - **prevent harm to vulnerable populations** ← restrictions on certain products
    특정 제품에 대한 제한 조치를 통해 취약 계층에 대한 피해를 방지함

    – vulnerable groups may not have means to protect themselves → government safeguards them
    취약 계층은 스스로를 보호할 수단이 없으므로 정부가 그들을 보호함

    – ex) sale of tobacco to minors = prohibited to shield them from harmful substances
    예) 미성년자들에게 담배를 판매하는 것은 그들을 유해물질로부터 보호하기 위해 금지됨

모범 답안

I understand why Joseph thinks that freedom should never be limited as there is the potential for abuse by bad leadership. **However, in my opinion,** restricting individual freedom may be justifiable in some cases. **The main reason is that** it can be used to prevent harm to vulnerable populations, as seen with the imposition of restrictions on certain products. Vulnerable groups may not have the means to protect themselves, and **therefore,** government intervention is necessary to safeguard them. **For example,** in most countries, including South Korea, the sale of tobacco to minors is strictly prohibited to shield them from exposure to the harmful substances in cigarettes. Adolescents are particularly susceptible to the negative effects of smoking, such as long-term health problems and even addiction. Thus, there is a broad social consensus that the government should ban unregulated sales practices to prevent certain companies from prioritizing their profits over the well-being of minors.

해석 저는 왜 Joseph이 자유가 절대 제한되어서는 안 된다고 생각하는지 이해하는데 이는 나쁜 지도자들에 의한 남용 가능성이 있기 때문입니다. 하지만, 제 생각에는, 개인의 자유를 제한하는 것이 어떤 경우에는 정당화될 수도 있습니다. 주된 이유는 특정 제품들에 대한 제한 조치의 시행에서 볼 수 있듯이, 그것이 취약 계층에 대한 피해를 방지하는 데 사용될 수 있다는 것입니다. 취약 계층은 스스로를 보호할 수단이 없을 수 있으므로, 이들을 보호하기 위해서는 정부의 개입이 필요합니다. 예를 들어, 한국을 포함한 대부분의 국가에서, 미성년자들에게 담배를 판매하는 것은 담배에 있는 유해물질에 대한 노출로부터 그들을 보호하기 위해 엄격하게 금지되고 있습니다. 청소년들은 장기적인 건강 문제와 심지어 중독과 같은 흡연의 부정적인 영향에 특히 취약합니다. 그래서, 특정 기업들이 미성년자의 복지보다 자신들의 이익을 우선시하는 것을 방지하기 위해 정부가 규제받지 않는 판매 관행을 금지해야 한다는 광범위한 사회적 합의가 있습니다.

어휘 abuse[əbjúːz] 남용, 학대   justifiable[dʒʌ́stəfàiəbl] 정당화되는   vulnerable[vʌ́lnərəbl] 취약한
imposition[ìmpəzíʃən] 시행, 도입   intervention[ìntərvénʃən] 개입   safeguard[séifɡɑːrd] 보호하다
minor[máinər] 미성년자   adolescent[ædəlésnt] 청소년   susceptible[səséptəbl] 취약한   addiction[ədíkʃən] 중독
consensus[kənsénsəs] 합의   unregulated[ʌ̀nréɡjulèitid] 규제받지 않는

MEMO

해커스인강 HackersIngang.com
본 교재 인강 · iBT 라이팅 실전모의고사

고우해커스 goHackers.com
토플 보카 외우기 · 토플 스피킹/라이팅 첨삭 게시판 · 토플 공부전략 강의 · 토플 자료 및 유학 정보

고우해커스

토플 시험부터
학부·석박사, 교환학생,
중·고등 유학정보까지
고우해커스에 다 있다!

유학전문포털 235만개 정보 보유
고우해커스 내 유학 관련 컨텐츠 누적게시물 수 기준 (~2022.04.06.)

200여 개의 유학시험/생활 정보 게시판

17,200여 건의 해외 대학 합격 스펙 게시글
고우해커스 사이트 어드미션포스팅 게시판 게시글 수 기준(~2022.10.14.)

goHackers.com

1위 해커스어학원
260만이 선택한 해커스 토플

단기간 고득점 잡는 해커스만의 체계화된 관리 시스템

01 토플 무료 배치고사
현재 실력과 목표 점수에 딱 맞는 학습을 위한 무료 반배치고사 진행!

02 토플 Trial Test
월 2회 실전처럼 모의테스트 가능한 TRIAL test 응시기회 제공!

03 1:1 개별 첨삭시스템
채점표를 기반으로 약점파악 및 피드백, 1:1 개인별 맞춤 첨삭 진행!

[260만] 해커스어학원 누적 수강생 수, 해커스인강 토플 강의 누적 수강신청건수 합산 기준(2003.01~2018.09.05. 환불자/중복신청 포함)
[1위] 한경비즈니스 2024 한국브랜드만족지수 교육(온·오프라인 어학원) 1위

해커스어학원 단기 졸업 시스템으로
빠르게 토플 졸업 go ▶